Alma Mahler-Werfel, eine ebenso schöne wie kluge Frau, schildert ihr ungewöhnliches Leben. Dieser Bericht ist freilich übers nur Biographische hinaus als Beschreibung einer Epoche aufschlußreich: das Fin de siècle, der Beginn und die Mitte des 20. Jahrhunderts. Große Gestalten spielten im Leben dieser Frau eine Rolle: Walter Gropius, Gustav Mahler, Kokoschka und Hofmannsthal, Romain Rolland und viele andere. Und auf geheimnisvolle Weise werden noch einmal der Zauber und die Anziehungskraft dieser Frau fühlbar, die niemand, der sie gekannt hat, vergessen konnte. Alma Mahler-Werfel schreibt mit dem schönen Freimut einer großen Frau.

Alma Mahler-Werfel wurde 1879 als Tochter des bekannten Wiener Malers Schindler geboren. Im Jahre 1902 heiratete sie den um neunzehn Jahre älteren Komponisten und Dirigenten Gustav Mahler. Sie teilte mit ihm die neun letzten schweren Jahre seines Lebens. 1915, nach einer kurzen leidenschaftlichen Beziehung zu Oskar Kokoschka, heiratete sie den Architekten Walter Gropius, der später mit dem Bauhaus entscheidend für die moderne Architektur zu wirken begann. Nach der Trennung von Gropius heiratete sie 1929 Franz Werfel und emigrierte über Frankreich und Spanien mit ihm in die USA. 1945 starb Werfel in Beverly Hills. Alma Mahler-Werfel starb am 11. 12. 1964 in New York, wo sie die letzten Jahre ihres Lebens verbracht hatte.

Alma Mahler-Werfel

MEIN LEBEN

Mit einem Vorwort von
Willy Haas

Fischer Taschenbuch Verlag

Limitierte Sonderausgabe
Veröffentlicht im Fischer Taschenbuch Verlag GmbH,
Frankfurt am Main, Januar 1997

Lizenzausgabe mit freundlicher Genehmigung des
S. Fischer Verlags GmbH, Frankfurt am Main

Umschlaggestaltung: Groothuis + Malsy, Bremen
Umschlagabbildung: Alma Mahler-Werfel,
Beverly Hills, 1954
Druck und Bindung: Clausen & Bosse, Leck
Printed in Germany
ISBN 3-596-13555-9

Gedruckt auf chlor- und säurefreiem Papier

Für Gusti und Gustav Arlt

ALMA MAHLER-WERFEL

Alma – nur unter diesem und keinem anderen Namen kennen sie ihre alten Freunde – hat viel erlebt und viel gelebt, weil sie erlebnishungrig und lebenshungrig war. Sie hat ganze Generationen großer Musiker, Maler, Dichter miterlebt, deren Prominenzen einander in ihrem Salon die Hand schüttelten oder aneinander vorbeisahen. Dabei war sie keineswegs ›eine Dame mit großem Salon‹, wie etwa die Pariser Salondamen des Rokoko, bei denen Voltaire oder Diderot oder Galiani verkehrten, oder wie – Jahrzehnte später – Rahel Varnhagen in Berlin. Sie war etwas ganz anderes: eine leidenschaftliche Frau mit Künstlerblut, mit einer ganz vorbehaltlosen und bedingungslosen Leidenschaft den Künsten verbunden. Eine echte Frau auch darin, daß sie zwischen Kunst und Künstler nicht unterschied.
Aber sie war ebenso das genaue Gegenteil der ›grande amoureuse‹ mit einer gewissen Vorliebe für Künstler und dämmerige Künstlerateliers. Ihre Kunstleidenschaft und ihre Leidenschaft für Künstler waren eine Einheit: sie konnte einen Mann nicht lieben oder mit ihm befreundet sein, von dessen Werk sie nicht bezaubert oder hingerissen war, und darin war ihr Instinkt nahezu unfehlbar. Sie übersah nicht das Kleinliche, Lächerliche, Skurrile, Größenwahnsinnige an einem Mann, der ein Künstler war; sie notierte es, aber es änderte nichts an ihrer Haltung zu ihm. In dieser Hinsicht ist etwa ihr Porträt des Komponisten Pfitzner ein Meisterstück. Dieser wahrhaft unerträgliche Freund – wir wissen das auch aus den mündlichen Erzählungen ihres Mannes Franz Werfel – blieb dennoch und unverändert einer ihrer liebsten und geachtetsten Freunde.
Zuweilen hat ihr Instinkt für den Künstler und seine Kunst ein langes Vorurteil korrigiert, das noch heute fortdauert. Als ganz junges Mädchen, fast noch als Kind, hat sie den damals so berühmten Maler Gustav Klimt geliebt – es war wohl ihre erste große Liebe – und hätte ihn sicherlich geheiratet, wenn die Mutter nicht dazwischengetreten

wäre. Es würde gewiß der Liebenswürdigkeit eines so jungen Mädchens keinen Abbruch tun, wenn ihre Schwärmerei dem kühlen Blick des Kunstkenners diesmal nicht standhielte, der heute für Klimt nicht mehr viel übrig hat. Aber wir ahnen heute schon, daß dieses halbe Kind selbst gegen den erfahrenen Kunstkenner recht behalten wird und daß in der Tat Gustav Klimt, von dem Kokoschka und Egon Schiele abstammen, ein großer Meister war, wohin immer sich sein zeitgebundener monumentaler Ehrgeiz verstiegen und verirrt haben mag. Es ist erschütternd, wie sich hier Instinkt und Leidenschaft in einer so merkwürdig konsequenten – bei aller natürlichen Launenhaftigkeit konsequenten – Frau anordnen und einordnen: ihre unerfüllte Jugendliebe zu Gustav Klimt ward erfüllt durch dessen Schüler Kokoschka, der eine der drei entscheidenden Begegnungen in ihrem Leben war. Gustav Mahler, Kokoschka, Franz Werfel: das ist im Grunde ihr ganzes Leben mit Männern, durch Männer, durch ihre Leidenschaft zu diesen Männern, und nicht zuletzt: gegen diese Männer, gegen Männer überhaupt und ihre für sie schwer erträglichen Allüren der Besitzergreifung. Für Almas leidenschaftlichen Freiheitsdrang war Liebe immer auch ein Kampf – vor allem mit sich selbst.

Alma ahnte und wußte in sich ein bedeutendes schöpferisches Talent als Komponistin. Sie hatte zu komponieren begonnen noch bevor sie Gustav Mahler kennenlernte, ja ihr Lehrer in der Kompositionslehre, Zemlinsky, hat sie erst eigentlich zu Mahler gebracht. Mahler, der große Komponist, Dirigent, Hofoperndirektor und mindestens ebenso große Egozentriker, hat ihre eigenwüchsige Begabung zuzeiten wohl erkannt, aber doch nicht unterstützt – er hat sie im Grunde nicht wahrhaben wollen; keineswegs aus Neid, das gewiß nicht, aber aus einer egoistischen All-Eifersucht, die vermutlich unter den möglichen Nebenbuhlern auch noch die Luft nicht ausnahm, die diese Frau atmete. Hier fühlte sie zum erstenmal das Opfer, das sie brachte, indem sie ihre Freiheit aufgab; sie hat das im Leben dann noch oft gefühlt. Nicht ohne beträchtliche innere Schwierigkeit war sie die Muse oder Inspiratorin durch Liebe oder wie sonst wir es nennen mögen – wozu sich Kokoschka und Werfel offen in ihren Werken bekannt haben. Um die Vision ›Alma‹ in den Werken Kokoschkas und Werfels durch Jahre und Jahrzehnte zu verfolgen, wäre eine umfangreiche Studie erforderlich. Doch immer wieder verlangte es in ihr nach Freiheit, nach Selbstschaffen, ohne das Medium des Mannes.

Was sie als Frau war, obwohl ihr diese Selbstbestätigung versagt blieb, ist trotz aller Stürme eine Geschichte von fast märchenhafter Schönheit. Gustav Mahler war, als das junge Mädchen ihn heiratete, sehr viel älter als sie, äußerlich und vor allem innerlich. Kokoschka war ein Jüngling und Anfänger – sie die Witwe eines weltberühmten Komponisten. Franz Werfel wiederum war um einige Jahre jünger als sie – um nicht viele, aber entscheidende Jahre: sie konnte ihn zuzeiten kaum erkennen, vor allem im revolutionären Jahr 1918.
Wenn wir diese Etappen ihres Lebens vereinfachen dürfen, so möchten wir sagen: als Kind, als Geliebte, als Mutter hat sie sich fraulich immer gleich bewährt, und immer hat sie sich groß und rein als Frau bewährt. Wenn einmal die Briefe Mahlers, Kokoschkas und Werfels an sie veröffentlicht werden – und das wird sich gewiß irgend einmal als notwendig erweisen –, so wird man sehen, wie sie geliebt hat, und wie sie geliebt worden ist.
Vielleicht das rührendste und merkwürdigste Kapitel dieses Buches ist das große eingefügte Fragment aus dem Tagebuch Franz Werfels während einer schweren Erkrankung der Alma: es zeigt, bis in welche Tiefen des religiösen Gewissens und Schuldgefühls diese Liebe reichte. Die beiden wuchsen immer fester zusammen, obwohl Alma – deren beste Freunde fast nur Juden waren – von Rassenvorurteilen manchmal nicht ganz frei war. Was sie endgültig, auf Leben und Tod, zusammenband, war die schauerliche Flucht durch das besiegte und von den Deutschen besetzte Frankreich. Werfels letztes und weitaus größtes episches Werk, ›Stern der Ungeborenen‹, das er als schwerkranker Herzleidender schrieb, wäre ohne die sorgsamste Pflege, vor allem aber ohne die Atmosphäre der Geborgenheit, der Lebenszuversicht und des Lebensglaubens, die Alma immer um sich verbreitete, nicht mehr zustandegekommen. Sie lebte zuletzt nur noch für ihren Mann und Geliebten, für »Franzl«. »Mein Leben ist mit Franzls Tod beendet«, schrieb sie mir kurz nach dem Begräbnis.
Alma war dreimal verheiratet: mit Gustav Mahler, mit dem großen Architekten Gropius und mit Franz Werfel; und wenn in dem Buch wie in dieser Einleitung wenig über die Ehe mit Gropius steht, so darf daraus nicht geschlossen werden, daß sie von geringer Bedeutung für Alma gewesen wäre. Doch ist diese Ehe immer von einer gewissen Scheu umwittert, wie sie großen Lebenstragödien innewohnt. Alma, deren ganze Existenz Leben ausströmte und Leben an sich zog – auch

wo dieses Leben Kunst hieß –, war stets von Tragik in ihrer unmittelbaren Nähe bedroht. Eine von zwei Töchtern, die sie Gustav Mahler gebar, starb sehr jung. Ein Knabe aus ihrer Ehe mit Gropius starb kurz nach der Geburt. Das furchtbarste war die Tragödie der kleinen Manon Gropius: ein wunderbar schönes Kind, noch lange nicht erwachsen und doch schon fast eine junge Frau, mit deutlichen Zeichen schauspielerischer Begabung, starb an Kinderlähmung, nachdem der erste Anfall schon fast überwunden, das heißt ohne jede Entstellung stabilisiert schien, sogar mit Anzeichen einer gewissen Besserung. Wer diese Tragödie auch nur aus der Ferne miterlebt hat, ahnt, was Alma damals gelitten haben muß.
Heute lebt Alma in ihrem Haus in Manhattan, in dem sie ein Apartment von zwei Zimmern bewohnt, angefüllt mit den Andenken ihres Lebens, doch sie selbst immer offen für neue Eindrücke; und wer von ihr einen Brief in der gewohnten monumentalen Handschrift erhält, fühlt, daß ihr großer Lebensstil, der nicht eine Sache des Reichtums, sondern der inneren Haltung ist, auch der Stil ihrer späten Jahre geblieben ist.
Einem Frauenleben voll Leidenschaft und Drang nach dem vollen Erleben bis zur Neige kann nicht eine besondere Sphäre, die ganz private, intime, auch die erotische nicht, weggenommen werden: es bliebe sonst nur eine Art persönlich gefärbte Musik-, Kunst- und Literaturgeschichte der Epoche übrig. Alma lebte ihr Leben auf eine höchst souveräne Art. Auch ihr Privatleben schien ihr repräsentativ als das Leben einer bedeutenden Frau unserer Zeit: und das war und ist es in der Tat. Ihr Selbstbewußtsein – auch was das Private betrifft – kleidet sie wie keine andere.
Es steht jedem Leser frei, der diese Meinung nicht teilt, das Buch nach seiner Art zu lesen, um des rein objektiven Inhalts willen. Gestalten wie zum Beispiel die Schönbergs und seines Kreises, Alban Bergs, Anton von Weberns, oder die des jungen Kokoschka, Werfels und vieler anderer sind so lebendig noch nie umrissen worden. Die Geschichtsschreiber der Kultur um 1900, 1920, 1940 werden an diesem Dokument nicht vorbeigehen können. Das ist gewiß nur einer seiner geringeren Reize – doch ein unabdingbar objektiver Wert.
Immerhin waren bei der Herausgabe Rücksichten zu nehmen. Alma war und ist ein leidenschaftliches Wesen in ihren Sympathien, aber auch in ihren Antipathien. Von den Objekten ihrer Sympathie leben

noch einige – und auch von denen ihrer Antipathie. Sie hatte viele hellsichtige Urteile gefällt, doch auch manche irrtümliche und gefährliche. Hier war eine vorläufige Auswahl zu treffen. Eine vorläufige, sagen wir: denn wir sind überzeugt, daß einmal das ganze Kompendium ihrer Aufzeichnungen – dieses riesige Kompendium der großen Liebe und Güte, des Hasses, der Hellsichtigkeit, der Blindheit in einer der wichtigsten Epochen des deutschen Geisteslebens, veröffentlicht werden muß. Nicht Prüderie oder die Scheu vor persönlichen Geständnissen dieser Frau haben uns dabei geleitet, aber Vorsicht in der Beurteilung von Menschen und Entwicklungsprozessen, deren Laufbahn noch nicht abgeschlossen scheint – zumindest nicht im Urteil der Mitwelt.

Im September 1960 WILLY HAAS

Mein Leben müßte ein Unvoreingenommener trostlos nennen, wären vor und hinter den Schlagschatten nicht so unzählige, brennende Glücksmomente gewesen. Und so war es reich, trotz allem, und über alle Maßen schön.
Ich bin die Tochter eines großen Monumentes, gewissermaßen. Mein Vater, Emil J. Schindler, das Vorbild meiner Kindheit, kam aus einem alten Patrizierhaus. Er war der bedeutendste Landschaftsmaler der österreichischen Monarchie.
Meines Vaters Vater war lungenkrank und starb in jungen Jahren. Als er erkannte, daß er verloren war, mietete er einen vierspännigen Wagen und fuhr mit seiner jungen schönen Frau durch Italien und die Schweiz. Als es ans Sterben ging, bat er sie, ihr festlichstes Ballkleid anzuziehen, und darin mußte sie bis zu seinem Tode neben seinem Bette sitzen. – Ihr Porträt, von Amerling gemalt, hing in der Schönheitsgalerie der Hofburg in Wien.
Meines Vaters Onkel, Alexander Schindler, schrieb unter dem Pseudonym ›Julius von der Traun‹ theoretisch-juristische Abhandlungen sowie Romane. Zum Beispiel die Novelle ›Der Schelm von Bergen‹, das spätere Vorbild zu Carl Zuckmayers gleichnamigem Theaterstück. Er spielte im alten Österreich eine große Rolle, war Parlamentarier, und, um nur weniges über seine Neuerungen zu sagen (was für manchen viel bedeutete): er schaffte in der österreichischen Monarchie die Prügelstrafe ab.
Alexander Schindler war eine Verschwendernatur. Er mußte eines Nachts aus seinem Schlosse Leopoldskron fliehen, das über und über verschuldet war. Aber er gestaltete diesen unrühmlichen Auszug zu einer großen Theaterszene. Seine Diener, beträchtlich an Zahl, mußten ihm in Eskarpins mit Fackeln den Weg voranleuchten.
(Viele Jahre später sollte Max Reinhardt dort ähnlich hofhalten und das gleiche Schicksal erleben. Aber unsere Zeit ist weniger roman-

tisch, und dieser Abschluß fiel in den Beginn des Zweiten Weltkrieges, der alles zerstörte.)

Mein Vater hatte vor seiner Ehe in gemeinsamem Atelier mit Hans Makart gearbeitet, dem pompösen Meister der Franzisko-Josephinischen Gründerjahre. Makart war ein Renaissancetalent, doch ohne die Größe jener Cinquecento-Menschen. Er gab die üppigsten Feste, lud die schönsten Frauen ein, die dann seine echten Renaissancegewänder trugen, und von der Decke hingen Rosengirlanden herunter in den Saal. Liszt spielte dort ganze Nächte lang, es gab die erlesensten Weine, jeder hatte hinter seinem Sessel einen Pagen in Samtgewändern... und so fort ins Uferlose des Glanzes und der Phantasie.

Die Sohlen an dem einzigen Schuhpaar meines Vaters zeigten zum Beispiel Sprünge, da er die Schuhe aber noch nicht bezahlt hatte, war eine Neubestellung nicht gut möglich. Er mietete also einen Monatsfiaker, um die Schuhe für ein paar Wochen – bis zur Vollendung eines Bildes – zu ›strecken‹. So taumelte er durchs praktische Leben, und er kam leidlich durch, denn es gab doch auch ab und zu Aufträge. Aber die Schulden wuchsen...

Zu den Ornamenten der sonderbaren Umstände, in denen mein Vater damals lebte, gehörte ein junger Page, der ihm jeden Abend die Taschen ausleerte und das bißchen Geld, das er fand, stahl. Mein Vater wußte das, und es machte ihm nichts aus... »weil der Bursch so schön war«. – Später allerdings flog der Junge in hohem Bogen hinaus, als meine Mutter die Haushaltung übernahm und hinter seine Schliche kam.

Mein Vater war ein geniales Wesen und verschuldet, wie es eben einem solchen zukommt. Nach seiner Eheschließung kam Enge in sein Leben. Wenngleich er ein Schloß bewohnte, einen Park mit Barockfiguren sein eigen nannte, lag auf dem Grunde seiner Seele unerfüllt die Schönheitssucht nach einer anderen Welt, die er in diesen herben Alltag herabholen wollte. Meine Mutter kam aus dem Kleinbürgertum Hamburgs und suchte nachzuholen, was meinem Vater im Blute lag. Nach seinem Tode erst erkannte sie seine Bedeutung.

Dieses Kämpfen um das tägliche Brot mag für sie schwer gewesen sein, denn mein Vater kannte nichts als seine Kunst. Wurde es ihm zu bunt, legte er sich hin – schlief – oder schrieb.

All das fühlte ich, und in mir wuchs in frühen Tagen schon die Lebenssehnsucht nach dem blauen Himmel auf Erden.

Ich fand sie in der Musik.
Der ewige Schüler meines Vaters, Carl Moll, ging von einer Lehre in die andere, suchte oft die heterogensten Lehren, bis zu seinem Tode, und zum Unglück seines kleinen Talentes. Er beschreibt hier den ersten Eindruck von unserem Heim:
»Ein mäßig großes Zimmer, durch die Fenster flutete reiches Licht aus weiter Ferne, ein Dielenschrank aus dem 18. Jahrhundert, und in einem Riesenlehnstuhl eine wunderschöne alte Dame mit silberweißen Schläfenlocken, zwei Kindern, braun und blond, Märchen vorlesend: Schindlers Mutter mit ihren Enkelkindern.
Der Winter 1884 bringt die Erfüllung von Schindlers geheimsten, nie ausgesprochenen, kaum gedachten Wünschen: Jenseits des Wiener Waldes, zwischen Neulengbach und Tulln, steht in einem alten Park (fast der Garten seiner Träume) ein altes Schloß, zum Fürst Karl Liechtensteinschen Besitz Neulengbach als Ernteschloß gehörig. Ein zwei Stock hoher, von steilem Dach gekrönter rechteckiger Bau aus dem 15. Jahrhundert. Ein Zwiebelturm mit Uhr in barocker Form bildet den einzigen Schmuck der Front. Der zwei Joch große Park zeigt nur noch Spuren einer stilvollen Anlage, vor allem ein prächtiges barockes Kellerportal, von mehreren hundertjährigen Linden flankiert. Noch mehr mächtige Linden und Platanen, dazu eine Allee von alten Nußbäumen. Hinter dem Schlosse klettern Weinberge hügelan, vor demselben, tiefer, umschließt den Park ein Dörfchen von wenigen Häusern. Schloß Plankenbergs umgebende Natur ist anregend, abwechslungsreich, hügeliges Terrain, weite Fernsichten, Wald und Feld, die von Pappeln gesäumten Landstraßen und ein ruhig fließender Bach. Die Schloßbewohner sind Herren der ganzen Umgebung.
Schindler, der geborene Aristokrat, der als Jüngling bei seinem Onkel im Schlosse Leopoldskron gelebt hat, ist vom Zufall in ein Schloß zurückgeführt worden und kann mit den bescheidensten Geldmitteln ein grandseigneurales Leben führen.«
Aus diesen Aussprüchen kann man ersehen, daß ich wie eine Prinzessin in schönster Natur dahinlebte. Mein Vater wurde der Künder gerade dieser Natur. Um Österreichs Natur zu kennen, braucht man nur die Bilder meines Vaters zu sehen... dann versteht man sie.
Meine Kindheit verbrachte ich meist in diesem alten Schlosse. Es war für mich voll Grauen, Legenden und Schönheit. Man sagte, ein Gespenst ginge um, und wir Kinder fürchteten uns ganze Nächte davor.

In der Mitte des großen Stiegenhauses prangte ein Altar in einer kleinen Kapelle, und mein Vater fand eine holzgeschnitzte Madonna und vergoldete Barockleuchter. Der Altar wurde mit Blumen umstellt, und Kerzen leuchteten die ganze Nacht. Er wurde natürlich niemals benutzt; er war nur der Schönheit halber da. Mußten wir Kinder am Abend daran vorbei, so rannten wir schaudernd.
Mein Vater war tiefmusikalisch. Er hatte eine wunderbare Singstimme, einen hellen Tenor, und sang mit großem Können Schumannlieder und ähnliches. Seine Konversation war fesselnd und nie alltäglich. Ich war stundenlang bei ihm und stand und starrte auf die offenbarende Hand, die den Pinsel führte. Ich träumte von Reichtum nur darum, um schöpferischen Menschen die Wege zu ebnen. Ich wollte in Italien einen großen Garten haben mit vielen weißen Ateliers darin, und ich wollte die bedeutendsten Menschen einladen, dort ohne Alltagssorgen nur ihrer Kunst zu leben – und ich wollte mich niemals zeigen. Ich liebte Schleppen, Samtgewänder, und wollte in Gondeln gerudert werden, denen rote Samtdecken im Wasser nachschleiften... das war der Bodensatz der Makartzeit in mir.
Mein Vater nahm mich immer ernst. Einst holte er mich und meine Schwester in sein Atelier und erzählte uns den Inhalt des ›Faust‹. Wir Kinder weinten, ohne zu wissen warum. Als wir nun ganz hingerissen waren, gab er uns das Buch und sagte: »Das ist das schönste Buch auf der Welt. Lest es, behaltet es.«
Wir gingen und lasen. Aber da kam meine Mutter zornwütig an. Es entspannen sich nun zwischen unseren Eltern und zufälligen Gästen Kämpfe, denen wir Kinder mit verhaltenem Atem hinter der Türe zuhörten... bis die Partei der sogenannten Vernünftigen, wie immer, siegte. Mir blieb's wie eine fixe Idee: Ich *muß* den Faust wiedererlangen.
Und so war die ganze Jugend. Voll von Versuchen und ohne jedes System. Wir lernten immer zu Hause, bei bösen Hauslehrern, die entfernt wurden, wenn mein Vater darauf kam, daß sie uns quälten. Dann wieder bei guten Herren, von denen man aber nichts lernte; später unterrichtete uns meine Mutter einen Winter lang auf Korfu. Sie war aber so ahnungslos, daß sie uns zum Beispiel aufgab, an einem einzigen Tag das große Einmaleins auswendig zu lernen.
Nervös und gescheit war ich bis zu einem gewissen Grade –: nämlich jene gewisse Kindergescheitheit mit dem Lückenhirn. Wie habe ich

gelitten, wenn ich mir in der Schule oder unter anderen bewußt wurde, daß ich nichts *ganz* ausdenken konnte. Gelernt wurde eigentlich nie und nichts systematisch. Keine Jahreszahl blieb in meinem Kopf, nichts interessierte mich außer Musik.

Eine Reise wurde für mich zum großen Erlebnis. Mein Vater bekam den Auftrag, für das Kronprinz-Rudolf-Werk ›Die Monarchie in Wort und Bild‹ alle adriatischen Küstenstädte von Dalmatien bis Spizza in Tusche zu zeichnen. So fuhren wir mit einem Frachtdampfer, der überall so lange halten mußte, bis mein Vater seine Arbeit vollendet hatte, zunächst nach Ragusa. Dort blieben wir den halben Winter und fuhren weiter im Frachtdampfer nach Korfu, wo wir die andere Hälfte des Winters verbrachten.

Ragusa, Lacroma, alles haftete wie ein paradiesischer Traum in meinem Gedächtnis. Wir hatten ungeheures Gepäck mit uns, da meine Mutter überall menagierte. Auf Korfu, der ersten griechischen Insel, wo mein Vater frei vom Auftrag war, bezogen wir nach kurzem Aufenthalt in der Stadt Korfu eine kleine Steinvilla in San Teodoro, auf einem Berg, in größter Einsamkeit. Hier endlich malte mein Vater wunderbare Bilder zu seiner eigenen Freude.

Meine Mutter kam jetzt zu ihrem Recht, denn ohne ihre Vorsorge hätten wir hier nie leben können. Sie hatte sogar Petroleumlampen mitgeschleppt, die in dem gänzlich finsteren Hause aufgehängt wurden. Unser Hausherr war ein Grieche, und seine Primitivität war grenzenlos. Wir Kinder waren einige Male in Lebensgefahr, denn griechische Kinder wollten keine Fremden und bewarfen uns mit Steinen, wo sie meine Schwester und mich erwischen konnten. So mußten wir denn immer von meiner Mutter, von Papa oder Moll bewacht werden.

Wir hatten ein Pianino aus Korfu kommen lassen, und hier begann ich mit neun Jahren zu komponieren und aufzunotieren. Da ich der einzige Musiker im Hause war, konnte ich das Meine entdecken, ohne darauf gestoßen zu werden.

Meines Vaters fünfzigster Geburtstag wurde sehr festlich begangen. Der Eisenbahnminister Heinrich von Wittek war ein ergebener Freund meines Vaters. Während des Festessens stand er auf und hielt eine Rede auf meinen Vater. Zum Schluß ging er auf ihn zu, küßte ihn und sagte laut und vernehmlich: »Und jetzt bitte ich Sie, daß Sie mir einen Lieblingswunsch mitteilen, und ich werde alles, was in meiner Macht steht, tun, um Ihren Wunsch zu erfüllen.« Mein Vater besann sich keinen Augenblick. Er bat um eine größere Beamtenstelle im Eisenbahnministerium für Dr. Theobald Pollack. Dieser war in untergeordneter Stellung bei einer Transportgesellschaft tätig. Er war ungetauft und leidenschaftlicher Jude.

Der Minister Wittek war entschieden antisemitisch eingestellt, aber er hatte es versprochen, und er hielt sein Wort. Mein Vater bat Herrn von Wittek noch, alles zu versuchen, daß Dr. Pollack gleich in eine gehobene Stellung käme, da er viel zu gescheit und erfahren sei, um sich in den unteren Rängen wohlzufühlen – mehr als das: er sei überzeugt, daß Dr. Pollack dort wenig leisten könne, daß er aber, wenn es ihm gelänge, gleich in höherer Stellung unterzukommen, zur vollsten Zufriedenheit des Ministers arbeiten würde. So geschah es: er wurde ein ausgezeichneter Beamter und schon nach wenigen Jahren Hofrat.

Nie vergaß Dr. Pollack diesen Freundschaftsdienst meines Vaters. Er übertrug seine Dankbarkeit auf mich und liebte mich über alles. Und als ich Gustav Mahlers Frau wurde, machte diese Tat den leidenschaftlichen Juden zu meinem engsten Freund. Er brachte mir die kostbarsten Leckerbissen, Bücher, Noten. Und so kam er einmal mit Bethges ›Chinesischer Flöte‹, einer Sammlung von Gedichten, vor allem von Li-Tai-Pe. Die Gedichte entzückten mich, und ich las sie Gustav Mahler immer wieder vor, bis er daraus, Jahre später, ›Das Lied von der Erde‹ machte. So wurde der Zirkel der Güte meines Vaters schön geschlossen.

In der Zeit verliebte sich Erzherzog Johann Orth – der später alle Würden des Kaiserhauses ablegen sollte – so sehr in meines Vaters Wesen und Genie, daß er ihn einlud, eine lange Reise nach Dalmatien und in die Bukowina mit ihm zu machen. Es war eine stattliche Kavalkade, die da auszog, ein Märchenland zu durchforschen. Und diese hocharistokratische Gesellschaft hatte oft tagelang nicht die Möglichkeit, irgend etwas Eßbares zu finden.

Ein wunderbarer intimer Briefwechsel verband meinen Vater bis zu seinem Tode mit Johann Orth, der sich darin rückhaltlos über das Kaiserhaus ausließ – wohl wissend, daß mein Vater niemals Gebrauch davon machen würde. Seine Begeisterung für meinen Vater war so groß, daß er den Kronprinzen Rudolf veranlaßte, meinen Vater als

Gast auf eine geplante große Reise in den Orient einzuladen. Mein Vater freute sich auf eine neue Landschaftswelt, und meine Mutter kniete gerade vor den offenen Koffern, um seine Reise vorzubereiten, als irgend jemand hereinstürmte: »Der Kronprinz ist verunglückt!« ... und der Traum war ausgeträumt, bevor er begonnen hatte. Dies war für uns die Mayerling-Katastrophe im Jahre 1889, und damit erlosch die Bedeutung der Habsburger für Österreich, denn Rudolf war eine großangelegte Natur gewesen – und was ihm folgte, erreichte ihn nicht mehr.

Dann starb mein Vater. Es war im Sommer 1892; er war auf seiner ersten Vergnügungsreise, die er sich nach Abzahlen der Schulden leistete. Jung mit seinen fünfzig Jahren, erkrankte er plötzlich, und niemand konnte sich vorerst die Vehemenz seiner Krankheit erklären.

Zuvor war er bei seinem Freunde, dem Prinzregenten Luitpold von Bayern, in München zu Gast gewesen. Luitpold vergnügte sich daran, alle seine Gäste plötzlich unter einen Wasserfall zu bringen, den man vorher nicht sehen konnte. Alle purzelten im Kreise herum. Das machte Luitpold ungeheuren Spaß, aber bei meinem Vater kam durch diesen harten Anprall ein altes Blinddarmleiden zum Durchbruch. Er wäre bei sofortiger Operation zu retten gewesen, doch er reiste zu uns nach Hamburg und weiter nach Sylt.

Die Ärzte tappten, wie so oft, im dunkeln. Wir wurden eines Mittags aus dem Restaurant geholt. Ich wußte gefühlsmäßig, daß Papa tot war.

Wir stürzten wie der Wind über die Dünen, den ganzen Weg über schluchzte ich laut. Als wir nach Hause gelangten, kam uns Carl Moll entgegen: »Kinder, ihr habt keinen Vater mehr.«

Nach dem furchtbaren Schreck und dem Bewußtsein, das Beste aus meinem Leben verloren zu haben, kam dieses merkwürdige ›Nach dem Tode‹, das alle Liebeserinnerungen an den Toten für den Moment auslöscht.

Wir Kinder wurden in ein Zimmer eingeschlossen. Eine Tür aber war aus Nachlässigkeit offen geblieben, und wir schlichen uns hinaus und fanden in einem Zimmer nebenan in einer Kiste – so schien es uns – auf dem Boden liegend unseren Vater. Er war so schön und edel wie ein Grieche, wie ein herrliches Wachsbild, so daß wir kein Grauen verspürten. Ich verwunderte mich nur über die körperliche Kleinheit des Menschen, der mein Vater gewesen war.

Dann reisten wir fort – mit meinem toten Vater, der in Wien begraben werden sollte. Da es um die Zeit der ersten Cholera-Fälle und Quarantäne in Hamburg war, wurde der Sarg in eine Klavierkiste gepackt und gelangte unbemerkt über die Grenze. Alles Spätere ist mir entschwunden. Ich habe es nicht begriffen.
Dieser Tod am Meer, der schwierige Transport nach Wien, die graue, nordische, stürmische, hoffnungslose Natur auf Sylt, all das ist in meiner Erinnerung tief eingegraben.
Ich war stolz, daß Papa ein so schönes, goldbesticktes Bahrtuch hatte... Und auf dem Friedhof störte mich ein Schreikrampf meiner Mutter. Aber immer mehr fühlte ich, daß ich meinen Führer verloren hatte, meinen Leitstern – ohne daß es irgend jemand außer ihm selbst geahnt hatte. Ich war gewohnt gewesen, ihm alles zu Gefallen zu tun, meine ganze Eitelkeit und Ehrsucht hatte als einzige Befriedigung den Blick seiner verstehenden Augen gehabt.
Bald nach meines Vater Tode wurde ihm im Stadtpark in Wien ein wunderschönes, romantisches Denkmal gesetzt, gestaltet von Edmund Helmer. Die Enthüllung, das marmorne Sichbeleben der Züge meines Vaters, endlich das Im-Vordergrund-Stehen meiner kleinen Person bei der Enthüllung – ich war fast bewußtlos, als die Feier endlich ihrem Ende zuging.

Molls Einfluß begann nun zu dominieren. Er suchte an mir seine Erziehungskünste zu erproben, die aber nichts als Haß in mir weckten, denn er war eben nicht mein Leitstern. Er sah aus wie ein mittelalterlicher holzgeschnitzter heiliger Joseph, war ein Alt-Bilder-Monomane und störte meine Kreise in der aufdringlichsten Weise.
Nach fünf Jahren heiratete meine Mutter den Schüler meines Vaters, den Maler Carl Moll. Sie hat einen Perpendikel geheiratet, und mein Vater war doch eine Wesensuhr!
Diese Jugendjahre trennten mich innerlich vollkommen von meiner Umgebung. Die Umgebung wurde mir gleichgültig und die Musik dafür alles.
Ich lernte bei dem blinden Organisten Josef Labor Kontrapunkt, raste durch die Musikliteratur und schrie alle Wagner-Partien herunter, bis mein schöner Mezzosopran zum Teufel war. Ich lebte in einem Musikwunder, das ich mir selber erfand.
Im Sinne meines Vaters suchte ich mir nun die Helfer meiner Jugend

in älteren wissenden Männern unseres Künstlerkreises: Max Burckhard, der mich *Lesen* lehrte im tiefen Sinne, und später Gustav Klimt, der feine byzantinische Maler, der das von meinem Vater her erlernte ›Augen-Sehen‹ konzentrierte und vertiefte.
Ich war süchtig nach allem Mystischen, fasziniert von Worten wie: »Die Menschen, die in den Locken der Gottheit spielen...« Ich fing dieses und viele ähnlich schönen Worte meines Vaters auf. Diesen Satz hatte er vor sich hingesagt, als er in Sylt die Badenden am Strande und in den hohen weißen Wellen beobachtete. Oder er sagte einmal: »Das Leben zeigt sich heute dem Maler anders als gestern. Die, welche glauben, ein Recht auf Ruhe und Behaglichkeit zu haben, stellen sich außerhalb des Lebens. Es ist leicht, das Gestern zu malen. Es ist ein Abschreiben. Fast alle malen das Gestern.«

Mit fünfzehn Jahren begann ich, mir eine Bibliothek anzuschaffen.
Ich ging jetzt allein aus, denn meine Mutter hatte Gott sei Dank wenig Zeit für mich; oft hatte ich unter einem weiten Cape Kinderbücher, die ich in ein Antiquariat schleppte, wo ich mir dafür Dehmel, Bierbaum, Rilke, Liliencron erwarb. Bald besaß ich eine schöne kleine Bibliothek, von der niemand etwas ahnen durfte. Max Burckhard sandte mir zu Weihnacht zwei Dienstmänner, die große Waschkörbe voll Bücher brachten. Es waren alle Klassiker in den schönsten Ausgaben. Und als ich Mahler heiratete, war meine Bibliothek größer als die seine.
Meine erste Begegnung mit einem wirklichen Verwandten meiner Lebensanschauung, meiner Lebensbejahung und allem, was in dieses ungeheure Kapitel des Lebens hineingehört... das war Max Burckhard. Diese Beziehung war ohne die geringste erotische Färbung auf meiner Seite. Ich war siebzehn Jahre alt und völlig unerwacht, schön, las viel und komponierte. Meine Ichwerdung war unorganisch... vieles war zuviel, vieles zuwenig entwickelt.
Meine nächste Umgebung war geistlos, und so mußte ich mir alles selbst entdecken. Max Burckhard war der erste, der sich meines irrlichternden Geistes annahm. Wir waren beide wilde Nietzscheaner – er ein revolutionärer Modernist. Aber er gefiel mir als Mann nicht, und seine große Verliebtheit löste Widerwillen in mir aus. Wir waren immer einer Meinung, und das langweilte mich auf die Dauer.
Die merkwürdigen Szenen, bei welchen seine starke Männlichkeit

mich anfangs reizte und die ich immer wieder mit einem kraß-herzlosen Scherz abbog, machten ihn rasend. Er nannte mich kokett und verschwand dann immer eine Weile aus meinem Gesichtskreis, bis er eben doch wieder kam, und das Ganze von neuem begann.

Er war ein Lebenskünstler par excellence. Er segelte, ruderte, radelte, erklomm die höchsten Berge. Heute wäre er Pilot, vielleicht Stratosphärenbesucher geworden. Wenn wir eine Radpartie machten, humpelte immer meine Mutter in einem dicken Landauer nach – in dem sie Burckhards Proviant bewachte, als da waren: ein paar Flaschen Heidsieck-Monopol, Rebhühner, Ananas, kurz, was seit eh und je gut und deshalb teuer ist. Alles ging mit größter Harmlosigkeit vor sich, weil er mir eben, Gott sei Dank, als Mann nicht gefiel.

Als Burgtheaterdirektor hatte er eine Almhütte gepachtet, die steil auf einem Felsen ragte und nur nach mühsamer Kletterei erreichbar war. Dort oben verlebte er seine Ferien und bildete sich ein, sein eigener Souverän zu sein. Seine Menschenverachtung war grenzenlos. Die Jäger und er schleppten die gleichen Lasten in schweren Rucksäcken den Berg hinauf. Er hatte Bücher, Konserven und Kerzen mit, aber keinen zweiten Anzug. So lebte er wochenlang vor der Natur mit sich allein... nur in Gesellschaft von Gemsen und Rehen. Er war ein Gottloser, aber ein großer Herr. Er war sein eigener Gott. Denn einen Gott muß der haben, der eine solche Einsamkeit ertragen kann.

Später, nach seiner schweren Erkrankung, hatte er sich eine Villa am Wolfgangsee erbaut und, weit in den See hinaus, ein großes Bootshaus, das man nur mittels einer Zugbrücke erreichen konnte. So wollte er sich, mit Büchern und Konserven bewaffnet, vor der Welt totstellen. Er wollte im Gebüsch, wie ein krankes Wild, verenden – aber er starb dann doch umstanden von ahnungslosen Ärzten. Wie das so zu sein pflegt.

Sein dichterisches Werk dürfte der Zeit nicht standhalten. Als Jurist muß er hervorragend gewesen sein, wie mir nachmalige Bonzen versicherten. Als Burgtheaterdirektor wurde er in dem Moment gestürzt, als er gerade anfing, ein guter Führer zu sein. Immerhin brachte er als erster, gegen den Protest des Hofes, Ibsen und Hauptmann, die Schauspieler Kainz, Mitterwurzer, die Bleibtreu heraus... Seine innere schöpferische Natur war augenscheinlich doch nicht stark genug, sonst würde dieses einzigartige Original heute noch glänzen.

Sein Mißtrauen gegen Menschen war so groß, daß er jeden Besucher in einem anderen Zimmer empfing, denn keiner durfte vom anderen wissen. Warum aber war dieses Kraftgenie so mißtrauisch?
Unter anderem sagte er: »Den Tod gibt es nicht, das ist eine Erfindung der Menschen.«
Eine amüsante Geschichte erzählte er mir davon, wie er Direktor des Burgtheaters geworden war. Er hatte durch Zufall erfahren, daß er in den Akten als »präsumptiver Gouverneur« der Bodenkreditanstalt fungierte. Er war aber Dichter und kein Geldmensch. Sofort nahm er einen Fiaker und fuhr zur Schratt nach Hietzing. Er war verzweifelt über diesen bürokratischen Fehlgriff. Die Schratt liebte ihn sehr und sagte: »Fahr gleich zurück zum Demel und bestell Mohn- und Nußbeugel, wart bis sie fertig sind, und komm sofort heraus. Der Kaiser kommt zum Nachtmahl – das ist seine Lieblingsspeis. Da kann er nicht nein sagen, mit einem Federstrich wird das erledigt. Diese Verwechslung ist ja auch zu dumm.«
Am nächsten Morgen wurde er zum Burgtheaterdirektor ernannt. Und er war wahrlich nicht der schlechteste Direktor des alten Burgtheaters!
Max Burckhard erzählte: Nach der ›Wildente‹ gab es einen solchen Mißerfolg, daß Ibsen aus dem Burgtheater ins Hotel Sacher, in dem er wohnte, schleichen wollte. Aber Burckhard erreichte ihn am Josephsplatz und riet ihm dringend, zum Bankett, das ihm zu Ehren gegeben wurde, zu kommen und niemandem zu zeigen, wie tief ihm die Sache ging. Ibsen stimmte zu, erbat sich aber ein paar Minuten Ruhe in seinem Hotelzimmer. Burckhard wartete. Endlich kam Ibsen, frisch und großartig angezogen. Um den Hals den größten norwegischen Orden. Max Burckhard fragte, warum er sich denn so hoffähig angetan habe, worauf Ibsen ihm antwortete: »Ich habe vor, heute etwas mehr zu trinken. Da ich aber im Dienste meines Herrn und Königs lebe, nehme ich diesen Orden, der mir in jeder Minute zeigen soll, daß ich mich würdig zu benehmen habe.«
Ein andermal sagte Burckhard: »Ich verkehre lieber mit Feinden als mit Freunden. Die getrauen sich wenigstens nicht, einem Böses ins Gesicht zu sagen, wie das die Freunde so gern tun.«
Burckhard war als Charakter und Gesinnungsmensch ein Unikum, von rechts und links gefürchtet. Zwischen Gustav Mahler und ihm gab es ein hochachtungsvolles Sichberühren; sie konnten aber

einander nie ganz nahekommen. Ihre Grundwesenheit war zu verschieden.

Hier nun muß ich einer kleinen Episode gedenken, die einen Menschen betrifft, der großen Einfluß in Österreich und in der europäischen Welt gewinnen sollte.
Es war Karl Kraus, der Pamphletist. Ich kannte ihn aus dem Anfang seiner Karriere her. Ich war achtzehn Jahre alt. Er war ein amüsanter Causeur, hatte immer seinen ›Pilotenfisch‹ namens Fraenkel, einen kleinen Reporter, bei sich, lenkte die Gespräche nach seinem Gutdünken und wirkte eher harmlos, was er durchaus nicht war. Er horchte herum – ließ sich erzählen und verwendete den Tratsch ungeprüft in seiner neugegründeten Zeitschrift ›Die Fackel‹. Wie viele von meinen Freunden hat er darin angeprangert!
Und auch mich hat er nicht geschont. Er wußte, daß ich durch meinen Stiefvater Carl Moll von den internen Zwistigkeiten der österreichischen Sektion bei der Pariser Weltausstellung um 1900 Bescheid wußte.
Da war ein Hofrat Exner gewesen, der vom Staat Österreich an die Spitze der österreichischen Abteilung gestellt worden war und der den Zorn des Herrn Moll auf sich geladen hatte. Karl Kraus fragte mich nach Reporterart geschickt aus – ich ging auf den Leim, und die nächste ›Fackel‹-Nummer war eine Skandalnummer nur über die Pariser Weltausstellung und Hofrat Exner. Ich war in der schrecklichsten Situation, weil diese Dinge niemand außer mir wissen konnte.
Karl Kraus fragte Alexander von Zemlinsky nach den Zuständen im Konservatorium aus, vor allem über dessen Lehrer Epstein – und die nächste Nummer war gegen Julius Epstein, den Klavierpädagogen, gerichtet. Zemlinsky war wütend! Denn nur er hatte von den Dingen gewußt, und jedermann ahnte, woher diese internen Informationen kamen.
Auch Moll schäumte. Als wir alle einst im Café ›Imperial‹ saßen, machte ich Moll auf Kraus aufmerksam, der ein paar Tische weiter saß. Moll sagte laut: »Also das ist der Lump!«, erhob sich – aber Kraus war ebenso schnell verschwunden. Er fürchtete die Schläge, von denen er schon mehr bei ähnlichen Anlässen bekommen hatte.
Unter anderen Verdächtigungen hatte er eine ›Fackel‹ gefüllt mit der Anklage, daß der Schriftsteller Hermann Bahr, der damals vorüber-

gehend Theaterrezensent war, einen Baugrund in Hietzing vom Direktor des Volkstheaters, Bucowics, als Bestechung bekommen hatte, damit er über dieses Theater gut schreibe. Bahr, ein ehrenhafter Mann, ließ das nicht auf sich sitzen. Es war ja nicht wahr. Er verklagte Kraus, und es kam zu einer großen, mehrtägigen Gerichtsverhandlung mit einer Unzahl von Zeugen.
Ich war mit allen meinen Freunden dort. Es begann damit, daß Kraus hinter einem hohen Stoß von Büchern Hermann Bahrs saß, aus denen er vorlesen wollte, um Bahr als Sündenbock zu entlarven. Der Richter aber begann den Prozeß. Bahr und Bucowics unterhielten sich königlich über die unbeweisbaren Anwürfe. Die Zeugen wurden vernommen. Es waren ausnahmslos Caféhauspflanzen, und keiner konnte seine Aussage beschwören. Es war alles Tratsch, Tratsch, Tratsch!
Holzer, ein junger Dichter, fiel mit den Worten: »Nun ist meine literarische Laufbahn beim Teufel!« in Ohnmacht. Er wurde auf einer Bahre hinausgetragen – die andern wankten knieweich davon.
Aber nun kam der Höhepunkt. Bahr zog die Bankquittung über die Zahlung des Grundes hervor, die vor Jahren ausgestellt war. Es stellte sich nach dem Gutachten von Sachverständigen heraus, daß der Grund damals ziemlich teuer von Bucowics an Bahr verkauft worden war.
Nun kam ein geistreiches Gehechel vor den Schranken, und das Publikum johlte.
Kraus blieb hartnäckig sitzen... stand nach einer kleinen Pause auf und sagte: »Das ist alles gleichgültig, aber jetzt lese ich Schriften Hermann Bahrs vor...«, und von fortwährenden Lachsalven unterbrochen, las er eine kurze Ehebruchsnovelle vor. Der Richter ließ es über sich ergehen und stand dann auf.
»Herr Kraus, Sie werden sich über uns nicht lustig machen. Wir sind im Gerichts- und nicht im Vortragssaal. Sie haben ehrenwerte Männer der Bestechung geziehen, Sie haben den Prozeß verloren und sind verurteilt, die gesamten Kosten und einen Schadenersatz zu bezahlen.«
Und Kraus wurde kalkweiß. Ein Arzt bemühte sich um ihn.
Es war die kurioseste Gerichtsszene, die ich je erlebt habe.

Die Architekten Joseph Olbrich, Joseph Hoffmann, die Maler Gustav Klimt, Carl Moll, Josef Engelhart, Kolo Moser, der Bildhauer Strasser und andere hatten sich vom alten Künstlerhaus losgesagt und begründeten die Wiener ›Secession‹, die lange Zeit unser aller Denken und Fühlen gefangennahm. Die ersten Katakombensitzungen fanden im neuen Hause meines Stiefvaters Moll statt.

Gustav Klimt wurde der erste Präsident. Als sehr junges Ding lernte ich ihn bei einer dieser geheimen Zusammenkünfte kennen. Er war der begabteste von allen, fünfunddreißigjährig, in der Fülle seiner Kraft, schön in jedem Sinne und schon damals hochberühmt. Seine Schönheit und meine frische Jugend, seine Genialität, meine Talente, unser beider tiefe Lebensmusikalität stimmten uns auf gleichen Ton. Ich war von einer sträflichen Ahnungslosigkeit in Dingen der Liebe – und er erfühlte und fand mich überall.

Er war an hundert Orten gebunden: Frauen, Kinder, ja Schwestern, die aus Liebe zu ihm einander feind wurden. Und doch reiste er mir nach, als ich mit meiner sogenannten Familie in Italien war. Es war das Jahr 1897. Wo immer wir uns befanden, tauchte er auf. So waren wir alle in Genua, meine ›Familie‹ und der mich verfolgende Klimt. Unsere Liebe wurde hier grausam zerstört durch meine Mutter. Ihr Ehrenwort brechend, studierte sie täglich mein Tagebuchstammeln und wußte so um die Stationen meiner Liebe. Und – o Schrecken – da mußte sie lesen, daß Klimt mich geküßt hatte!

Es wurde nun Gustav Klimt verboten, überhaupt das Wort an mich zu richten. Im Getriebe am Markusplatz in Venedig konnten wir uns endlich wiedersehen: eine Menge, die uns deckte, seine hastigen Liebesworte, seine Schwüre, daß er sich von allem befreien und mich holen werde, seine befehlende Bitte, auf ihn zu warten, die Angst vor Molls Augen... es war wie eine heimliche Verlobung.

Dann sind wir nach Wien abgereist, und ich war monatelang dem Selbstmord nahe. Als verbitterter Mensch begann ich mein Frauenleben. Welcher Wahnsinn meiner Familie, zu glauben, daß man Vorsehung spielen darf, um einfach dort zu trennen, wo die Verhältnisse einem zu wenig sicher erscheinen.

Alle jungen Menschen werden mich hier verstehen, obwohl unsere Probleme von damals nicht die ihren von heute sind.

Gustav Klimt versuchte es nun immer wieder, an mich heranzukommen, aber mein Lebenswille war gebrochen. Außerdem hatte ich die Moral der damaligen Zeit. Ich meinte, etwas ›Wichtiges‹ schützen zu müssen.

Ich begann wieder zu komponieren, um mein Leid irgendwie zu gestalten.
Gustav Klimt verdanke ich viele Tränen und dadurch meine Erwekkung. Meine sogenannte gute Erziehung hat mein erstes Liebeswunder vernichtet. Taub war ich allen seinen Beschwörungen und Bitten, zu ihm ins Atelier zu kommen. So oft wir uns später sahen, sagte er wohl: »Dein Zauber auf mich vergeht nicht, er wird immer stärker«, und auch ich zitterte, wenn ich ihn ansah, und so blieb es viele Jahre eine sonderbare Art von Verlöbnis – wie er das ja vor Jahren von mir verlangt hatte.
Er hat es viele Jahre später selbst ausgesprochen, daß wir uns ein ganzes Leben gesucht und in Wirklichkeit nie gefunden haben. Er spielte gewohnheitsmäßig mit menschlichem Empfinden. Doch als Mann war er alles das, was ich damals – irrtümlich – suchte.
Indessen ging seine Kunst krause Wege. Er verfiel der byzantinischen Idee der ›Wiener Werkstätte‹, einer kunstgewerblichen Gesellschaft, der bedeutende Innen- und Außenarchitekten angehörten. Sie leisteten in ihrer Art Großes, aber Klimt kam durch sie auf einen falschen Weg – den übrigens auch Fernand Khnopff und Jan Toorop gingen. Doch ihr Weg war anders vorgezeichnet, und der Umweg schadete ihnen nicht. Klimt umgab seine anfangs großangelegten Bilder mit Flitterkram, und seine Künstlervision versank in Goldmosaiken und Ornamenten. Er hatte niemand um sich als wertlose Frauenzimmer – und darum suchte er mich, weil er fühlte, daß ich ihm hätte helfen können.

Meine Erziehung war so gut wie areligiös. Da meine Mutter, aus Hamburg stammend, protestantisch war und mein Vater aus einer alten Katholikenfamilie kam, lernten wir Kinder überhaupt keine kirchlichen Gebräuche, und bis auf ein paar primitive Gebete, die uns katholische Dienstboten eintrichterten, wußten wir nicht das geringste.
Im Institut kam mir alles theatralisch vor, und der einzige alte Katechet, der mir einsagte, wenn der Schulinspektor kam, galt mir als Priester, da er, hoch über den Dingen stehend (er war viele Jahre in Afrika Missionar gewesen), nichts forderte oder verlangte, sondern nur mit Engelsgüte gab. Aber ich wußte am Ende meiner Schulzeit nicht einmal die zehn Gebote. Mein Weg führte mich in sehr jungen

Jahren weg vom Katholizismus, ja weg vom Christentum überhaupt. Ich las – las unentwegt: Nietzsche, Schopenhauer und später vor allem Plato.

Kein Band verknüpfte mich mit der katholischen Kirche, und als meine recht unselbständige jüngere Schwester aus Liebe zu ihrem Bräutigam zum Protestantismus übertreten sollte, tat ich es auch ihr zuliebe, da sie eine jämmerliche Angst hatte. Ich wurde also Protestantin ohne Sinn und Überzeugung.

Jedenfalls habe ich, damals verwirrt durch Philosophie und Literatur, die Größe des Christentums, vor allem des Katholizismus, nicht verstanden.

Mit zwanzig Jahren lernte ich dann Gustav Mahler kennen, meinen ersten Mann. Er war christusgläubig und hatte sich keineswegs nur aus Opportunismus taufen lassen, um die Stellung als Hofoperndirektor in Wien zu bekommen, wie manche Biographen glauben machen wollten. Denn damals konnte nur ein Katholik diese Stellung innehaben.

Ein Brief an mich, aus späteren Jahren, ist eine Antwort auf meine Polemik: wie hoch doch Plato, in gewissem Sinne, über Christus stände. Gustav Mahler lehnte diese Frage überzeugend und bestimmt ab. Mahler ging selten an einer Kirche vorbei, ohne einzutreten. Aber seine Devotion erregte meinen Widerspruch. Er liebte auch zutiefst den katholischen Mystizismus. Ich war oppositionell dem christgläubigen Juden gegenüber – damals! Viel, viel später entdeckte ich für mich zuerst die Kirche und noch viel später Jesus Christus.

Gustav Klimt war als die erste große Liebe in mein Leben gekommen, aber ich war ein ahnungsloses Kind gewesen, ertrunken in Musik und weltfern dem Leben. Je mehr ich an dieser Liebe litt, desto mehr versank ich in meiner eigenen Musik, und so wurde mein Unglück zur Quelle meiner größten Seligkeiten. Meine wilde Komponiererei wurde durch Alexander von Zemlinsky, der mein Talent sofort erkannt hatte, in ernste Bahnen gelenkt. Ich komponierte von einem Tag zum anderen vielseitige Sonatensätze, lebte nur meiner Arbeit und hatte mich plötzlich von allem gesellschaftlichen Treiben zurückgezogen. Und niemand konnte sich mein Verhalten erklären.

Es war fast selbstverständlich, daß ich mich in Zemlinsky, der ein häßlicher Mensch war, verliebte.

Ich hatte Alexander von Zemlinsky in kleiner Gesellschaft kennengelernt, und wir hechelten die Menschen um uns boshaft durch. Plötzlich sahen wir einander an. »Wenn wir jetzt auf einen Namen kommen, von dem sich nur Gutes sagen läßt, dann trinken wir ein Glas ex!« Und aus einem Munde riefen wir: »Mahler!«
So begann unsere gegenseitige Liebe. Denn Freundschaft war es vom ersten Moment nicht. Ich bat Zemlinsky am selben Abend, mein Kompositionslehrer zu werden. Er war selig, ich nicht minder... und es begann eine ungeheuer feurige Lehrzeit für mich, in der alles und jedes andere verblaßte.
Er war ein scheußlicher Gnom. Klein, kinnlos, zahnlos, immer nach Kaffeehaus riechend, ungewaschen... und doch durch seine geistige Schärfe und Stärke ungeheuer faszinierend.
Die Stunden vergingen. Ich und er waren mit gleicher Leidenschaft in unsere Aufgabe vertieft. Vorerst. Dann aber spielte er mir einmal ›Tristan‹ vor, ich lehnte am Klavier, meine Knie zitterten... wir sanken uns in die Arme.
Nun wollte ich weiterarbeiten, aber meine Phantasie war berauscht. Trotzdem verhinderte meine Feigheit schon das Vorletzte. Ich dumme Gans glaubte an eine jungfräuliche Reinheit, die zu bewahren sei...! Es lag nicht nur in der Zeit, es lag in mir. Ich war schwer zu erobern. Doch diese Zeit war absolute Musik für mich: vielleicht die glücklichste und unbeschwerteste meines Lebens.
Meine Mutter lachte sich halbtot, als ich ihr von meiner Absicht, Zemlinsky zu heiraten, erzählte.
Ich traf Arnold Schönberg, wenn ich bei Zemlinsky Stunde nahm, was selten genug geschah, da er meistens zu uns kam.
Schönberg war Zemlinskys Lieblingsschüler, von dem er damals schon sagte: »Von dem wird die Welt noch reden.« Schönberg wieder liebte Zemlinsky so sehr, daß er ihm in Bausch und Bogen alle seine bis dahin entstandenen Werke widmete.
Es war eine neue fruchtbare Zeit... die Schüler Schönbergs waren Alban Berg, Anton von Webern, Ernst Křenek. (Auch Křenek gehört hier dazu – obgleich er vorher Schrekers Schüler war.)
Arnold Schönberg krankte an unüberwindlichem Bohemetum. Seine damaligen Lieder wandelten noch in gesitteten normalen Bahnen. Doch sie waren originell.
Anders verhielt es sich mit Alban Berg. Seine Jugendlieder sind

hübsch, aber nicht originell. Und es ist zu verstehen, daß er, als er einen Lehrer suchte, zwischen Pfitzner und Schönberg schwankte und zu Schönberg kam, nachdem er einen Eisenbahnzug, der ihn zu Pfitzner nach Straßburg hatte bringen sollen, versäumt hatte. So erzählte er mir. Aber da Zufall ist, ›was einem zufällt‹, so war es schicksalhaft.
Arnold Schönberg war Vollblutjude. Zemlinsky war eine vertrackte Rassenmischung von christlichem Vater und türkisch-jüdischer Mutter. Er war einer der feinsten Musiker. Er war ein grandioser Lehrer. Er nahm ein kleines Thema gleichsam in seine geistigen Hände, knetete es, formte es in unzählige Varianten. Daß er nicht der große Meister unserer Zeit wurde, muß wohl an seiner rachitischen Konstitution liegen. Aus einem kranken Reis kann kein hoher Baum werden, und sei das Reis noch so kostbar.
In der Zeit meiner Ehe mit Gustav Mahler kam dieser einmal zu mir und sagte, Korngold habe ihn eben nach einem genialen Lehrer für seinen genialen Sohn gefragt. Mahler war ganz in sich versponnen und wußte nicht viel von der Außenwelt, außer was die Oper betraf. Ich antwortete sofort: »Das kann doch nur Zemlinsky werden, da gibt es keine Wahl.« So empfahl Mahler Zemlinsky, und Erich Korngold hatte es nicht zu bereuen.
Nach dem ersten Erfolg seiner Oper ›Sarema‹ fühlte sich Zemlinsky gehoben. Gustav Mahler hatte sich des jungen Menschen liebevoll angenommen, sogar selber Buch und Musik von ›Es war einmal‹ umgearbeitet, und Zemlinsky hatte die Noblesse, das offen einzugestehen. Durch des Jüngers geisternde Erzählungen rückte mir die Gestalt Gustav Mahlers näher, die ich bis dahin nur von fern verehrt hatte, und sein Wert stieg für mich steil in die Höhe.
Zemlinsky war der geborene Lehrer, und das allein war das Wesentliche, das Wichtigste für mich, und nicht nur für mich, sondern für die ganze Musiker-Generation dieser Epoche. Sein Können, seine Meisterschaft waren einmalig.
Doch ich lernte Gustav Mahler kennen, und meine Lehrjahre nahmen ein abruptes Ende, um einer anderen, schweren und bestimmenden Aufgabe zu weichen.

Gustav Mahler wurde im Jahre 1897 als Direktor an die Wiener Hofoper berufen. Ich lernte ihn im Herbst 1901 kennen.

Während unserer sogenannten Verlobungszeit war Gustav Mahler öfter längere Zeit in Berlin und Dresden auf Gastspielen, und ich arbeitete in Wien mit Zemlinsky an meinen Kompositionsübungen. So schickte ich Mahler einmal einen kürzeren Brief als sonst mit der Bemerkung, daß ich keine Zeit zu einem längeren hätte, da ich arbeiten müsse. Dies war die Ursache und der Anfang einer harten Leidenszeit für mich. Gustav Mahler forderte brieflich sofortiges Aufgeben meiner Musik, ich müsse nur der seinen leben. Er meinte, die Ehe zwischen Robert und Klara Schumann zum Beispiel sei eine »Lächerlichkeit« gewesen, ich müsse mich entscheiden. Ich rannte die ganze Nacht in meinem Zimmer auf und ab. Meine Mutter hörte mich, kam in mein Zimmer und forderte mich allen Ernstes auf, Gustav Mahler zu verlassen. Sie kannte ja mein Dasein und wußte, daß ich von meinem achtzehnten Lebensjahr an nur der Musik gelebt hatte. Die Askese, die man sich selber diktiert, ist richtig; aber die, zu der man befohlen wird, wie das in meiner Ehe mit Gustav Mahler geschah, reizte mich bis an die Grenze des mir Ertragbaren. Übrigens: ich hatte Gustav Mahler niemals eine Note meiner Musik gezeigt.
Wir heirateten am 9. März 1902 in der Karlskirche in Wien.

Wirre Gedanken erschütterten oft mein Hirn.
Diese meine arbeitslosen Jahre – dieses gehetzte Leben, angefüllt mit fremden Gedanken... das Aufgeben des Insichhineinschauens... endlich der Verlust aller meiner alten Freunde durch Gustav Mahlers Eifersucht... all das war fast untragbar für mich.

Vorgestern mittag gab es eine herbe Aussprache. Alles sagte ich ihm. Und er, unendlich lieb, dachte nach, wie er mir helfen könnte.
Ich wüßte schon, wie...
Aber ich begreife auch... Er hat ja nur die paar armen Ferienmonate von der Oper, um zu komponieren.

Gestern war Gustav Mahler glücklich durch die Seelenruhe, die ich ihm gegeben habe. Er hat mir fortwährend gedankt und gesagt, daß ich es nicht bereuen werde...
Und ich habe nun ein Ziel: mein Glück für das eines anderen zu opfern und vielleicht dadurch selber glücklich zu werden.

Auf einem Spaziergang, die Donau entlang, erzählte mir Mahler den Sinn der 4. Symphonie. Wir waren damals verlobt, und ich war durchaus nicht gewillt, alles, was er mir sagte, gläubig in mich aufzunehmen.
Von dem Moment des Verlobtseins nämlich hatte er sehr den Ton gewechselt, der – vorher der eines verehrungsvoll Liebenden – nun plötzlich der eines Mentors geworden war. Im gleichen Maß aber verlor ich meine anfänglich bedingungslose Gläubigkeit. Er erzählte mir, daß die 4. Symphonie wie ein altes Bild auf Goldgrund zu denken sei. Ebenso wie er mir später vom Lied ›Ich bin der Welt abhanden gekommen‹ sagte, er habe dabei immer an die Kardinalsdenkmäler in Italien gedacht – wo auf flachen Steinen die Körper der Geistlichen mit gefalteten Händen und geschlossenen Augen in den Kirchen liegen. Mich hatte damals dieses Antikisieren gestört, das unserer Zeit fernlag. Er aber wußte, warum er es gerade so wollte, denn er war so naiv, und das konnte ich anfangs nicht glauben. Er war kindhaft. Das konnte man nicht gleich verstehen, wenn man ihn zuerst sprechen hörte.

Später – Maiernigg

Ich war den ganzen Vormittag allein, bis Gustav aus seinem Arbeitshaus heruntergekommen ist, noch so voll und glücklich von seiner Arbeit. Da konnte ich mich nicht halten, und wieder kamen die Tränen, vor Neid.
Er wurde furchtbar ernst. Er zweifelt nun an meiner Liebe... Und wie oft habe ich selbst daran gezweifelt...
Jetzt vergehe ich vor Liebe – und im nächsten Moment empfinde ich nichts!
Bin ich liebend, so ertrage ich alles mit der größten Leichtigkeit... Bin ich's nicht, ist's Unmöglichkeit. Dabei weiß ich immer, daß mir bisher nie ein Mensch so nahgestanden hat wie er.
Wenn ich nur mein inneres Gleichgewicht wiederfände!
Er hat mir gestern gesagt, daß er noch nie so leicht und anhaltend gearbeitet habe wie jetzt, und das hat mich beglückt.
Wenn ich weiß, daß ich ihm durch mein Leiden Impulse gebe, wie kann ich da nur einen Moment verzagen!
Er soll nichts merken von meinen Kämpfen. Ich kopiere Tag für Tag die Partitur seiner 5. Symphonie, und wir haben einen Wettlauf, wer

schneller fertig ist – er mit dem Instrumentieren oder ich mit dem Kopieren, was er mir dadurch erschwert, daß er immer nur eine Stimme ausschreibt und ich selbst die anderen Stimmen in den verschiedenen Schlüsseln auszufüllen habe. Ich bin etwas behindert durch meine schwere Schwangerschaft, aber ich überwinde jede Schwäche.
Den Boden, auf dem er geht, will ich mit meiner schwer errungenen Ruhe festigen.
Dafür aber habe ich einen weisen Führer und ein nie endenwollendes Gespräch. Ich bin tief erfüllt von meiner Mission, diesem Genie die Steine aus dem Weg zu räumen!

August 1902

Mein Geliebter hat mir gestern ein Lied vorgesungen, das er mir vor mehreren Tagen in meine Noten gelegt hatte, in den Klavierauszug von ›Siegfried‹. Er hatte gehofft, ich würde die Oper wieder spielen und es selbst finden.
Es ist das erste Liebeslied, das er geschrieben hat. »Ein Privatissimum an dich«, sagte er.
Es ist das Rückertsche Gedicht: ›Liebst du um Schönheit.‹
Das letzte, »Liebe mich immer, immerdar«, ist so innig, daß mich, als ich es mir jetzt wieder nach langer Zeit angesehen habe, die Rührung fast übermannte.
Oft fühle ich, wie wenig ich bin und habe, im Vergleich zu seinem unermeßlichen Reichtum.

November 1902

Ich bin seit acht Tagen aus dem Bett. Am dritten November ist meine Tochter Maria zur Welt gekommen.
Ich habe noch nicht die rechte Liebe für mein Kind.
Alles in mir gehört Gustav.
Alles ist tot neben ihm.
Und ich kann es ihm nicht sagen!
Mir ist oft, als ob man mir die Flügel beschnitten hätte.
Gustav, warum hast du mich flugfrohen, farbfrohen Vogel an dich gekettet, wo dir doch mit einem grauen, schweren besser geholfen wäre!

Ich war nun lange krank. Vielleicht eine Ursache oder Folge meines inneren Unfriedens. Aber seit Tagen und Nächten webe ich wieder Musik in meinem Inneren. So laut, so eindringlich, daß ich es beim Sprechen unter den Worten fühle und in der Nacht nicht einschlafen kann.
Gestern sagte ich Gustav, daß es mich schmerze, daß er so gar kein Interesse bezeige für das, was in mir vorgeht, und daß ihm mein Musikwissen nur so lang passe, als ich es für ihn verwende. Er sagte: »Weil deine Blütenträume sich nicht erfüllt haben... es liegt nur an dir...«
Gott, wenn einem so unbarmherzig alles genommen wird!
Gustav lebt sein Leben, und ich habe auch das seine zu leben.
Ich kann mich auch nicht nur mit meinem Kind beschäftigen.
Ich lerne Griechisch... übersetze Paulus Nikaios und fülle leere Stunden auf diese Art.
Kein Mensch versteht's. Jeder glaubt mich glücklich.

Ich sagte ihm heute, daß ich jemanden zum Reden brauche.
Gustav steht so einsam, so entfernt, er hat alles zu tief innen, als daß es im Leben ans Licht könnte.
Auch seine Liebe – alles, alles verkümmert.
Früher, als ich scheinbar allein war, hatte ich so viele Menschen um mich, die meine Blitzableiter waren.
Lernen? Ja wozu denn, ohne Ziel, ohne Grenze.
Ach, wenn er doch jünger wäre! Im Genießen, im Erleben jünger!

1903 – Wien

Eben komme ich aus der Oper. Es war Arrangierprobe der ›Euryanthe‹.
Mir graut so vor Mahler, daß ich mich fürchte, wenn er nach Hause kommt. Neckisch, lieblich girrend umhüpfte er die Sängerin Y, die Z, und zu Hause ist er der Abgeklärte, der ermüdete Mann, für den ich unentwegt zu sorgen habe.
Wenn er doch nie mehr nach Hause käme...

Wir sprachen nichts miteinander. Am folgenden Tage gab es eine herbe Aussprache. Er sagte, er fühle deutlich, daß ich ihn nicht liebe,

und jetzt hat er wirklich recht... seit der letzten Szene war alles kalt in mir.
Ich weiß, daß der Mann in der Welt draußen das Pfauenrad zu schlagen hat, während er sich zu Haus ›ausruhen‹ will.
Das ist das Los der Frau.
Aber nicht das meine!
Bei mir allerdings hat es sich später zum Besseren, ja zum Besten gewendet. Plötzlich war das warme Gefühl wieder da.
Nun weiß ich wieder, wie sehr er mir nah ist.

Gestern erzählte mir Gustav Mahler: Als junger Mensch in Wien kam er einstmals am Schluß eines Konzertes zu gleicher Zeit mit Richard Wagner an die Garderobe. Er hatte Wagner nie vorher gesehen, und seine Ehrfurcht und Liebe waren so groß, daß sein Herz aussetzte. Mahler stand knapp hinter Richard Wagner, der seinen Winterrock bekam und sich in die Ärmel hineinmühte... Gustav Mahler aber war durch dieses plötzliche Erlebnis in seligem Schreck wie vereist, gelähmt, er war nicht imstande, dem vergötterten Menschen in seinen Winterrock zu helfen! Er gestand mir, daß er noch mehrere Jahre an diesem Zwischenfall gelitten hat.
Ich bin überzeugt, daß es mir ebenso ergangen wäre.

Ich bin ruhiger. Habe mir vorgenommen zu schweigen, wenn mich etwas schmerzt. Ich spiele Klavier. Wozu und für wen?
Ich kann's ja auch gar nicht mehr. Ich habe alle Lust am Leben verloren.
Ich habe niemanden, dem ich meinen Reichtum mitteilen kann.
Ach, hätte ich doch nur das eine noch, meine Musik!
Könnte ich doch weiterlernen, hätte ich einen Menschen, der mich belehrt, der mir gibt! Aber das ist nun unabänderlich, ich vegetiere so für mich hin.

Meine Träume im Fieber:
Ich warte auf Gustav.
Ich sehe eine endlos lange Flucht von Zimmern. Da – auf einmal geht die letzte Tür hinten auf, er kommt mit seinem weißen Gesicht, mit den schwarzen fliegenden Haaren, seinen schwarzen Augen, seinem langen schwarzen Schlafrock.

Ich sehe ihn alle Türen öffnen – und durch sie hindurch – durch die langen Zimmer gehen und immer, wenn er die Tür aufmacht, sehe ich ihn noch bei der vorhergehenden – dieselbe Drehung machen.
Wie sein Doppelgänger...
Er kommt näher...
Angst! Aufwachen!

Man bringt mir Zeichnungen zum Aussuchen. Von allen unbemerkt sticht Gustav mit seiner Feder hinein. Voll Entsetzen über das Unheil befrage ich ihn – aber er hört mich nicht – sinnt pfeifend einer Melodie nach – und auf einmal zieht er das eine Bein bis zum Magen hoch – und dann das andere – und steigt so im Zimmer herum.
Es öffnet sich die Tür, und eine Unzahl von kleinen Männerchen, alle wie er, steigen herein, das ganze Zimmer wogt.
Ich will in mein eigenes Zimmer, ich öffne die Tür, aber auch daraus steigen sie heraus – ich will schreien... wache auf...

Eine grüne große Schlange schwingt sich in mich hinein, ich reiße an ihrem Schwanze – sie will nicht heraus – ich läute der Dienerin – sie reißt gewaltig an – auf einmal hat sie das Tier – es sinkt heraus – im Maul meine ganzen inneren Organe – ich bin nun hohl und leer, wie ein Schiffswrack.

Ich habe die Erkenntnis gewonnen, daß ich nicht glücklich, nicht unglücklich bin. Es ist mir auf einmal zum Bewußtsein gekommen, daß ich nur ein Scheinleben führe. Meine innere Unterdrücktheit ist zu groß: Mein Schiff ist im Hafen. Aber leck.

Sommer 1903

Ich habe meine Kompositionen wieder gespielt, meine Klaviersonate, meine vielen Lieder. Ich fühle es wieder – Das! Das! Das!
Ich sehne mich, wieder zu produzieren.
Was ich mir jetzt vormache, ist Täuschung. Ich brauche meine Kunst!
Alles, was ich heute spielte, ist mir so tief vertraut.
Wenn ich nur Zemlinsky zum Arbeiten hätte, aber da ist ja Gustav Mahlers vollkommen unbegründete Eifersucht.
Und so habe ich eben niemanden.
Im Innern fühle ich mich jetzt nicht unglücklich. Gar nicht. Nur etwas

mehr von Gustav Mahlers sicht- oder fühlbarer Liebe könnte ich wohl ertragen.

1904 – Wien

Die Geburt meines zweiten Kindes am 15. Juni 1904, um zwölf Uhr mittags, in der Mitte des Jahres, war wie ein Sinnbild für ihr ganzes Sein. Sie hatte (und hat immer noch) veilchenblaue Augen und schlug sie gleich riesengroß und unerschrocken auf. Wir nannten sie deshalb »Gucki«.
Sie wurde auf den Namen Anna – nach meiner Mutter – getauft, und sie war uns vom ersten Moment an eine große Freude.

Ich muß meine Klavierstunden wieder aufnehmen! Komponieren darf ich ja nicht. Ich will wieder ein geistiges Innenleben führen, wie ehedem. Es ist ein Unglück für mich, daß ich keine Freunde mehr habe. Aber Gustav Mahler will niemanden sehen und erlaubt nicht, daß jemand während seiner Abwesenheit zu mir kommt.
Ich habe wieder in meinen Tagebüchern gelesen. Wieviel erlebte ich früher! Wie schleicht mein Leben jetzt dahin!
Wenn Hans Pfitzner doch in Wien lebte! Wenn ich mit Zemlinsky verkehren dürfte! Auch Schönberg als Musiker interessiert mich...
Bruno Walter ist da. Gustav Mahler spielt ihm seine 5. Symphonie vor. Er läßt Bruno Walter in seine Seele schauen. Bis jetzt hatte mir das Werk allein gehört! Ich hatte es ja kopiert, und wir hatten oft für uns die Themen gesungen... und jetzt gehört es den anderen Menschen! Bruno Walter ist der einzige, dem ich die Mitwisserschaft gönne.
Und doch – ich ging aus dem Zimmer...

Später

Meine Kinder sind krank. Maria geht's besser, der kleinen Anna schlimm. So traurig das ist – es gibt mir meine Kraft wieder. Je mehr man sich verbraucht, desto mehr Kräfte hat man...
Ich bin heiter und aufgeräumt, wie selten. Auf einmal wußte ich wieder, warum ich auf der Welt bin: meine Kinder brauchen mich! Und Gustav Mahler braucht mich! Aber ich kann ihm meine ganze Wärme nicht geben. Warum eigentlich nicht?
Er war mir anfangs fremd, ja – und in vielem ist er es mir noch

immer. Darum auch kann ich manches an ihm nicht ganz verstehen – und wenn ich es kann, treibt es mich von ihm fort.
Doch da ist so viel Positives!
Ich weiß, daß ich ihn wirklich liebe und – jetzt – ohne ihn gar nicht leben könnte. Denn er hat mir so viel genommen, daß seine Gegenwart jetzt meine einzige Stütze ist.
Jetzt muß ich aus dem Rest meiner Existenz herausholen, was mir das kurze Leben bietet.
Unter diesem Herausholen verstehe ich, so gut... so nützlich... so ruhig... so in mich abgeschlossen zu werden, daß ich dadurch glücklich werde.
Aber ich bin etwas über zwanzig Jahre alt. Ganz still ist mein Leben. Kinder – Gustav. Gustav – Kinder...!

Jänner 1905

Heute war Generalprobe von:
Zemlinsky... ›Seejungfrau‹,
Schönberg... ›Pelleas und Melisande‹.
Schönbergs Musik machte einen tiefen Eindruck auf mich:
Ich verstand erst jetzt Zemlinskys sonderbares Aussehen: klein, zahnlos und ohne jeden Ansatz von Kinn, was seinem Gesicht einen zwerghaft-erschrockenen Ausdruck gab. Und Mahler und ich sagten immer: »Zemlinsky fehlt das Kinn auch in der Musik!« Sequenzen... enharmonische Verwechselungen... nur Chromatik... kein Eindruck. Es ist schade! Sein Können überwuchert seine Phantasie.

Generalprobe von Gustavs Liederabend. Große Ergriffenheit im Publikum. Ich fühle, seit ich von meinem Wege abgewichen bin, nicht mehr viel bei Musik... und sei sie die beste, wozu ich Gustav Mahlers Musik zähle.

Später

Wir waren mit Gerhart Hauptmann und Pfitzner zusammen. Am Abend nahmen wir Gerhart Hauptmann in die Oper mit. Es gab ›Rheingold‹, das er merkwürdigerweise zum erstenmal in seinem Leben hörte.
Die Gespräche dieses Abends waren mehr als interessant. Man stritt darüber, was in der Kunst wertvoller sei, die Nationale oder die Über-

nationale. Mahler und Hauptmann waren für die übernationale, Pfitzner für die nationale. Mahler ist heute international, Hauptmann berühmt, aber nicht gelesen und wenig gespielt in außerdeutschen Ländern. Pfitzner aber ist nur den Deutschen vernehmlich und verständlich.
Die Juden sind das Salz der Erde – und ihre Kunst ist, wenn sie nicht zu national gebunden ist, überall heimisch. Sie haben es da leichter als die Erdgebundenen – wie zum Beispiel Hans Pfitzner oder Gerhart Hauptmann. Diese werden selbst in ihrer Heimat zuerst einmal abgelehnt und im Ausland an sich schwer begriffen.
Doch sowohl Hauptmann als auch Pfitzner verdanken sogar ihren ›inneren Ruhm‹ fast ausschließlich kultivierten Juden, die sie und ihre Kunst sofort begriffen und ihnen helfend zur Seite standen. Hauptmann war übrigens nie Antisemit!
Auch Richard Wagner ging es ebenso, obwohl er ›Das Judentum in der Musik‹ geschrieben hat.
Zwischen Hauptmann und Pfitzner besteht irgendeine Gereiztheit. Mahler aber ist sehr eifersüchtig auf Pfitzner. Natürlich schmeichelt es mir, daß dieser Mensch mich so sichtbar liebt, und ich wehre mich bei seinen Berührungen auch nicht des prickelnden Reizes, den ich so lange nicht gefühlt hatte. Ich konnte dann Mahlers tyrannisches Wesen noch weniger ertragen als sonst und war recht wenig gut zu ihm. Er fühlte es während unseres Spazierganges, machte brüsk kehrt und ging in die Oper zurück. Ich ging allein in der Stadt weiter. Es wurde finster, und ich litt so an meiner eigenen Lieblosigkeit, daß ich aufgestöhnt habe.
Am Abend war Gustav zugeknöpft und mürrisch. Er sagte, ich stehe immer auf seiten der anderen ...
Innerlich sind wir uns heute fremd.
Er sagte: »Lies die Kreutzersonate ...«

Juni 1905 – Maiernigg

Es ist jetzt nicht mehr meine Gewohnheit, mit mir selbst zu reden, darum schreibe ich wenig. Im musikalischen Empfinden war ich Gustav ein ganz klein wenig untreu, und er weiß es. Doch alles ist verweht. Keine unschöne Erinnerung belastet mich. Ja überhaupt keine, bis auf seine Musik.
Eines bleibt für mich wahr, und das ist: Gustav Mahler.

Später

Ich habe den ganzen Tag gearbeitet. Für Gustav Mahler kopiert, Kinder gehütet, Klavier gespielt ... am Abend bin ich endlich etwas zur Ruhe gekommen. Ich ging im Finstern am See entlang und hatte Sehnsucht nach Gustav.

Aus dem See, aus dem Wald ... überall tauchte sein Bild mir auf.

Er ist nicht hier, er ist in Wien. Trennung macht sehend. Ich lebe ja nur in ihm.

Ich kopiere für ihn, ich spiele Klavier, um ihm zu imponieren, ich lerne Griechisch, ich lese die Bücher, die er liebt ... alles aus demselben Grunde.

Aber immer wieder bäumt es sich in mir auf, Stolz, Ehrgeiz, Ruhmsucht, statt daß ich trachte, nur ihm das Leben schön zu machen, wozu ich einzig auf der Welt bin und was allein meine Existenz rechtfertigt.

Ich geriet in große Zweifel ... konnte selber nicht mehr schreiben und stürzte mich in Gustav Mahlers schwere, fremde Musikflut ... bis ich darin versank.

Ich sehnte mich nach Musik! Ja, nach Musik... das ist nun merkwürdig. Unser Haus war meist still, wenn Gustav Mahler müde aus der Oper kam. Ich sehnte mich nach meiner eigenen, da mir Gustav Mahlers Musik im Anfang fremd war und nur durch äußerste Willensanstrengung mir ganz nahe kam. Meine Mutter spielte die Frau des ›Operndirektors‹... ich war die Frau des verkannten, verschuldeten, kranken Musikus Gustav Mahler. Abend für Abend saßen meine Mutter und die Schwester Mahlers, Justine Rosé, in der Direktionsloge und genossen den Applaus... ich mühte mich unterdessen abwechselnd und ohne Abwechslung im Kinder- und Studierzimmer. Ich kam auf die gute Idee, sie glauben zu machen, ich sei schwanger, dann durfte ich wenigstens auf dem Fauteuil sitzen!

1907

Die Stellung eines Direktors der Wiener Hofoper war damals vollkommen totalitär. Der Direktor unterstand nur dem Kaiser und dessen erstem Beamten, zurzeit dem Obersthofmeister Fürsten Montenuovo. Beide hatten den größten Respekt vor Gustav Mahlers Charakter und Ernst und ließen ihn schalten und walten.

Diese Stellung aber war eine ungeheure Belastung für Gustav Mahler. Er mußte in zwei Sommerurlaubsmonaten seine Symphonien erfinden und aufschreiben – in der Stimmung fortwährend unterbrochen durch Alarmnachrichten aus der Oper. Er hatte sich's so einrichten müssen, daß er immer in zwei Sommermonaten ein Werk schuf, das Particell skizzierte, und in den nächstjährigen zwei Sommermonaten die Partitur und die Instrumentierung vollendete.
Das ganze Jahr aber saß er jeden Morgen ab sechs Uhr früh an seinem Schreibtisch zu Hause und feilte, feilte, bis er ins ›Amt‹, das heißt in die Oper mußte. Da er auch als Beamter ungeheuer pflichtgetreu war, war er täglich der erste im Büro ...
Es ist selbstverständlich, daß ich, die ich kunstbesessen war von eh und je, nur den einen Wunsch hatte: Gustav Mahler aus der Opernfron in ein freies Leben zu bringen.
Mein Wunsch sollte durch eine kleine Unregelmäßigkeit erfüllt werden, die sich Alfred Roller, Chef des Bühnenwesens, hatte zuschulden kommen lassen, und die Gustav Mahler aus Freundschaft zu Roller deckte. Roller, um es kurz zu sagen, studierte ein Ballett ohne den Ballettmeister Haßreiter ein, der seinerseits eine Probe des Ensembles ausgeschrieben hatte, zu der aber kein einziges Mitglied kam, weil alle bei Roller waren. Und der Herr Haßreiter machte keine Umwege. Er ging direkt zum Kaiser. Montenuovo sprach lange mit Gustav Mahler und sagte zum Schluß: »Es ist das erste Mal, daß ich Sie dabei ertappe, eine Unrechtmäßigkeit zu schützen«, und Mahler wurde fallengelassen. Nur durch seine Freundschaft mit Alfred Roller scheiterte Gustav Mahlers Stellung als Direktor der Wiener Hofoper. Aber wir fühlten uns frei, denn die ungeheure Schuldenlast, die ich von ihm übernommen hatte, war inzwischen getilgt.

Diese Freundschaft datierte aus dem Jahre 1902. Gustav Mahler und ich kehrten von unserer Hochzeitsreise aus St. Petersburg – wo Mahler drei Konzerte dirigiert hatte – nach Wien zurück und besuchten bald darauf meine Mutter auf der Hohen Warte bei Wien, wo Gustav Mahler nun den Maler Alfred Roller kennenlernte. Die beiden unterhielten sich ausschließlich über die Oper, und Roller sagte, daß er ›Tristan und Isolde‹ nur von der Bühne abgewendet ertragen könne. Seine Ideen über die Inszenierung dieser Oper interessierten Gustav Mahler dermaßen, daß er auf dem Heimweg sofort zu mir

sagte, er werde Roller für die Oper gewinnen und ihm als erste Aufgabe ›Tristan und Isolde‹ übergeben.
Und so geschah es. Alfred Roller war noch nie in seinem Leben auf einer Bühne gestanden, doch ging er mit Feuereifer daran, seine Lieblingsideen zu verwirklichen. Gustav Mahler hatte viel zu kämpfen, den vollkommen ahnungslosen Bühnenbildner vor dem erfahrenen Personal zu schützen, das natürlich gleich den Sonntagsreiter erkannte und ihn abzuwerfen trachtete. Mahler stand Roller unentwegt zur Seite, und er war ein so gelehriger Schüler, daß Mahler ihn bald zum Chef des Ausstattungswesens machen konnte. Nach dem großartig gelungenen ›Tristan und Isolde‹ inszenierten Mahler und Roller nun in rascher Folge ›Iphigenie‹, ›Don Juan‹, ›Euryanthe‹, ›Falstaff‹. Die beiden stabilen Ecktürme, die Roller zuerst für die Mozartopern erfunden hatte, wurden später ein Requisit aller Opernbühnen Europas. Die geistige und künstlerische Einheit zwischen Mahler und Roller brachte einen großen Reichtum neuer Ideen und überhaupt einen ungeheuren künstlerischen Aufschwung der Wiener Hofoper.

Im Juli 1907 befanden wir uns in unserem Sommerheim in Maiernigg am Wörthersee... weit weg von Ärzten und Hilfe – als unser Töchterchen Maria an Scharlach und Diphtherie erkrankte. Unter primitivsten Umständen wurde ein Kehlkopfschnitt vorgenommen, aber nach vierzehn Tagen schwersten Leidens starb das Kind.
Dieses Kind war unter den dramatischsten, schwersten Komplikationen auf die Welt gekommen, sein kurzes Leben floß ebenso dramatisch, und der Schluß wäre für Gustav Mahler und mich fast zur lebensgefährlichen Tragik geworden.
Gustav Mahlers Herzleiden wurde zu dieser Zeit zum erstenmal konstatiert. Und er war schon ein vom Tode Gezeichneter, als wir im Herbst das erstemal nach Amerika fuhren.
Mahler war nach München berufen worden, um mit dem Direktor der Metropolitan Oper einen mehrjährigen Vertrag zu unterzeichnen.
Nun begann eine neue, bessere Zeit für uns beide, wenn wir auch immer um unser schönes, hochbegabtes Kind trauerten.

Erich Wolfgang Korngold spielte Mahler das erste Mal nach Ostern 1908 seine Märchenkantate ›Gold‹ vor, doch war ich nicht dabei und kenne den Eindruck nur aus Mahlers begeisterten Ausrufen.

Im Sommer 1908 hatten wir den Besuch des Musikkritikers und Freundes Korngold und seiner Frau, die ihren elfjährigen Sohn Erich Wolfgang mitbrachten. Mahler bat den Jungen, eigene Kompositionen zu spielen, obwohl er kaum angefangen hatte, Klavierspielen zu lernen.
Die große Aufmerksamkeit schien ihm nicht angenehm zu sein. Er schlich sich davon und spielte mit unserer Tochter auf dem Dach eines Heuschobers. Ich kam hinaus und rief ihn zur Jause. Er sagte: »Ich mag nicht«, und ich: »Warum denn nicht?« – »Weil ich nicht schön essen tu...«
Er war nicht zu bewegen, hereinzukommen, und so bekamen die Kinder ihren Kuchen draußen. Sie vertrugen sich übrigens ganz gut, weil sie beide wortkarg und verbissen waren. So sehr, daß meine fünfjährige Tochter Anna ihn bat, nicht fortzugehen, sondern in ihrem Bett bei ihr zu übernachten.
Als die Gesellschaft wieder fortgefahren war, sprachen wir noch stundenlang von Erichs unglaublicher Genialität.
Er hat im Jahre 1909 bei uns seine Passacaglia vorgespielt, die auf Mahlers Rat hin später als Finale in seine d-Moll-Sonate aufgenommen wurde.
Mahler war nicht mehr Direktor der Oper in Wien, und wir wohnten nun bei meiner Mutter, wo Erich uns das erste Mal sein Klaviertrio vorspielte.
Alles bekundete den starken Musiker, die ungeheure Einfallskraft dieses jungen Menschen, von dem Richard Strauss damals sagte: »Gegen dieses Kind sind wir alle arm.«

Mahler war die letzten vier Jahre seines Lebens in New York engagiert. Im Anfang nur an die Metropolitan Opera; die letzten zwei Jahre aber hatte er sein eigenes Orchester, und hatte weitere Gastspiele an der Met. Wir blieben jeweils nur drei bis vier Monate in Amerika, und Gustav Mahler war das erstemal in seinem Leben frei für seine eigene Arbeit.
Diese Muße muß man seinen letzten Symphonien, von der 7. Symphonie an, anmerken.
Er schrieb in diesen wenigen Jahren:

die 7. Symphonie
Das Lied von der Erde

die 8. Symphonie
die 9. Symphonie
die Skizzen zur 10. Symphonie.

Auf der Rückfahrt nach Europa blieben wir im Frühling immer einige Wochen in Paris, so auch im Jahre 1909. Carl Moll hatte bei Rodin eine Mahlerbüste bestellt. Mahler sollte glauben, daß Rodin sie aus eigenem Antrieb schaffen wolle. Ich sah hingerissen vierzehn Tage Rodins Arbeit zu. Da er mein Interesse bemerkte, erklärte er mir täglich seine Intentionen.
Er nahm nie mit dem Spachtel weg, sondern er trug ganz kleine Kügelchen auf, und in den Pausen zwischen den Sitzungen glättete er die neuen Unebenheiten.

Gustav Mahler war durch körperliche Leiden vieler Art ein überheizter Motor oder Amokläufer geworden. Als ich ihn kennenlernte, war er festgeknetet. Seine schwache Konstitution übertönte er mit rasender Arbeit und ewig lauerndem Ehrgeiz. Nie und nirgends hatte er Ruhe. Überallhin verfolgte ihn die Angst: ›Arbeitsverlust!‹ Gehetzt, gejagt von dem unsichtbaren Jäger Tod – so kannte ich ihn die zehn Jahre, die ich mit ihm leben durfte. Unser Leben war nur auf seine Arbeit und seine Gesundheit gestellt, und als ob er gewußt hätte, daß er jung sterben müsse, gestattete er sich keine Reise, keinen Urlaub, sondern er trug dieses schwere Arbeitsleben, bis er zusammenbrach.
Als man ihn als Kind fragte, was er werden wolle, antwortete er sofort: »Märtyrer.«
Diese sonderbare Ehe mit Gustav Mahler, diesem Abstraktum, hatte mich die ersten zehn Jahre meines bewußten Lebens innerlich jungfräulich erhalten. Ich liebte Mahlers Geist, sein Körper war mir schemenhaft.
Im Jahre 1907 hatte Gustav Mahler mir seinen jungen Freund Ossip Gabrilowitsch gebracht, und meine leerlaufenden Empfindungen verstrickten sich mit denen dieses jungen Menschen. Es war nur selbstverständlich, daß wir uns ein wenig verliebten. Wir wollten es nicht wahrhaben und kämpften strenge. Es war an einem Abend, in Toblach. Gustav Mahler arbeitete... Ossip Gabrilowitsch und ich lehnten aus dem Fenster und sahen auf eine mondbeglänzte Wiese. Der Mond beschien unsere Gesichter, die wir langsam einander zuwandten –

wir waren einander nahegekommen ... Gabrilowitsch reiste nach diesem einzigen Kuß ab, und wann immer wir uns wiedersahen, immer war der große Kampf da. Wir aber liebten Gustav Mahler in solchem Maße, daß uns eine Untreue an ihm nicht in den Sinn kommen konnte. Mahler wußte nichts von unseren großen inneren Konflikten, und seine starke Liebe hätte es weder verstanden noch ertragen.
In New York dann, viel später, sagten wir uns an einem Abend tieftraurig Adieu. Gustav Mahler war schlafen gegangen. Ossip Gabrilowitsch spielte mir noch einmal – ein letztes Mal – das kleine Intermezzo in A-Dur von Brahms vor, das ich so liebe, und er hat dieses Stück bestimmt nie wieder so schön gespielt. Wir waren glücklich über unseren Sieg – aber Mahler hatte gehorcht, und es kam zu einer großen Aussprache. Da ich gegen alle meine Triebe und Wünsche gesiegt hatte, war ich nun auch fähig, mich zu verteidigen. Gustav Mahler glaubte mir, aber ich war über das Ganze so verzweifelt, daß ich die Nacht über vor dem offenen Fenster im elften Stock stand und um die Hilfe Gottes bat, mir die Kraft zu geben, diesem unseligen Leben ein Ende zu machen.
Doch immer wieder kommt ein Morgen, und als der milchige Nebel der New Yorker Herbstfrühe sich löste, fand ich mich wieder.
Ossip Gabrilowitsch war damals nur Pianist, später Dirigent. Der große Anatom Zuckerkandl hatte von ihm gesagt: »Er sieht aus wie ein Kischenever Jude nach einem Pogrom.« Alles in seinem Gesichte stand schief. Aber da war es eben, dieses Fremde, um dessentwillen ich ihn damals suchen mußte, und vermutlich er auch mich. – Diese jugendliche Kameraderie hatte mir mein Selbstbewußtsein wiedergegeben.
Gustav Mahler war ein Leidsucher, wie es in gewissem Sinne auch Beethoven und Brahms waren. Im Anfang unseres Kennens sagte er oft, obwohl er sich in mein damals schönes Gesicht verliebt hatte: »Du hast zu wenig Leidenszüge in deinem Gesicht.« (Nun, das hat Gott nachgeholt und einen ziemlich schweren und schmerzhaften Griffel dazu verwendet.)

Friedrich Rückert weinte die Kindertotenlieder vor sich hin, als er vom Leichenbegängnis seiner von einer Epidemie dahingeraffften Kinder in sein einsames Haus zurückkehrte.
Gustav Mahler wurde davon so ergriffen, daß er sie 1901 wie im Traume sang.

Die drei ersten Lieder entstanden in derselben Zeit, wie die erste Niederschrift der unfertigen 5. Symphonie, was man an den sehnlichen Themen erkennen kann. Im Sommer 1902 vollendete er die 5. Symphonie und ließ die Kindertotenlieder liegen.
Wir waren verheiratet und hatten ein Kind, das Mahler vergötterte.
Drei Jahre später komponierte er die beiden letzten Lieder.
Nach dem Tode unseres älteren Kindes im Jahre 1907 konnte sich Mahler nicht mehr überwinden, die Kindertotenlieder einzustudieren oder zu dirigieren.
Mir war diese Arbeit bei Lebzeiten der Kinder sehr unheimlich gewesen. Die beiden wunderbar begabten Kinder jubelten im Garten, und ich fühlte ein Grauen, daß er imstande war, ihren Tod zu singen...

Als das furchtbare Erdbebenunglück in San Francisco geschah, waren Gustav Mahler und ich tief erschüttert, aber am selben Tage wurde der große Radium-Entdecker Professor Curie in Paris von einem Pferdefuhrwerk überfahren und getötet. Mahler und ich wußten viel von seinem Anachoretendasein und seinem nur der Wissenschaft gewidmeten Leben. Wir fühlten einmütig sofort, daß dieses Unglück das schwerere für die Welt war. Der Entdecker und große Hilfebringer, der bewußt diese Kraft suchte und fand – gegenüber der namenlosen Menschenmenge, die als großes Fragezeichen versunken ist.

Mahler sagte während einer gesellschaftlichen Diskussion mit jungen Musikern über Schönberg: »Wenn ich ihn auch oft nicht verstehe: ich bin alt – er ist jung – also hat er recht!«
Aus einem Brief:
»Muß man denn immer erst tot sein, bevor einen die Leute leben lassen?«
Mahler in einem Jugendbrief:
»... Eben von Bayreuth zurückgekehrt. Als ich keines Wortes fähig aus dem Festspielhaus hinaustrat, da wußte ich, daß mir das Größte, Schmerzlichste aufgegangen war und daß ich es unentweiht mit mir durch mein Leben tragen werde.«

Gustav Mahler war im letzten Jahr seines Lebens, in seiner Not und Angst, mich zu verlieren, nach Leiden zu Sigmund Freud gefahren,

der ihm sagte: »Sie suchen in jeder Frau Ihre Mutter, die doch eine arme, leidende, gepeinigte Frau war...« Und weiter sagte er Mahler, »daß ich meinen Vater als geistiges Prinzip suche...«, was gewiß gestimmt hatte. Aber mein Vater war dem Leben sehr zugewandt gewesen, und Gustav Mahler war, als ich ihn kennenlernte, von ein paar Verführungen abgesehen, die ihm von wissenden Frauen geschahen, jungfräulich geblieben ... und er war vierzig Jahre alt. Das ist kein Zufall. Er war ein Zölibatär und fürchtete das Weib. Seine Angst, ›heruntergezogen‹ zu werden, war grenzenlos, und so mied er das Leben ... also das Weibliche.
Seine Werke, in denen, berliozhaft, schöne Gesangsmelodien sich zuweilen in teuflische Fratzen verändern konnten, suchte er dann wieder zur größten Reinheit hinaufzuheben – was ihm im Adagio der 3. und 4. Symphonie, am Schluß des ›Liedes von der Erde‹ und in der 8. Symphonie wissend und überschauend gelungen ist.
Gustav Mahler hatte eine diebische Freude an den kaustischen Sprüngen seiner Phantasie. Er machte mich gern auf solche Stellen aufmerksam, die ihn wegen ihrer Originalität gepackt hielten. Er nannte das: »die Dolomiten tanzen es miteinander«, und ich empfand ihn am wahrsten in diesen unheimlichen Szenen – sie sind viel echter und unmittelbarer als die Weisen in den Knaben-Wunderhorn-Liedern, die mir nicht zu ihm, oder besser gesagt, nur zu einem kleinen Teil seines Wesens zu passen schienen.
In seinen stärksten Momenten gehörte Gustav Mahler zu den prophetischen Menschen, wie es Beethoven, Wagner, ja alle aussagenden Musiker waren.
Er pflegte oft zu sagen: »Ich liebe nur die Menschen, die übertreiben. Die, die untertreiben, interessieren mich nicht.«

Er hatte die Eigenheit, daß kein Gericht auf den Tisch kommen durfte, das die Form des Tieres noch hatte, als welches es gelebt hatte. So keine ganzen Fische, das Huhn nicht im Ganzen. Mehr noch, er sagte einmal: »Ich esse Kunsthonig lieber als den echten, weil mir die Herstellung des Honigs durch den Bienendarm unappetitlich ist.«
Mahler traf einmal den Komponisten Karl Goldmark, von der Opernprobe kommend, auf dem Ring. Er lud Goldmark für den Abend zum Tristan in seine Loge ein. Goldmark dankte: er wolle sich nicht zu sehr dem Einfluß Wagners aussetzen, da er diese Gefahr in sich

fühle ... Mahler antwortete lächelnd: »Sie essen doch auch Rindfleisch und werden kein Ochs.«

Im Jahre 1910 kam ich einmal mit meiner kleinen Tochter von einem Spaziergang in Toblach nach Hause. Ich hörte von weitem meine Lieder spielen und singen. Gustav Mahler stürzte mir entgegen: »Was habe ich getan! Deine Sachen sind ja gut! Jetzt mußt du sofort weiterarbeiten. Ein Heft suchen wir gleich aus. Es muß sofort gedruckt werden!« Er war hingerissen von der Situation – ich nicht, denn zehn Jahre verlorene Entwicklung sind nicht mehr nachzuholen. Es war ein galvanisierter Leichnam, den er neu beleben wollte.

Mahler und ich waren in der New Yorker Premiere von Debussys ›Pelléas et Mélisande‹ in der Hammersteinoper. Es war eine hervorragende Aufführung, ganz im Sinne der beiden Autoren Maeterlinck und Debussy. Ein Schüler Puvis de Chavannes hatte die Dekorationen phantastisch in Grau und Gold übersetzt. Perrier, Dufranne, Mary Garden sangen. Ich frug Mahler nach seinem Eindruck der Musik. »Sie stört nicht«, war die Antwort.

Im Sommer 1910 wachte ich eines Nachts auf, weil ich fühlte, daß mich jemand betrachtete. Es war Gustav Mahler, der mich weckte, weil er mir gleich sagen mußte, daß er mir die 8. Symphonie widmen wolle. Erst erschrak ich, weil er niemals irgend jemandem etwas gewidmet hatte, aus Angst, es könne ihn reuen, dann aber freute ich mich unsagbar.

29. Juli

Gustav Mahlers 8. Symphonie.
Durch meinen metaphysischen Leib sind die Ströme dieser großen Musik und dieses Menschen hindurchgegangen!
Die Erstaufführung der 8. Symphonie am 12. September 1910 in München! Das Publikum ahnte eine Schicksalsnähe und verstand Gustav Mahler plötzlich. Bei seinem Erscheinen erhoben sich alle – lautloses Schweigen.
Es war eine ergreifende Huldigung, und ihm noch nie vorher geschehen. Ich saß fast ohnmächtig vor Erregung in meiner Loge.

Mahler hatte in der Partitur des Tedeums von Anton Bruckner »für Chor, Soli und Orchester« ausgestrichen und groß darübergeschrieben:

»Für Engelszungen,
Gottselige, gequälte
Herzen und feuergeläuterte Seelen!«

Ich habe diese wunderschöne Inschrift Bruno Walter zum Geburtstag geschenkt, ebenso wie das ›Urlicht‹ und die ›Kindertotenlieder‹.

Gustav Mahler kam eines Morgens in sein Arbeitshaus in Maiernigg am Wörthersee. Es war hochgelegen, umgeben von Tannenwald, und als er die Türe öffnete, fiel ihm der Hymnus ›Veni Creator Spiritus‹ von Hrabanus Maurus ein.
Er kannte nur den Anfang auswendig, war aber so ungeduldig, daß er sofort zu komponieren begann und den ganzen Hymnus fertig hatte, bevor der vollständige Text – den er sich aus Wien hatte telegrafieren lassen – angelangt war. Sein Formgefühl war so sicher, daß er die richtige Form, die richtige Dynamik bis ins kleinste wußte, ohne den ganzen Text zu kennen.

Dezember 1911 – Wien

Gustav Mahler ist am 18. Mai von mir gegangen.
Was liegt alles dazwischen.
Ein unruhiges Leben. Viel Leid. Viel große Freude. Heute ist der erste Abend, an dem ich allein in meiner neuen Wohnung schlafen soll…
Ich habe eben in der eisernen Kassette Gustav Mahlers Abschied an mich gefunden.
Es sind die Skizzen zur 10. Symphonie.
Wie eine Manifestierung muten sie mich an, diese ungeheuren Liebesworte aus dem Jenseits.

1911

Nach dem Tode Gustav Mahlers im Jahre 1911 kam eine lange Zeit der geistigen und seelischen Pein für mich. Ich konnte den Gedanken schwer fassen, von ihm verlassen worden zu sein. Ich fühlte mich entwurzelt.
Meine Lunge war angegriffen – ich war ernstlich krank.

Professor Chwostek, der letzte Arzt Gustav Mahlers, setzte sich an mein Bett und sagte in seiner derben Art: »Wenn Sie so weitermachen, so werden Sie auch bald dort sein, wo Ihr Mann jetzt ist«, und zeigte auf den Grinzinger Friedhof, der vor meinem Fenster am Kahlenberg liegt.
Als meine Mutter nach ein paar Minuten in die Türe trat, war sie erstaunt über den seligen Ausdruck in meinem Gesicht.
Die Drohung Professor Chwosteks war die erste Freude, die ich nach Gustav Mahlers Tod hatte. Ich wollte ihm nachsterben!
Aber ich war dreißig Jahre alt – ich erholte mich wieder – die Musik zog mich in ihre Arme, und mein kleines sechsjähriges Kind war mir in jedem Sinne, vor allem aber in der Musik, Freude und Mitfühlende.
Und nun begann ein merkwürdiges Dasein.
Wir musizierten einfach den ganzen Tag, und meine alte Köchin (die Franz Werfel später im ›Veruntreuten Himmel‹ verewigt hat), wußte nicht, was sie sich denken sollte, wenn sie mein kleines Mädel und mich vor jedem Gericht vom Klavier zum Essen holen mußte.
Dies schmeckte uns aber besser als alles, was sie kochen konnte.

In den ganzen Jahren und besonders in der Zeit der schweren Krankheit Gustav Mahlers war unser Freund und Arzt Joseph Fraenkel als Mensch und Wissenschaftler unsere Stütze. Nach Mahlers erster Blutuntersuchung, die Streptokokken zeigte, sah Fraenkel um zehn Jahre gealtert aus. Er wußte Mahlers nahes Ende. Wir aber konnten uns Fraenkels verändertes Aussehen nicht erklären. Mahler hatte einen ererbten doppelten Herzklappenfehler und war vom ersten Moment an verloren. Alles hätte er ertragen können, nur keine Fieberkrankheit. Joseph Fraenkel half, half, half unermüdlich, brachte uns in New York noch aufs Schiff und überließ uns unserem todbringenden Schicksal.

Joseph Fraenkels Lebensgeschichte ist sonderbar.
Er war Wiener. Als junger Mensch wollte er Militärarzt werden und sollte sich deshalb taufen lassen; er kehrte aber bei der Wiener Votivkirche um und wanderte mit wenigen Gulden in der Tasche nach Amerika aus. Schon in Hamburg hatte er fast das ganze Geld durchgebracht, und er konnte sich auf dem Schiff nichts kaufen. Er fuhr

Zwischendeck. Eine Dame aus der ersten Passagierklasse verliebte sich sofort in seine faszinierenden Augen und ließ ihm alle Mahlzeiten der ersten Klasse ins Zwischendeck schicken. Er kam in New York an, ein Betrüger versprach ihm für seine goldene Uhr ein Bett für acht Tage und brachte Fraenkel zu einer Quartiersfrau. Diese hatte zwar kein Bett, aber sie machte ihm auf dem Boden eines Wandschrankes eine Lagerstätte zurecht.

Knapp nach seiner Ankunft erkrankte Fraenkel an Typhus und mußte die Krankheit in dieser luft- und lichtlosen Koje überstehen. Er blieb bei dieser Frau, die ihn pflegte, und verdiente sich späterhin als Zeitungsjunge, Ausrufer und Tellerwäscher so viel, daß er sein Bett zahlen und hie und da in ein Caféhaus im Judenviertel gehen konnte, wo er medizinische Zeitschriften las. Da kam einst ein alter Jude zu ihm und bat ihn, bei irgendeinem Verwandten einen Abzeß aufzuschneiden. Fraenkel hatte nichts bei sich, und so mußte er eine alte verrostete Schere benutzen. Diese Operation gelang, und man bat ihn um seine Rechnung. Er sagte, daß er seit Monaten die erste Freude gehabt habe und daß er, wenn er Geld hätte, diese Operation selbst bezahlen müßte. Daraufhin wurde er der beliebteste, immer berühmter werdende Arzt des Armenviertels.

Bald holten ihn aber auch schon besser situierte Leute, und endlich bot ihm Jakob H. Schiff eine Stellung im Montefiori-Hospital in New York an. In kurzer Zeit war er Leiter des Hospitals und Hausarzt der größten Geldmagnaten New Yorks. Immer aber behielt er seine Armenpatienten, die er unentgeltlich behandelte. Dafür rupfte er die Millionäre nach Noten.

Joseph Fraenkel war der genialste Improvisator, dem ich je begegnet bin. In Amerika war er ein Held, ein großer, berühmter Arzt, Präsident der New Yorker Neurologischen Gesellschaft et cetera – in Europa ein krankes, ältliches Männlein, recht unheldisch, mit einer schweren Darmkrankheit behaftet. (Er sollte später auch daran sterben.)

Nach Gustav Mahlers Tod kam Joseph Fraenkel nach Wien und wollte mich nach schicklicher Frist heiraten, denn er liebte mich sehr. Ich aber wollte mich nicht an ihn binden. Er kam sogar zweimal in diesem Jahr, aber ich war unterdessen weitergewandert, denn das Wandern in Seelen war nun meine Lust geworden.

Als ich später mit Walter Gropius verheiratet war, heiratete Joseph Fraenkel meine Freundin Ganna Walska, von der er sich einbildete,

daß sie mir ähnlich sehe – und weil sie auch so viele ›A‹ im Namen trage wie ich...!
Ich baute meine innere Unabhängigkeit wieder in mir auf. Die Musik war mir geblieben.

Nun war ich allein – und ohne daß ich es ahnte, lag das Leben verlockend vor mir. Ich hörte viel Musik und umgab mich nach wie vor mit interessanten Menschen. Mein Weg führte mich einmal in eine Chorprobe, die der eminent begabte Komponist Franz Schreker abhielt. Als er von meiner Anwesenheit hörte, kam er in meine Loge. Franz Schreker war eine merkwürdige Mischung von Geist und konstitutioneller Unbildung. Er spielte in meinem Leben keine Rolle; ich ging eine kurze Wegstrecke neben ihm und verließ ihn zur rechten Zeit.
Franz Schreker war ein echter Künstler, später etwas verdorben durch den plötzlichen Ruhm seiner Oper ›Der ferne Klang‹. Er kam aus großer Armut. Sein Vater, ein phantasiereicher Jude, entführte eine junge schöne Baronin aus altem Hause, und sie flohen ohne Geld durch die Länder, bis in Monaco das Schicksal ihnen Einhalt gebot. Der kleine François kam auf die Welt; später noch ein Mädel.
Der Vater wurde schlecht und recht ein Photograph. Als er vor Schulden nicht ein noch aus wußte, erschoß er sich auf einer Veranda, neben der sich seine Frau und seine Kinder befanden. Der kleine Knabe stand tief erschrocken neben dem grauenvollen Toten, der sein Vater war.
Später starb die jüngere Schwester verhungert in François' Armen. Sehr bald ernährte er seine Mutter und sich. Man war auf sein enormes musikalisches Talent aufmerksam geworden.
Er bekam ein Stipendium und studierte. Sehr jung noch gründete er einen Chorverein.
In diese Zeit fiel ein Erlebnis, das ihn grundlegend beeinflußt haben mag. Er wohnte jetzt mit seiner Mutter in einem Vorort Wiens, und es war ein kleiner Garten am Hause, mit farbigen Glaskugeln, wie es geschmacklose Kleinbürger lieben.
Einst stand er vor einer solchen roten Kugel und amüsierte sich eben über die Veränderung der Natur auf diesem bauchigen Glase. Da sah er plötzlich mit lähmendem Entsetzen, wie der Gärtner seine Frau durch den Garten jagte und sie knapp hinter ihm erschlug. Er sah alles

durch die verzerrende Glaskugel. Seine oft grausame Phantasie mag ihren Ursprung in all diesen Erlebnissen haben.
Er hat eine Reihe schöner Opern komponiert. Nach dem ›Fernen Klang‹ kam ›Das Spielwerk und die Prinzessin‹, das er mir widmen wollte (was aber später von Oskar Kokoschka verboten wurde). Dann ›Die Gezeichneten‹ und ›Irrelohe‹. Doch schon ging es bergab. Franz Schreker wurde krank, und er starb nach dem Mißerfolg seiner letzten Oper in Berlin in jungen Jahren, sehr vereinsamt und seelisch gebrochen. Die letzte Oper, ›Der Schmied von Gent‹, wurde in der Charlottenburger Oper aufgeführt, und wir wohnten diesem Fiasko bei.
Franz Schreker hatte Herz und Begabung zur Dichtkunst – nie aber kam es zum Höchsten. Später lernte er bei mir Franz Werfel kennen, den er dringend bat, seine Oper ›Irrelohe‹ umzudichten, aber Werfel war für diese schwülen Phantastereien nicht zu haben.
Schreker besuchte mich in Abbazia. Wir fuhren auf den kleinen Berg Veprinaz. Da stürzte er in das kleine Kirchlein – versuchte die alte, verstimmte Orgel, kam glückstrahlend von der Empore herunter zu mir: »Aber Klänge waren es doch!« – Und wir waren beide erwärmt von einer Musik – die keine war.

Unter den vielen Menschen, die ich damals kennenlernte, war der bedeutende Biologe Paul Kammerer, eines der seltsamsten Wesen, die ich in meinem Leben getroffen habe. Wüst und naiv zugleich begehrte er, einem Kinde gleich, mit Weinen und Geschrei die Erfüllung eines jeden seiner Wünsche.
Er hatte sich Gustav Mahler in dessen letzten Lebensjahren brieflich genähert. Dieser Brief war so originell gewesen, daß sich Mahler den Menschen kommen ließ und mit ihm ein langes ernstes Gespräch hatte. Kammerer hat uns im darauffolgenden Sommer in Toblach nochmals besucht, aber damals ließ uns sein skurriles Wesen zu keiner rechten Freude kommen. Etwas Journalistisches haftete ihm an, und das stark Künstlerische in seiner Natur wurde dadurch verzerrt.
Wir wußten kaum von ihm, und Mahler hatte seine hingeworfenen Worte: »Besuchen Sie uns einmal im Laufe des Sommers!« längst vergessen, als Tag für Tag eine Menge Post eintraf, per Adresse: Direktor Gustav Mahler, für Dr. Kammerer. Endlich kam er selbst.

Unsere Stimmung war nach dieser etwas aufdringlich gehandhabten Postreklame recht eisig. Aber er bemerkte dies nicht. Wir gedachten von ihm zu lernen und brachten das Gespräch auf biologische Fragen. Doch Kammerer wollte nur über Musik sprechen, und er wurde Mahler bald so lästig, daß der Besuch seine natürliche Abkürzung fand.

Nach Gustav Mahlers Tod fuhr Kammerer einmal mit mir im selben Zug von München nach Wien. In München hatte ich, noch tief aufgewühlt durch den Verlust meines Gatten, der Erstaufführung des Liedes von der Erde unter Bruno Walter beigewohnt. Kammerer entwickelte nun während der Fahrt seine Idee über meine nächste Zukunft. Er fände, daß ich nun eine Weile keine Musik treiben sollte, und er bot mir an, Assistentin bei ihm in der biologischen Versuchsanstalt im Prater zu werden. Mir gefiel der Vorschlag sofort, und ich willigte ein. Nun übergab er mir einen mnemotechnischen Versuch zur Bearbeitung. Er wollte herausbringen, ob Gottesanbeterinnen durch die Häutung ihr Gedächtnis verlieren, oder ob dieser Akt nur eine oberflächliche Hautreaktion ist. Zu diesem Zweck sollte ich den Tieren eine Gewohnheit beibringen, was insofern mißlang, als diesen Viechern nichts recht beizubringen war. Ich mußte sie unten im Käfig füttern; sie fressen aber immer in der Höhe und im Licht. Der Käfig war unten verdunkelt. Die Tiere waren nicht dazu zu bringen, ihre schöne Gewohnheit Kammerer zuliebe aufzugeben.

Ich führte Protokoll, und zwar sehr genau. Doch das war Kammerer nicht recht: ein ungenaues Protokoll mit einem positiven Ergebnis wäre ihm lieber gewesen. Ich sage nicht, daß etwas Schwindelhaftes in ihm war; nein, er wünschte die Ergebnisse seiner Forschungen so glühend herbei, daß er unbewußt von der Wahrheit abweichen konnte. Dies erklärt mir auch sein späteres Vorgehen und die Anschuldigung der englischen Versuchsanstalten, »die Ergebnisse seiner Untersuchungen hätten sich bei der Nachprüfung als nicht stichhaltig erwiesen«. Es handelte sich damals um die Mimikry der Eidechsen. Auch dieser Versuch – den ich mit überprüfte – war zu schnell publiziert und nicht genügend beobachtet. In England wurde Kammerer sogar des Betruges bezichtigt. Einmal führte er mich in den Keller der biologischen Versuchsstation. Dort wurden Axolotl an Licht und Fressen gewöhnt, und diese blinden Tiere bekamen ihr Augenlicht wieder. Als ich, nach Hause gekommen, Oskar Kokoschka dieses Ergebnis mitteilte, sagte er: »Und was sehen sie dann? ... Den Paul Kammerer!«

Im Laufe dieser Monate verliebte sich Kammerer ernstlich in mich. Er schrieb mir täglich mehrere Briefe mit dem verrücktesten Inhalt. Ich habe mir ganz wenige dieser Briefe aufgehoben. Seine Welt hatte mit der Wirklichkeit wenig zu tun. Unsere Beziehung war von ihm aus vollkommen falsch gesehen. Ich schätzte den Freund, der Mann aber war mir immer im höchsten Grade zuwider.
Es war ihm ein einziges Mal im Laufe von Jahren gelungen, sich einen Kuß zu erzwingen, und er faßte diesen Unkuß direkt als Eheversprechen auf. Es gab eine Zeit im Jahre 1912, in der wir alle für Kammerer zitterten. Seine Leidenschaft zu mir, von der er sich einen guten Teil einfach eingeredet hatte, machte ihn zum Clown meines ganzen Kreises. Täglich stürzte er aus meiner Wohnung mit der Versicherung, sich zu erschießen, und zwar mußte er das am Grabe Gustav Mahlers tun, denn Mahler sei ihm erschienen, et cetera. Erst war ich sehr ängstlich; schließlich gewöhnte ich mich daran.
Endlich ließ ich mir seine Frau kommen und bat sie, besser auf ihn aufzupassen, sich ihm irgendwie unentbehrlich zu machen; vor allem aber ihm die Pistole wegzuräumen, mit der er unentwegt herumfuchtelte und mich und sich bedrohte. Ich riet ihr, biologische Assistentin in der Versuchsanstalt zu werden, was ich sofort aufgegeben hatte, als mir Kammerers Zustand klar wurde. Ich sagte ihr: »Danken Sie Gott, daß er mit seinem einsamen Herzen bei mir gelandet ist, denn ich will ihn nicht, und er ist Ihnen infolgedessen nicht verlorengegangen.« Sie ging mit vielen Dankesbezeugungen weg, und es schien eine kurze Weile, als hätte sich die Ehe gebessert. Wir zwei Frauen hatten uns gegenseitig gelobt, Kammerer nichts von dem Besuch seiner Gattin bei mir zu sagen. Ich jedenfalls habe mein Versprechen gehalten.
Ich erinnere mich, daß ich bei meinem ersten Versuch in der biologischen Versuchsanstalt die Tiere mit Mehlwürmern füttern sollte. Mir grauste etwas vor der Riesenkiste voll sich schlängelnder Würmer. Kammerer sah es, nahm eine Handvoll und steckte die Tiere in seinen Mund und aß sie laut schmatzend auf.

Im Herbst 1915 heiratete ich Walter Gropius und verlor Kammerer mehr und mehr aus den Augen. Er hatte sich inzwischen scheiden lassen und wieder verehelicht. Seine zweite Frau brachte er mir, aber ich fühlte bald, daß sie ihn quälte und sich über ihn erhaben dünkte.

Die Ehe hat auch nur kurz gedauert. Kammerer ging dann nach Amerika, wo er Vorträge über die Steinachsche Verjüngungstheorie hielt. Er schien auch Erfolg damit gehabt zu haben. Die Anzweiflungen seiner Arbeiten in den englischen Fachzeitschriften aus den vorhin erwähnten Gründen bestimmten ihn, in Moskau eine Professur mit weitgehenden Versprechungen anzunehmen. So ging er nach Moskau. Alles war Lüge gewesen, man war nicht gewillt, ihm auch nur die geringste aller Versprechungen zu erfüllen, mit denen man ihn hingelockt hatte; und er kam hoffnungslos und zu Tode getroffen nach Wien zurück.
Es scheint noch zum Schluß eine Liebesgeschichte dazugekommen zu sein, kurz, man fand Kammerer im Jahre 1924 auf der Rax mit durchschossener Schläfe sitzend, an einen Felsen gelehnt, tot auf. In Briefen, die er zurückließ, hatte er noch schwere Anklagen gegen die Wiener Universität erhoben, wo für ihn kein Platz gewesen sei.

Im Winter 1912 sagte Carl Moll einmal zu mir: »Da ist ein junger, genialer Kerl, ich würde mich an deiner Stelle von ihm malen lassen.« Und Oskar Kokoschka kam...
Ich kannte ihn vorher schon durch die ›Kunstschau‹ und durch seine originellen, groß angelegten Entwürfe.
Er hatte rauhes Papier mitgebracht und wollte zeichnen. Ich aber sagte nach kurzer Weile, ich könne mich nicht so anstarren lassen, und ich bat ihn, ob ich währenddessen Klavierspielen könne. Er begann zu zeichnen, unterbrochen von Husten, und wenn er heimlich sein Taschentuch verbarg, waren Blutflecken darin. Seine Schuhe waren zerrissen, sein Anzug zerschlissen. Wir sprachen kaum, und er konnte trotzdem nicht zeichnen.
Wir standen auf – und er umarmte mich plötzlich stürmisch. Diese Art der Umarmung war mir fremd... Ich erwiderte sie in keiner Weise, und gerade das schien auf ihn gewirkt zu haben.
Er stürmte davon, und in einer Stunde hatte ich den schönsten Liebes- und Werbebrief in Händen.

»Meine gute Freundin:
Bitte glauben Sie diesem Entschluß, so wie ich Ihnen glaube.
Ich weiß, daß ich verloren bin, wenn ich meine jetzige Lebensunklarheit weiter behalte; ich weiß, daß ich so meine Fähigkeiten verlieren

werde, die ich auf ein außer mir liegendes, Ihnen und mir heiliges Ziel wenden sollte.
Wenn Sie mich achten können und so rein sein wollen als Sie es gestern waren, als ich Sie höher und besser als alle Frauen erkannte, die mich nur verwildern konnten, so bringen Sie mir ein wirkliches Opfer und werden Sie meine Frau: im Geheimen, so lange ich arm bin.
Ich werde Ihnen danken als meiner Trösterin, wenn ich mich nicht mehr verstecken muß.
Sie sollen mir Ihre Freudigkeit und Reinheit erhalten als Stärkung, damit ich nicht in der Verwilderung verkomme, die mir droht.
Sie sollen mich bewahren, bis ICH wirklich DER sein kann, der Sie nicht herunterzerrt, sondern Sie erhebt.
Seitdem Sie mich gestern so baten, glaube ich an Sie, wie ich noch an niemanden glaubte, außer mir.
Wenn Sie mir als stärkendes Weib so aus der geistigen Verwirrung helfen, wird das Schöne, jenseits unserer Erkenntnis, das wir verehren, Dich und Mich mit Glück segnen.
Schreiben Sie mir, daß ich zu Ihnen kommen darf, und ich will es für Ihre Einwilligung halten.
Ich bleibe in Verehrung Ihr Oskar Kokoschka.«

Oskar Kokoschka hatte sich, was mich betrifft, falsche Vorstellungen gemacht. Er war eifersüchtig auf alles, was in meinem Leben war. Meine Freude an meinem bißchen Besitz suchte ich ihm damit zu erklären, daß ich – wie er – ein Selfmademan sei. Allerdings nur in finanzieller Hinsicht; denn ich hatte von zu Hause keinen Kreuzer mitbekommen und hatte mein Leben selber in die Höhe dirigiert. Das war nicht leicht bei den enormen Schulden Mahlers, die ich übernommen hatte … und er, Kokoschka, müsse meine Freude an all dem Selbsterrungenen respektieren. Wir einigten uns schließlich darauf, daß es wahrscheinlich das Glückliche in unserer Beziehung ist, daß ich all diesen und anderen Ehrgeiz hinter mir habe und nur nach Ruhe und Konzentration strebe, ihm also das Bleibende im Wechsel seines Lebens sein könne; während umgekehrt seine Sucht nach dem greifbaren Erfolg im Leben ihn leicht zu einer wilden Erfolgsjagd verführen könne.
Die drei folgenden Jahre mit ihm waren ein einziger heftiger Liebes-

kampf. Niemals zuvor habe ich soviel Krampf, soviel Hölle, soviel Paradies gekostet.
Ich erlebte seinen Aufstieg. Er hatte ein Atelier und ein kleines Schlafgelaß am Stubenring in Wien. Ich sorgte für ihn, so gut es ging. Er malte mich, mich, mich! Er kannte kein anderes Gesicht mehr. An einem stürmischen Tag der Qual, da er in blinder Leidenschaft mich und sich nahezu zu Tode marterte, versank mir plötzlich die ganze Umwelt ... Es war keine Halluzination, sondern eine innere Erleuchtung. Eigentlich sollte man nach einem solchen Moment der Welt allen Scheins den Rücken kehren – aber ich war wohl noch nicht fertig mit meinem »Erdenpensum«.
War es bewußte Suggestion von ihm zu mir?
Es ist unbeschreiblich, was ich empfand. Ich möchte so leben, daß ich noch einmal einen solchen Moment innerer Erleuchtung empfangen kann. Es ist Jahrzehnte her – die Empfindung dieses Momentes aber wird gleich stark bis zu meinem Ende in mir sein.
Seit damals bin ich überzeugt von einer Überwelt, in die wir hineinragen können, wenn wir die konkrete Welt überwinden.
Aber zentnerschwer hängt der sichtbare Himmel über uns und läßt unseren Kopf nicht durch die materiellen Wolken hindurch.

Oskar Kokoschka ist als Mann und Mensch ein höchst seltsames Gemisch. Schön angelegt als Gestalt, stört etwas in der Struktur. Er ist groß und schlank, aber seine Hände sind rot und schwellen oft an. Die Fingerspitzen sind so durchblutet, daß, wenn er sich die Nägel schneidet und etwas ritzt, das Blut im Bogen wegschießt. Seine Ohren, obwohl klein und fein ziseliert, stehen vom Kopfe ab. Seine Nase ist etwas breit und schwillt leicht an. Der Mund groß, der untere Teil und das Kinn vorgebaut. Die Augen stehen etwas schief; dadurch bekommt sein Ausdruck etwas Lauerndes. Doch an sich sind die Augen schön. Das Gesicht trägt er sehr erhoben. Der Gang ist schlampig, er wirft sich förmlich beim Gehen vorwärts.
Der Anzug – die Kleidung ist ihm Problem.
Ich bekam einst einen feuerfarbenen Pyjama geschenkt. Er gefiel mir nicht wegen seiner penetranten Farbe. Kokoschka nahm ihn mir sofort weg und ging von da ab nur noch damit bekleidet in seinem Atelier herum. Er empfing darin die erschreckten Besucher und stand mehr vor dem Spiegel als vor seiner Staffelei.

Oskar Kokoschka wollte mich um jeden Preis heiraten. Wir waren immer zusammen. Ich wohnte an der Stadtperipherie Wiens in einem Gartenhause. Er ging am Abend spät weg, aber nicht etwa nach Hause, sondern er lief unter meinem Fenster auf und ab ... und gegen zwei, manchmal erst um vier Uhr in der Früh pfiff er, und das war das von mir ersehnte Zeichen, daß er endlich fortging. Er entfernte sich mit dem tröstlichen Bewußtsein, daß kein »Kerl«, wie er sich zart ausdrückte, zu mir gekommen war.

Den ersten großen Nervenanfall bekam ich, als ich ihm einst ›Parsifal‹ vorspielte und er, hinter meinem Sessel stehend, den ihm verhaßten Text mit einem neuen, unheimlichen, genialisch vertauschte. Ich begann zu weinen, dann zu schreien – er schwieg nicht. Endlich floh ich vom Klavier, aber er, wie Doktor Mirakel, hinter mir drein. Mit letzter Kraft schleppte ich mich in mein Schlafzimmer und nahm eine große Dosis Brom. Jetzt bekam auch Oskar Kokoschka Angst. Er telefonierte um vier Uhr früh nach meinem Hausarzt.
Oskar Kokoschka stand zitternd vor der Tür. Ich ließ ihn auch am folgenden Tage nicht ein. Und dann kam er und hatte alle Hände voll Blumen, die er über mein Bett streute...
Wir haben uns kräftig aneinander wund gerieben. Ich war ja noch so jung... Ich war jünger als er, obwohl ich älter war!
So jung war ich geblieben durch meine kurze Ehe mit Gustav Mahler. Aufgehoben hatte ich alle Schätze des inneren Unbewußten für diesen Zusammenstoß.
Oskar Kokoschka ist ein Genie! Daß er die Vollkommenheit seines Genies erreichen wird – dessen bin ich gewiß.
Ich liebte dieses Genie und das ungezogene, störrische Kind in ihm. Es wäre schön gewesen, wenn er mir das geglaubt hätte. So aber jagten seine Eifersucht und sein Mißtrauen unsere Bindung zu Tode. Waren wir einander zu ähnlich?
Unser Katholizismus kam aus denselben Quellen, bei ihm klar und gewollt, bei mir noch durch Skeptizismus umwölkt.
Unsere Freude an den Festen, Weihnachten oder Ostern, war nicht die Freude an Geschenken und Glanz, sondern galt dem mystischen Geschehen, das uns umstrahlte und das wir in gleicher Weise empfanden.
Wie ganz anders war das bei Gustav Mahler gewesen! Er hatte das

Weihnachtsfest als »Phrase« bezeichnet, denn »ein Tag sei wie der andere«. Gustav Mahler verstand mein fassungsloses Weinen nicht, als ich die ersten Weihnachten ohne meine beiden Kinder im Jahre 1907 in New York verleben mußte. Maria war tot und Anna bei meiner Mutter. Ich kaufte und schmückte keinen Baum und verbat mir Geschenke. Aber siehe: an seinem letzten Weihnachtsabend im Jahre 1910 wußte Gustav Mahler auf einmal, was das Schenken am Heiligen Abend bedeuten soll. Er schleppte Blumen, Parfüms (die er haßte) und vieles andere herbei und deckte es schamhaft mit einem Spitzentuch zu... wie einen Sarg. Ich sollte sehr überrascht werden! Und nun war ich entsetzt, als ich, voll Ahnung des Kommenden, das Tuch herunterriß und mich kaum beherrschen konnte, um ihm die Freude nicht zu verderben... Wie wahr hatte ich damals leider voraus empfunden!

Ich war mit meiner kleinen Gucki im Sommer 1912 in Scheveningen, mit einer mich zwar liebenden, aber dennoch falschen Freundin. Ich ergriff die erste Gelegenheit, um von ihr wegzufahren, denn Oskar Kokoschka und ich wollten uns um diese Zeit in München treffen. Wir fanden uns, studierten die Reiserouten und suchten Mürren aus. Bis dahin lebten wir leidenschaftlich und kämpferisch unsere Tage. Wir hatten einen tiefen Eindruck von einem Columbusfilm, was dann in Kokoschkas Columbusmappe seinen starken Ausdruck fand.
In Mürren nun nahmen wir im schönsten Hotel die schönsten Zimmer; eine große Veranda lief um die Schlafzimmer. Dort hatten wir starke Naturphänomene zu überdauern und zu erklären. Wir fanden einmal nachts das ganze Lauterbrunnental in ein feurig rotes Licht getaucht... und haben nie erfahren, ob es ein in den Nebeln der Jungfrau steckengebliebener Sonnenabendschein oder was sonst wohl es war. Alles dort war geheimnisvoll in den Farben und Wolkenkonturen. Auch dieses Erlebnis ist nicht wiederzugeben.
In unseren Zimmern malte Kokoschka mein Porträt, das aber kaum ähnlich werden konnte, weil ich nicht imstande war, stillzusitzen. Trotzdem hat das Bild vieles von mir, und ich empfinde es als mein Porträt, ob es nun andern gefällt oder nicht.
Ich hatte in allen Wohnungen, seit Mahlers Tode, seinen Arbeitsschreibtisch stehen, auf dem alle seine Noten und Bilder von Kind auf bis zu seiner letzten Zeit standen. Oskar Kokoschka stand plötz-

lich auf, nahm jedes Bild Mahlers in die Hand und küßte Mahlers Gesicht. Es war in weiser Magie geschehen – er wollte den dunklen Eifersuchtsdrang bekämpfen. Ob es ihm gelungen ist, weiß ich nicht.
Im nächsten Frühjahr fuhren wir nach Neapel und blieben dort etwas länger in einer kleinen Pension, an einer hochgelegenen Straße, wo Kokoschka vom Balkon aus – denn niemand sollte ahnen, daß er »nur ein Maler« sei – einen hochinteressanten Ausblick über Neapel malte. Ich saß neben ihm, wie immer, und wir besprachen erlebte oder zu erlebende Dinge ... es war eine volle, reiche Zeit, und wie immer kehrten wir nur ungern von unseren Reisen nach Wien zurück.
Alle Reinheit dieser Welt kam mir in Oskar Kokoschka entgegen. Aber ich konnte das starke Licht nicht ertragen. Es ist ja ein Zeichen von Jugend, Schmerz und Qual zu erzeugen, wenn kein Grund dazu vorhanden ist. Und doch kann es mich nicht darüber hinwegtäuschen, daß es uns das Leben vergällt hat. Und da meine Gegenwart schlakkenlos rein war, so mußte die Vergangenheit herhalten, von der Oskar Kokoschka trotz seiner großen Divinationsgabe und meiner viel zu weitläufigen ehrlichen Berichte doch niemals eine echte Vorstellung hatte. Er sah immer alles ganz anders, als es in Wirklichkeit vor sich gegangen war.

Ich fing schon an, seine süße Unschuld zu verfluchen, weil sie ihm das Recht gab, über mich zu Gericht zu sitzen. Niemanden durfte ich ansehen, mit niemandem sprechen. Er beleidigte alle meine Besucher und lauerte mir überall auf. Die Kleider mußten am Hals und Arm geschlossen sein; mit gekreuzten Beinen durfte ich nicht sitzen... es grenzte ans Absurde.
Als er mir meine Dokumente fortnahm und ich durch Zufall erfahren hatte, daß er uns im Gemeindehaus von Döbling zur Hochzeit hatte aufbieten lassen, ja der Hochzeitstag schon bestimmt war, fuhr ich nach Franzensbad und blieb dort so lange, bis der Termin für die Hochzeit verfallen war. Ich versprach ihm, zurückzukommen und ihn sofort zu heiraten, wenn er ein Meisterwerk geschaffen habe. Und er malte das Meisterwerk – das Bild ›Die Windsbraut‹, das jetzt im Museum in Basel hängt.
Unterdessen besuchte mich Oskar Kokoschka unangesagt in Franzensbad. Er fand mich nicht im Hotel, und sein Porträt, das er mir zum geistig-seelischen ›Schutz‹ mitgegeben hatte, hing nicht an der

Wand des Hotelzimmers, wie er dies apodiktisch befohlen hatte. Als ich endlich kam, brach ein Sturm los, und unversöhnt reiste er ab. Nach Wien zurückgekehrt, fand ich ihn im Atelier, das er schwarz hatte anstreichen lassen. Die zwei Hälften des Raumes waren durch ein rotes und ein blaues Licht erhellt. Die schwarze Wand war voller Entwürfe, mit weißer Kreide gezeichnet. Er selbst war in einem merkwürdigen und höchst gefährlichen Zustand. Ich verlangte nun (frei nach Wilhelm Meister), daß wir uns nur alle drei Tage sehen sollten, und so lockerte ich langsam die engen Bande, zumindest die der Gewohnheit, um mich zu schützen.
Oskar Kokoschka hat alles, was einen Menschen großmacht.

Im Winter war das russische Ballett in Wien. Diaghileff brachte Nijinsky. Man gab ›Petruschka‹ von Strawinsky.
Ich war in der Proszeniumsloge in der Oper, und diese überaus neue Musik machte mich völlig verrückt. Ich hörte und sah nur das Orchester. Oskar Kokoschka, der neben mir saß, hatte kaum etwas gehört. Seine Augen weinten vor Entzücken über Nijinskys Anmut und Schönheit der Bewegungen. Später in diesem Jahr war ich in Paris, und mein Freund, der Komponist Alfredo Casella, spielte mir das neue Ballett Strawinskys, ›Sacre du Printemps‹, am Klavier vor. Das waren neue Länder der Musik und nach Debussy das erste, was einem wieder Glücksmomente zaubern konnte.

1913

Es traf sich einst, daß Otto Klemperer und Franz Schreker bei mir waren. Sie beschnüffelten einander, und ihr Geruch mißfiel ihnen gegenseitig. Schreker wollte Klemperer seine Oper ›Das Spielwerk und die Prinzessin‹ vorspielen und das ganze vorher erläutern.
Er kam nicht über den ersten Satz hinaus.
»Und da war ... und da kam ... und da war ...« Ich half, wo ich konnte, nach, aber seine merkwürdige Unbildung verdarb alles. Dann begann er zu spielen. Klemperer saß hinter ihm, und nach dem ersten Akt war ein schreckliches Schweigen geradezu zu hören.
Schreker unterbrach es: »Nun...?«
Klemperer zuckte die Achseln: »Nichts.«
»Was heißt das? Da ist doch Thema auf Thema...«
»Ich höre sie nicht.«

»Und dieser Übergang, und dies, und das...«
Es war qualvoll.
Nachher setzte sich Klemperer ans Klavier und spielte eine seiner Balladen vor. Der Text erzählte von einem Mädchen, das stirbt, weil es zuviel gegessen hat. Das war nicht reizvoll, weder Text noch Musik.
Schreker lächelte und sagte: »Das gefällt mir, das führe ich im nächsten Konzert auf.«
Natürlich tat er es nicht ... aber der arglose Klemperer lächelte beglückt.

August 1913 – Tre Croci (Dolomiten)

Die Sommersonne ... über den Eisgletschern! Ich konnte heute früh das Gefühl nicht loswerden: ich verdiene diese Gnade gar nicht.
Kokoschka soll arbeiten! Er ist dazu auf die Welt gekommen. Das Leben interessiert ihn gar nicht... aber ich bin mit meiner sogenannten Entwicklung fertig.
Ich kann heute nicht noch einmal gehen lernen!
In Tre Croci war unser Leben nur auf seine Arbeit gestellt. Wir gingen morgens in den dichten Wald, suchten die dunkelgrünsten Flecke, und in einer Lichtung fanden wir junge Pferde im Spiel, die Oskar Kokoschka sofort begeisterten. Wir hatten seine Mappe und Farbstifte mit – er blieb trotz panischer Einsamkeitsangst allein, und diese Zeichnungen sind einzigartig schön. Die jungen Pferde ... sie fraßen aus seinen Händen und Taschen und versuchten, ihm ihre Liebe zu bezeigen, indem sie ihre schönen Köpfe an seinen Schultern und Armen rieben.

Und gerade jetzt wird Gustav Mahler endlich vom Publikum, dieser trägen Menge, in den Himmel gehoben – wo er schon fast nicht mehr wahr ist.
Für mich existiert nur, was morgen wahr ist.
Das von gestern überlasse ich dem Publikum und den Kritikern. Restlos.
Je stärker der Mensch ist, desto mehr wünscht er zu besitzen. Alles will er besitzen, alles ergreifen, manchmal auch das Verkehrte. Und auch das ist das Richtige...
Und ich fühle mich stark. Jede Regung einer Empfindung, von irgendwoher, muß aufgenommen werden.

Ich habe gesammelt und Reichtümer in mir aufgespeichert. Und mich schreckt kein Tod mehr. Ich habe in mir jene Harmonie wieder gefunden, die ich als Kind besessen habe. Damals ahnungslos ... heute etwas bewußter ... Aber Gott sei Dank nicht viel mehr!
Alles Erleben hat helle Glanzlichter auf meine Phantasie aufgesetzt. In dieser Beleuchtung scheine ich dann wirklich in einem Paradiese gewandelt zu haben.
Die Erde will reinstes Glück – man sieht es nur nicht, denn man nimmt sich selbst zu wichtig.
Niemand wartet auf mich. Niemand ist bereit ohne Anziehung. Jeder muß seine ganze Intensität aufbieten, um zu locken, um anzuziehen, zu strahlen. Das ist Pflicht.
Denn diese Intensität vermehrt die Wärme der Welt, und die Erde soll erwärmen, nicht erkalten.
Das Unterbewußtsein ist der Zusammenhang aller Materie, es ist die Unsterblichkeit der Dämonen.
Ein fließender Ring ist um alles gespannt. Ein mit größter Kraft bewegtes Wunderfließen.
Ich weiß heute: ich habe Gustav Mahler geheiratet, weil ich ihn Jahre vorher im Unterbewußtsein herbeigeträumt hatte. Das Oberbewußtsein riß mich durch die Welt des Lebens ... aber das Unterbewußtsein war der Idee treu und zog ihn unaufhaltsam her.
Ich weiß heute auch: ich werde nie im Spiel gewinnen, denn ich will es ja nur im Oberbewußtsein, also überhaupt nicht. Ich bin nicht imstande, mich auch nur eine Sekunde darauf zu konzentrieren, es gehört nicht in mein Leben. Ich ziehe die Karten – und sinne dabei einer Melodie nach. So gewinnt man nicht.

Oskar Kokoschka hatte mein Leben erfüllt und zerstört, zu gleicher Zeit.
Ich weiß nicht, wohin ich gehen soll.
Was soll ich mit all dem ›Werden‹, all diesem ›Vielleicht‹ dieses Menschen anfangen? In einem Alter, in einer Zeit, wo ich Pflege möchte für meine große Müdigkeit.
Bin ich durch Eitelkeit und Dünkel dahin geraten?

Ein Brief von Oskar Kokoschka.
»Nachts nach langer Arbeit am roten Bild:

Mein innig geliebtes Almi:
Ich bitte Dich um meines Lebens lieb, nimm diesen Brief in Deine Tasche und behalte ihn bei Dir, damit Du ihn immer hervorziehen kannst. Es ist meine Bitte im Ring und trage sie so, wie den Ring, immer bei Dir.
Ich muß Dich bald zur Frau haben, sonst geht meine große Begabung elend zugrunde. Du mußt mich in der Nacht wie ein Zaubertrank neu beleben; ich weiß es, daß es so ist. Ich bin wieder voll der merkwürdigsten Erschütterungen, wenn wir beide vertraut miteinander gesprochen haben und kein Zeuge und nichts Verwirrendes zwischen uns war.
Und das ist um so schöner und zarter, je näher und inniger wir zusammen sind. Weil Du dasselbe Phänomen im Innern bist wie ich, was Du weißt, glaubst und liebst!
Am Tage brauche ich Dich nicht von Deinen Kreisen wegzunehmen. Da sammelst Du! Ich begreife es vollkommen, daß es so gut und richtig ist. Und ich kann den ganzen Tag arbeiten und ausgeben, was ich in der Nacht eingesogen habe, und was meine Geister gekräftigt und freudig zur Geburt in das Licht der Welt bewegt hat.
Almi, glaube mir! Richte Dich nicht nach der Vernunft und den Gebräuchen der andern unwissenden Menschen, die ja keine Ahnung haben, wozu wir gut und fähig sind. Du bist die Frau und ich der Künstler, und wie wir uns gegenseitig suchen und verlangen und notwendig haben, damit das Schicksal, das uns Sehnsucht und Befriedigung in ganz bestimmter, durch unsern vom Verwirrenden beanspruchten Willen in immer wieder durchscheinender Weise wiederholt (sonst litten wir nicht so an der often Zerreißung und Spaltung zweier Willen, wenn wir uns meiden), sich erfüllen kann. Das kann kein anderer Kopf, auch unsere Überlegung nicht finden, sondern wir müssen das tun, was unsere innere Stimme sagt.
Ich sage mich von allem los, wenn Du kommst, damit ich nur arbeiten kann.
Ich habe es heute an der Arbeit am roten Bild gesehen, wie stark Du mich machst und was ich sein werde, wenn die Kraft stetig wirkt!
Nutzlose Menschen belebst Du, mir bist Du bestimmt worden, und ich soll arm sein?
Almi, Du hast Zeit! Überhöre Dich selbst nicht, Du mein guter Geist!

Dein Oskar.«

Wien 1914 – Semmering

Mein Haus auf dem Semmering war nun fertig. Ich hatte dem Baumeister gesagt: »Bauen Sie mir ein Haus um einen Riesenkamin.« Er nahm mich wörtlich, brach die größten Blöcke aus unseren Bergen und formte einen übergroßen Kamin, der mit der Steinwandung die ganze Langseite des Zimmers ausfüllte. Oskar Kokoschka malte ein großes Fresko über den Kamin – mich zeigend, wie ich in gespensterhafter Helligkeit zum Himmel weise, während er in der Hölle stehend von Tod und Schlangen umwuchert scheint. Das ganze ist als Fortsetzung des Flammenspiels vom Kamin hinauf gedacht. (Ich weiß nicht, ob die Zeugen dieser einzigartigen Zeit noch existieren. Die Emigration hat mir mein Vaterland gestohlen.)

Notiz von 1955

Ja, die Fresken existieren noch. Ich mußte mein Haus am Semmering an eine russische Gewerkschaft vermieten, denn sie drohten mir, wenn ich es nicht gutwillig hergebe, es sich einfach zu nehmen. Da die Russen diese Fresken aber nicht schön fanden, ließen sie sie übermalen. Ich tue von hier – New York – aus alles, was ich kann, um sie zu retten.

Später

Sie sind verloren.

Noch später notiert

Sie sind endgültig verloren!

Die Zeit war wolkenlos schön – in jedem Zimmer wurde gearbeitet, Vorhänge auf der Maschine genäht, aufgehängt. Meine Mutter kochte in der Küche, am Abend saß man um den Kamin, las vor oder musizierte – kurz, es war die reine Zeit eines Aufbaues.
Furchtbar wurde sie unterbrochen durch die Nachricht von der Ermordung des Thronfolgerpaares und der Drohungen Österreichs an Serbien, um endlich das alleszerstörende Faktum, den Krieg, der Welt aufzuzwingen. Kokoschka wurde bald zum Militär eingezogen.
Alles war zu Ende.

Ich muß lernen, ohne diese ›Welt‹ auszukommen.
Ich bin voll Mut; meiner Seele ist wohl in diesem Da-Sein.
Nichts reißt an meinen Nervensträngen, und so soll es jetzt bleiben.
Meinen stillen Wahrsinn soll niemand mehr mir stören.
Ich wollte nach Indien gehen... ich will es noch... aber der Krieg tritt einstweilen dazwischen.
Ich habe vor Monaten Annie Besant nach Benares geschrieben und sie gebeten, mich als Sanskrit-Schülerin aufzunehmen. Sie war damals in London, und dadurch verspätete sich ihre Antwort. Sie schrieb mir einen überraschten und überraschenden Brief: sie freue sich auf mich, sei stolz, mich anzunehmen, und bitte mich, sie von meiner Ankunft in Benares zu unterrichten, denn dann sei sie bestimmt wieder dort.
Ich hüte diesen Brief als eine Art Heiligtum, aber ich sollte diesen Weg nicht gehen.

Neulich ging ich abends mit einer Freundin zu Karl Reininghaus, bei dem ich eingeladen war. Ich ging befangen in einen Salon voller Menschen und sah sofort den Maler Gustav Klimt und Josef Strzygowski, den großen Kunstforscher. Ich fühlte mich geborgen. Mit diesen beiden, umwimmelt von einer Menschenmenge, sprach ich bis drei Uhr morgens. Ich war fast glücklich diese Nacht – nach der langen Isolierung dei letzten Jahre durch Oskar Kokoschka.
Wir sprachen auch über Gustav Mahler und sein Ringen, um vom Judentum fortzukommen, und Strzygowski sagte: »Bei Mahler war die Menschlichkeit in jedem seiner Worte, nie Verstand allein. Aber vergessen Sie nicht, wie Sie ihm dabei geholfen haben! Wenn er mit Ihnen war, so war er gleichsam heller. Ich sah ihn einmal mit Schönberg und dessen Schülern vollkommen untergehen im Dunkeln.«
Ich bebte vor Freude, denn das hatte ich immer gefühlt. Aber glücklich war ich doch, daß ich das Wort endlich von einem anderen gehört hatte!
Heller habe ich ihn gemacht! So war mein Leben mit ihm doch eine erfüllte Mission.
Das war es allein, was ich wollte!
Doch mit Oskar Kokoschka gelingt es nicht im gleichen Maße. Er behält die Oberhand und verübelt mir das.

Ja, gewiß sind Künstler desto größer als Menschen, je größer ihre Kunst ist, aber sie messen mit anderen Maßen... ihre Welt ist eine von ihnen erfundene Welt, aus der sie sich (erwachen sie zur Realität) schwer umpflanzen können.
Darum sind solche Menschen oft so roh oder verständnislos im Verkehr mit Frauen.
Sie sehen ja ihr Gegenüber nicht; vom Fühlen gar nicht zu sprechen.
Die Frau wird neben einem bedeutenden Künstler immer zu kurz kommen.
Er empfindet sich, wie auch sie, nur als Instrument, um seine Art von Herrschsucht durchzusetzen und auslebend zu gestalten, nämlich seine Kunst. Mit einem Wort: um besser arbeiten zu können.
Wenn ich an Gustav Mahler denke, an Klimt, an Pfitzner, so verschieden diese Menschen sind, so gleichen sie einander in dem Punkte des Leicht-Nehmens und Schwer-Gebens im Geistigen: ich meine dem Individuum gegenüber. Sogar auch im Materiellen zuweilen.
Und alle sind sie geldsüchtig mit der Ausrede, »um schaffen zu können«. Mahler und Werfel bilden eine Ausnahme. Oskar Kokoschka, zum Beispiel, hatte ein Bild dreimal verkauft, ohne sich des Unrechts, das er beging, bewußt zu werden. Er begriff nicht, daß ein einmal verkauftes Bild ihm nicht mehr gehöre. Und irgendwie hatte er ja recht.
Geistiges Eigentum sollte für das schäbige Geld gar nicht dem Käufer gehören, das der unbekannte junge Künstler nehmen muß. Es sollte nur Mietsverträge geben, zum Beispiel zehn Jahre ein Bild hängen haben und es dann zurückgeben müssen, oder ein zweitesmal kaufen...!

Mahler und ich waren im Jahre 1902 beim Musikfest in Krefeld, wo die 3. Symphonie Mahlers erstmalig aufgeführt wurde.
Wir saßen in dem großen Wohnschlafzimmer, in dem, hinter einem schwarzen Vorhang versteckt, ein riesiges Ehebett in einer alkovenartigen Nische stand. Es wurde ein Herr gemeldet. Mahler betrachtete die Karte und bat mich, für ein paar Minuten in das Ehebettloch zu kriechen, da er mit diesem Mann allein zu reden habe. Ich tat es und zog die schwarzen Vorhänge zu.
Eine dünne, hohe Stimme begann eindringlich auf Mahler einzusprechen. Das Gespräch mußte mich interessieren. Schrecklich! Wie arm,

wie entwürdigend war das, was ich hier hörte. Da bat ein Künstler – und daß er einer war, das hörte ich aus den ersten Worten – flehentlichst um Aufführung eines Werkes, ›Die Rose vom Liebesgarten‹. Mahler lehnte ab. Kühl, ruhig, kurz.

Seine eigene Jugend mußte er vergessen haben: »Keine Sänger – das Textbuch zu schlecht – der ganze Symbolgehalt unverständlich, zu lang, viel zu lang –« Dazwischen bebte die bittende Stimme: »Ein Versuch – letzte Möglichkeit – der einzige Künstler, der ihn verstehen könne, Mahler – sonst Verzweiflung!« Beide Stimmen erhoben sich und entfernten sich zur Türe. Es hielt mich nicht länger, ich sprang auf, teilte den Vorhang, eilte auf Pfitzner zu und drückte ihm in höchstem Einverständnis die Hand. Nie werde ich den Blick vergessen, den er mir gab. Dann ging er. Mahler war nicht böse. Merkwürdig, er war nicht böse!

Im selben Sommer noch kam Pfitzners neues Streichquartett im Originalmanuskript, das er an mich gesandt hatte, ohne eine Kopie gemacht oder es versichert zu haben. Ich studierte es und gab es dann Mahler, der später aus seinem Arbeitszimmer von oben sehr ernst zu mir herunterkam und sagte: »Das ist ein Meisterwerk.« Ich bekam fast gleichzeitig einen Brief, in dem Pfitzner mich bat, die Widmung seines Quartetts anzunehmen. Meine Freude war tief und groß.

Ich erzwang später die Aufführung der ›Rose vom Liebesgarten‹, indem ich den Klavierauszug immer auf dem Klavier aufgeschlagen stehen hatte. Mein Klavier stand und steht bis zum heutigen Tage immer offen. So ging Mahler gewohnheitsmäßig zum Klavier und spielte, anfangs ohne es zu wollen, diese Oper, in die er sich verlieben mußte.

Viele Jahre später, nach Mahlers Tod, kam Hans Pfitzner dann wieder nach Wien. Da ich gerade Halsentzündung mit hohem Fieber hatte, konnte ich nicht an die Bahn gehen, aber ich schickte ein paar junge Musiker, die ihn abholen sollten. Pfitzner wütete und würdigte sie keines Wortes. Er wollte absolut gleich zu mir ziehen. Ich hatte ihm ein Zimmer im Grand Hotel genommen und wußte ihn dort gut aufgehoben. Er aber fürchtete sich vor dem Kellner, vor der lauten Hotelhalle, kurz, am nächsten Morgen war er da, ungeladen, aber mit seinem gesamten Gepäck, und ich mußte aufstehen, um ihn zu bedienen. Es war mir sehr elend, und ich schwankte nur so herum. Er aber wohnte nun bei mir ... und die ganze Wohnung mußte sich auf

ihn einstellen. Er spielte mir sofort seine neue Oper vor. Und seine ganze Egozentrik war von mir vergessen. Es waren die ersten Palestrina-Skizzen, aus kleinen Noten-Skizzenbüchlein gespielt. Eine höchst männliche Musik und Dichtung. Er verlangte, ich solle aus diesem Unleserlichen vierhändig mit ihm blattlesen.
Ich fieberte noch, vor meinen Augen flimmerten die Bleistiftnoten und Nötchen, er aber war ungeheuer streng, ließ es nicht gelten, daß ich vieles überhaupt nicht lesen, ja kaum entziffern konnte, und schrie aus dem Blattlesen heraus: »... und Triolen kannst du auch nicht spielen!« Aber da mußte er nun selber lachen. Am Abend saßen wir auf dem Sofa, er streichelte meine Hände.
Dies der erste Abend.
Am zweiten... Er legte seinen Kopf auf meine Brust. Ich streichelte seine Haare. Was sollte ich sonst tun?
Er wollte geküßt sein! Ich tat es endlich, aus Rührung für diesen armen Menschen. Ich küßte ihn auf die Stirn.
Diesen zu Tode Gequälten, durch die Kälte der Welt...
Ich begann, ihm den Weg einer reinen Empfindung zu zeigen.
Da sagte dieser Dichter und Musiker zu mir: »Was sollen wir jetzt tun? Soll ich dich nun besitzen... oder nicht?«
Er war mir nur komisch in diesem Moment.
Ich ließ ihn noch eine kurze Weile bei dem ›Wir‹, aber wie jämmerlich kam er mir dabei vor!
Das sind die großen Künstler. Wenn's ans Leben geht, sind sie samt und sonders Dilettanten. Alles fließt in das Werk.
Aber tiefe Resignation muß die Folge sein. Sie können im Leben kein richtiges Echo finden, weil sie falsch rufen.
Er war entsetzt über die Wirkung seiner Worte. Nannte mich raffiniert... kompliziert... Ich spiele mit ihm... et cetera.
Er blieb verstört, bleich, schlief schlecht, was er mir am nächsten Morgen zum Vorwurf machte – ich gut und ruhig und gefahrentronnen.
Am nächsten Tag kam er verschüchtert und ängstlich.
Am Abend wieder dieses Zusammensitzen auf selbigem Sofa... traulich kühl, umarmungslos... keine Siedehitze mehr. Und ein ruhiges Abschiednehmen.

Köstlich war seine Wut über Oskar Kokoschka. Über besagtem Sofa hing mein Porträt. Ich wartete, bis er es endlich entdeckte. Seine

Augen verirrten sich in die Höhe und blieben buchstäblich stecken.
»Was soll das?«
»Ein Porträt.«
»Wen soll es vorstellen?« Dies schon mit Wut.
»Mich... aber die Farben sind doch schön«, versuchte ich abzulenken.
»Was für ein Mörder... diese Farben ohne Sinn... diese Herzlosigkeit... wo ist da dein Gesicht?...«

Dann reiste er ab. Von der Bahn bekam ich diesen schönen Brief: »Es wird mir sehr sehr schwer, wegzugehen. Dank für alles Liebe, Schöne, Gute, Unvergeßliche – auch die ›Führung‹ will ich dankbar hinnehmen. Bitte schreiben! Und dies hier verbrennen! – Hans.«

Seine Egozentrik war ohnegleichen. Ich habe nie einen Menschen gesehen, der so absolut nichts sah als sich selbst. Es war ein Teil seiner Stärke. Ich habe ihn immer gewähren lassen, weil ich seine Bedeutung früh erkannt hatte. Ich anerkenne bei Menschen von großer Bedeutung das Recht auf absolute Selbstsucht: sie sollen und müssen wohl so sein.

Später

Hans Pfitzner fühlte sich sehr unglücklich in Berlin und wollte um jeden Preis nach Wien. Ich hatte damals einigen Einfluß in Wien und konnte ihm die Stellung des Meister-Professors an der Musik-Akademie zuschanzen. Er war dafür wirklich geeignet. Ich telegraphierte ihm, daß er inkognito kommen müsse, da niemand etwas von dieser Stellung wissen dürfe. Er kam an, unangemeldet, und fuhr sofort zu meiner Wohnung, fand mich nicht und war äußerst indigniert. Franz Werfel kam etwas später und suchte ihn zu trösten... umsonst!
Ich kehrte viel später zurück und sagte Pfitzner sofort, daß er bei meiner Mutter auf der Hohen Warte wohnen werde. Wütend zog er seinen Überrock an und überließ es Werfel huldvoll, seinen Koffer zu tragen. Auf der Straße fand Franz Werfel schnell ein Taxi, in das er Pfitzner und den Koffer warf. Aber Pfitzner rief greinend: »Sie werden mich doch nicht im Stich lassen, ich weiß ja gar nicht, wo das ist.« Der gute Werfel stieg also ein und brachte ihn auf die Hohe Warte. Dort empfahl sich Pfitzner rasch und überließ es Werfel, das

teure Taxi zu bezahlen. Franz Werfel hatte wenig Geld bei sich, er beglich Pfitzners Schuld und mußte dann eine Stunde lang zu Fuß nach Hause laufen.
Am nächsten Morgen zeigte sich Hans Pfitzner als erster in der Oper.
Von mir zur Rede gestellt, warum er sein Inkognito gelüftet habe, sagte er: »Dein Telegramm hielt ich für eine Spitzfindigkeit, denn ich dachte, du bietest mir damit die Stellung des Opern-Direktors an.«
»Aber, Pfitzner, die hat doch Franz Schalk!«
»Das ist egal, mir gebührt sie.«
So ungeheuer egozentrisch war er immer.
Aber dadurch, daß er sich in den Korridoren der Oper herumgetrieben hatte, kam es in die Zeitung, und die »ihm viel zu kleine Stellung« war nun auch verloren.

Welche Schwingungen sind in der Luft?
Warum plötzlich neigen sich einem alle, und warum, einen Atemzug später, nehmen sich alle zurück?
Ich bin seit Tagen vereinsamt, stoße überall auf plötzliche Kälte und Abwendung!
Wahrscheinlich liegt die Schuld an mir. Bin ich selbstsüchtig, so erwecke ich es in anderen. Darum: positiv will ich sein und so meine Welt verbessern.

Januar 1915

Mein Freund, der bedeutende Architekt Walter Gropius, liegt irgendwo in einem Feldlazarett. Er war unter Toten verschüttet und hat einen schweren Nervenschock. Ich fühle oder ahne es: er wird in meinem Leben etwas bedeuten. Ich hatte mich in den Jahren 1910 und 1911 sehr mit ihm befreundet.

Berlin

Ich fuhr auf vierzehn Tage nach Berlin, um Walter Gropius wiederzusehen.
Tage wurden weinend verfragt ... Nächte weinend beantwortet. Walter Gropius kommt über meine Bindung mit Oskar Kokoschka nicht hinweg.
Wir saßen bei Borchard ... Wein und Milieu hoben Stimmung und

Gefühl, und die Abschiedslaune tat das ihre, denn er mußte in einer Stunde zu seiner Mutter reisen. Ich brachte ihn auf die Bahn, dort überkam es ihn derart, daß er mich kurzerhand in den schon fahrenden Zug hinaufzog und ich nun wohl oder übel nach Hannover mitfahren mußte.
Ich muß sagen, es gefiel mir sehr wohl...
Am nächsten Tag kehrte ich nach Berlin zurück.

Ich fuhr nach Zehlendorf hinaus, um mit Arnold Schönberg einen Plan auszuhecken, der mir eingefallen war.
Wieder fand ich einen wahren, bedeutenden Menschen. Alles, was Schönberg sprach, war neu und seltsam. Mein Besuch schien ihn und seine Frau zu erfreuen. Er konnte vor Erregung lange nicht sprechen. Seine Wohnung hatte Schönberg mit den billigsten Mitteln zu etwas sehr Rarem und Besonderem gemacht. Er bastelt gern so herum, bindet Bücher und Noten selbst ein, hat sich große Zimmer mit Holzwänden geteilt, die er mit Rupfenstoff überzogen hatte, Bücherkasten dagegengestellt und eigene, sehr interessante Bilder daraufgehängt – jedes Zimmer in individueller Farbe und mit eigener Atmosphäre.
Wir beratschlagten meinen Plan: Arnold Schönberg soll im April ein Konzert in Wien dirigieren. Er sagte, das habe er sich seit eh und je gewünscht. Wir einigten uns nun auf Beethovens 9. Symphonie mit den Mahlerschen Retuschen. Die Freundin, die mit mir in Berlin ist, will das Konzert garantieren.

Es ging mir nicht gut, und da unterhielt ich mich damit, die Menschen, die ich kenne, einzuteilen in solche, denen mein Tod eine Mahlzeit und in solche, denen mein Tod zwei Mahlzeiten verderben würde.

5. März

Heute nachmittag war Gerhart Hauptmann mit Grete, seiner Frau, bei mir.
Seine großen blauen kindlichen Augen... in dem großartigsten Gesicht! Da verzeiht man ihm manches allzu Weltkluge.
Seine drei Söhne sind im Krieg. Trotzdem brennt er vor Kriegsbegeisterung. »Nichts ist häßlicher als ungelüftete Stuben«, sagte er, »die Menschen werden frischer, stärker, sie werden sich erneuern...« (Ach, welcher Irrtum!)

Er gab mir sonst aber in allem recht, was ich über den Krieg sagte. Dann sprach er über die Kritik. Er meinte, die deutsche Kritik kann das ›Auf die Schulter klopfen‹ nicht lassen, bis man tot ist. Er wäre nach der Premiere des ›Odysseus‹ von dem ›Geziefer‹ genug gestochen worden.
»Keine Kritik der Welt ist so von oben herab wie die deutsche! Ich möchte endlich als Mann und Dichter genommen sein.«
Später kam Hans Pfitzner dazu. Auch mit diesem schien er diesmal in allen Stücken einer Meinung zu sein. Aber dann wurde O. Sch. gemeldet, eine gebildete und gescheite Frau. Von ihrem Eintritt ins Zimmer an war die Stimmung zerrissen. Sie fühlte es und sagte in ihrer Verwirrung die ungeschicktesten Dinge. So wollte sie Hauptmann gefällig sein und ihm Elogen über den ›Odysseus‹ machen, irrte sich aber immer wieder und sagte ›Penthesilea‹. Hauptmann verbesserte jedesmal: »Penelope«. Es wurde ungemütlich – alles war sehr gestört – und so empfahl sie sich schnell.
Pfitzner sprach heute über Dichter: »Goethe gestaltete Menschen und machte eine Handlung herum. Die Handlung stockt fortwährend, weil Goethe zu sehr damit beschäftigt ist, seine Menschen auszugestalten. Schiller dichtet Handlungen, und die Charaktere gehen dabei flöten. Shakespeare allein konnte beides.«

Heute früh war ich im Atelier von Oskar Kokoschka.
Ich habe einen großen Entwurf für ein Krematorium, der bei ihm bestellt war und den er mir geschenkt hatte, mitgenommen, da dieser zertreten und zerfranst am Boden gelegen hatte.
Ich ließ ihn ausbügeln und rahmen und schickte ihn Oskar Kokoschka zurück.
Seit ich wieder in seinem Atelier war, liegen mir Zentner auf der Seele – als ob ein Unrecht mein Herz belaste...

Später

Pfitzner war nun vierzehn Tage bei mir. Eine gute Zeit voll geistiger Anspannung; Abende voll ruhiger Harmonie. Er las mir ›Richard III.‹ vor... dann wieder Schopenhauer... spielte Klavier... spielte auch viel vierhändig mit mir. Da ich ruhig bin, kam kein Konflikt durch die große fortwährende Nähe eines solchen Mannes in mein Leben.
Er allerdings hatte es sich ein wenig anders gedacht und geht bitter

enttäuscht von mir weg. Ich bin aber überzeugt, auch ihm wird diese Zeit wie etwas golden Schönes oft in den Sinn kommen.
Gestern war die Generalprobe seiner Oper ›Der arme Heinrich‹.
Ich mußte nach dem zweiten Akt weg. Ich war so tief ergriffen, daß ich nach Hause rannte, ihn sehen mußte, der das geschaffen hatte.
Das Herz ist mir zerrissen. Müssen die Menschen ihren Christus immer wieder kreuzigen, bevor sie ihn erkennen?
Und alle werden sie's gewußt haben, wenn's zu spät ist!

Pfitzner saß an dem Bett meines leicht erkrankten Kindes Gucki Mahler und lehrte es Schach spielen. Ich konnte ihm kaum all das sagen, wes mein Herz voll war, denn schon kamen die ersten Gäste, die ich eingeladen hatte, um ihn zu feiern. Der Sänger Schmedes (sein ›armer Heinrich‹), die Weidt, die die Mutter singen sollte, Gustav Klimt und andere. Die Menschen sind ja immer verstimmend, aber als wir dann allein waren, gab es wieder eine Gemütlichkeit wie in einer schönen seltenen Ehe, die es Gott sei Dank in diesem Falle nicht ist.
Vor zwei Tagen schon sollte die Premiere sein. Wir fuhren damals am Vormittag an der Oper vorüber, und Pfitzner, der die Fülle seines Mißgeschicks kennt, sah von weitem den roten Zettel, der die Verschiebung der Premiere ankündigte, weil die Hauptdarstellerin erkrankt war.
Wir fuhren weiter in den Prater. Keiner von uns sprach ein Wort. Jedes Wort war ja auch sinnlos, und als ich endlich eines fand, war es wohl das richtige. Ich sagte nämlich: »Ist es denn nicht genug, daß die Menschen gemein gegen dich sind, müssen sich auch noch die himmlischen Mächte gegen dich verschwören?« Er aber sagte, mir inbrünstig die Hände küssend: »... jetzt macht mir das Ganze nichts mehr, da du die Wahrheit empfunden hast. Aber wenn du mich hättest trösten wollen, dann wäre ich wütend geworden ...«
Da er von vornherein das Unangenehme erwartet, kommt eben das Böse von selbst.

Oskar Kokoschka ist seit Anfang des Krieges in der Armee. Er wird haßerfüllt gedrillt und leidet sehr. Er schreibt oft und weiß nicht, wie sehr ich mich von ihm weggezaubert habe.
Er paßt nicht zum Militär, und er tut mir furchtbar leid – und diese dummen Zwockeln haben kein Recht, sich über ihn lustig zu machen.

Ochs brachte mir die herrlichsten Geschenke, vor allem seine retuschierte h-Moll-Messe von Bach, ein Goethe-Autograph und zum Schluß noch bat er: »Schauen Sie am Klavier nach...« Dann ging er die Stiegen hinunter, und ich fand den ›Christus‹ von Dürer – eine wunderschöne Kopie, die ich mir immer gewünscht hatte.
Siegfried Ochs war ein hervorragender Musiker und Bachdirigent. Ich habe nie wieder so perfekte Bach-Aufführungen gehört wie unter ihm. Ich werde einen Kantatenabend nicht vergessen. Er machte sich aber in Österreich durch seine preußischen, scharfen Rügen unbeliebt; sein ganzes Wesen war unausgeglichen und cholerisch, er war maßlos in allem; trotzdem war er aber im Grunde herzensgut.
Er schimpfte auf das unakkurate Spiel und machte immer Folgerungen politischer oder strategischer Natur über die Österreicher daraus. Und das hat niemand gern. Er wurde nicht mehr eingeladen.

In dieser Zeit probierte Julius Bittner sein nächstes Konzert bei mir.
Es war die Cello-Sonate und wurde von der Vera Schapiro und der Bockmayer, zwei erstklassigen Künstlerinnen, gespielt. Das Werk ist, wie alles von Bittner, zu lang, aber voll Talent.
Dieser Abend, an dem Kolo Moser, Klimt, Ochs und andere anwesend waren, war nur arrangiert, um mich zu bestimmen, Bittner den diesjährigen Preis der Mahler-Stiftung zu geben, was ich ohnehin vorgehabt hatte. Frau Bittner, ein prächtiges Geschöpf, die ihm alle Sorgen abnimmt, kam zu mir und sagte, ich möge die Hälfte Schönberg geben, er brauche es vielleicht notwendiger als Bittner. Das war eine tiefe Anständigkeit, an die Schönberg nie gedacht hätte, denn Bittners waren sehr in Not. Aber um *das* eben ist Schönberg größer!

Schönberg sagte letzthin: »Wenn einem Musiker schon gar nichts einfällt, so fällt ihm prompt ›das Volkslied‹ ein.«
Und im Gespräch mit unserem Freund Friedrich Torberg: »Puccini – aha, das ist der, der dem Lehár alles vorgeäfft hat.«
Später aber meinte Schönberg, Puccini sei mehr als Verdi, denn er habe mehr gekonnt. Ich sagte, ich glaube das nicht. Puccini ist uns nur zeitnäher. Er ist bestimmt nicht mehr als Verdi. Das Wunderbare war, man konnte mit Schönberg disputieren.
Arnold Schönberg sprach in einer Lehrerversammlung einen Musikprofessor mit folgenden Worten an: »Gibt es wirklich jemanden, der

weniger weiß als Sie? Das heißt also jemanden, der etwas von Ihnen lernen könnte?«
Schönberg hatte die Gabe, Schüler und Anbeter um sich zu versammeln. Es war eine absolut gruppenbildende Macht in ihm, eine große geistige Faszination. Die bedeutendsten Schülerfreunde waren Anton von Webern und Alban Berg. Sie traten zu Mahlers Lebzeiten noch nicht recht in Erscheinung. Der Meister hatte die Löwentatze, und sie folgten demütig.
Er wieder hatte dieselbe oder eine ähnliche Demut gegenüber seinem Lehrer Zemlinsky.
Alexander von Zemlinsky gab am Ende des Jahrhunderts einen Kompositionsabend für die Jungen. Schönberg bestieg vor Anfang das Podium und sprach und sagte, daß er alles, was er bisher komponiert habe, hiermit seinem Freund und Lehrer Zemlinsky widme. Es war eine rührende Geste, und mehr als das!
Berg und Webern, die damals noch völlig unbekannt waren, kamen Jahre später erst zu Wort. Mahler hat sie nur persönlich und als sympathische Schüler gekannt.
Alban Berg hatte ein ausgesprochen dramatisches Talent; und das Glück, daß er den ›Wozzek‹ fand, hat ihn schnell in die Höhe gehoben. Da die Universal-Edition den ›Wozzek‹ nicht auf eigene Kosten drucken wollte, hat eine Freundin von Bergs Schwester das Geld zur Publikation vorgestreckt. Allerdings nur kurzfristig; und sie hat es obendrein vor der Zeit zurückverlangt. Nun begab ich mich wieder auf eine Bettelreise und hatte in Kürze das Geld beisammen. So konnte endlich die Drucklegung gefördert werden.
Webern brachte wenige aber originelle Kompositionen. Er wurde immer radikaler, und Schönberg klagte einmal Werfel und mir, wie sehr er unter dem gefährlichen Einfluß Weberns leide und daß er seine ganze Kraft brauche, sich dem zu entziehen. Er blieb, bis auf ein paar Konzertabende, im Hintergrund. Alban Berg hingegen ging mit ›Wozzek‹ über alle Bühnen Europas, manchmal erkannt, manchmal abgelehnt, im Grunde noch nicht verstanden.

Seine Zeit ist erst jetzt da.
Er ist absolut in den Bahnen des Zwölftonsystems. Er weicht selten, aber doch ab, wenn es ihm notwendig erscheint. Die Partitur des ›Wozzek‹ hat er mir gewidmet.

Das Schönberg-Konzert ist vorüber. Es war nicht gut.
Arnold Schönberg, der bis zum letzten Moment die Sache spielerisch nahm, die Proben vernachlässigte, hatte meine Partitur (ich meine die retuschierte Mahler-Partitur der 9. Symphonie von Beethoven). Doch statt sich vorzubereiten, wie ich das erwartet hatte, kam er vollkommen ahnungslos ans Pult. Bei den Proben schon gab es Krach mit dem Orchester, und ich habe wahrhaftig Blut geschwitzt.
In der Aufführung ging mein berechtigter Unglaube so weit, daß ich meinen Logenplatz verließ und irgendwo ganz einsam das Ende des Konzertes abwartete. Ich wollte Schönberg durch meine Unruhe nicht um den letzten Rest seiner Kontenance bringen.
Über Stock und Stein holperte das Konzert seinem Ende zu.
Es fand wenig Anklang in Wien. Die Generalprobe war fast leer, das Konzert ausverschenkt. Schönberg hatte eine feste Honorarsumme und sollte vom Überschuß noch bekommen, falls einer da wäre... Daran aber war ja schon nach der Generalprobe nicht mehr zu denken, und die Schlußabrechnung wies denn auch zweitausend Kronen Defizit auf.

Knapp nach dem Konzert kam ein Mann mit einer von Schönberg geschriebenen Empfehlungsvisitenkarte, worauf stand: »Arnold Schönberg bittet, Herrn Russel aus dem Reinertrag des Konzertes hundert Kronen zu überweisen...«
Nun wußte aber Schönberg bereits, daß zweitausend Kronen Defizit waren.
Und von mir zur Rede gestellt, schrie Schönberg: »Was, der Mörder war bei Ihnen? Das ist ja furchtbar! Ich gab ihm die Empfehlungskarte an Sie, weil ich mich vor ihm fürchtete und nur, damit ich ihn los werde...!« sagte er.
Tagelang stand nun dieser Mensch vis-à-vis meiner Haustür und verhinderte, daß ich ausging. Ich hatte inzwischen herausgefunden, daß dieser Mann Russel tatsächlich ein Mädel umgebracht hatte und längere Zeit in einer Irrenanstalt gewesen war. Knapp nach dem Schönberg-Konzert war er von dort entlassen worden... und Schönberg hatte ihn mir geschickt...

Mai 1915

So, auch das wäre vorüber. Etwas, das ich für dauernd hielt: Oskar Kokoschka ist mir abhanden gekommen. Ich finde ihn nicht mehr in mir. Er ist mir ein unersehnt Fremder geworden. Es ist still um mich – er hat mich so vollkommen isoliert, daß ich das böse, wahre Gefühl habe, wie wenig man in der Welt wirklich notwendig ist.
Ich weiß, er lebt allein weiter und geht weiter und wahrscheinlich besser als mit mir. Wir rieben uns auf aneinander, jetzt kann er ruhig und ungestört leben.
Niemand regt ihn mehr auf.
Ich will ihn vergessen. Wir haben uns nicht gefördert.
»Wer kann sagen, daß er das Blut versteht?«
Ja, wer kann sagen...!

18. Mai

Sterbetag Gustav Mahlers und zugleich Geburtstag von Walter Gropius. Sind das Zufälle?

Juni – Franzensbad

Liebt Gropius mich genug, dann wird er mich erringen.
Liebt er mich nicht genug, dann werde ich eben allein weiter meinen sonnigen, staubigen schattenlosen Weg entlang hetzen.

Später

Ich fühle mich ganz entwurzelt... ich begreife gar nichts mehr. Ich liege im Bett und weine, und mein Kind Anna ist fassungslos, sie weiß nicht, was sie denken soll.
Dieser junge Mensch ist mir ein Segen.
Daran allein sollte ich mich halten. Aber zu sehr weiß ich, daß so ein junger Mensch einen nicht braucht.
Wer hält mein Leben in Händen? Ich ahne es nicht. Walter Gropius etwa? Dann wäre ich ja heute nicht so traurig... dann würde ich ja jubeln... aber ich kann's nicht.

Brief von Oskar Kokoschka.
»Liebes Almi,
Die Erinnerung an Dich ist heute wieder sehr lebendig in mir geworden. Das tut sie wohl immer, und Du bist jetzt der einzige Mensch,

der was davon weiß, wie gerne wir uns hatten. Die Welt wird wieder freundlich, seitdem ich mir vom Herzen schaffe, womit ich mich so töricht selbst ängstigte. Ich arbeitete und war verdrossen und hielt mühselig eine lange Zeit durch. Immer wieder der Schein von Hoffnung... und da bist Du plötzlich zur Überzeugung gekommen, daß alles vorüber ist.

Ich konnte nicht bleiben.

Du hast ja nicht gewußt, wie ich weinte.

Ich konnte die Stadt nicht mehr leiden, wo ich mit Dir gelebt hatte, und jetzt habe ich alle Ansprüche an Dein Herz aufgegeben, ohne, was mir Gott gegeben hat, mir aus dem Sinn schlagen zu müssen.

Aber wenn mein ganzes Gewicht in einer Schale liegen muß, was mir Gleichgewicht gab und sich wieder losknüpft von meinem Leben, ich glaube, Dich wiedersehen zu müssen, ich glaube, mit Dir vereinigt bleiben und wohnen zu müssen, wie ich's in meinem Traum des Lebens vorkommen sehen wollte, dem selig-elendigen Verweichen und Eindringen des Lebensatems hätte ich die Brust verwehrt, um dem Abschiedshauch meines kleinen weggehenden Liebesgeistes eine seelenruhige Welt zu bleiben; nun bist Du über die Zauberbrücke gegangen, und ich blieb im Hoffnungslosen zurück, im finstersten Inbegriff des Selbstbetruges.

Menschen kann ich noch nicht leiden, ich werde zu leicht das Maß verlieren, wie ich ihnen trauen soll.

Angewiesen auf Vermutungen, was diese wären, ob Erscheinungen, ob lustige Geister, deren Geheimnisse in mir liegen; in Augenblicken wird mein Herz gepreßt, mich etwas unaussprechlich an Dich zu denken führt, was mir bekannt ist, und weich, ganz weich im Kummer blicke ich durch den Mangel ins Licht.

In die Landschaften schweifen, durch Tränen gesehen, Licht zu freuen...

Der Morgen ist jedesmal zur Auferstehung für mich in einem Lande, an dem mein Herz mit Freuden kommuniziert.

Vielleicht, wenn ich Nachtdienst in dem Kasernenhof hatte, daß der kleine, heftige, rosige Widerschein der aufgehenden Sonne solchen Einfluß hat, weil er in der Richtung über Deinem Haus nicht erlischt, bis es ganz klar ist.

Vielleicht bewegt und belichtet das Land der gefällige Sinn, der gelöste Liebeswahn fließt ungehindert von einem Antlitz so leichter zu

einem Sternenhimmel zusammen, die strenge Ordnung der Vernunft ist durchbrochen, unerflehtes Glück mischt sich der freien Phantasie gehorchend zu Lieblingsgesichten, und wir beginnen erst zu sein.
Ich liebe Dich und halte Dich, was weißt Du, wer Du bist und wo Du bist.
Wir haben die Grenzen nicht in uns selbst.

Dein Oskar.«

August

Am 18. August 1915 habe ich Walter Gropius geheiratet...
Nichts soll mich fortan aus meiner Bahn schleudern.
Klar ist mein Wollen... nichts will ich, als diesen Menschen glücklich machen.
Ich bin gefeit, ruhig, erregt...
Gott erhalte mir meine Liebe.

20. August

Ich sitze im Zug Frankfurt–Wien. Walter Gropius ist zurück ins Feld.
Ich bin nun wieder allein...

26. September 1915

Ich bin über einen Monat verheiratet. Es ist die merkwürdigste Ehe, die sich denken läßt. So unverheiratet... so frei, und doch gebunden.
Niemand gefällt mir. Die Frauen sind mir heute fast lieber, weil sie wenigstens nicht aggressiv sind. Aber endlich möchte ich schon in einen Hafen einlaufen.
Unsere Ehe wird einstweilen geheimgehalten.

Oktober 1915

Bei meiner letzten Zusammenkunft mit Walter Gropius in Berlin begleitete ich ihn zu einem Militär-Ausstattungsgeschäft. Es war ein staubig heißer Tag, in der Mitte des Weltkrieges. Ich wartete lange auf Gropius, der mit großer Ruhe das Leder für seine Reitstiefel aussuchte.
Er hat viel Qualitätsgefühl und ließ sich Zeit – ich floh ins Freie, weil ich gewohnt bin, schnell und unüberlegt zu kaufen, was nicht immer gescheit ist. Der starke Juchtengeruch nahm mir das Bewußtsein...
Nun saß ich lange in einem Einspänner, die Sonne troff gelb auf mich hernieder, und ich wurde müde.

Aber da zog ein Bücherkarren vorbei, und ich erwachte sofort zu neuem Leben.
Ich kaufte mir die letzte Ausgabe der Monatsschrift ›Die weißen Blätter‹, schlug sie auf, und mein erster Blick fiel auf das Gedicht ›Der Erkennende‹ von Franz Werfel.
Das Gedicht schlug über mir zusammen... ich war vollkommen gebannt und der Seele Franz Werfels ausgeliefert. Das Gedicht gehört zu dem Schönsten, was ich überhaupt kenne.
Ich habe, auf den Semmering zurückgekehrt, das Gedicht komponiert.

Juli 1916

Dieses Sonderbare der Schwangerschaft, in der ich mich jetzt befinde!
Nun sehne ich mich nach der Entbindung, die mir neuen Aufschluß geben wird.
Sie muß wieder ein neues, großes Erlebnis in mein Leben bringen.
Und die Schmerzen, die die Frauen empfinden, müssen daneben verschwinden.
So und nicht anders darf es sein.
Alles kann von Gott nur zur Freude erdacht sein.

5. Oktober 1916

Es ist mir ein süßes Mädel geboren worden: Manon.
Unter den grausamsten Schmerzen... aber nun sie da ist, bin ich froh.
Ich bin verliebt in dieses Wesen.
Bin ich dieselbe, die den Flug mit Gustav Mahler mitmachte, oder ist es eine andere?
Alles in meinem Leben ist mir rätselhaft.
Jetzt nähre ich das Kind und verstehe die Wollust nicht, die ich durchs Leben erlernt hatte.
Walter Gropius ist im Feld... wir sind über ein Jahr verheiratet... wir haben uns nicht, und manchmal habe ich Angst, daß wir einander fremd werden – – –
Gropius, der ein ungemein nobler Mensch ist, hatte den heftigsten Wunsch, mir nach der Geburt des Kindes ein großes Geschenk zu machen.
So schrieb er an Karl Reininghaus, der hie und da aus seiner großen Bildersammlung eines von seinen Gemälden verkaufte, und bat ihn,

ihm die ›Mitternachtssonne‹ von Edvard Munch käuflich zu überlassen.
Am selben Tage noch kamen zwei Diener mit dem Bild und einem rührenden Brief von Karl Reininghaus. Er schrieb darin, daß das Bild seit Jahren mir gehört habe, da ich es so liebe. Er habe nur bis jetzt keinen rechten Anlaß gefunden, es mir zu schicken. Ich hätte es mir erlächelt! –
Nun konnte ich mich tagelang in dieses ölig ruhige und doch so bewegte Meer versenken. Kein Bild ist mir je so nah gegangen wie dieses.

Dieses Provisorium-Leben habe ich nun bald satt.
Oskar Kokoschka ist mir ein fremder Schatten geworden... nichts interessiert mich mehr an seinem Leben.
Und ich habe ihn doch geliebt!

Manchmal juckt's mich, und ich möchte etwas Böses tun.
Es gibt soviel Böses, das sich zu tun verlohnte...
Ach, nur ein wenig Böses!
Meine Empfindung für Walter Gropius war einer müden Dämmerehe gewichen. Man kann keine Ehe auf Distanz führen.

Juli 1917 – Semmering

Endlich bin ich befreit von den vielen Menschen. Es gewittert stark, und die Spannung der Atmosphäre tut mir weh.
Manchmal glaube ich, daß alles vorbei ist, wenn ich aber meine kleine Manon ansehe, so weiß ich, daß ich noch notwendig bin. Nicht Anna Mahler – die braucht mich nicht mehr. Sie ist weise.
Gestern lag sie im Bett bei mir. Sie sagte:
»Wie merkwürdig, du und ich, wir sehen die Natur sehr verschieden. Du viel großzügiger – ich mehr im Detail. Wir empfinden auch Musik verschieden. Du merkst dir das Gehörte, ich mir das Gesehene. Ich kann deshalb Bach leichter auswendig spielen als Wagner. Bach, Reger – eine andere Kunst, als die, die du liebst. Du spielst Wagner und Schumann so gut...«
»Darum ist mir blau lieber, und dir rot... Darum liebe ich Laotse, und du...«
Das ging so ins Ungemessene. Und sie ist dreizehn Jahre alt.

Aber ich liebe sie so – obwohl sie mir vielfach schon jetzt fremd ist und immer fremder werden wird. Und das märchenhafte Kind Manon: Jeder Mensch, der sie sieht, liebt sie, aber niemand weiß, wie ich dieses Geschöpf liebe.
Möchte den ganzen Tag ihre Händchen und Füße küssen; denn sie auf den kleinen Mund zu küssen, wage ich kaum.

Dieser Sommer war etwas zu bevölkert auf dem Semmering. Diese einsamen Villen auf einem schönen Platz am Berg sind entweder das Ziel aller Ausflügler, oder ganz vereinsamt... Eine Mitte scheint es nicht zu geben.

Ich verlor mein Hausbesorgungspaar auf dem Semmering. Ein paar Tage darauf meldete sich ein Ehepaar, das sein Alter sorgsam verbarg und nur mit großer Mühe den steilen Berg bei uns erklommen hatte. Sie brachten bald ein furchtbares Wesen mit ins Haus, die nun die Arbeit der Alten zu besorgen hatte. Sie hieß Klara, war die Schwester der Alten und ein richtiger Höllenbraten. (Werfel hat alle drei im Jahre 1925 unnachahmlich in der Novelle ›Der Tod des Kleinbürgers‹ verewigt.)

Später

Mir geht's gar nicht gut... habe Herzschwäche. Ohne Bedauern würde ich von dieser Welt Abschied nehmen, die mir soviel echtes, wahres Leben gegeben hat.
Aber was soll jetzt kommen? Eine stündliche Wiederholung alles dessen, was gewesen, wenn es hoch kommt!
Soll ich eine Hausfrau werden, mit all ihren Schikanen und Lächerlichkeiten?
Und ich fürchte ja Besitz, weil er einen besitzt.
Ich fange wieder an, mich vor den Menschen zu fürchten, was früher schon einige Male meine Tage und Nächte zerquält hat und von mir überwunden wurde.
Ich schicke die Besucher weg und kränke mich dann, daß ich vereinsame.
Die kurze Heilung, die ich durch Walter Gropius erfahren hatte, weicht durch stetes Getrenntsein von ihm, so daß ich mir ein Zusammenleben mit ihm nicht mehr recht vorstellen kann.

Eine große fremde Freude täte mir not!
Dann wieder, wenn ich meine zwei Mädeln anschaue, geht mir das Herz auf.
Das ist mein Glück jetzt, und kaum wird noch ein anderes kommen.
Oft denke ich, man hat kein Recht, als Gefühlsparasit der Menschheit weiterzuleben; als ein müdes, mattes, nichts mehr suchendes Geschöpf. So ein Mensch – wie ich fühle, es zu sein – sollte aus Scham und Anständigkeit verschwinden können.
Aber... das vegetiert eben so weiter...

Im Herbst 1917

Ende des Jahres 1917 kam eine kleine Ursache, deren große Wirkung mein Leben von Grund auf umgestalten sollte.
Mir war im Sommer des Jahres vorher ›Wir wollen nicht verweilen‹ in die Hände gefallen. Es war das erste Buch, das mir von Theodor Däubler sehr gefiel, ja, ich war hingerissen davon. Ich schrieb an Jakob Hegner in Hellerau, er möge mir zehn Exemplare von diesem Buch und weitere zehn Exemplare von Claudels ›Goldhaupt‹ zusenden. Ich wollte in meiner Begeisterung diese Bücher an meine Freunde verteilen.
Und so saß ich eines Winterabends allein. Es war bitterkalt, und ich hatte außer alten Zeitschriften nichts zum Verheizen... als es läutete und Jakob Hegner zur Türe hereinkam mit den Worten: »Ich muß mir doch den Menschen anschauen, der solche Bücher heute zwanzigmal bestellt. Dies ist mir in meiner Laufbahn als Verleger noch nicht vorgekommen.« Hegner gefiel mir, und da ich bei einer Freundin, Gräfin Gretel Coudenhove, zum Abendessen eingeladen war, nahm ich ihn dorthin mit.
Der große Graphologe Raphael Scheermann, der sofort von allen Seiten ausgebeutet wurde, war auch anwesend. Es gab ein merkwürdiges und sehr bereicherndes Gespräch. Zum Schluß frug Hegner ängstlich, ob er ins Feld müßte, worauf Scheermann kategorisch erklärte: »Niemals! Sie kommen nicht an die Front.«
Auf dem Nachhauseweg frug mich Hegner, ob er mir den Dichter Franz Blei bringen dürfe. Ich verneinte es. Ich kannte ein Buch von diesem Menschen, das mir überaus mißfallen hatte. Aber er redete mir so zu, schwor, daß Blei nun ein ganz anderer, also ernster, geworden sei, bis ich rief: »Nun denn in Gottes Namen!«

... Und damit mein Schicksal mittelbar besiegelt hatte.
Blei kam nun in mein Haus.
Eine lange weiße Kerze, mit einem vergeudeten Licht.
Alles war hell an ihm und doch so dunkel.

Im Sommer kam Blei auf den Semmering. Aber in die Natur paßte er nun erst recht nicht, dieser langberockte ›Pater Filucius‹.
Er fühlte den Boden unter sich weichen. Da kam ihm der Gedanke und die Frage: »Franz Werfel wird aus dem Felde zurückkommen, darf ich Ihnen den bringen?«
Dies war ja nun etwas anderes!

Diese Woche war bedeutungsvoll.
Erst sah ich meinen armen verrückten Freund Paul Kammerer nach langem wieder... Er war in einem bösen Zustand. Und er hat sich später umgebracht. Es ging mir nicht allzu nah.
Später kam Hofrat Josef Strzygowski, mit dem ich ja immer gerne bin, da er ein schöpferisches Hirn hat; es war aber diesmal nicht weiter anregend.
Mitte der Woche ging ich nachmittags zur sächsischen Gesandtin Helene von Nostitz, die vor acht Tagen ihren wunderschönen Buben verloren hatte. Ein Arzt hatte für das Kind ein Karbol-Klistier verordnet, ohne ersichtliche Quantum-Angabe. Das Kind verbrannte innerlich in der kürzesten Zeit. Ich stand lange vor dem Tore, bevor ich eintrat, und wußte nicht, wie ich ihr begegnen sollte... aber sie kam herein... schwarz angezogen, edel, einfach und seltsam unberührt, und alles war von selbst verständlich.
Ihre phrasenlose Art erinnerte mich daran, wie ich mich nach Marias und nach Gustav Mahlers Tod benommen hatte. Keine Trauerkleider (denn Gustav Mahler hatte es sich verbeten, »daß ich etwas für die Herren Nachbarn tun solle«, wie er im Testament geschrieben hatte, und ich »möge Menschen sehen, Konzerte und Theater hören«. Das war sein Wille gewesen).
Die Nostitz ist eine geborene von Hindenburg. Ihr totes Söhnchen war das Patenkind des Feldmarschalls und sah ihm ähnlich.
Ich kam noch sehr erregt von dem Gespräch mit Helene Nostitz nach Hause und fand Franz Blei vor, der mir den Dichter Franz Werfel gebracht hatte.

Da ich seine Gedichte liebe, eines: ›Der Erkennende‹ vor zwei Jahren komponiert hatte, so fühlte er sich gleich sehr zu Hause. Blei ging bald ... ein Stärkerer sprach, das konnte er nicht sehr gut vertragen.
Werfel ist ein untersetzter Mann, mit sinnlichen Lippen und wunderschönen großen blauen Augen unter einer Goetheschen Stirn.
Er gewinnt, je mehr er sich gibt. Seine übertriebene Menschenliebe und die Phrasen wie: »Wie kann ich glücklich sein, wenn *ein* Geschöpf auf Erden noch leidet...«, die ich wörtlich schon einmal von einem Egozentriker par excellence, nämlich Gustav Mahler, gehört hatte, konnte ich mir erst dann erklären, als er mir in vorgerückter Stunde seine Sünden, seine Sucht, »gut zu leben«, gebeichtet hatte. Ich sagte damals, daß wir ja auch nicht immer an unseren eigenen Tod dächten.
Werfel ist eminent musikalisch. Er liebt Gustav Mahlers Musik und wollte mich deshalb kennenlernen. Er hat eine wunderschöne Sprechstimme und eine faszinierende Rednergabe.
Ich danke meinem Gott auf den Knien, der mir vergönnt, mit solchen Geistern nah zu verkehren.
Das Menschenerlebnis ist etwas so grandios Herrliches, daß ich immer schwer von meinem Entzücken in die Wirklichkeit zurückfinden kann.

Später

Werfel las äußerst dramatisch die ›Jakobs-Leiter‹ von Schönberg vor. Er sagte nach den ersten Worten: »Ich kenne nun den ganzen Konflikt dieses Menschen... er ist Jude, der an sich leidende Jude.«
Werfel haßt Wien. Er lobte die große Talentiertheit der Slawen, vor allem der Tschechen. »Grillparzer ist der Prototyp des greinenden Wieners, der eben doch nur in Wien leben konnte.« (Später sprach er jedoch ganz anders von Grillparzer.)

November 1917

Friedensangebot von Rußland. Vielleicht erregt sich die Welt endlich zum Guten!
Viele wunderbare Dinge geschehen... Eine Nacht war... eine holdselige Nacht... Werfel, Blei, Gropius.
Wir jubelten. Musik.
Meistersinger, Louise, usw. ... Werfel sprach einige seiner Gedichte, ›Der Feind‹ und andere, und er sang und ich spielte – und wir wußten von keiner Welt mehr.

Und so verquickt waren wir sofort durch dies unser ureigenstes Element, daß wir alles rundher vergaßen und vor den Augen der ganzen Welt quasi musikalisch-geistigen Ehebruch trieben.
Franz Werfel ist ein wunderbares Wunder!

Um zwei Uhr früh wollten sie weggehen, es war ein solcher Schneesturm, daß man nicht gehen konnte, aber auch keinen Wagen gefunden hätte. So bat ich die beiden Herren, bei uns zu übernachten, was auch geschah.
Wir arrangierten in aller Eile zwei fellbedeckte Makartbetten für die beiden Dichter. Franz Werfel sagte: »Es wird mir merkwürdig sein, das Aufwachen in diesem Zimmer voller Bücher, Noten und Bilder... und das Zimmer wird den Mund verziehen, wenn es aufwacht und mich sieht.«
Ich war mit den sonderbarsten Empfindungen mit meinem Manne, in mein Schlafzimmer gegangen. Musikberauscht schlief ich, an der Seite eines mir merkwürdig fremd Gewordenen, ein.

8. Dezember 1917

Mittags: Die Gräfin Draskowitsch, Khuen, Klimt, Blei und andere.
Warum Gustav Klimt, dieser arme, blühende, große Maler, der er ist, nur Emporkömmlinge malen darf... und nie etwas gutrassig Schönes...? So fragte ich.
Dieser Mensch weiß ja gar nicht mehr, wie eine schön befesselte Hand aussieht.
Ich beschimpfte die Draskowitsch, daß sie sich vom Maler Quincy Adams hatte malen lassen, und ich sprach die Worte aus, die ich mir dachte: »Benutze die Zeit, in der dieses Genie unter uns lebt.«
Gustav Klimt war verlegen, aber nicht ohne einige Genugtuung zu empfinden.
Meine Worte waren leider ominös... Gustav Klimt war damals schon in Lebensgefahr, und niemand ahnte es.

Später

Es ist Weihnachten. Walter Gropius war zum Fest gekommen. Jetzt gab es wieder schöne Tage. Nach Weihnachten kam Willem Mengelberg nach Wien und dirigierte ›Das Lied von der Erde‹ in einer meisterhaften Aufführung.

Am Tage der Aufführung, früh morgens, nahm Walter Gropius Abschied, um nach seinem in Wien verbrachten Urlaub ins Feld zurückzukehren. Er eilte die Stiegen hinunter, und ich mühte mein bestes Lächeln aufs Gesicht, um ihm über die Schwere des Abschieds hinwegzuhelfen... Ich legte mich wieder nieder, um mich für den Vormittag zu rüsten, an dem das Mahler-Konzert stattfinden sollte.
Plötzlich läutete es heftig, und Walter Gropius stürzte herein. Er hatte den Zug versäumt.
Jedes Zurückkommen ist ein Fehler.
Ich hatte, um Diskussionen zu vermeiden, meine Mutter und deren Mann eingeladen und dieses Mahl, dessen hoffnungslose Trauer in seiner Tiefe niemand von den Anwesenden, außer Walter Gropius und mir, ganz verstand, verlief sehr gedrückt. Zum Schluß schluchzte Walter Gropius auf, daß er gegen meine Vergangenheit niemals ankämpfen wolle und auch die Kraft dazu nicht habe.
Als der Abend kam und Gropius abreiste, hatte ich mich wieder so weit in meiner Gewalt, daß der Abschied erträglich wurde.
Von der Grenze depeschierte er mir: »Zerbrich das Eis in deinen Zügen« – ein Zitat aus einem Gedicht von Franz Werfel. So stark hatte auch er sich an Franz Werfels Dichtung verloren.
Nichts als Franz Werfel liegt mir im Sinn. Und das Musizieren mit ihm ist mir schon Lebensatem geworden.

Januar 1918

Mengelberg-Konzert.
Es gab die 4. Symphonie von Gustav Mahler und ›Ein Heldenleben‹ von Richard Strauss.

5. Januar

Ich war im Konzert... tief verbunden durch Blicke mit Werfel. Er kam in der Pause; dann gingen wir zusammen nach Hause.
Unser beredtes Schweigen brachte uns an den Rand. Es konnte ja gar nicht anders kommen, als daß er meine Hand ergriff und sie küßte – und daß sich unsere Lippen fanden, und daß er Worte stammelte, ohne Sinn und Zusammenhang...
Wohin wird mich dieses Erlebnis führen!
Ich liebe mein Leben...

Und ich kann nichts bereuen.
Diese tiefe musikalische und seelische Verbundenheit mit Franz Werfel ist fast tödlich. Es mußte kommen, daß ich ihn liebe, und die Musik beschirmt uns.
Die letzten Tage, mit ihrer Erfülltheit durch Gustav Mahlers Musik und Mengelberg sangen Liebe... Liebe.
Ich bin toll. Und Werfel auch...
Wenn ich zwanzig Jahre jünger wäre, würde ich alles hinhauen und mit ihm gehen.
So aber... muß ich ihm mit tiefer Trauer nachsehen, wenn er seinen Götterlieblingsweg dahingeht.

Franz Werfel wohnte damals im Hotel Bristol, und es war mir weder angenehm noch leicht, ihn dort zu besuchen. Aber er wollte es, und ich ging doch aus einem ganz bestimmten Grunde hin.
Er war einer wirklichen Konzentration durch den Krieg unfähig geworden. Nun lagen seit Wochen die Fahnen zum ›Gerichtstag‹ dort im Zimmer herum – zerrissen und schmutzig, und er war nicht dahin zu bringen, sie ernsthaft durchzukollationieren.
So kam ich, und er mußte arbeiten, ob er nun wollte oder nicht, Zeile für Zeile, mit mir an seiner Seite. Und ich brachte ihn so in die Arbeit zurück, die der Krieg in ihm zerstört hatte.
Es waren unvergeßliche Stunden – mit kleinen Zärtlichkeiten vermengt und doch tief ernst.

6. Februar 1918

Gustav Klimt ist am 3. Februar 1918 gestorben.
Mit ihm geht ein großes Stück Jugend aus meinem Leben. Wie hatte ich ihn einst verstanden! Und ich habe nie aufgehört, ihn zu lieben – allerdings in sehr verwandelter Form.
Ich war auf dem rechten Weg.
Meine vielen Erinnerungen an ihn will ich niederschreiben, wie sie mir einfallen:
Heute, am 6. Februar, liegt er noch still aufgebahrt – nichts rührt sich mehr in ihm und an ihm.
Daß er tot sein soll, kann ich noch gar nicht begreifen.
Er war ein unendlich feiner Kolorist. Seine großen Bilder für die Universität wurden zurückgewiesen. Sie waren zu modern, zu ab-

wegig, mit einem Wort: zu bedeutend. Diese Riesenbilder sind das Stärkste, was er gemalt hat.
Seine Bildung war gering. Er kam aus den allerkleinsten Verhältnissen. Aber er trug immer in den Rocktaschen die ›Göttliche Komödie‹ und den ›Faust‹ herum.
Sein Kunstverstand war groß. Seine Landschaften wurden zum Schluß ganz flächig, das heißt gobelinhaft und ohne Luft, aber juwelenhaft in der Farbe.
Oskar Kokoschka ist der weitaus Stärkere, und Klimt hatte großen Respekt vor dessen Talent.

Franz Werfel war der einzige Sohn einer wohlhabenden Prager Industriellenfamilie. Sein Vater war Besitzer einer Handschuhfabrik. Franz Werfel besuchte die Piaristenschule und das Stefansgymnasium in Prag und kam mit siebzehn Jahren in die Transportfirma Nagel & Wortmann in Hamburg, wohin ihn sein Vater sandte, damit er später bei der Übernahme der Handschuhfabrik ›sein‹ Gewerbe verstehe. Bevor er Prag verließ, mußte er aber sein Meisterstück vollenden, einen handgenähten Handschuh, der aber – wie er schmunzelnd sagte – fast nur vom Werkführer verfertigt wurde, wenn niemand zusah.
In Hamburg war ihm das Ganze so zur Qual, daß er stundenlang sitzen konnte und die Uhr bewachen – ohne eine Hand zu rühren –, bis der Zeiger auf der Stelle stand, die ihm Freiheit brachte. Seine Arbeit an den Konnossementen hing ihm zum Halse heraus, und eines Tages warf er alle Schiffspapiere in das WC und zog die Wasserspülung. Er belustigte sich nun an seiner Phantasie, die ihm vorgaukelte, daß jetzt alle Schiffe mitten im Meer stehenbleiben müßten. Die Schiffe blieben natürlich nicht stehen, aber Franz Werfel flog im Bogen aus dem verhaßten Handelshaus heraus, als die Firma die Katastrophe entdeckte. Er floh nach Leipzig, wo Kurt Wolff ihn sofort zum Lektor seines Verlages machte. Man kann sich denken, wie erfreut sein Vater war!
Franz Werfel hatte eine schöne Sprech- und Singstimme. Er war der außergewöhnlichste Rezitator, Vortragskünstler und Geschichtenerzähler. Über was er auch sprach, sein triumphierendes Temperament zauberte Leben und Fülle in seinen Vortrag – unwiderstehlich hielt er seine Zuhörer gefangen. Er besaß einen unerschöpflichen

Vorrat von selbsterlebten Anekdoten, oder er erfand sie einfach beim Erzählen, die seine Zuhörerschaft faszinierten und in seinen Bann zogen.
Im Anfang meiner Beziehung zu Franz Werfel kam Franz Blei einmal zu mir und fing an, schrecklich über mein durch Franz Werfel »verpatztes« Leben zu jammern. Mein Ruf sei gefährdet, und ich würde aus Franz Werfel nie einen »anständigen« Menschen machen. Werfel »nobilisiere« sich nur an mir, und so weiter.
Ich hatte von dem Gefasel schon gehört, denn die ›Rettungsaktion‹ für mich hatte Blei im Kaffeehaus männlichen und weiblichen Klatschbasen schon preisgegeben. Franz Schreker, der das Gerede gehört hatte, stürzte zu mir und warnte mich vor Blei.
Eines Nachmittags, als Franz Werfel gerade bei mir war, wurde Blei gemeldet. Ich bat Franz Werfel, im Musikzimmer zu warten, damit er selber hören könne, was sein Freund über ihn spreche. Blei begann auch sofort mit seinem Gezeter – ich ließ ihn eine Weile reden, dann öffnete ich die Tür zum Musikzimmer und sagte:
»Im übrigen können Sie das alles Werfel selbst sagen...«
Blei war sprachlos und erbleichte – und die freundschaftlichen Beziehungen zwischen den beiden erfuhren eine erhebliche Abkühlung.

Der Sommer 1918 war vielleicht eine der schicksalhaften Zeiten meines ganzen Lebens. Die letzten Juli- und die ersten Augusttage brachten mich nicht nur an den Rand des Grabes, sondern sie schmiedeten mich auch unlösbar und für immer an den Mann, der mein Liebhaber und Lebensgefährte werden sollte – bis der Tod uns viele Jahre später trennte. Darum möchte ich hier Franz Werfel selbst sprechen lassen.

Franz Werfel TAGEBUCH

begonnen mit dem in meinem Leben wichtigen 28. Juli 1918
(4mal 7ten Tag des 7ten Monats)

Tagebuch: Bemühungen gegen die Lügen, die mich verfolgen durch alle Bestechlichkeiten, und stünden auch hinter den Bewußtgewordenen immer neue auf!

29/7–3/8 1918

29. Juli 1918

Vorgestern fuhr ich auf den Semmering, um Alma zu besuchen. Wollte über Samstag und Sonntag, bis tief in den Montag hinein bleiben. Freute mich und war die beiden Tage vor meiner Abreise aufgeregt. Besorgte einiges, was dann recht schäbig aussah, als ich's mitbrachte. Bei mir wird das meiste durch die Realisierung klein, lückenhaft und etwas verschmiert. Die Konzeptions-Energien sind gut, die Arbeitskraft von Ablenkungsteufeln aufgerieben.
Freute mich auch auf Almas Liebe. Jetzt erinnere ich mich, daß Blei vor einigen Abenden (als ich die Nacht seines Kommandodienstes bei mir in der Bolzmannstraße mit ihm durchwachte), die Bemerkung fallen ließ, es wäre niedrig, sich einer Frau in Hoffnung gegenüber nicht nach tieferem Gewissen zu benehmen, das einem doch sage, daß der Genuß kein Selbstzweck sein kann.
Wenn ich genau hinsehe, so ist jede Minute meines Lebens von den mysteriösesten Winken erfüllt, denen ich nie recht in die Augen schauen will, aus Bequemlichkeit, aus Angst, aus Ungeistigkeit; denn es gehört ein Mut dazu, von dem die heutigen Bildungs-, Wissens- und System-Flachköpfe keine Vorstellung haben, sich selbst und sein Schicksal in der großen Spitzen-Handarbeit der in der Zeit sich spinnenden Zusammenhänge zu sehen. Den Fingerzeig jeden Augenblicks zu sehen, der warnt und für den Dummen in unseren letzten Winkel klar die Zukunft prophezeit! – Astrologie! – Man soll den Glauben an dieses Wetterleuchten in unserem moralischen Bewußtsein stärken. Es ist guter Aberglaube! – Das Gefühl für unseren freien Willen wird durch das tiefere Lauschen auf unsere innere Stimme nur gehoben! Denn Ziel des freien Lebens einzig ist es, diese innere Stimme auszugraben, alle Polstertüren, die in uns ihren Schall dämpfen, einzustoßen. – Ich bin überzeugt, daß es im Grunde nie einen Zweifel geben

kann, daß der Apfel, den unsere Erz-Eltern vom Baum der Erkenntnis gegessen haben, unverdaut vorhält, und wir in jedem Lebensaugenblick, wenn wir nur zu sehen wagen und horchen wollen, genau wissen, was gut und böse, recht und unrecht ist, oder wie immer man die Gegensätze des Bekömmlichen und Unbekömmlichen nennen will.

Ich kam Samstag mittag nach Breitenstein am Semmering, wurde mit Freude empfangen, die gute wärmespendende Hand, die mir die Türe öffnete, zog mich mit sich. Es war Besuch da, der über eine Woche bleiben würde, Frau R. und ihre achtzehnjährige Tochter.
Alma und Gucki, die immer herrlicher wird, waren glücklich, daß ich da war, schon wegen der Belebung der durch Frau R. etwas traurigen Atmosphäre, obzwar meine Anwesenheit wegen Räumlichkeitsfragen Schwierigkeiten machte.
Ich bekam das Zimmer neben dem Schlafzimmer Almas; ich war über diese glückliche Schicksalswendung entzückt. – Wir blieben, während ich meine Sachen auspackte, eine halbe Stunde allein. Beide erhofften wir voll Freude die Nacht.
Bleis Ausspruch und meine gute schonungsvolle Absicht hatte ich schon vergessen. Alma hatte sich den ganzen Tag über unmäßig übermüdet und außerdem zusammen mit Gucki am Harmonium, fast den ganzen zweiten Teil der 8. Symphonie von Mahler gespielt.
Als man schlafen ging, war Frau R. fast zwei Stunden lang nicht aus Almas Zimmer fortzubekommen. Sie war durch die Musik enthusiastisch geworden und philosophierte. – Am nächsten Tag, wo sie durch Arbeit und Hilfeleistung ganz an ihrem Platz war, wirkte sie besser auf mich, obgleich immer ein Rest »nicht über die Wasserfläche kommen konnte«, sie trübt.
Nach vielen halben Stunden Wartens, bis endlich alle schliefen, war ich allein bei Alma. – Sie ist der einzige geniale Mensch, den ich hier kenne.
Ich glaube, daß ich sie immer mehr liebe, soweit ich lieben kann, in gewissen Gefühlen mehr sogar, als ich von meiner Fähigkeit weiß.
Ich habe mir Frauen bisher immer nur viele Monate lang vorher imaginiert und zurechtgeschwärmt. Sie waren mir wenig wirklich.
Alma ist mir wirklich. Sie ließ mir in den ersten Tagen, als wir im Konzert (Mengelberg und Schreker) uns immer wieder ansahen, nicht Zeit, sie zu imaginieren.

Nach dem Konzert lud sie mich ein, mit ihr zu kommen. Wir erklärten uns einander. Trotzdem bald alles geschah, war mein Gefühl zu ihr noch lange unreif. – Als ich in die Schweiz ging (Jänner 18), und als ich in der Schweiz war, liebte ich sie mit Heimweh (dieses Gefühl ist meiner Liebe zu ihr immer beigemischt).
Es ist nicht der Tag, über diese Entwicklungen zu reden. – Heute ist sie mir wirklicher als nur ein Mensch!

Ich hatte den Fingerzeig vergessen und mich nicht beherrscht.
Wir liebten uns!
Ich schonte sie nicht.
Gegen Morgen ging ich in mein Zimmer zurück.

Der böse Tag! 28. Juli! Ich hatte noch geschlafen, es war noch Sommerdämmerung, ich werde geweckt, verstehe nicht gleich, soll sofort zum Arzt im Ort laufen (eine Stunde Weges). Die gnädige Frau ist unwohl. In ihrem Zustand könne man nicht wissen. – Der Ton der Angststimme des Dienstmädchens, die das sagt, wird mir unvergeßlich sein. Sofort, ehe ich noch wach bin, werde ich mir meiner Schuld bewußt. Rasend vor Eile ziehe ich mich an. Im Gang treffe ich Frau R., die mir bedeutet, der Arzt müsse unverzüglich kommen, es sei eine fürchterlich schwere Blutung bei Frau Alma eingetreten. Ich renne aus dem Garten, auf einen falschen Weg, will abkürzen, gerate immer tiefer in hohe Wiesen. Es regnet, hat die ganze Nacht geregnet. Meine Schuhe sind sofort voll Wasser, meine Kleider so schwer wie die von Ertrunkenen, denn um nur auf die Straße zu kommen, werfe ich mich in Walddickicht.
Ich bete und schreie in Verzweiflung. Ich bin auf der Straße, kenne sie nicht, renne in einer Richtung, die unmöglich falsch sein kann. Zwei Gelübde mache ich.
1. Das Gelübde, Alma immer treu zu bleiben. Mir niemals mehr eine sexuelle Befriedigung auf leichte und unedle Art zu verschaffen. Auf der Straße meine Blicke nicht auf geschlechtlich aufregenden Dingen ruhen zu lassen.
2. Das Gelübde: nicht zu rauchen, wenn Gott nur alles gut werden läßt. Dieses zweite Gelübde war in seiner Gefühlsfassung unklar. Im Innersten gedachte ich nicht der Möglichkeit, das Rauchen ganz zu lassen.

Ich kam nach Verspätung (ich haßte mich für mein Lebensungeschick in einem solchen Augenblick) auf die richtige Straße und atemlos und durchnäßt zu dem Sanatorium, wo der Arzt zu finden war. Es war halb sechs Uhr morgens. – Ich weckte persönlich den Arzt, er zog sich an, wir machten uns auf den Weg; er entschuldigte sich, daß er anfangs langsam gehen müsse, er sei tuberkulös, dabei unterhält er sich immerfort über Literatur, ganz unsinnig... Ich mußte dazu teilnehmende Grimassen schneiden, während mir vor Angst und Aufregung der Kopf ganz benommen war.

Unterwegs traf ich Gucki (man muß zu ihr zwar jetzt Annie sagen, aber ich nenne sie trotzdem Gucki). Sie kam von zu Hause, ging in den Ort hinunter, um nach Wien um einen Arzt zu telefonieren. Ich ließ den Doktor allein gehen und schloß mich Gucki an. Ich fühlte solche Verwandtschaft zu ihr. Sie war ruhiger als ich. Sie, die doch ihrer Mutter in einer fast antiken Vergötterung und Dienstliebe anhing. – Vielleicht konnte sie mit ihren fünfzehn Jahren das ganze noch nicht tief genug einschätzen. Oder verbarg sie in edlerer Selbstbeherrschung ihre Aufregung. Nicht viel Jammergeschrei ist ein gutes Zeichen für einen Menschen. – Nach einiger Mühe gelang es uns, mit der Stadt eine Telefonverbindung zu bekommen.

Wir gingen zurück.

Ich selbst mußte fortwährend meine Sorgen und Gewissensbisse in Hoffnungen und Ausrufen entladen. – Gucki sprach fast gar nicht davon, sie mühte nur ununterbrochen ihre Gedanken damit ab, »wie man doch der Mami eine Freude machen könne«. – Ich machte einige spaßhafte Vorschläge: zum Beispiel eine Kuh von der Weide rauben, oder das zahme Reh, das uns am vorigen Nachmittag so entzückt hatte. Alle Pläne, die ich so beiläufig aussprach, hatte Gucki schon durchgedacht in ihrer planenden tathaften Liebe. – Es fand sich aber gar nichts. – Wir pflückten ein paar häßliche Blumen. Als wir aber in den Garten kamen, brach Gucki eine schöne Rose für die Mami ab; später schenkte sie ihr auch von ihren Büchern die gesammelten Werke von Richard Dehmel.

Sie kam zum Geländer der Treppe und sagte mir, es ging der Mami viel besser. – Ich dachte nicht daran, daß mein Gelübde, das in bezug auf das Rauchen mir immer mehr Kraft kostete, vielleicht geholfen haben konnte. – Gott sei Dank. Wenn auch das nur ein Fingerzeig wäre – und diesmal alles nur gut und beim alten bliebe!

Ich fühlte meine überflüssige, schwere Rolle in diesem Hause. Ich störe jetzt, wo eine Kranke (durch mich Kranke, durch mich Kranke) da ist.
Ich sagte, daß ich mittags abreisen würde. Das war auch ganz selbstverständlich.
Als es gegen Mittag ging, verlangte mich Alma zu sehen. Sie gab vor, sie wolle, ehe ich wegführe, noch meine neuen Gedichte hören.
Frau R. führte mich ins Zimmer. Alma lag da sehr bleich. – Ich war meiner nicht mächtig und machte falsche Bewegungen, aus Nervosität, trotzdem ich fast weinend ihre hohe Schönheit fühlte. – In allem, was sie mit leiser Stimme sagte, war ein herrlicher Enthusiasmus, wie ihn nur ganz große Menschen im Leiden haben können. Sie ist eine gewaltige Natur trotz hysterischer Trübungen, von denen sie manchmal spricht.
Es ist ihr lange und äußerste Ruhe befohlen worden. Sie hat Schmerzen.
Sie sagt: Wenn ich nur das Kind behalten darf!
Die tiefste Bedeutung dieses Satzes geht mich an.
Ich sage, es wäre nun alles vorbei und gut, versuche auch, aus egoistischem Leichtsinn an diesen Satz zu glauben.
Sie selbst zweifelt; in allem was sie sagt, wird sie besser und runder. Sie ist eine vollkommene Natur. Eigentlich müßte ich, wenn ich an sie denke, den ganzen ›Gerichtstag‹ samt der Philosophie des Laurentin umwerfen. Sie ist eine unzimperliche Vollkommene. – Aber ich bin so unwahrhaftig, Dinge aus meinen Arbeiten nicht auszustreichen, die das Leben korrigiert hat.
Ich spreche von meiner Schuld an diesem Unglück.
Sie sagt: »Ich selbst bin ebenso schuld daran. Nicht überhaupt Schuld, Schuld! Ich kenne das gar nicht.«
Sie hält meine Hand. Ihre Hände haben die frauenhafteste, beglükkendste Wärme, die ich kenne.
Sie sagt mir auch in den paar Minuten, da wir allein sind: »Wenn du jetzt weggehst, müssen wir darann denken, daß wir uns nicht wiedersehen. Vielleicht wäre es gut, dann würdest du ein großer Dichter werden.«
Mit diesem Gedanken spielt sie immer, daß ein solches, daß dieses Leiden in mir jene Durchlebtheit (ihr Wort) bilden würde, die mir zur Größe fehlt.

Sie erkennt aus einem sibyllischen Mittelpunkt heraus, aus genialen Instinkts-Assoziations-Sprüngen. Sie gehört zu den ganz wenigen Zauberfrauen, die es gibt. Sie lebt in einer lichten (blonden) Magie, in der viel Vernichtungswille lebt, Trieb zu unterwerfen, aber das alles wolkig, feucht – während ein anderer starker Mensch, die Else Lasker-Schüler, schwarze Magie treibt, die unglaublich viel Hilfsbereitschaft, Trost, Bruderschaft und Liebe enthält, dies alles aber in romantisch-enthusiastischer Trockenheit und in Unglanz.

Alma beschäftigt sich immer wieder instinktiv erkennend mit mir. Sie hat meine Verteidigung ebenso übernommen wie meine Anklage. Sie sieht scharf und ungetrübt. Deutet jedes Organ meines Körpers. Ich glaube ihr Böses und Gutes, besonders das Böse; ich fühle mich aus meinem Körper und Gehaben erkannt. – Sie hat tatsächlich einen großen Einfluß über mich gewonnen, weil sie als Potenz da ist, als produktiver Organismus.

Alma ist eine Wirklichkeit, sie hat eine starke Fruchtbarkeit in Assoziation und Melodie. Sie steht mir entgegen nicht als ein süßes emporgeträumtes Bild. (Ich habe Gertrud Spirk erst nach einjährigem von der Ferne Bewundern kennengelernt. Alma jedoch, bevor ich sie noch kannte.) Sie steht vor mir als ein Mensch, der mehr Lebensbesitz, mehr Halt, mehr Richtung hat als ich selbst, und den ich daher in meinem Lieben niemals töten kann, weil er unabhängig davon weiterbesteht.

Ich bete seit vielen Stunden zu Gott, es solle ihr nichts geschehen. An ihrem Bette sprachen wir nicht mehr viel. Sie bat mich, oft zu schreiben. – Ich erkläre mir hier selbst, daß ich es ungeachtet innerer Abschwächungen täglich tun will.

Ich sage ihr Lebewohl. Es wurde mir sehr schwer wegzugehen. Mein Bewußtsein war und ist durch mein Schuldgefühl erschüttert. Heute abend, als ich nach Hause ging, sagte ich mir: ›Es ist genauso, wie wenn man einer Schwangeren auf den Bauch schlägt.‹ Doch lasse ich mich die ganze Zeit von ihren eigenen Worten über die Schuld bestechen. – Und in der Tat, auch ihr Leichtsinn, ihr herrlicher Selbstvernichtungswille haben schuld, denn die Formgebung ist bei der Frau.

Ehe ich wegging, bat sie mich, wieder meinen Koffer mit meinen Manuskripten dazulassen. Das beruhigt mich jetzt, und ich bin froh, daß ich es getan habe.

Ich ging zum Bahnhof.

Bis dahin hatte ich mein Rauchgelübde (das andere nicht zu brechen, ist selbstverständlich) gehalten. Jetzt zündete ich mir eine Zigarette an, im Gefühl, daß mein Gebet erhört, mein Opfer angenommen sei, daß es Alma besser geht und das Plötzliche und Unerwartete überwunden zu sein scheint.

Der Zug hatte eineinhalb Stunden Verspätung.

Ich ging in ein Wirtshaus unterhalb des Bahnhofs, weil's zum Warten im Freien zu kalt und naß war.

Kaum sitze ich eine Viertelstunde, kommt Gucki ganz atemlos mit einem Brief. Ich soll diesen Brief, sogleich wie ich nach Wien komme, ihrem Großvater überbringen. Der Mami gehe es schlechter. Sie würde selbst zu ihr nicht hineingelassen, vom Nebenzimmer höre sie sie aber stöhnen, das sei schrecklich. Frau R. hatte diesen Brief an Guckis Großvater geschrieben, weil sie selbst nicht mehr die Verantwortung übernehmen könne für das, was geschieht. Sie, Gucki, sei schnell den langen Weg hergelaufen, um mich noch zu erwischen, was sie als möglich geahnt habe. Vor allem aber müsse sie den Arzt zur Mami holen.

Ich hatte eine Zigarette in der Hand, die ich sofort wegwarf, denn ich hatte das Gefühl, daß es der geliebten, durch mich geschädigten Frau solange gut ging, als ich mich des Rauchens enthalten habe, und in dem ersten Augenblick, da ich mein Gelübde brach, die Wendung zum Schlechteren eintrat. Diese Erkenntnis wurde mir von jener innersten Stimme in mir diktiert, der einzigen, die ich von satanischen Verführungen frei weiß.

Nachdem ich diese Zigarette fortgeworfen hatte, zündete ich mir keine mehr an. – Es fällt mir schwer. – Aber es ist der Beginn dessen, was ich Arbeit an mir selbst nennen will, jene Entschädigung, unter die auch der Entschluß fällt, in einem Tagebuch mir ununterbrochen Rechenschaft zu geben, und zu lernen aus allen Verlogenheiten, Krämpfen, Beiläufigkeiten aufzutauchen, die alle nur Versklavungen an die Materie sind. – Askese, die nicht Selbstzweck ist, halte ich für irrsinnig. Gott will nicht seinetwegen, sondern unseretwegen, daß wir Opfer bringen, weil er über alle Eigenschaften unsere Freiheit liebt. Durch Opfer wachsen wir an Freiheit. Und wenn wir Menschen mit Opfern Geschenke machen, so bringen wir ihnen die Höherwerdung, den Unabhängigkeitszuwachs unseres Wesens dar.

Man kann sagen, was man will, der Zusammenhang zwischen meiner Zigarette und der Verschlimmerung von Almas Zustand mag Zufall sein – aber warum fühlt meine innere Stimme mit solcher Eindeutigkeit dann die Verbindung?
Ich begleitete Gucki zum Arzt; wartete, bis sie mit diesem wiederkam; sie sah mich mit einem guten, liebevollen Blick an, der in dem Schatten ihrer Herbheit und Unsentimentalität gedämpft war. Ich bin sehr glücklich darüber, daß sie mich mag. – In jener Stunde muß sie an meiner Verzweiflung und Traurigkeit gemerkt haben, daß ich unzugehöriges Gespenst zu ihnen gehöre!
Ehe ich mich verabschiedete, beschwor ich die Gucki noch einmal, mir sobald wie möglich ein Telegramm zu senden. Es war mir schrecklich, jetzt gerade fortzufahren, nichts mehr erfahren zur können; aber hierbleiben war unmöglich, unmöglicher noch ins Haus zurückzugehen. Ich mußte fortfahren.
Vor meinem Zug langte unfahrplanmäßig ein Militärzug ein, in dem Almas Gatte, der deutsche Leutnant Gropius, mit dem Arzt, um den telefoniert worden war, hier ankamen.
Ich bemerkte sie zu spät, und sie schienen mich auch nicht zu bemerken.
Heimreise im überfüllten Zug auf der Plattform. Schrecklicher Wind, der meinen müden Kopf noch mehr benimmt. Sorgen und immer die gleichen Gedanken, doch gleite ich immer wieder stehend in Schlaf, Traum, der nichts von diesem Tage weiß. Nach vierstündiger Fahrt komme ich ganz zerschmissen in Wien an. Ich wende das Auge von jedem Weib weg, um das Gelübde nicht zu brechen, und rauche nicht.
Zu Guckis Großvater fuhr ich sogleich nach meiner Ankunft. Er wohnt sehr weit draußen, an der Endstation einer Elektrischen. Mir war dieser Gang sehr peinlich, doch nahm ich ihn um Almas und um meiner Buße willen auf mich. Herr Moll war verreist, erfuhr ich durch die heruntergelassenen Läden und von den Nachbarn.
Ich fuhr in die Stadt zurück. Ins Hotel Bristoi wollte ich, von dort dem Arzt auf den Semmering im Sanatorium telefonieren, um nicht im Ungewissen leben zu müssen. Vorher beschloß ich aber, in einem Café zu Abend zu essen, wodurch ich erst um neun Uhr abends ins Hotel kam, wo mir mitgeteilt wurde, daß der Telefondienst am Semmering nur bis acht Uhr abends amtiere.

Durch dieses Abendessen versäumte ich also das Allerwichtigste, das Wissen, für mich.
Wiederum ein Fingerzeig, die Materie nicht Herr werden zu lassen.
Ich habe mir gestern vorgenommen, mich nicht mehr gehen zu lassen.
Meine Gelübde des Zölibats und des Nichtrauchens erweiterte ich um das des Nicht-in-den-Spiegel-Sehns, um das eines möglichst geringen Zusammenseins mit Fremden und Bekannten, um das der Mäßigkeit.
Den heutigen Tag über habe ich diese Schwüre durchaus gehalten, wenn ich mich einmal versah, so geschah es unbewußt, es wurde sofort festgestellt und mit einer Strafe belegt.
Merkwürdig war folgendes: Ich ging an einer automatischen Personenwaage vorbei, die auf Einwurf die Größe des Gewichts auf ein Billett aufgedruckt herauswirft. – Ich warf zweimal ein; beidemal fiel ein leerer Zettel heraus. – Meine innere Stimme verstand sofort den Wink. – Ich hatte vergessen, daß das Sich-Wägen in die Eitelkeits-Kategorie des In-den-Spiegel-Schauens gehört. Durch ein deutliches Zeichen wurde ich nun darauf aufmerksam gemacht.
Nachmittags fing ich an, dieses Tagebuch zu schreiben; ich schrieb drei Stunden, jetzt in der Nacht schreibe ich wieder drei Stunden. Ich muß mich erst daran gewöhnen, vom Schreib- und Erzählton loszukommen und nur zu notieren, was ja später selbstverständlich sein wird.
Dieses Heft soll mir auch dazu verhelfen, regelmäßige Arbeit zu erlernen. Das – jeden Tag!
Alle diese meine Besserungspläne kommen aus dem Gefühl, daß ich ihr, von der ich jetzt so wenig weiß, helfen kann mit meiner Buße und Entsagung, plötzlich und sogleich helfen kann.
Heute abend habe ich mit dem Arzt in Breitenstein telefoniert. Er sagte, er wäre nicht näher unterrichtet. Aber der Spezialarzt hat, soviel er weiß, einen Eingriff vorgenommen.
Heißt das wirklich, daß sie sieben Monate umsonst getragen hat? Daß sie um die liebste Hoffnung gebracht ist?
Ich weiß nicht, was das bedeutet: Eingriff, ob da nur die einzige Möglichkeit der Entfernung gemeint sein kann.
Der Arzt sagte mir auch noch, sie habe sich geweigert, nach Wien zu fahren. (Wer, welcher Spezialist konnte auch nur an so etwas denken.) Darum mußte dieser Eingriff draußen vorgenommen werden.

Am Lande – in einem einsamen Haus! – Ich bin heute zu schwach, nicht mehr in der Tiefe des Lebens, wie gestern, um konzentriert immer wieder dasselbe zu denken. Auch bin ich noch nicht sicher, will noch nicht ganz sicher sein, was das Wort Eingriff bedeutet.
Sie sagte gestern: »Wenn ich nur das Kind behalten darf.«
Ihr Profil, wenn sie Entzücken empfindet, ist die göttinnenhafteste Form der Erde.
Sie war weiß und konnte kaum vor Erschöpfung sprechen, als ich in ihrem Zimmer war, in demselben Zimmer, wo noch kurz vorher unsere Kraft und unser Leben herrschte. Durch mich ist das geschehen – wenn ich auch nicht die ganze Schuld trage, so bin ich doch der brutale Anlaß zu dieser Verwandlung. Ob es jemand von den Hausgenossen ahnt?
Sollte unter dem Worte Eingriff doch das zu verstehen sein, was ich fürchte... für mich ist es der einzige zitternde Gedanke, daß sie mir bleibt, daß ihr nichts geschieht!
Ich will morgen, bis auf ein sehr früh genommenes Frühstück und vielleicht ein spätes Abendbrot mit Beibehaltung aller anderen Entsagungen fasten!
Vielleicht bekomme ich schon irgendeine Nachricht.

30. Juli 1918

Die Nachricht war da, während ich gestern nachts diese Seiten schrieb. Im Postkasten an der Tür lag das Telegramm, das ich übersah.
Heute früh brachte es mir meine Bedienerin. (Hätte ich es schon gestern entdeckt, wäre es mir unmöglich gewesen, den Tagebuchbericht niederzuschreiben! Und vielleicht sollte der aus irgendeinem Grund geschrieben werden.)
Das Telegramm lautete: »Werde nach Wien transportiert. Grüße Alma.«
Es ist also alles ärger und schwerer geworden.
Ich habe sofort an das Sanatorium, in das sie vermutlich ziehen wird, telefoniert. Sie wird für Nachmittag dort erwartet. Ich habe ihr Blumen geschickt und auf das Kärtchen geschrieben, daß ich für sie bete. – Ihr zu schreiben, daß ich für ihre Gesundheit faste, wäre Eitelkeit.
Ich habe heute nichts zu mir genommen als meinen Frühstückstee und mittag zwei Tassen Kaffee.
Es ist das wirklich ein Weg zur Freiheit.

Jetzt ist es vier Uhr.
Die nächsten zwei Stunden will ich die Druckfahnen des ›Gerichtstag‹ lesen.
Dann gehe ich zum Sanatorium, etwas zu erfahren.

Ich war im Sanatorium Loew.
Sie ist nicht angekommen.
Das Krankenautomobil hat sie am Bahnhof vergebens erwartet.
Ich denke sogleich an die wahnsinnige Schwierigkeit, einen Kranken jetzt in einem gewöhnlichen, bis aufs Dach überfüllten Zug zu transportieren.
Doch fürchte ich auch, daß das Nicht-Eintreffen auf eine Verschlimmerung zurückzuführen ist. – Ich beschließe daher vom Hotel aus, wieder mit dem Breitensteiner Doktor zu telefonieren.
Bekomme keine Verbindung. Abends wird mir folgendes Telegramm überreicht: »Arzt Pflegerin hier, da Transport nicht möglich. Alma.«
Es ist wunderbar gut von ihr, daß sie in ihrem Zustand daran denkt, mir Nachricht zu geben.
Ich habe ihr gleich einen Brief geschrieben. Erinnere sie daran, daß ich ihr am Tag vor dem Unglück ein Gedicht geschrieben hatte, worin ich sie »die Wöchnerin meiner Wiedergeburt« nenne. – Ich tröste sie damit, daß ich ihr andeute, daß das Kind um meinetwillen verlorengehen mußte – weil ich selbst noch von ihr zu gebären bin.
Dabei weiß ich noch immer nicht mit Sicherheit, was in den letzten sechzig Stunden mit ihr geschehen ist.
Ich habe bis acht Uhr abends gefastet, dann im Café ein wenig leichte Speise zu mir genommen. – Nicht geraucht! Dieses Gelübde habe ich nun dabei festgelegt, daß ich erst wieder rauchen will, bis ihr Zustand stabil und in der Gesundung sein wird. (Es ist schrecklich – ich erfahre gar nichts! – Wenn nur die Gucki einmal schreiben möchte!)
Allen Begegnungen weiche ich aus. Durch Zufall mußte ich heute kurze Zeit lang mit diesem und jenem Bekannten konversieren. Ich bin seit vorgestern sehr entfremdet.
Ich bemühe mich, unausgesetzt alle Motive meines Gehabens zu verfolgen. Die Wertungsresultate meiner selbst, zu denen ich komme, sind sehr drückend. – Ich habe heute auch versucht, meinen Besitz an Kindheitserinnerungen durchzugehen. Es fiel mir nicht viel ein. Die Erlebnisse, die mir ins Bewußtsein kamen, müssen eine gewisse

Schläfrigkeit gehabt haben. Was mir gefehlt hat und fehlt, ist die wirkliche Einbezogenheit in das Zusammenleben.
Da liegt Gefahr des prinzipiellen Falschsehns, der Sentimentalität.
Der ›Gerichtstag‹, besonders das dritte Buch (Phänomene), scheint mir bis auf die Knochen steril, dürftig und selbst ohne Musik zu sein. Alles fällt auseinander. Viel Gedrucktes und Krampf. Kokette Windeier. Ich muß es aber drucken lassen. Schon wegen Kurt Wolff. – Ich habe nicht die Kraft, diesen nach zwei- oder dreijährigem Schweigen erbrachten Beweis meiner Existenz (der sub specie saeculi nicht erbracht wird) zu unterdrücken.
Meine Ohren sind für mich selbst scharf geworden – und dieses Buch erregt mir Mißbehagen fast in jeder Zeile.
Als ich heute durch die Wiener Spitalgasse im IX. Bezirk ging, erinnerte ich mich der Spitäler in Prag, Hamburg, Leipzig, Berlin, die ich kenne – der eigentümlichen Gefühle, die sie in mir immer hervorriefen.
Ich dachte daran, ein großes unsubjektives Gedicht zu schreiben, wie ich schon vor vierzehn Tagen das Gefühl hatte, daß die wildeste Sonntags-Abendstunde im Prater, Ringelspiele, irrsinnige Bergbahnen, Grottenbahnen und die ungeheure Menge, die Ich-Abnahme, die Selbstauflösung, die sich an jedem in der Menge vollzieht, in ein großes Gedicht zu fassen wären. – Das wäre gute Pädagogik für mich, von der Gerichtstags-Sprachspalterei und der Sterilität des pathetischen Sich-selbst-Gegenüberstehens loszukommen.

Ach, wenn nur morgen eine gute Nachricht käme!

31. Juli 1918

Fünf Uhr nachmittags. – Ich muß (wie mir heute befohlen wurde) auch nachmittags ins Amt gehen. Werde mich aber nicht unterkriegen lassen.
Leider ist heute meine materielle Natur mächtiger als in den zwei letzten Tagen. – Meine Gelübde habe ich nicht gebrochen. – Aber der Teufel des Kompakt-Phlegmatischen verdickt mir zeitweilig heute das Blut. Ich werde morgen wieder fasten.
Das Erlebnis des Sonntags füllt mich nicht mehr so konzentriert aus. Das darf nicht geschehen.
Einen Augenblick bin ich in eine Kirche eingetreten, für sie zu beten.

Nicht aus irgendwelchem Christentum, sondern weil die Kirche der Ort ist, wo viele beten, um Abwendung grausamer Schicksale beten. – In der Not beten! Wenn man nachher hinsieht, findet man, daß Einrichtungen, die man sonst für Überbleibsel und außer dem Getriebe hielt, fast administrativ sinnvoll sind. Die Menschen beten wirklich, wenn sie Grund haben. Macht des Gebetes! Ich denke an die Talmuderzählung vom Gebet des sterbenden Moses, das selbst Gott in die Flucht jagte.

Durch Fasten, Kasteiung, Buße wird diese Macht erworben, lehren uns die Mystiker.

Es gilt nicht, sich vom Körper zu befreien, sondern ihn zu beseelen gilt es, ihn zum spannungsgewaltigen Bogen an dem Pfeil des Geistes zu machen. Den toten Körper muß ich abstreifen, die nichtssagende Zelle. Es gilt den Kadaver zu verkleinern! Das ist wirklich nichts asketisch Antihellenisches.

Der Wert der Materie hat übrigens gewiß den Maßstab in der höheren Dauerhaftigkeit, geringeren Verweslichkeit usw. Dadurch unterscheiden sich gute und schlechte Materien.

Die schlechte Materie ist voll ewigen Todes und Verwesung. Sie hat deshalb etwas regeneriert Wohlernährtes, weil die Zellen in steter Verwandlung sind, von einem Tod in den anderen.

Die gute Materie ist statischer. Sie hat ein gutes Gedächtnis ihrer selbst. Sie hört besser auf das Leben. Sie ist hartnäckiger, langsamer und leidender, wenn auch weniger wehleidig.

Ich will jetzt an Alma denken!

Habe Dr. Y. in Breitenstein telefoniert. Alma ist heute (und ich wußte nichts davon) nach Wien transportiert worden. Ein Eingriff ist nicht notwendig gewesen. Alles soll sehr gut sein. Sie liegt jetzt, während ich dies schreibe, nicht weit von hier im Sanatorium.

Gott sei Dank! Gott sei Dank! Es ist eine große Gnade.

Ich bin ruhig und froh. Erlaube mir wieder Musik. Morgen früh gehe ich ins Sanatorium.

Bin ins Café Herrenhof, nachdem ich die gute Nachricht empfangen habe, zum Abendessen gegangen. Treffe dort Bekannte. Zuerst war ich sehr entwöhnt und erschrocken. Dann kam ich ins Gespräch. Zu meiner Freude bemerke ich, daß ich nur über hohe und ernste Dinge mehr zu sprechen vermag. Vielleicht komme ich weiter.

Wolf bot mir eine Zigarre an. Ich rauche wieder, da ich das Gefühl habe, daß die Krise meiner Freundin überwunden ist.
Doch ist für morgen ein Dankfasten angesetzt.
Nachmittag habe ich in Weiningers ›Letzten Dingen‹ gelesen. Es hat mich erschüttert. Das ist der Leidenschaftszustand des Selbsthasses, aus dem extrem der Zionismus geboren wird, der ja nichts anderes ist (im Westen) als der invertierte Juden-Antisemitismus.
Merkwürdig, Weiningers Stellung zur Fliege (Erinnere mich an meinen Höllengesang ›Café der Leeren‹).
Der Jude unterm Wesenheitsideal vergißt, daß seine Lebensform rhythmisch-dynamisch ist. Der Jude ist nicht Persönlichkeit, nicht Charakter, er ist ununterbrochene Entwicklung, Selbstaufhebung. Er verkörpert die Methode der Sittlichkeit. Auflösung um Auflösung! Zu keinem Zustand kommen können!

1. August

Früh im Sanatorium gewesen. Meinen Brief ihr geschickt. Dann gewartet. Als Antwort kam ein Brief, der schon geschrieben war. Ich lege ihn in dieses Tagebuch. – Sie hat keine Hoffnung des Kindes wegen. Sie sagt: »Wenn ich durchkomme…«
Ich wage nicht zu glauben, daß für sie Lebensgefahr da ist. Das kann nicht sein.
Um drei Uhr werde ich anrufen.
Ich habe angerufen, sie gesprochen. Ihre Stimme ganz matt. Riesige Erregung vorher. Sie sagt, sie sei krank von dieser Wartenserregung. Sie sagt: »So furchtbar ist, was mir bevorsteht.«
Meine Stirne war ganz matt vor Unmöglichkeit, Worte zu finden, Seele auszudrücken.
Ich liebe!
Plötzlich sagte sie am Apparat:
»Ich kann nicht mehr. Ich muß es jetzt aufgeben.«
Ich bekam Angst. Sollte ihr das Sprechen geschadet haben? Ich hängte ab. Als ich vorher fragte, ob das Weitertragen des Kindes geschützt sei, sagte sie nein! Es sei wenig Hoffnung. Heute abend kämen die Ärzte. Es würde sich da entscheiden.
Auf der Elektrischen begann ein Gedicht in mir. Ich wollte zaubern (wie ich ihr's auch gesagt habe, um sie zu retten). Das Gedicht: Benediktion Almas.

Ich dachte (schmählich zu gestehen) auch an die Einordnung des Gedichts noch im ›Gerichtstag‹ unter dem Titel ›Benediktion über eine Kreißende‹. Es war ein Drang in mir, die geheimen Kräfte des Kosmos anzurufen, damit die Engel dieser Kräfte die Leidende beschützen.

Ins Amt. Gelacht und ein gewöhnlicher Mensch gewesen. Noch bin ich nicht reif, noch gleite ich zu leicht zurück in die Welt der Verschmiertheit.

Aus dem Amt nach Hause. Es ist fünf Uhr.

Hier finde ich Besuch, der mich quält, der auch mich mit entsetzten Augen ansieht, sich sehr verschrocken und schuldbewußt gegen mich benimmt.

Warum?

Um halb sechs Uhr werde ich höchst unruhig. Ich fühle die Pflicht, die Benediktion zu schreiben, jedoch ohne eigentliches dichterisches Muß.

Ich rede höchst konventionelles Zeug. Der Besuch ist ganz grau und durch etwas gepeinigt. Geht gleich weg.

Ich will arbeiten. Ziehe meinen Rock aus. Bin innerlich stumpf. Werde sehr müde um diese Zeit, wo ich sonst am frischesten bin. Mit den Gedichten von Poe lege ich mich auf den Diwan, um zu lesen. Ich werde unnatürlich müde, für diese ungewohnte Zeit. – Ich habe eine Zigarre in der Hand (seit der anscheinend glücklichen Nachricht gestern rauche ich wieder). Plötzlich gerate ich in einen Vorschlaf. Sein Trauminhalt ist die ununterbrochene Ableierung folgenden Satzes: Sie nimmt ihn sich – sie nimmt ihn sich.

Beleidigung meines Sprachgefühls. Ich habe die Empfindung, daß ich ein Haar im Mund habe (das Wort ihn), das ich mir mit einem sehr angenehmen Kitzel aus dem Mund ziehe.

Dann erwache ich kurz, lege die Zigarre weg, um sie nicht im Schlaf fallen zu lassen.

Darauf verfalle ich sogleich in einen zweifellos hypnotischen Schlaf. Das weiß ich daraus, daß sich dieser Schlaf über mich geworfen hat – nicht als Metapher gesagt, sondern in der Tat. Aus der ganzen Natur dieses Schlafes weiß ich es, daß es mit rechten Dingen nicht zuging. – Die Traumbegebnisse sind nicht recht zu ordnen und nur episodisch da. – Das erste mir im Bewußtsein lebende ist, daß ich auf der untersten Stufe einer aus dem Hinterhaus in den Hof führenden Treppe stehe. Plötzlich habe ich nicht mehr im Traum, sondern auf dem Sofa wachend das Gefühl, daß ich sterbe. Das Leben in meinem Hinterkopf schwindet immer rasender, ich stürze von einer ungeheuren Lebendigkeitshöhe immer tiefer hinab, ohne mich wehren oder erwachen lassen zu können; die ganze Zeit aber verliere ich nicht das Gefühl, daß ich auf meinem Sofa liege, zwar gelähmt und außer Bewußtsein bin, aber dennoch wache. Wie ich jetzt weiß und aus Erinnerungen nachkontrollieren kann, ist der geschilderte Zustand durchaus der der künstlichen Betäubung, der Narkose. Die nächsten Traumepisoden sind nicht mehr da, doch weiß ich, daß in ihnen meine Schwester Hanna, die vor einem Monat ein Kind bekam, eine große Rolle spielt. Auch festliches Zusammensein in einer Gartenwirtschaft.

Trotz meines bleiernen Lähmungsschlafes höre ich die Uhr die halbe Stunde schlagen. Ich träume, daß ich an einer schöngedeckten Tafel sitze und großen Hunger verspüre. Ich höre das Wort: Schokoladesuppe fallen und empfinde viel Appetit dafür, obgleich ich gar kein besonderer Freund von Schokolade bin, und mir erst recht nicht eine Schokoladensuppe als Delikatesse vorstellen kann. – Hingegen weiß ich, daß Alma leidenschaftlich Schokolade mag. – Es sind mir die folgenden Traumreihen im Gefühl, doch nicht in der Vorstellung: Ungeheuer ist die Last, die auf mir liegt, es ist aber kein Alpdruck. – Bewußtlosigkeit, Narkose! Von Zeit zu Zeit finde ich mich, ohne die Lähmung zu überwinden, in meinem Zimmer. Plötzlich träume ich, daß in dies mein Zimmer ein nettgekleidetes Stubenmädchen eiligst tritt und ruft: »Stehen Sie auf, Herr T. ist draußen.« Stefan T. ist ein Kindheitsbekannter von mir, zu dem ich im Alter von acht bis zwölf Jahren (wir verbrachten den Sommer am gleichen Ort) in einem starken merkwürdigen Anziehungs- und Abstoßungsverhältnis stand. Diese Beziehung hat gewiß auf mein Leben, soweit es durch Neurasthenien getrübt ist, gestaltend gewirkt. Das Stubenmädchen ruft mich ungeduldig. Ich stehe auf und folge ihr durch das zweite Zimmer. Plötzlich ist es nicht mehr meine Wohnung. Wir müssen durch viele Zimmer gehen. Auch durch ein langgestrecktes höchst komfortables Badezimmer, das nach warmem durchseiftem Wasser, Frauenkörper und frischen Frottiertüchern duftet. Wunderbar duftet. Plötzlich trage ich einen Bademantel um die Schulter und bin sehr groß. Wind weht mir an den Leib. Ich stehe in einem großen Saal mit riesigen säulenflankierten Türausschnitten in einem mondbeleuchteten Garten. Das Bademantelgefühl setzt sich in einen theatralischen Rhythmus in mir um. Ich halte eine Rolle oder einen weißen Gipsstab mir an die Hüfte. Ich bin der Komtur aus dem Don Juan. Mein großartiges geisterhaftes Schreiten erfüllt mich mit jener Zauberer-Lust, die ich aus vielen Träumen kenne, in denen man zum Beispiel mit richtigem Tempo senkrecht aufwärts durch die Luft schwimmt, oder auf irgendeine Weise magischer Herr über den Raum ist. Ich bin jetzt der Komtur, Steinbild, tapp tapp, Riesenschritte, leichtgekleidet, Bademantel, daher Wind in den Ärmeln und in der Seele Macht und Freiheit. Ich gehe zu ihr, zu Alma. Der Weg ist mir bewußt. Sie muß viele Gemächer von mir entfernt sein, die diesem Kuppelsaal ähnlich sehn, mit ungeheuren ausgebrochenen Wandquadraten, in die der Garten schaut.

Eine große Scheinwerferwelle Mondlicht ist jetzt auf mir. Ich schreite, tapp tapp... Im Garten sehe ich mich selbst, den Marschallstab an die Hüfte gestemmt, im weißen Mantel ausschreiten, als wäre der Garten ein Spiegel. Ich erwache, ehe ich in das Gemach Almas gekommen bin. Die Uhr schlägt. Es ist Dämmerung im Zimmer. Einen Augenblick habe ich das Gefühl: liegenbleiben, es ist nicht zu Ende. Doch ich sitze schon auf dem Diwanrand und versuche, mich zu sammeln.

Meine Benommenheit ist unvergleichlich größer als die nach einem gewöhnlichen Schlaf. Sie grenzt an Übelkeit. Angst erfüllt mich und schwere Fremdheit. Die Uhr zeigt neun Uhr. Also habe ich dreieinhalb Stunden im Schlaf gelegen, zu einer Zeit, in der ich sonst noch nie geschlafen habe. Mein Schlaf hat mit dem deutlichen Gefühl einer Narkose oder vielleicht Hypnose im Hinterkopf begonnen, nachdem ihm eine merkwürdige Nervosität während eines Gesprächs und eine immer mehr erstarrende Ermüdung vorausgegangen ist. – Ich weiß sofort, daß etwas geschehen sein muß. Deshalb hatte ich auch beim Erwachen gleich das Gefühl, daß durch mein Aufstehen eine telepathische Beziehung reißen könnte. Es wird immer dunkler im Zimmer. Ich verlasse fremd und zerschlagen meine Wohnung. Gehe ins Café hinüber zum Telefon.

Und nun höre ich, was ich im Innersten schon weiß. »Die Dame von 190 (Alma) ist schon lange auf dem Kreißzimmer. Die Herren Professoren Halban und Pineles sind bei ihr. Eine Auskunft kann nicht gegeben werden.« Ich bin also in der Zeit, wo es sich bei ihr zum Ärgeren gewendet hat, wo die Ärzte, die einen Eingriff für notwendig hielten, Alma in das Zimmer der Wehen schaffen ließen und sie vielleicht narkotisierten – in dieser Zeit, wo ihre Seele mich brauchte, bin ich in einen telepathischen Schlaf verfallen, der mich drei Stunden lang schwer bannte. Ich ging über die Währinger Straße ins Café, mir einen Menschen für heute nacht als Schlafgenossen zu suchen, da ich das Alleinsein in meiner großen Wohnung nach diesem Erlebnis nicht ertragen hätte.

Fand Otto Pick, der, während ich dies schreibe, im Bibliothekszimmer liest. – Um zehn Uhr nachts telefoniere ich nochmals ans Sanatorium. Mir wurde die Auskunft gegeben: »Es ist noch nichts geschehen, die Herren sind noch immer bei der gnädigen Frau.«

Wieviele Stunden sind die Ärzte schon da! Welche große Gefahr, Lebensgefahr, bedeutet das. Und ich sitze und schreibe hier!!!

Es ist zweieinhalb Uhr nachts.

2. August

Um acht Uhr vierzig Minuten früh habe ich ans Sanatorium telefoniert. Ich wurde mit ihrem Gatten Gropius verbunden. Mit tiefer, bewegter Stimme sagte er: »Es war eine sehr schwere Nacht. Das Kind lebt. Der Alma geht es, soweit dies möglich ist, gut. Man muß die nächsten Tage abwarten.«

Gott, Gott, Gott, Schöpfer aller Sterne, und was auf den Sternen leidet, guter Vater, aus dessen schmerzlichem Herzen wir kommen, und der uns alle weiß – ich danke dir!

Mittag mußte ich, durch Otto Pick verführt, mein Fasten unterbrechen. Doch ist fleischloser Tag, und ich habe nicht gegessen, was Tier war und durch Mutterwehen zur Welt kommt.

Um zwei Uhr habe ich das Telefonfräulein im Hotel sich beim Sanatoriumsportier erkundigen lassen. – Er sagte: »Es geht gut. Das Kind ist ein Buberl.« Ein Sohn!

Ich habe ein Gedicht geschrieben: ›Die Geburt des Sohnes‹. Will es ihr morgen zuschicken – vielleicht erfreut sie meine Erregung dem Kind gegenüber.

Ich erinnere mich, daß wir beide, als ich das erstemal in ihrem Landhaus war, in der Nacht vor dem Fenster einen merkwürdigen Vogel

im gleichen Rhythmus ununterbrochen stundenlang ratschen oder sägen hörten. Mich beängstigte das damals als ein böses Zeichen für sie. Ich sagte es nicht.
Vielleicht ist, wenn man abergläubisch sein will, durch die vorzeitige Entbindung eine unglückliche Bestimmung abgewendet worden, die über der rechtzeitigen lag.
Sie erzählte mir einmal, daß ihrer Mutter prophezeit worden wäre, sie würde in dem Alter beiläufig, in dem Alma jetzt ist, an der Geburt eines Knaben sterben. – Alma sah sich in ihrem Gefühl doch (das konnte ich merken) als eine Erbin dieses Fluches an, der an der Mutter nicht vollzogen wurde. Vielleicht erspähte die gnadenreiche Güte eines Schutzengels dieses Loch im Register der Determination (die Herbeiführung einer vorzeitigen Geburt) und errettete sie so.
Oder ist dieser märchenhafte Einfall nur die Abwälzung meines Verantwortungsgefühls?
Gott helfe uns über die Tage der Gefahr hinweg!

3. August

Früh mit Gropius telefoniert. Es geht verhältnismäßig gut, doch ist die Krise nicht überwunden, da noch immer eine neue Blutung droht. – Das Kind hoffen sie durchzubringen. (Ich dachte, als ich gestern das Gedicht schrieb, nicht an die Gefahr der Lebensunfähigkeit.)
Ich habe für heute Fasten angesetzt. Mittags nur schwarzen Kaffee getrunken. Fühle mich deshalb schwach. Gestern in Bischoffs Einführung in die Kabbala gelesen, daß die Voraussetzung für Magisches Beten, Fasten und Kasteien ist.
Bis abends sieben Uhr gefastet. Ans Sanatorium telefoniert, der Portier sagte, es gehe heute gut. – Wäre nur jede Gefahr schon vorbei!
Heute nachmittag Pick erwartet, um mit ihm an der Übertragung einer tschechischen mystischen Dichtung zu arbeiten. Kann nicht. – Jakob Böhme gelesen. Am Abend Lukian gelesen, den ›Philosophenverkauf‹. Sehr lustig. Dann (halb zehn Uhr) ins Café gegangen. Will's so wenig wie möglich wieder tun! Sofort werde ich in einen Schwall mir unverständlicher giftiger Dinge gerissen. (Das Unverständnis mag meine Schwäche, mein eitleres Ziel, meine Gespenstigkeit sein!)
Mit Alma kann ich leben. Sie ist herrlich ehrlich und unversnobt, kennt meine Tragik, ist lebenspolitisch von einer wunderbaren Unwinkligkeit. Ein Engel helfe ihr!

4. August 1918

Um neun Uhr morgens kam, von ihr gesendet, ein Bote aus dem Sanatorium und überbrachte mir einen Brief. – Ich ward dadurch fröhlich, erlaubte mir viel Musik, Verdi-Singen! Vergaß ganz um die Gefahr des Kindes.
Mittags gegessen.
Dann im Café Central Franz Blei gesucht. Blei ruft mir gleich entgegen: »Wissen Sie schon von Alma?«
Ich bin ganz sicher, daß er von meiner und ihrer Liebe nichts weiß. Ich bin unruhig, gehe telefonieren. Gropius kommt an den Apparat und teilt mir mit, daß es um das Kind schlecht steht. Es hat eine Krankheit bekommen (ich verstehe nicht am Apparat den Namen, frage dreimal, verstehe ihn doch nicht). Gropius fürchtet auch für Alma. Wegen bevorstehender Aufregung. Der Zustand des Kindes ist sehr ernst und besorgniserregend.
So ein armes schwaches Würmchen, frierend zu früh aus seinem Haus gerissen!
Wird es leben?
Und wird es sein Glück sein, wenn es am Leben bleibt? (Schwächlichkeit, Krankheit, sieben Monate...)
Ich bete um alles, worum sie betet. Ich fühle Liebe zu dem kleinen Geschöpf. Habe schon daran gedacht, wie es in Jahren sein wird, fühlte mich als Mentor und innerlich als von ihm akzeptierter Vater.
Wenn es leben bleibt, gesund und unbenachteiligt heranwächst, ist ein großes Glück, eine neue Hoffnung in der Welt, wie ich sie in jenem Gedicht fühlte – wenn es nicht dableibt, so erleidet sie einen mächtigen, unausdenkbaren Verlust (von allen Frauen gerade sie), aber ich fühle, daß damit eine Tragik auch aus der Welt geht, eine Tragik seines eigenen und unseres Schicksals.
Um des Kindleins Leben willen habe ich mir Buße auferlegt.
Franz Blei ist ins Sanatorium gegangen. Um sechs Uhr erwarte ich ihn.

Blei kam nicht.
In der Nacht fand ich eine in die Tür gesteckte Karte von Herrn Moll vor, daß Alma mich bitten läßt, Gucki, die aus Breitenstein kam, morgen wieder zurückzubegleiten.
Habe Kommando-Dienst.

5. August

Ich war bei ihr und habe das Kind gesehen. Es ist durchaus entwickelt, hat ein unglaublich ausgebildetes Gesicht, ich habe sofort die bestimmte Empfindung gehabt, daß es meine Rasse ist. Es hat sehr schnell geatmet, war im Schlaf lebendig, hat Ausdruck ... die Schwingungsart seiner Substanz scheint stark semitisch zu sein.
Ich habe nicht genug Erfahrung, um vielleicht durch typisches Säuglingsaussehen nicht getäuscht zu werden, aber der Brief von Alma sieht aus erkennendem Instinkt. Die Stelle dieses Briefes: »Nun lebe ich für nichts anderes«, verstehe ich nicht. Die Resignation drin beunruhigt mich.
Sie selbst war schön und sieht nicht so hergenommen aus, wie ich mir's dachte. – Ich habe das Gefühl, daß sie glücklich ist.
Zuerst hatte ich Scheu, das Zimmer zu betreten.

6. August

Gestern abend ging ich mit Herrn Weiß aus dem Café – es war spät, und er übernachtete bei mir.
Es kommt für mich langsam heraus, daß eine ganze Generation das moralische Leiden des ›Gerichtstags‹ teilt, wenn auch unter anderen Fahnen, Berufungen und Namen.
An sich ist es steriles Leid. Im letzten Teil will ich darum wieder hinaufführen. Die Konstatierung von Wüste, Leere und Schuld ist ein Zustand der Koketterie und Ausflucht, ebenso wie moralische Haarspalterei, die feinsinnigsten inneren Konflikte des ›Wenn ... Dann‹. Wo man auch ist, kann man zum Leben kommen! Die jüdischen Furchthasen jammern nur über Unleben, weil sie sich nicht getrauen.

Brief von Alma. Es geht Gott sei Dank alles gut. Ich schrieb früh um acht Uhr im Amt einen langen Brief. Sie selbst schreibt heute von der Ähnlichkeit des Kleinen, und daß, wie ich ins Zimmer eintrat, eine böse häßliche Musik einsetzte, wie ich das Zimmer verließ, ein Donnerschlag erfolgte.

7. August

Geschichte der Juden von Renan. Herrlich! Besonders das Kapitel über den Ecclesiastes. Dieser rationalistische, oft voltairianische Autor hat

an manchen Stellen trotz höchster Lobpreisung des hebräischen Kulturwerks die Ansicht Pascals über die Juden.
Abends schrieb ich ein Gedicht: ›Wir nicht‹.
Noch aus dem Erlebnis des Sohnes.
Das Dichten hat für mich immer mehr Fallen. – Der Kampf gegen den Egoismus macht weder ethisch noch ästhetisch besser. Wahrhafte Fruchtbarkeit muß vielleicht immer mit starken Irrtumsmöglichkeiten über sich selbst und hitzige Interessen verbunden sein.

26. August

Walter Gropius.
Er hat gestern alles erfahren.
Als Alma und ich früh einander telefonierten, hat er unser Du gehört. Er trat ins Zimmer und hörte, wie sie mir du sagte. – Darauf fragte er – sie schwieg – und er wußte alles.
Er war nachmittags bei mir, ich schlief und habe so sein Klopfen überhört. Er ließ mir eine Karte da. Er schreibt: »Ich komme, Sie mit der Kraft zu lieben, die mir zu Gebote steht. – Schonen Sie Alma. Es kann ein Unglück geschehen. Die Erregung – wenn uns (Uns!) das Kind stürbe!«
Als ich diese höchst vornehme Karte las, konnte ich mich nicht fassen, war ganz hinfällig, obgleich ich immer schon geahnt hatte, daß dies so kommen würde. Nur um sie war Angst und Schrecken groß. Und Leiden um diesen edlen Menschen, ihn! Den ganzen Tag und die ganze Nacht – Zweifel, ob meine Liebe genüge und das Recht habe, soviel Schmerz zu bereiten.
Ich kann auf diese Quälerei mit nichts anderem antworten als mit dem guten Willen zum Richtigen.
Habe ihm sofort einen Brief geschrieben und ins Sanatorium geschickt. – Abends telefoniert, sie gesprochen. Sie ist ganz niedergeschmettert, hauptsächlich weil das Kind so darunter leidet.
Meine Schwester Mizzi angekommen, abends mit ihr im Herrenhof gewesen, ich war sehr matt und durch das Erlebte umgrenzt.
In der Nacht gearbeitet.
Heute früh angerufen.
Sie sagt: Das Kind ist matt, wie nach einer langen Fußreise.
(Ende von Franz Werfels Tagebuch.)

Wie unerhört wir ähnlich sind: Panerotisch nannte Franz Werfel es gestern. Und das ist wahr.
Mir ist das Letzte gar nicht notwendig... alles läßt mich ja dieses Glück empfinden.
Wie soll ich von diesem Menschen jemals loskommen?
Er hetzt mich nicht so zu Tode wie die andern... er ist die bewegteste Ruhe... wie das Meer.
So unverläßlich... so schwankend... so überall hinzubekommen, wie auch ich das bin!
Der vergangene Sommer war der böseste, der mir je beschieden war. Die Inflation hatte damals schon begonnen, so daß die Einkünfte aus dem Werk Gustav Mahlers am Halbjahrsende nicht mehr recht ausreichten. Mit wenig Geld also und fast ganz ohne Nahrung fretteten wir auf dem Semmering unser kärgliches Dasein. Die Bauern, die mich noch wenig kannten – da mein Haus erst um die Zeit des Kriegsausbruchs fertig geworden war – gaben nichts von dem ihren. So lebten wir von alten Saatkartoffeln, Polenta, Fleischersatz aus pulverisierter Birkenrinde und Schwämmen, die meine Tochter Anna täglich aus dem Walde brachte – alles in Kunstfett gebraten. Ich war seit Monaten in der Hoffnung und wußte nicht ganz genau, ob dies die Frucht eines absterbenden Gefühls oder der neuen Liebe war – Franz Werfel und ich lebten unseren Rausch weiter und kümmerten uns leider wenig um das Werdende in mir. Von ihm, dem jungen Unerfahrenen verständlich... von mir vollkommen rätselhaft. Ich habe in der Folge Unmenschliches gelitten. Die Schwangerschaft schon, die durch die Ungewißheit mir Elend brachte, und schließlich die Katastrophe!
Ich war im siebenten Monat, als sich eine sehr luxuriöse Dame bei mir ansagte, der ich in gewisser Beziehung zu Dank verpflichtet war.
Mein kleiner Hausstand war durch die Kriegsverarmung natürlich schon auf ein Minimum reduziert, und das Schicksal wollte es, daß meine einzige Hilfe, die englische Nurse meines Kindes, gerade krank war. Ich mußte mich also körperlich sehr plagen, um alles leisten zu können. Als ich vollkommen erschöpft mit der Dame beim Tee sitze, klopft es, und Franz Werfel steht vor der Haustür.
Neuerliches, aber freudiges Arbeiten, nun für ihn.
Hierauf fand es die Dame für angezeigt, mir einen Spaziergang auf

den Berg hinauf aufzuzwingen, und nach dem Nachtmahl – nachdem mich schon einige Male, von niemandem bemerkt, leise Ohnmachten angewandelt hatten – mußte ich noch große Teile von Gustav Mahlers 8. Symphonie am Klavier spielen. Ich... nein, meine Finger taten es... denn ich wußte von nichts mehr. Zu Bett gegangen und mich nach Ruhe sehnend, klopft es mit kräftigen Fingern an meine Türe. Die Dame, Frau R., begehrt Einlaß.
Sie will noch ein wenig über Gustav Mahler mit mir plaudern.
Wie unerbittlich hart diese ›gütigen‹ Menschen oft sind!
»... wie doch die Erinnerung an ihn immer mein Leben bestimmen werde«, et cetera, et cetera.
Um zwei Uhr nachts endlich wurde ich die Fragerin los und konnte den schüchternen Klopfer von der andern Zimmertür einlassen: Franz Werfel.
Er blieb bis fünf Uhr früh. Im Mondenschein sprachen wir... und vergaßen meine Müdigkeit und alle Sorgen.
Er ging, ich blieb stehen... mir wurde schwindlig. Mit zitternden Händen machte ich Licht, und was ich befürchtet hatte, bewahrheitete sich. Ich legte mich behutsam ins Bett zurück... und läutete so lange, bis das ganze Haus auf war. Man rief nach Franz Werfel, und er mußte im Morgendämmer nach einem Arzt laufen. Unkundig der Gegend, verirrte er sich, geriet in einen Sumpf und kam ziemlich spät mit dem Arzt an. Ich fühlte, daß es mit mir zu Ende gehe, aber ich war glücklich darüber. Wie sollte ich denn aus all diesen Konflikten herauskommen? Diese Kraft hatte ich nicht.
Der Arzt machte ein sehr bedenkliches Gesicht, und man telegrafierte nach Wien an alle Ärzte, die man kannte. Alle waren auf Sommerurlaub. Endlich sandte man mir einen unsäglich dummen Menschen, der bei Kerzenlicht eine der schwersten Operationen, die es überhaupt gibt, an mir durchführen wollte. Ich sah seine Fleischhauerhände und verbat mir jede Berührung. Unterdessen hatte man Professor Halban angetroffen. Dieser Meister kam und verordnete augenblickliche Überführung nach Wien in ein Sanatorium. Walter Gropius war sofort gekommen und leitete die furchtbaren Vorbereitungen. Ich mußte mit dem Kopf nach unten getragen werden, und als ich endlich wie aufgebahrt auf dem Wagen lag, trug mir die Engländerin zum Abschied noch einmal meine kleine Tochter Manon hin. Es wehte ein eiskalter Wind von der Rax, und ich wollte schon sagen: »Zieh ihr was

Warmes an«, aber ich ließ es. Wer würde es morgen sagen, und übermorgen, und vielleicht – immer?
Die Unglücksnacht war ein Sonntag gewesen, und nun war es inzwischen Freitag geworden, als wir, in einem Soldaten-Leichentransportwagen, der Arzt mit der Kochsalzlösung neben mir Wache haltend, in Wien ankamen. Das Rettungsauto wartete. Walter Gropius war immer bei mir.
Franz Werfel aber war noch am gleichen Tag von Frau R. mit drakonischer Strenge von mir weggeschickt worden. Der Abschied von ihm, den ich fürchten mußte, nie wiederzusehen, war für mich das allerschwerste.
Die Ärzte beschlossen, sofort eine künstliche Geburt einzuleiten.
Als ich endlich den ersten Schrei meines Kindes hörte, hielt ich es für einen Traum. Das Kind war sehr klein, schien aber lebensfähig zu sein. Ich nährte es, so gut ich es vermochte. Es hatte nicht die Kraft, allein zu trinken, ... an eine Couveuse war nicht zu denken, wir waren inmitten des Weltkrieges.
Ich lebte monatelang nur für dieses Kind. Am dritten Tage nach der Geburt hatte es Krämpfe bekommen, es war wie ausgetrocknet durch meine fünftägige Blutung, wodurch es keine Nahrung hatte.
Nach drei Wochen, als alles sich zu bessern schien, telefonierte ich morgens mit Franz Werfel. Walter Gropius kam unerwartet mit einem enormen Blumenstrauß zur Tür herein – er vernahm das Du, und ahnungsvoll frug er, mit wem ich gesprochen hätte. Und als ich, unfähig zu lügen, Franz Werfels Namen genannt hatte, fiel Gropius wie vom Blitz getroffen zu Boden.
Walter Gropius hatte vier Jahre im Krieg gedarbt, war unter Toten verschüttet gewesen, er hatte ein besseres Los verdient!
Er reiste schließlich nach Deutschland, um uns ein neues Leben zu bauen.
Der Krieg war aus.

Wie frei und weise ist dieser Mensch, Franz Werfel! Ich liebe ihn über den Tod hinaus, und ich konnte den Beweis leider erbringen!
Sein edles Gesicht war mitfühlend, aber ohne Leid, denn er wußte, daß wir beide einander nie lassen würden. Er pflegte zu sagen: »Es wird sich alles historisch entwickeln.«

Gestern sandte mir Oskar Kokoschka sein neues Drama: ›Orpheus‹. Es ist, wenn auch verstiegen, doch bedeutend. Und ich hatte gedacht, daß *er* mein Weg war... Aber seit ich Franz Werfel wiedergesehen habe, diesen unzerbrechlichen Menschen, weiß ich, wo mein Weg ist.
Oskar Kokoschkas Drama behandelt noch ganz und gar unser Erlebnis. Diese unsere Jahre haben einen Menschen zum Menschen gemacht.

Und derweil ging die Monarchie krachen.
Aber dies alles war mir näher... und ich habe das Weltgeschehen kaum bemerkt.

Franz Werfel war als Revolutionär aus dem Krieg gekommen.
Die mannigfachen Quälereien seiner Vorgesetzten hatten ihn von jeder bürgerlichen Hemmung, die nie sehr stark in ihm gewesen sein mag, befreit.
Werfel war am Anfang in Italien, wo er als Einzelreisender zu seinem Regiment stieß, was ihm sofort eine üble Position einbrachte. Er hatte den Militärtransport versäumt.
Zuerst lag sein Regiment in Cremona – und er verliebte sich da für alle Zeiten in das italienische Volk. Er war bei alten Bauern einquartiert, die ihm auswendig einzelne Gesänge aus der ›Divina Comedia‹ vortrugen. – Überall, wohin er kam, wurde er mit Liebe empfangen. Es lag in seinem strahlenden Wesen, überall Wärme zu erzeugen.
Nicht so bei seinen Vorgesetzten. Die erkannten seinen hervorragenden Geist und rächten sich dafür an ihm.
Einstmals stand er, kurz vor seinem ersten Urlaub, am Wegrand, wo ein Zuckerbäckerstand den Soldaten Erfrischungen feilbot. Er kaufte sich einiges, um weniger zu rauchen – und mit schiefem Auge sah er einen Oberst vorbeireiten, meinte aber, dieser habe ihn nicht gesehen. Der Oberst hielt sein Pferd an – befahl Werfel zu sich, der ihm verwirrt und beschämt seinen richtigen Namen und Aufenthaltsort nannte, worauf der Oberst ihn anschrie, daß es mit seinem diesjährigen Urlaub vorbei sei.
Franz Werfel, der Tage und Stunden bis dahin gezählt hatte, fiel aus allen Himmeln. Später wurde er nach Görz verschickt, wo er an einem

freien Tag mit der Schwebebahn auf einen Berg hinauffahren wollte. Er sprang heraus, bevor er oben anlangte, und verletzte sich beide Füße schwer, besonders den linken, dessen Hauptknochen zertrümmert war. Er kam ins Hospital und mußte wochenlang liegen – um dann endlich, nach halber Heilung, vors Kriegsgericht wegen Selbstverstümmelung zu kommen.

Diese Fußverletzung hat ihn bis zu seinem Ende behindert.

Dann wurde er als Artillerie-Unteroffizier (als Telephonist) an die russische Grenze verschickt. Aber er konnte in sich keine Feindschaft aufbringen, und so ließ er die feindlichen Vortrupps über die österreichische Grenze schleichen, während er seelenruhig ein neues Gedicht notierte.

Einst saß Franz Werfel unter Soldaten, als er in die Offiziersmesse befohlen wurde. Der Oberst begann: »Na, Einjähriger Werfel, Sie haben da eine Einladung zu einem Vortrag in Berlin... tragens uns halt auch einmal etwas vor.«

Werfel: »Ich weiß nichts...«

Der Oberst: »No gehns, wenn Sie in Berlin vortragen können, können Sie's hier doch auch... so ein kleines Stückel... irgend etwas...«

Endlich sagte Franz Werfel: »Ich kann nur ein Gedicht auswendig. Es ist ›Die Kraniche des Ibykus‹ von Friedrich von Schiller.«

Und er begann mit höchstem Pathos zu rezitieren.

Doch da öffnete sich die Türe und ein Offizier schwebte heran, dem man die Ehrenbezeigung zu leisten hatte. Franz Werfel stand stramm – die Hand an der Kappe – dann sprach er weiter. Bald aber kam ein anderer Offizier, und immer noch andere, und immer mußte sich Franz Werfel ruckweise zur Türe drehen, in der der Eintretende erschien, um die Ehrenbezeigung zu machen.

Zum Schluß boten ihm die Offiziere an, mit ihnen Kaffee oder Tee zu trinken. Franz Werfel hätte für sein Leben gern einen Kaffee verlangt – aber er bat um Tee, denn dies kam ihm bescheidener vor.

Zu Ende seiner militärischen Karriere ereignete sich eine mysteriöse Geschichte. Franz Werfel saß mit seinen Ohrklappen in der Telephonzelle und schrieb die Morsezeichen auf. Da glaubte er plötzlich zu träumen, denn er mußte aufschreiben: »Franz Werfel möge sofort von der Front ins Kriegspressequartier nach Wien kommen, da er eine andere Verwendung bekommen werde.« Das erste, was er dachte, war: das glaubt mir kein Mensch, aber endlich raffte er sich auf und

lief mit dem Telegramm in die Kommandantur. Man bedeutete ihm, sich so rasch wie möglich marschbereit zu halten. Er stürmte in seine Zelle, verschenkte alles, was er besaß – seine Bücher, Kleider, seinen Pelz (auch die Goldstücke, die ihm seine Mutter in den Pelz eingenäht hatte) und raste den Weg hinab zur Bahn, um so schnell wie möglich nach Wien zu kommen.
Lange wußte niemand, wer das Telegramm gesandt hatte; endlich erfuhr man, daß Harry Graf Kessler Franz Werfel hatte retten wollen. Und es war wie eine himmlische Fügung, denn am nächsten Tag schlug ein russischer Volltreffer dort ein, wo Werfel bis jetzt gewesen war, und zerstörte alle Anlagen, vor allem aber die Telephonanlage, die Franz Werfel Wochen hindurch bedient hatte.

Franz Werfel brachte einige Freunde aus der Schulzeit mit ins Leben. Zu seinen engsten Freunden und Beratern zählte Ernst Polak, ein sehr feiner Kopf und ein feinsinniger Literat, mit dem er stundenlang diskutierte und seine Werke durchsprach.
Ebenso Ernst Deutsch, der eminente Schauspieler. Diese Freundschaft wurde bis zum Tode Franz Werfels nie unterbrochen.
Dann Willy Haas, der später in Berlin ›Die Literarische Welt‹ gründete, eine sehr bekannte Zeitschrift; er war Jugend- und Schulkamerad von Franz Werfel in Prag. Er ist das Modell des B. H. in Werfels nachgelassenem Meisterwerk ›Der Stern der Ungeborenen‹: ein Wegleiter, fast wie Vergilius dem Dante. Die beiden Freunde feierten traurigen Abschied an der Riviera 1939, als Haas nach Indien auswanderte. Beide ahnten, daß sie sich in dieser Welt nicht mehr wiedersehen würden. Haas' Bild stand immer neben meinem in Franz Werfels Arbeitszimmer.
Einer der allerwichtigsten unter allen Freunden war der Dichter Max Brod, kein Jugendgefährte allerdings, da er viel älter war, aber ein Förderer und früher Versteher von Werfels Begabung. Es war keine Kameraderie, die Werfel mit Brod verband, sondern eine gegenseitige Hochachtungsbeziehung. Franz Werfel korrespondierte bis zu seinem Tode mit Max Brod, der jetzt in Israel lebt.
Ein guter alter Freund war auch Otto Pick, vor allem bemerkenswert als dichterischer Übersetzer tschechischer Lyrik.

Ende August 1918

Gestern, am 30. August, hat mir Franz Werfel den ersten Akt eines holden, ernsten Märchendramas vorgelesen... ich stehe noch ganz unter dem Bann dieses Wunderbaren. Es ist die ›Mittagsgöttin‹. Franz Werfel ist meinem Geist und meinen Sinnen nahe...
Wir hielten uns an den Händen, während er las... es ist ja unsere Geschichte, die er da symbolisiert hat. Sein Gesicht ist durch Angst und Leid um mich und die innere Verwandlung fast schön geworden.
Ich sehe einen Glanz um seinen Kopf.
Er ist, was ich in ihm vermutet habe... Sein Körper ist nur ein lästiger Appendix, der ihn überall dorthin reißt, wo er nichts zu suchen hat.

4. November

Heute kam ein Brief von Walter Gropius, in dem er mich bittet, ihm Manon, mein Kind, zu geben und mit Franz Werfel und meinem Sohn weiterzuleben.
Mein Sprichwort: »Jeder Mensch weiß alles« hat sich wieder einmal bewahrheitet.
Ich bin voll Unruhe ... ich weinte den ganzen Tag, bis endlich Walter Gropius und Franz Werfel kamen. Ich teilte ihnen meinen Entschluß mit, auf beide zu verzichten, meine Kinder mir zu lassen und mich meinen Weg allein zu Ende gehen zu lassen. Walter Gropius beschwor mich, ihm zu verzeihen.
Franz Werfel sprach ein paar besonnene, phrasenlose Worte, die uns alle drei beruhigten.

12. November 1918

Wir saßen im roten Musiksalon, als die sogenannte ›Revolution‹ ausbrach. Es war drollig und schaurig zugleich.
Den Zug der Proletarier zum Parlament hatten wir mit angesehen. Üble Gestalten... rote Fahnen... häßliches Wetter... Regenmatsch, alles grau in grau. Dann die angeblichen Schüsse aus dem Parlament. Sturm!
Dieselbe vorher wohlgeordnete fade Menschenreihe stürmte jetzt schreiend und würdelos zurück. Irgendwelche Leute waren bei mir. Wir holten meine Pistolen hervor.

Am Abend mußte ich ausgehen. Die Straße war voller Rowdies, lauter Burschen unter zwanzig Jahren, mit wild aufgerissenen Gesichtern. Ein bis dahin verläßlicher Freund übernachtete in meiner Wohnung und hütete das Kind. Als ich nach Hause kam, fehlte mir ein wertvoller Ring ... nach eifrigem und, auf seine Bitten, alleinigem Suchen fand er ihn!

Am nächsten Tag kam Werfel zu mir, in alter Uniform, schrecklich anzuschauen, und bat um meinen Segen. Ich verstand nicht recht, was er vorhatte, aber ich fühlte, daß es eine ›falsche Revolution‹ sei, und war in meinem Herzen dagegen.

Doch bat er mich so lange, wollte vorher nicht weggehen, bis ich seinen Kopf nahm, ihn küßte und er entlaufen konnte.

Bange wartete ich... und als er endlich tief in der Nacht kam, war ich noch viel entsetzter. Seine Augen schwammen in Rot, sein Gesicht war gedunsen und starrte vor Schmutz, seine Hände, seine Montur... alles war zerstört. Er roch nach Fusel und Tabak.

Die jungen Literaten hatten die ›Rote Garde‹ gegründet!

Ich schickte ihn weg. Er war mir widerlich. Ich sagte: »Wenn du etwas Schönes geschaffen hättest, dann wärst du jetzt schön.«

Ich schloß die Haustür, und er mußte zu irgendeinem Freund übernachten gehen, denn in seinem Zustand hätte ihn kein Hotel aufgenommen.

Er hatte, auf Bänken auf dem Ring stehend, wilde kommunistische Reden gehalten und »Stürmt die Banken!« und ähnliche unbedachte revolutionäre Schlagworte geschrien.

Das Kriegserlebnis wilderte noch zu stark in ihm.

Alles, was er aber sprach, war mächtig und wahr in ihm, und nirgends folgte er einer bloßen Phrase.

Er war nachher nicht glücklich über diese Episode.

Seine ganze Raserei in diesen Tagen war der Polizei bekannt, und er wurde überall gesucht. Walter Gropius fuhr an alle Orte und Wohnungen, um Werfel zu warnen, der tagelang nicht in meine Wohnung gehen durfte. Franz Blei hatte sich in Gegenwart von Gropius sehr gefreut, daß Werfel nun dran glauben müsse. Es ist Franz Werfel nichts geschehen, aber er war in großer Gefahr, Walter Gropius' Hilfe hatte ihn gerettet.

Diese Kaffeehausschreier, seine sogenannten Freunde, die den naiven

Werfel der Sensation halber in dieses Unternehmen gestürzt hatten, die hatten ja nichts zu verlieren!

Auszug aus ›Neues Wiener Journal‹ – 21. November 1918

THEATER, KUNST UND LITERATUR
Der Fall Franz Werfel. Von Berta Zuckerkandl

»Seit einigen Wochen spricht man von dem Revolutionär Franz Werfel mit leidenschaftlicherem Interesse, als je dem Dichter Werfel zuteil wurde. Des Fragens und Schreibens ist kein Ende, seitdem es hieß, Werfel sei in die Rote Garde eingetreten. Ich verehre Werfel als Dichter, liebe ihn als Menschen und stehe ihm als ›aktivistischem Denker‹ mit größtem Vorbehalt gegenüber. Weil sein Denken zutiefst aus dem Elementaren quillt. Aus dem Gefühl. Ein Utopist lebt in ihm, der in seinem Werk den Weltgedanken immer beflügeln wird, in seiner Tat aber immer Schiffbruch leiden muß.
Deshalb interessierte mich der ›Fall Werfel‹ wenig. Bis das Traurige geschah, daß in diesen Tagen, wo es gilt, Träger der Geistigkeit, mögen sie den konträrsten Richtungen angehören, zu schützen, zu einen, gegen den sittlichen Menschen in Werfel die Verfolgung einsetzte. Ein Blatt, welchem Werfel die Berichtigung zugeschickt hatte: er sei niemals Mitglied der ›Roten Garde‹ gewesen, auch sei es unwahr, daß er je – weder im Ausland noch im Inland, weder durch Wort noch Schrift – einer anderen als der auch jetzt betätigten Gesinnung Ausdruck gegeben habe, nahm gegen dieses Bekenntnis Stellung. Es sei erwiesen (so wurde geschrieben), daß Herr Franz Werfel auf Kosten des Ministeriums des Äußeren und des Armeeoberkommandos in der Schweiz war, um dort österreichische Propaganda zu treiben.
Da zog es mich doch zu meinem Tagebuch und zu der Mappe mit Zeitungsausschnitten, die ich während meiner Schweizer Reisen angelegt hatte. Ein besseres Alibi kann Franz Werfel nicht werden. Im Winter 1918, nachdem er anderthalb Jahre lang im Feld gestanden hatte (seiner Überzeugung nach als Gemeiner, da er die Freiwilligencharge als Bevorzugung nicht akzeptierte), gelang es endlich dem Erholungsbedürftigen, einen Weg ins Freie zu bahnen. Das Kriegspressequartier wurde bewogen, einem Geist vom Range Werfels die Ausreise in die Schweiz zu geben. Er sollte im Rahmen österreichi-

scher Propaganda Vorträge halten. Thema? Nun, die eigenen Gedichte hatten wohl klar genug dargetan, was Werfels Seele geben konnte. Er ist ein Liebender der Menschheit. So sandte man ihn wohl einfach hinaus als Qualitätsprobe: Seht, solche Dichter haben wir Österreicher! Mein Tagebuch, Zürich, 8. Mai 1918, vermerkt:
›Hier in unserer österreichischen intellektuellen Kolonie herrscht größte Aufregung, Werfels wegen. Man ergeht sich in Vermutungen, ob er bei seiner Rückkehr nach Wien gehängt oder geköpft worden ist. Was man mir erzählte, ist allerdings toll. Werfel hielt bei seiner Ankunft in Zürich einen einzigen Vortrag – vor jugendlichen Arbeitern. Er bemühte sich, wohl umsonst, sein pazifistisches Bekenntnis in eine nicht allzu stürmische Form zu kleiden. Jedenfalls wurde nach diesem Debut die zwischen Werfel und der Wiener Behörde bestehende Verbindung gelöst. Werfel sprach dann noch in Bern und Davos. Davos war der Höhepunkt des Werfelschen Abenteuers. Dort sprach er vor einer großen Versammlung über das österreichische Problem. Ein Reporter stenografierte mit, und der Vortrag erschien in einem Westschweizer Blatt. Hierauf wurde gegen Franz Werfel von der Schweiz aus die Anzeige an das Kriegspressequartier gemacht.‹

Franz Werfels Erfolg als Dichter war in der Schweiz stürmisch. Er hatte vielleicht, wie es Don Quichottes ewiger Ruhmestitel ist, durch die kindliche Ekstase seiner Idealität die allerbeste österreichische Propaganda gemacht. Dies zu konstatieren scheint mir Pflicht. Der Politiker Werfel mag mit Recht Angriffe erdulden. Wer sich heutigentags ins Chaos stürzt, darf nicht wehleidig sein. Aber für die menschliche Qualität Werfels muß man eintreten. Denn er gehört zu der Klasse der sittlich Unantastbaren.«

15. Dezember 1918

Eine glorreiche Nacht!
Werfel war bei mir. Wir waren aneinandergeschmiegt und fühlten innigste Innigkeit unserer sich liebenden Seelen.
Er ist eine große Auflösung meines Lebens.
An mich gelehnt erzählte er mir die Idee zu einem Stück: ›Der Spiegelmensch‹, das mir ungemein gefällt, und ich werde jetzt nicht eher ruhen, bis er es vollendet hat. Ich will ihn in mein Haus in Breitenstein einladen, alles lieb und warm für ihn herrichten und erhoffe

mir aus der großen Ruhe dort oben eine starke Produktionswelle für ihn. Er war nie im Leben in der Natur und vor sich selbst allein.
(Tatsächlich hatte er in acht Tagen dort den ersten Akt ›Spiegelmensch‹ geschrieben. Dann riß ihn seine Menschensucht, und vielleicht auch Sehnsucht nach mir, hinunter nach Wien, wo er plötzlich ankam. Das ist der Grund, warum der zweite Akt nicht mehr so aus einem Guß ist wie der erste.)
Werfel hatte, als ich ihn kennenlernte, eine starke Familien-Phobie, die er später in sich zu ersticken suchte.
Seinen Vater, den er im ›Spiegelmensch‹ als kalten Mann schildert, hat er später im ›Stern der Ungeborenen‹ ganz anders sehen wollen – aber nie können!
Karl Kraus war ihm aus einem Freund ein erbitterter Feind geworden. Er zerquetschte ihn im ›Spiegelmensch‹.
Werfel war mit der ›Höhle des Ananthas‹ nie ganz zufrieden und wollte sie umarbeiten.
Wieder ist es das Erlebnis: Mann – Frau – er – das Kind – seine Untreue im Mittelpunkt.
Aber diesmal voll Reue.
Als seine eigentliche Mutter empfand er eine alte tschechische Köchin, die ihn bis zu seiner Flucht aus der Familie, da er siebzehn Jahre alt war, betreute.

Ende 1918 hatte Franz Werfel das wölkchenhafte, leichte Mozart-Märchen ›Spielhof‹ geschrieben. Er entwarf es federnd und wie im Spaß.
Dieses süße Gebilde behandelt wieder unsere Liebe und unser Kind-Erlebnis. Es ist heute noch wenig bekannt, aber die Zeit dafür wird kommen, wenn die Menschen wieder ruhiger sein werden nach dieser ununterbrochenen Brandung. Sie werden zu ihrem Menschtum zurückkehren, wieder Lyrik suchen... und sie wieder verstehen.

Später im Januar 1919

Alles was ich einmal gedacht habe, ist meine innere Wahrheit geblieben.
Alles ist gleichzeitig.
Ich kann keinen verneinen. Gustav Mahler, Oskar Kokoschka, Gropius... alles war und ist wahr!

Wie gern wüßte ich, wie ich nun in den Köpfen dieser Menschen zur Ruhe gegangen bin...
Und wie alles Sinnlich-Fleischliche abfällt! Nichts weiß ich mehr von diesen Menschen als ihre geistigen Hinterlassenschaften – in meinem Hirn.
So muß alles andere also wertlos sein! Stundegeboren und Staub!
Gustav Mahler ist mir unverlierbar!
Die vielen Glücks- und Unglücks-Momente tiefsten Verbundenseins mit Oskar Kokoschka... wo sind sie?
Ich habe nur ein paar farbige Stimmungen im Kopf... seine innere Schönheit... irgendeine Landschaft... seine Worte... aber nichts anderes.
Niemals mich oder mein einstiges Gefühl.
Wo schauen die Augen der Toten hin... und die der Lebenden, die ich geliebt?
Unermeßlich ist das Nachtdunkel der fernen Hirnhöhlen.

Arnold Schönberg war heute mit Frau und Tochter zum Mittagessen bei mir. Viele seiner Schüler und Freunde kamen dann nachmittags nach. Es war erlebnisreich, wie immer. Er ist ein ganzer Mensch, voll starken geistigen Inhalts.
Zwei junge Pianisten spielten mir die 6. Symphonie von Gustav Mahler vierhändig vor. Ich hätte sie von keinem Orchester schöner hören können!
Die ganze Zeit hatte ich das Gefühl, ich sollte meine Kasten öffnen und sie alle bitten, sich zu nehmen, was ihnen gefiele.
Ich hatte ein tiefes Schuldgefühl, daß es mir besser gehe als ihnen und daß ich schöner sei als sie.
Irgendeine Hemmung habe ich noch... sie wird vergehen.
Ich schenkte der Tochter Schönbergs ein schönes Platinarmband mit Brillanten und werde ihr wohl noch mehr, viel mehr schenken.
Alles weggeben, fortgehen ohne alle Beschwer, meinen lieben Freunden mein Hab und Gut lassen und leicht vor mich hinwandern. In warme Gegenden, wo man arm sein kann, ohne zu erfrieren oder zu verhungern.
Dieser Wunsch wird immer nachhaltiger in mir.
Aber Herrgott – die Kraft haben!

Im Januar

Franz Werfel schrieb mir heute nacht diese Worte in mein Tagebuch:

»Unendlichen Dank an Dich ALMA
für die zahllosen Glückseligkeiten
Ich gehe zu Grunde
Wenn Dein Sommer
Nicht mehr
Über mir ist!
Er muß es ewig bleiben.«

Februar

Am Dienstag, dem 28. Januar, ist die erste Kopfpunktion an meinem armen Buben gemacht worden. Meine Stütze und mein Halt war Franz Werfel, der mit großer Gefaßtheit mir meinen Schmerz tragen half.
Ich liebe ihn mit Ergebenheit und höchster Kritik.
Wenn nur das Kind gerettet wird... dann ist alles gut.

Ich war gestern durch die 2. Symphonie von Gustav Mahler erschüttert wie noch nie.
Bis ins Herz getroffen kam ich nach Hause mit dem festen Vorsatz, mich umzubringen!
Und vermochte es nicht.
Gott muß mir helfen. Alles wäre so leicht. Anna ist frei und leicht. Manon tröstet Walter Gropius... Franz Werfel ist bürdelos. Wenn ich nur den ungeheuren Mut fände, mein und meines Buben Leben zu beenden, denn dieses Kind ist meine ganze Sorge und, trotz geringster Hoffnung, mein größtes Glück. Gestern nacht hatte ich meine genäschigen Finger hart am Todesrand des offenen Fensters...

14. Februar

Das Kind ist hoffnungslos krank.
Daß dieses Kind zugrunde gehen muß, ist der Fluch unseres Leichtsinns.

20. Februar

Ich habe meinen armen kleinen Sohn mit der Engländerin ins Spital geben müssen. Die letzte Nacht war so furchtbar gewesen, daß ich mich in der Früh dazu entschließen mußte.

Nun lebt er noch... aber ich bin vollkommen hoffnungslos.
Vorher ließ ich ihn Martin taufen.
Aber wozu dies alles?
Doch hat mich die Taufe seltsam berührt: als ob ihm nun nichts mehr geschehen könne.
Diese starken ewigen Symbole!
»Nimm hin das weiße Kleid und bringe es unbefleckt vor Gottes Richterstuhl...«
»und die brennende Kerze...«

Irgendwo liegt ein unwissendes Kind und starrt mit Augen, die nicht sehen... und ich lebe weiter und fange an, zu vergessen...

Ich liebe Werfel, obwohl sich die Mächte gegen uns verschworen haben. Diese schwere Strafe... und sie ist verdient!

Später

Er ist Mensch –
Er ist Liebender wie keiner –
Er ist ein großer Denker und Dichter –
Ja alles – alles.
Und es ist die Musik vor allem, die uns so aneinander bindet!
Wohin soll ich mich verbergen, um ihm zu entgehen? Was treibt mich in der Welt umher?
Ich sehne mich ewig.
Wonach... wohin?
Das Beste entschwindet meinen offenen Händen. Ich armes, offenes Ich!

15. März

Manchmal will es mir scheinen, als ob Franz Werfel nicht der richtige für mein physisches Stadium ist. Er ist so jung und süchtig. Aber ich liebe ihn, so wie man ein Mannkind liebt.

25. März

Heute nachmittag kamen Franz Werfel, Blei, Baron Dirzstay und andere. Franz Werfel las sehr eindrucksvoll Goethesche Gedichte vor und sprach dann inspiriert und intensiv darüber.

Bei dem Gedicht ›Füllest wieder Busch und Tal‹ weinte er vor Begeisterung.
Franz Werfel und Blei gingen und der mindeste blieb mir: Baron Dirzstay. Er war auf Wunsch und Befehl von Oskar Kokoschka gekommen und behauptete, Kokoschka liebe mich nach wie vor und wolle wieder in irgendeine menschliche Beziehung zu mir kommen, gleichgültig welche.
Baron Dirzstay meinte, dies sei ich Deutschlands größtem Maler schuldig! Kokoschka lebe momentan mit einer Frau, sei mir aber treu. Er könne nur mich malen, und so oft er die andere anfinge, immer komme mein Bild dabei heraus.
Nun sagte ich Baron Dirzstay alles, was mich von Oskar Kokoschka trenne: seine Frivolität, seine zügellose Phantasie, alles.
»Ja«, sagte Baron Dirzstay, »alles ist wahr, leider, aber eines bezeuge ich bei allem, was mir heilig ist: wenn Ihr Name genannt wird, wird er ein anderer. Da kommt alles, was gut und edel an ihm ist, heraus. Sie sind sein Ideal und alles andere verblaßt daneben.«
Ich freute mich nun doch, daß diese Jahre also nicht umsonst durchlitten waren und daß mein großes Opfer an Nerven und Gesundheit wenigstens eines zur Folge hatte: daß Oskar Kokoschka weiß, wo das Gute in der Welt ist.
Und wieder Baron Dirzstay: »Was soll ich ihm nun von Ihnen schreiben?«
Ich: »Daß ich an einem anderen Ufer gelandet bin.«
Nun wollte Dirzstay das Bild von Walter Gropius sehen, und als er es gesehen hatte, sagte er: »Dies ist der zweite Todesstoß für den armen Unglücklichen in Dresden. Der erste war die Anwesenheit Franz Werfels ... Sogleich hatte mir da für Oskar Kokoschka gebangt, denn Franz Werfel ist der ethisch Höhere.«
Alles war natürlich ganz anders ... ganz anders!
Oskar Kokoschka kam am Schlusse des Krieges nach Dresden, nachdem er längere Zeit in Wien in einem Spital gelegen hatte, wo seine schwere Kopfwunde geheilt werden sollte. Ausgeheilt, bekam er sofort eine Professur an der Dresdener Kunstakademie.
Als Oskar Kokoschka mit einem Lazarett-Transportzug in Wien ankam, rief mich der Architekt Adolf Loos an, ich möchte auf die Bahn kommen, um mit ihm zusammen Kokoschka zu erwarten.
Ich antwortete ins Telefon, ich sei nicht im mindesten mehr an Oskar

Kokoschka interessiert. Loos stotterte: »Um Gottes willen, machen Sie dem Armen doch die Freude!« aber ich hängte ab.
Ich war weit, weit weg von Oskar Kokoschka – ja, und vor allem aber irritierte mich Adolf Loos' Mittlerrolle.

In Dresden ließ Oskar Kokoschka eine lebensgroße Frauenpuppe herstellen... mit langen blonden Haaren – und bemalte sie vollkommen nach meinem Ebenbilde – so schilderte man es mir.
Die Puppe lag immer auf dem Sofa. Kokoschka sprach tagelang mit der Puppe, wobei er sich sorgfältig einschloß... und hatte mich endlich da, wo er mich immer haben wollte: ein gefügiges willenloses Werkzeug in seiner Hand!
In seinem großangelegten Bild ›Die Windsbraut‹ hat er mich gemalt, wie ich im Sturm und höchsten Wellengang vertrauensvoll an ihn angeschmiegt liege – alle Hilfe von ihm erwartend, der, tyrannischen Antlitzes, energieausstrahlend die Wellen beruhigt...! (Es ist mein schönstes Porträt.)
Ich sagte Dirzstay, wie schwer ich von Oskar Kokoschka losgekommen sei, und daß ich es nur gekonnt habe, weil ich mich retten wollte.

Werfel ist plötzlich eifersüchtig, tobt und zeigt ein Bohemetum, das mir neu an ihm ist. Ein so feiner Mensch wie er wird ein reißendes Tier und legt seine Pranken um mich. Das aber ertrage ich nicht. Schon die Ehe, die vom Staat sanktionierte Tyrannei, ist mir suspekt, und ich wähle, ihr ausweichend, die freie Bindung. Da aber sollte die Faust in der Tasche bleiben! Das sind ja die Gründe, warum ich nicht heiraten wollte.
Letzthin nach einem Gespräch mit Franz Werfel, an einem lieben, frühlingshaften Ort – wir gingen den Volksgarten entlang und waren restlos glücklich –, dachte ich plötzlich: Welche furchtbare Gefahr ist doch dieser junge, sinnentrunkene Mensch für mein Leben.
Ich kann ihn nicht bändigen und will und soll es ja auch nicht.
Warum aber soll mein ganzes kommendes Leben ein Zittern um seine Treue sein?
Und alles glitzert um ihn, überall sucht er... überall findet er, der Leichtverführbare...
Mein Stolz und meine große Müdigkeit wollen mich daran hindern, mit einem dieser jungen Götter zu leben, wo das Leben einen um und

um schleudert – von Klippe zu Klippe – furchtbar groß und furchtbar schmerzhaft.
Franz Werfel will Heirat, und ich will sie mit meinem sehnenden Menschenherzen ja auch... aber dann?
Für mich wäre es besser: irgendwo in Amerika in einem stillen Winkel leben... auf dieser Erde voll Glück und Phantasie... und diese Jungen ihre geraden und krummen Wege gehen lassen... aus der Ferne mit Rührung ihrem Sturmlauf zuschauen, der mich nicht mehr überrennen wird.

Ja, und nun – Politik! Ich wünschte mir den Kaiser zurück... und wenn es der idiotischste aller wäre, wenn's anders nicht geht, und die teuersten, fruchtbarsten Erzherzöge, die das Land soutenieren müßte, nur wieder Pracht von oben her und ein Kuschen, ein unlautes Kuschen des Sklaven-Unterbaues der Menschheit.
Das Geschrei der Massen ist eine Höllenmusik, die ein reines Ohr nimmer ertragen kann. Tolstoj hörte dort Engel singen, aber es war seine eigene Stimme, die er hörte, so wie man bei großer Stille oder Leere von außen das eigene Blut rauschen hört.

Später war Franz Werfel bei mir. Er sagte wie so oft: Die Liebe Kokoschka–Alma sei eine hohe, segensvolle gewesen; die Liebe Gropius–Alma war als solche nicht mein Weg und mußte sich ad absurdum führen. Er hat Gropius sehr geschätzt, aber nie ganz verstanden.
Er verlangt, daß ich in Berlin Schluß mache.
Um sein Leben allein zu verbessern und zu verschönern.
Dieses liebe, große Kind!

Als der Architekt Adolf Loos mich im Konzertsaal ansprach: ich müsse zu Oskar Kokoschka zurückkehren, da er ohne mich nicht arbeiten könne... war ich sehr betroffen. Oskar Kokoschka habe es schon mit Modellen und Damen versucht, aber es ginge nicht. Ich hätte die Pflicht, wieder mit ihm zu leben.
Ich war so erbost, daß ich Adolf Loos noch in derselben Nacht schrieb: »Ich bitte mich hiermit um Verzeihung, daß ich Ihnen die Hand gegeben habe.«
Oskar Kokoschka erfuhr noch am selben Abend von diesem Brief,

mit dem sich Adolf Loos in den Kaffeehäusern brüstete... und kaufte ihm diesen Brief mit einem seiner Bilder ab.

Jetzt möchte ich nach Berlin fahren, Walter Gropius kniefällig um Manon bitten, von ihm Abschied nehmen und den nächsten Überseehafen suchen. Von dort mit einem Dampfer um die Welt – der kommenden Unkultur den Rücken kehren. Jahre auf den Meeren kreuzen, oftmals an ferner verschwiegener Erdstelle aussteigen, rasten, dann weiter, und so vielleicht ein Glück und ein reiches künstlerisches Leben leben, der Erde vertraut, während die dummen sterilen Menschen sich in den verfilzten Haaren liegen.
Und ich fuhr nach Berlin...
Während meines Aufenthaltes bei Walter Gropius in Berlin starb mein Söhnchen im Krankenhaus in Wien, das arme kleine gequälte Licht.
Walter Gropius kündigte mir diesen Tod mit den Worten an: »Wäre lieber ich gestorben!« Er war damals, wie auch noch später, immer rührend gut zu mir, aber er konnte mir nicht helfen.
Ich war ihm für immer verloren und ohne jede Schuld von seiner Seite. Mit meinem Bewußtsein, daß er, Gropius, das Nobelste, Edelste in meinem Leben war.

Juni – Weimar

Gott liebt mich. In einer ernsten Aussprache mit Walter Gropius aus tiefstem Herzen von uns beiden sagte er mir zu Anfang: »Du hast einen neuen Zug im Gesicht bekommen...«
Ich habe alles getan, aus meinem ganzen Lebensinstinkt und aus vollem Zukunftsglauben heraus, um ihm seinen guten Glauben an mich wieder zu geben, aber ich bin erschrocken.
Und er hat recht gesehen! So muß ich an mir nun arbeiten, bis ich mich errette und den Versucher... auf den es viel mehr ankommt als auf mich.

Warum war diese Ehe mit Walter Gropius nicht gegangen? Er ist ein schöner Mensch, in jedem Sinne, ein hochbegabter Künstler meiner Art, meines Blutes (wir hatten sogar entfernte gemeinsame Verwandte in Hamburg). Er hatte mir doch so gefallen... ich war verliebt in ihn... hatte ihn sehr geliebt... Es war vielleicht die Herrin

Musik, die nicht sein Element war und die uns trennte! Allerdings auch seine Aufgabe interessierte mich nicht genug, und ich hatte zu wenig Interesse für seine architektonisch-menschlichen Ziele.
Was aber Homogenität bedeutet, sollte ich an Manon, meinem Kinde mit Walter Gropius, erfahren. Sie war der schönste Mensch in jedem Sinne. Alle unsere guten Eigenschaften waren in ihr vereinigt. Eine göttliche Liebesfähigkeit, eine Kraft, sie auszudrücken und zu leben, wie ich sie nie sonst gesehen habe. In ihr war das Wunder der Gleichheit geboren, dem ich sonst immer aus dem Wege gegangen bin. Und es war mein Kind, und ich kannte jeden Schlupfwinkel ihrer Seele. Nur Homogenität allein kann ein solches Wunder vollbringen. Nicht zufällig hat Alban Berg ihr sein Violinkonzert gewidmet:
»Dem Andenken eines Engels.«

Juli

Wir fuhren nach Wien, Franz Werfel und ich, weil sein Roman ›Die schwarze Messe‹ stockte, und gleich ging's abends hinaus in den Wurstelprater, den Franz Werfel liebte, aber merkwürdigerweise nicht gut kannte.
Die Revolutionszeit in Wien war Werfel noch zu nahe... er konnte sich nicht genug distanzieren. (›Die schwarze Messe‹ ist deshalb ein Fragment geblieben und nur im Kunstblatt ›Genius‹ bei Kurt Wolff herausgekommen. Dieser Roman ist groß angelegt, Franz Werfel war aber noch nicht beharrlich genug, um ihn wirklich durcharbeiten und vollenden zu können.)
Ich suchte im Prater eine Bude, die ich vor Jahren mit Oskar Kokoschka entdeckt hatte. Dieses Erlebnis war sehr sonderbar gewesen. Hinter einer Barriere gingen gespenstisch alltägliche Lebensmasken, Figuren mit Zylinder, Soldaten und so weiter auf und nieder, und das Publikum warf mit Holzkugeln nach den Köpfen, um zu gewinnen oder zu verlieren. Da die Figuren sich ungleich bewegten, so war es schwer, sie zu treffen. Die Geschöpfe waren lebensgroß. Alle hatten einen zynischen Ausdruck im Gesicht. Ein kleiner Bub beobachtete die Kunden und lief fortwährend herum, um die Holzkugeln aufzuheben. Wir erfuhren, daß er der Sohn des Budenbesitzers sei, der solchermaßen Tag für Tag dem Morden der Puppen zusah. »Es müßte mit einem Wunder zugehen, wenn dieser Bub kein Mörder würde«, sagte Oskar Kokoschka damals nachdenklich.

Jetzt, nach vielen Jahren, trieb es mich wieder dorthin. Ich fand den Platz nicht gleich und fragte irgendeine Budenbesitzerin am Wege nach jenem unheimlichen Zelt. Sie antwortete sofort: »Gehen Sie mit dem Menschenstrom, alle Leute gehen ja heute dorthin, da hat doch heute nacht der Sohn seinen Vater erschlagen!« Der Vater war in seiner Todesangst aus der Bude gelaufen, der Sohn hinter ihm drein, und gerade vor seinen wilden Gespensterfiguren hatte der Sohn mit einer Hacke den Kopf des Vaters getroffen, der sofort tot war.
Franz Werfel und ich waren ungeheuer betroffen. Wir standen lange vor der Bude, und die Puppen gingen trotz des Trauertages auf und nieder, aber niemand warf heute nach ihnen.
Wir gingen zum ›Eisvogel‹ (ein Restaurant im Prater), und ich riet Franz Werfel, an den Staatsanwalt einen Brief zu schreiben, in dem er ihm den Sachverhalt schildert und nahelegt, die Strafe infolgedessen zu mildern. Dieser Brief unterblieb, aber Franz Werfel schrieb darauf, auf den Semmering zurückgekehrt, in rasendem Tempo ›Nicht der Mörder, der Ermordete ist schuldig‹.
Er kam auf sonderbare Weise zu dem Titel.

Ich reiste, kurz nach Gustav Mahlers Tod, mit einem alten Freunde nach Korfu. Er fühlte sich sehr elend, und er lag den ganzen Tag in seiner Schiffskabine. Im Durazzo stieg ein albanischer Minister ein, der sich mit mir während der Mahlzeiten anfreundete, das heißt, wir sprachen während des Essens viel über die Küstenländer, die ich von meiner Kindheit her kannte.
Er erzählte mir vom albanischen Volke, diesem wilden Bergvolk, das er meinte nicht besser charakterisieren zu können als durch sein Lieblingssprichwort: »Nicht der Mörder ist der Schuldige, sondern der Ermordete.« Dieser Satz gefiel mir, und ich schrieb ihn sofort auf.
Ich hatte dieses Sprichwort übernommen, oft verwendet, und so blieb es lebendig und wurde von Franz Werfel dadurch lebendig erhalten, daß er seinen neuen Roman so benannte. Wir fanden das Sprichwort in der Folge oft zitiert, ohne Quellenangabe, und so ist es nun auch ein deutsches Sprichwort geworden.

Ich war mit Franz Werfel auf der Rax oben. Es freut mich, daß ich diese enorme Strapaze nach all meinen schweren Krankheiten aushalten konnte.

Ich habe die Liebe dieses ausgezeichneten wunderbaren Menschen, der durch mich wieder in seine Arbeit gekommen ist, und trotzdem fühle ich fortwährend: Etwas fehlt.
Der Mensch darf eben nicht glücklich sein!
Franz Werfel nannte die Welt »einen Strafort«, und wie recht hatte er!
Wie behütet war ich doch als Kind, und wie fremd steht man später in der Welt.
Der Sommer ging zu Ende. Es war 1919.

Mitte September – Wien

Ich bin mit Anna Mahler seit acht Tagen im Sanatorium. Sie hatte sich im Gebirge eine schwere Ohrenentzündung geholt. Mit vierzig Grad Fieber mußte ich mit ihr vom Semmering hinunterfahren. Sie weinte vor Schmerzen; ein fremder Mann stand auf und frug, was ihr fehle. Er sah sie starr an... in wenigen Minuten spürte sie keine Schmerzen mehr und lachte, bis wir in Wien waren. Auf der Treppe des Südbahnhofs lief uns der Fremde nach und rief: »Ich gebe Ihnen noch eine schmerzfreie Viertelstunde auf den Weg, durch Fernwirkung... mehr kann ich leider nicht leisten.«
(Wir erfuhren später, daß er ein berühmter Hypnotiseur war.)
Im Wiener Sanatorium wurde Anna sofort rasiert und auf den Operationstisch gelegt; aber ein Verwandter und Arzt der Familie setzte sich der Operation entgegen. Nun warteten wir eine Woche, aber die Fieberkurven bewegten sich im Zickzack. Der berühmte Dr. Neumann sollte sie operieren, aber auch er hatte geraten, zuzuwarten. Ein paar Tage später wachte ich in der Früh auf (ich schlief im selben Zimmer neben ihr) und sah zu meinem Entsetzen, daß sie eine Lähmung über die ganze eine Gesichtshälfte hatte. Ich rief sofort alle Ärzte an, und nun wurde aus einer gewöhnlichen Operation eine auf Leben und Tod. Der Knochen mußte trepaniert werden, die eine Gesichtshälfte war lange Zeit gelähmt, und wir waren nicht sicher, daß sie je wieder ihr eigenes Gesicht bekäme. Doch sie bekam es, Gott sei Dank.
Anna ist wie ein Held und wunderschön.
Ich erbte die Anfangskrankheit von ihr, nämlich Angina, und lag nun mit hohem Fieber neben ihr.

Wir sind wieder in der Einsamkeit, auf dem Semmering. Und was selten genug geschieht: Heute nacht schliefen wir zusammen.

Auf einmal weckte mich Franz Werfel: »Ich liebe Dich... geh nicht von mir... nie...!« Und es folgte ein solcher Glückstaumel, wie ich ihn kaum je erlebt habe.
Franz Werfel hat Wärme, nicht nur Hitze! Was ich oft bezweifelt hatte.
Er arbeitet jetzt mit Lust und Kraft, und dies ist mehr wert für mich, als alle Güter dieser Welt.

Oktober

Ich war nun acht Tage in Wien.
Eigentlich kam ich nur wegen der ›Frau ohne Schatten‹, die ihre Uraufführung in Wien erlebte, und zur Aufführung der 6. Symphonie von Gustav Mahler.
... Auch um Fritz von Unruh kennenzulernen.
Er hatte mir am 19. August 1919 geschrieben:
»Sehr verehrte, liebe gnädige Frau:
Ob Sie sich meiner noch entsinnen, weiß ich nicht; einst sandten Sie mir trostreiche Worte ins Feld.
Zeit und Schicksal führten mich durch Höllen.
Ich fand mich jetzt und versuche, soweit meine bescheidene Kraft reicht, mitzuhelfen, Licht in das Chaos zu werfen.
Im September werde ich in Wien sein. Es wäre mir eine große Freude, Sie bei dieser Gelegenheit zu sehen. Wenn Sie mir erlauben, sage ich mich an. Inzwischen wuchs der von mir aufrichtig verehrte Werfel ja an Kraft, die Tausende speist. So haben Sie in Österreich, trotz des äußeren Zusammenbruchs, helle Säulen, die einst ein reines Tempeldach zu tragen berufen sind.
In herzlicher Verehrung küßt Ihre Hand Fritz Unruh.«

Unruh hatte mir vor Jahren, als ich ihm begeistert über sein Drama ›Ein Geschlecht‹ geschrieben hatte, ein wunderschönes Gedicht aus dem Feld geschickt.
Damals war ich verliebt in seinen Namen ›Unruh‹, und sein Werk hatte es mir angetan, aber ich kannte ihn nicht.
Nun sollte ich ihn kennenlernen.
Die preußische Stimme dieses Menschen am Telefon ließ mich erst eine Zusammenkunft hinausschieben.
Ich sollte aber eine große Freude an ihm erleben.

Fritz von Unruh war nachmittags mit dem Musiker Franz Schreker, dem Kritiker Paul Bekker und Franz Werfel da. Er ist ein schöner Mensch, sehr verhalten... soviel konnte ich erkennen.
Er erzählte:
Eines Tages war er mit Lehmbruck in dessen Atelier. Der erste Spartakistenaufstand Berlins tobte unter den Fenstern. Lehmbruck sah hinunter. Er sah, wie die Weiber Pferden den Bauch aufschlitzten, ihnen den Schädel spalteten und sich um das Hirn balgten, das sie dann in Blechkannen zum Fraß davonschleppten. Sein Ekel vor der Menschheit wuchs ins Gigantische; er ging nach Hause und ... öffnete den Gashahn, steckte den Schlauch in den Mund und war in wenigen Minuten dort, wo er sein wollte.
Unruh erzählte mir dieses schauerliche Erlebnis seiner Freundschaft mit Lehmbruck, und ich fühlte es mit, als sei ich dabei gewesen.
Unruh arbeitet alles fünf- bis sechsmal um. Das ›Geschlecht‹ hatte zuerst zwölfhundert Seiten und hat heute vierhundert. Er meinte, die Ägypter hätten erst eine Lebensmaske, dann eine Naturstudie, dann eine Verschmelzung der Naturstudie mit der Lebensmaske, dann eine auswendige Studie und schließlich zum fünftenmal einen stilisierten Kopf oder eine stilisierte Figur herausgebracht. ›Ein Geschlecht‹ jedenfalles ist ein Meisterwerk.
Unruh gehört zu den großen Ästheten in der Literatur. Wie Wilde, ja wie auch Byron gewesen sein mag. In seiner Art schon ein Ganzes, doch für den Beobachter manchmal ermüdend, wenn er vorliest. Immerfort zeigte er ›erlauchte Gegenstände‹:
Das ist ein halber Degen von Napoleon.
Das ist die Tabatiere, die Brieftasche, die Rathenau bei der Ermordung getragen hatte... Da ist ein Brief der Kaiserin Augusta an ihn.
Das sind hundert Erinnerungen an mehr oder weniger große Größen.
Wie von ungefähr ergreift Unruh ein Buch... es ist die Familienchronik des Hauses Unruh.
Das merkwürdigste an diesem Menschen ist, daß er bei der ›Eisernen Front‹ und überzeugter Republikaner war und deshalb nach 1933 als Emigrant in Italien leben mußte.
Seine Frau ist ein hübsches, stark prononciertes, bestimmt sehr gescheites Wesen. Sie also bittet ihn jetzt leuchtend: »Ach, lies uns doch ein Stück aus der Chronik vor!«
Und er liest in unsere erschauernden Ohren hinein: daß er eigentlich

ein Herzog von Friaul sei ... daß er direkter Abkomme von Karl dem Großen sei ... daß ..., und nun ging es wieder ins Uferlose mit all seinen großen Vorfahren – aber fremde Urgroßväter interessieren uns nicht sehr.
Und vor allem: »Da ist ein echter Bronzino, der einzige auf der Welt, der nicht übermalt ist.«
»Da ist ein Del Sarto...«
»Da ist ein...«

Ich kann das Sammeln wohl verstehen. Viele Jahre später schrieb ich in mein Tagebuch:
Ich komme mit einem sehr großen Eindruck von Unruh nach Hause.
Er malt jetzt plötzlich, mit großem Können und unwiederholbarer Leidenschaft. Fünfmal sich selbst, zwei Christusbilder, eines stärker als das andere. Dabei in keiner Weise beeinflußt, weder von Kokoschka noch von Italienern oder Franzosen, ganz innerer Kampf und Auslösung. Es ist ungeheuer, was der Mensch im Leid wird und wie ihn das seichte Leben belanglos macht.
Der Beginn des Malens aber war sehr merkwürdig.
Unruh war am Ende seiner Kraft. Arm und verschuldet, mit einem fertigen Buch, das keinen Verleger fand, stieg er auf die Steinrampe seiner Penthauswohnung im zwanzigsten Stock, um sich herunterzustürzen. Seine Frau ahnte Unglück, lief herbei und riß ihn an seinem Rock zurück, ins Leben.
Da begann er ein grenzenloses Lachen, das nicht enden wollte – und plötzlich malte er, sich zu retten – und damit wird er nun auch andere retten.

›Die Frau ohne Schatten‹. Welch ein Meister ist Richard Strauss! Aber wie tiepolohaft mit seinen geistlosen Melodiegesichtern. Bei Richard Strauss ist das Genie oft größer als seine Frivolität.
Er will es gar nicht und wird plötzlich groß, weil *es* will. Die feurigen Farben Tiepolos hat er, aber es fehlt ihm die Größe dieses großen Malers.
Ganz gegensätzlich zu Mahler, der sich stündlich zur Höhe erzog – und ich weiß nicht, ob es ihm immer ganz gelang.

26. Oktober – Semmering

Ich habe mir viel Arbeit gemacht in den letzten Tagen: Erdäpfel ausgenommen, Äpfel im Keller auf Stroh gelegt, Rüben... kurz Landwirtschaft gespielt. Es war seelisch ganz gut, aber mein Herz verträgt nicht diese starken körperlichen Anstrengungen. Franz Werfel ist wunderlieb, aber jung, und manchmal glaube ich – zu jung. Ich liebe meine Manon sehr und mein großes, von mir wegtendierendes Annerl, das mich suchen wird, wenn sie mich schwer wieder findet.

Ende Oktober

Anna Mahler ist gestern von Oberwaltersdorf, wo unsere Freunde Koller ein Gut haben, zurückgekommen. Sie war süß und verschämt, und ich wußte nicht recht, was mit ihr los sei.
Ich legte sie in mein Bett, da sie in großer Kälte ohne Wagen plötzlich abends gekommen war. Während ich sie erwärmte, sekkierte ich sie wie sonst so oft mit der Hofmacherei des jungen Koller.
Aber sie wurde ernst: »Es ist mehr, Mami...«, brachte sie mühsam heraus.
»Ja, was denn mehr?« frug ich.
»Wir haben uns vor acht Tagen heimlich verlobt.«
Und nun erzählte sie mir alles und wurde immer glücklicher, als sie sah, daß ich nichts dagegen hatte. – Ich verstehe Eltern nicht, die Kinder in ihrer Liebe behindern wollen. Und wenn sie selbst die größten Dummheiten machen! Meines Kindes Glück ist das meine, ich bin so froh und wünsche nur, daß sich die beiden lieb behalten und dieses reine, schöne Märchen rein und schön zu Ende leben.
Anna Mahler ist knapp siebzehn Jahre, und sie erzählte kindisch unbeholfen: Sie sei mit ihm allein spazierengegangen, da wollte er sprechen, aber er konnte nicht. Später zu Hause aber sprach er und betonte vor allem, daß er ja von ihr nichts verlangen könne, da sie beide doch noch viel zu jung seien, worauf sie ihm ermutigend ins Wort fiel: »Sie können alles verlangen!«
Ich fühlte mich als Freundin dieser beiden. Ich habe ihm telegrafiert, und er kommt morgen.

Nun ist er angekommen, von Anna erwartet, und ich blieb im Wohnzimmer. Er kam sehr verlegen, doch freimütig, ergriff meine Hand und küßte sie.

»Ich wüßte mir keinen Besseren als Sie«, sagte ich; er kam mit seinem Kopf ganz nahe, so daß ich ihn umarmen mußte, was ich gerne tat.
Ich brachte sie zueinander und sagte: »Macht etwas Schönes daraus, ihr habt es in der Hand.«
Nun bin ich so eine Art Schwiegermutter geworden und wollte mich schon alt fühlen, da kamen a tempo zwei Liebesbriefe mit der Post. Einer von Siegfried Ochs und einer vom Dichter Albert von Trentini, und ich fand sofort meine Heiterkeit und Balance Franz Werfel gegenüber wieder.
Franz Werfel sagte heute sehr traurig: »Ich bin ein Sträfling im Gefängnis – unter den Bleidächern meines Selbst...«
Er ist oft tief deprimiert und fürchtet Wahnsinn.
Er hat sicher etwas in sich durch Vergeuden seines Selbst zugrundegerichtet. Und dies von seinem zehnten Jahre an.
Bis er mich kennenlernte.
Warum diese wunderbarsten Menschen so auf *eines* losgehen, nämlich sich zu vernichten? Aber ich kannte und kenne keinen Phantasiemenschen, mit dem die Sinne nicht durchgehen ... in die grauenhaften Szenerien der exzentrischen Grenzenlosigkeiten, der maßlosesten Verschwendung. Viel Kraft ist trotzdem in Franz Werfel, aber sein Herz ist elend, versagt leicht und hält der geringsten Körperanstrengung oft nicht stand.
An mir ist es, seine Kräfte zu schonen und ihn, ohne daß er es merkt, einem asketischeren Leben zuzuführen.

Es ist Herbst. Jetzt übersiedeln wir wieder nach Wien. Ungern... denn die volle Harmonie, die wir hier oben auf dem Semmering haben, ist dann sofort zerstört. Das Leben mit Franz Werfel diesen ganzen Sommer war nicht einen Tag ermüdend oder ›zu wenig‹.

Den ganzen Sommer über arbeitete er täglich... im Dachraum, den ich ihm zu einem schönen Atelier umgestaltet habe. Er war dort vollkommen ungestört, und ich habe ihn verhätschelt wie ein Kind... und jeden Abend wurde musiziert oder vorgelesen: Böhme oder Goethe oder auch Franz Werfels eigene Werke. So ist die Zeit selig dahingegangen, und ich kann nur eines fürchten, daß sich irgend etwas ändert.

Mitte November – Wien

Seit gestern abend sind wir also in Wien. Ich fühle die verheerende Wirkung der Stadt, da ich mit gereinigten Sinnen aus einer wirklichen Höhe komme.
Das Leben ohne Franz Werfel hat keinen Sinn. Nicht für ihn sorgen können, nicht seine Freuden teilen, nicht gleich immer wissen, was er gearbeitet hat...
Hier in Wien: ein ewiges Telefonieren. Menschen, die mir alle, alle gleichgültig sind.
Ich sehne mich nach niemandes Nähe oder Sprache.
Die Besucher gaben einander die Tür in die Hand, und sogar Alban und Helene Berg waren Fremde für mich geworden in dieser Zeit. Ausschließlich mit diesem gütigen, erhabenen Menschen habe ich gelebt.

Anfang Dezember

Heute bekam ich die Nachricht, daß mein Geld in New York sequestriert ist, das heißt, unser aller Hoffnung, daß wir jemals ein bisserl mehr Geld haben als jetzt, je einmal haben könnten, ist vernichtet.
Der amerikanische Gesandte in Wien sagte mir mit höhnischem Lächeln, daß ich mir nur jede Hoffnung aus dem Kopf schlagen möge.
Vom Gesandtschaftsviertel bis in meine Wohnung, also in zwanzig Minuten alleinigen Gehens wurde ich mit der Idee ›Geld‹ vollkommen fertig und kam froh lächelnd zu Hause bei der Tür herein.

In diesem Winter war es wieder einsam und gemütlich um uns. Eines Tages wurde uns eine mondäne Dame gemeldet. Diese Dame war sehr gegen meine Bindung mit Franz Werfel. Sie hat ihn niemals wirklich verstanden, und wie alle wollte sie »meinen guten Ruf schützen«.
Franz Werfel wütete und legte sich in meinem Schlafzimmer auf den Diwan, während ich mit gelangweiltem Gesicht ihre nicht ganz dumme Konversation über mich ergehen ließ. Ich kam nach einiger Zeit in mein Zimmer, aber Franz Werfel war ganz in Sinnen versunken, und so ging ich leise wieder hinaus. Als die Dame endlich gegangen war, fand ich Franz Werfel äußerst erfrischt und aufgeräumt

vor. Er hatte in der Zeit des Besuches die Idee des ›Bocksgesanges‹ ersonnen. Das ›Verdrängte‹ war ihm plötzlich Ereignis geworden. Die grauenhafte Naturwüchsigkeit dieses Stückes war klar in seinem Kopf... er ging für kurze Zeit auf den Semmering und schrieb das ganze Stück herunter, als ob es ihm eine unerforschliche Macht diktiert hätte.

Wenn Franz Werfel ein Einfall kam – und dieser kam oft durch die geringfügigsten Anlässe –, dann dachte er ihn durch, mit allen Details und Konsequenzen. Er machte sich niemals Notizen, und wenn ich ihn darum bat, meinte er, es sei nicht notwendig, er merke sich jede Einzelheit.

Und er hatte ein stupendes Gedächtnis und ein wirklich profundes Wissen.

Maurice Ravel hatte wochenlang im März 1920 bei mir gewohnt, auch Alfredo Casella wohnte und lebte bei mir. Er war nur zu Ravels Konzert gekommen und mußte sehr bald zurück nach Rom, da er dort in leitender Stellung am Konservatorium tätig war.

Maurice Ravel war ein höchst merkwürdiger, interessanter Gast. Er wohnte drei Wochen mit mir allein in meiner kleinen Wiener Wohnung und hielt auch die Proben zu seinen Konzerten dort ab. Wir aßen meist allein unser karges Mahl (es war knapp nach Kriegsende, und man hungerte fast). Ich hatte also Zeit und Muße, ihn zu studieren. Er war ein Narzissus. Alles bezog er auf seinen Körper und auf die große Schönheit seines Gesichts. Wenn er auch klein war, so war doch sein Körper so proportioniert, daß seine Figur in ihrer Eleganz und federnden Bewegtheit ausgesprochen schön war. Er war von sich besessen.

Er hatte eine merkwürdige Freude am Kitsch. Es war eine höchst pervertierte Maske, die damals in Paris von den überaus kultivierten jungen Musikern, wie zum Beispiel Darius Milhaud, wohl überall getragen wurde. Aber nur zur Belustigung – und wahrscheinlich war das auch bei Ravel der Fall. Denn er war ein Mann von feinster, sensitiver Kultur – ebenso Milhaud, Poulenc und all die Freunde der französischen modernen Musikergruppe.

Ravel liebte sich in bunten Atlasgewändern, die er morgens trug, wenn er bei mir geschminkt und parfümiert zum Frühstück kam.

In der Zeit von Ravels Anwesenheit bei mir verlockte ich ihn einmal

dazu, mit mir in ein Schönberg-Konzert zu gehen. Wenn ich nicht irre, war es die Kammersymphonie.
Er war während der Aufführung äußerst nervös, und als wir zum Schluß aufstanden, sagte er: »Non, ce n'est pas de la musique... c'est du laboratoire!«

Lord Verulam sagte: »Das Christentum aber gehört als Religion zum ›vulgus‹, es hat für die höchste Gattung ›virtus‹ keinen Sinn...«

März 1920 – Weimar

Mit Walter Gropius gibt es nun eine harmonische Freundschaft.
Gott sei Dank reden wir schon ruhig über alles... Er hat eine große Seele und starkes Kunst-Geben und Kunst-Wissen.

Ich sehne mich nach Franz Werfel, nach der endlichen Vereinigung mit ihm.
Ich bin ganz sein.
Ich habe Manon, das süße Kind, auf das Walter Gropius ein Anrecht hat. Das ist unausdenkbar – was soll werden?
Und ich habe es nie so gewußt, was mir Franz Werfel ist, als jetzt, wo ich von dem Anblick seines Bildes lebe.

Am Morgen nach einer elenden Nacht muß ich in seine Augen schauen, und mir wird besser. Noch nie war ich so hingezogen zu irgendeinem Menschen wie zu ihm. Absolut hineingesogen in seine Atmosphäre...
Wenn ich nur schon frei wäre.
Nicht daß ich Franz Werfel in ein Joch spannen möchte... nein... aber frei mit ihm leben können bis ans Ende meiner Tage!

Wann werde ich wieder in Wien, bei den Meinen sein?
Und Franz Werfel erlebt unterdessen die Aufführung seiner ›Troerinnen‹ im Burgtheater, und ich kann nicht bei ihm sein!

Am 13. März wurde der Generalstreik in ganz Deutschland proklamiert.

Umsturz – Tote ... Lärm und Angst ... Reaktion, und alles wie das Kinderspiel von Halbwüchsigen. Eine mißlungene Operette.
Keiner weiß wozu ...
Und da soll ich immer mein ›Wozu‹ kennen, wenn alle Menschen zusammen kein Hirn haben?
Wir wohnen im Hotel ›Zum Elefanten‹. Vor mir der Marktplatz, Dämmerung, ungeheure Erregung. Die jungen Pickelhaubenmänner der Kapp-Partei werden von den Arbeitern angespuckt. Sie rühren sich nicht.
Die Menge brüllt.
Vis-à-vis aus dem Ministerium kommt der Abgesandte der Regierung. Er schwingt in der einen Hand ein Papier, in der anderen ein weißes Tuch ... der Versuch eines Ausgleichs. Er steigt auf den Balkon des Rathauses und liest laut ab ...
Atemlose Stille. Dann ein Entrüstungsschrei.
Der Mann verspricht, weiter zu unterhandeln. Man läßt ihn jetzt nur unwillig durch, zurück ins Ministerium.
Unterdessen ist es Abend geworden.
Kein Licht brennt. Die Masse im Finstern ist noch unheimlicher als am Tage. Da und dort flammt ein Zündhölzchen auf, für eine Zigarette. Wir schließen die Läden und hängen Kleider vor die Ritzen, denn die Arbeiter haben verboten, ein Licht brennen zu haben. Die Angst vor Plünderung sitzt uns in der Kehle. Wir wagen kaum, laut zu sprechen. Und zu allem übrigen ... unsere persönliche Qual!

Am 20. März sind wir in die neue, noch vollkommen unfertige Wohnung von Walter Gropius übersiedelt. Der Generalstreik ist nicht mehr gar so streng ... auch haben wir uns fast an diesen Zustand gewöhnt.
Die Kanäle werden nicht geleert, ein scheußlicher Geruch liegt über den Straßen. Das Wasser muß man sich von weit her holen. Aber das Ärgste ist, daß die Arbeiter es verhindern, daß die Toten begraben werden. Studenten, die in der Nacht heimlich zur Friedhofsmauer schlichen, wo man die Leichen einfach abgeladen hatte, wurden durch die Übermacht der Arbeiter, die dort Wache standen, vertrieben. Und so lagen die Leichen unbeerdigt einige Tage im Freien.
Heute war das Leichenbegängnis der im Kampf gefallenen Arbeiter.
Der Zug zog vor meinem Fenster vorbei. Eine unendliche Reihe von

Emblemen mit Aufschriften: Es lebe Rosa Luxemburg! Es lebe Liebknecht! – Das Bauhaus war vollständig vertreten, und Walter Gropius, der einige Minister im Zuge gehen sah, bedauerte es, daß er sich von mir hatte bereden lassen, da nicht mitzutun. Ich aber wollte nur, daß er nicht politisiere.
Die erschlagenen Offiziere wurden eingescharrt gleich räudigen Hunden. Sie waren ja auch nur bezahlte Sklaven.
Ja, die Welt ist voller ›Gerechtigkeit‹.
Keine Zeitung erschien, nicht die nächste Stadt wußte um die schweren Unruhen. Werfel wußte tagelang nicht, was mit mir geschehen sei... es war eine grauenhafte Zeit. Auch ich konnte natürlich nicht telegraphieren... man war abgeschnitten von der Welt.

Kandinsky und seine Frau, sonst besonnene Menschen, beschimpften mich auf die gröblichste Weise wegen meiner »Judenliebe«. Sie nannten mich einen Judenknecht und ähnliches. Ihre Beweisführungen über die Gefährlichkeit des Judentums waren ebenso eng wie platt.
Walter Gropius ist aber viel zu gescheit, als daß er ein Antisemit geworden wäre. Er kränkt sich nur über Werfel und hat auch alles Recht dazu! Kandinskys haben furchtbare Jahre in Rußland mitgemacht, sind über die Grenze geflohen, unter Zurücklassung allen Besitzes. Und wenn Frau Kandinsky eine rote Fahne sah, wurde sie buchstäblich ohnmächtig vor Angst.

Berlin

Gestern abend hat Franz Werfel Max Reinhardt und einigen von seinem Stabe den ›Spiegelmensch‹ vorgelesen. Es war in Max Reinhardts Wohnung im Kupfergraben in Berlin. Es ging ihm recht schlecht, denn er hatte am Vormittag eine schwere Zahnoperation ausgestanden. Um keinen Preis aber wollte er absagen.
Alle waren in heller Begeisterung. Sie wollten nur, daß er es etwas kondensieren möge, wozu er aber damals noch zu jung und ungeduldig war.

Mai 1920

Mahler-Fest in Amsterdam 1920.
Am 7. Mai sind wir von Wien abgereist, Anna, Manon und ich.
Franz Werfel hat uns auf die Bahn gebracht, und so haben wir ein-

ander verlassen. Ein Brief, der auch ihn nach Amsterdam eingeladen hatte, war verlorengegangen.
Ich fühlte mich sofort einsam.
Manon übergab ich an der deutschen Grenze Walter Gropius, der uns mit der Schwester Ida erwartete, und so konnte ich wenigstens in dieser Hinsicht beruhigt sein.
Ankunft in Amsterdam... Hafen... Schiffsmasten... Taue... Bewegung... kalte, trübe Luft... eben Holland.
Abends: Die 2. Symphonie von Gustav Mahler in unerreicht glänzender Aufführung.
Willem Mengelberg hatte sein fünfundzwanzigjähriges Dirigentenjubiläum in Amsterdam zu einem Mahler-Fest gemacht.
Meine Zimmer sind voll Blumen... jeden Tag liegen auf meinem Sessel im Konzertsaal Orchideen. Menschen aus aller Herren Länder... Bekannte, alte, neue... ein angenehmer, aber nicht aufregender Wirbel. (Später bezog ich mit Anna Mahler und Schönbergs eine versteckte Loge, um privat zu sein und zuhören zu können.)
Sonntagfrüh war eine gigantische Feier bei Mengelbergs gewesen. Erst unter seinen Fenstern ein Ständchen aller Musiker des Orchesters. Viel Volk auf dem Platz und in den Straßen. Mengelberg trat auf den Balkon. Winken hinauf und hinunter. Farbige Kleider. Dann rannte ich fort, um Schönbergs von der Bahn abzuholen. Mit beiden wieder zu Mengelbergs, wo sich unterdessen eine noch größere Gesellschaft eingefunden hatte.
Ich hatte ihm die 7. Symphonie, Partitur-Manuskript, von Gustav Mahler geschenkt... er hatte es sich wahrlich um Mahlers Werk, noch zu dessen Lebzeiten, verdient.

Wir wohnen bei einer alten, ungeheuer noblen Dame: Myvrouw Marez de Oyens. In einem alten Palais. Da wir nah vom Concertgebouw sind, gehen wir immer zu Fuß hin und zurück, was in Anbetracht des miserablen Wetters hier nicht zu den Annehmlichkeiten des Lebens gehört. Die alte Dame geht mit einem hohen Diamant-Diadem, und wir beide patschen mit kleinen Schuhchen und langen Schleppen durch den Kot.

Menschlich hatte ich vor ein paar Tagen einen starken Eindruck von Maler Toorop. Er ist ein alter, schwerkranker gelähmter Mann...

es schien als habe er Tabes ... Sein Geist leuchtet aus einem herrlichen braunschwarzen Gesicht mit kohlschwarzen Locken und Augen, die einen mit ihrer Liebesmacht umfangen. Er schwankte am Arm des taubstummen Ambrosi, dessen Snobgesicht auch leuchtete.

Später folgte ein offizielles Dinner mit dem Prinzgemahl.
Man fragte mich vorher, neben wem ich zu sitzen wünsche, und ich sagte sofort: »Neben Mengelberg und Schönberg.«
Der Saal füllte sich. Wir wurden vorher dem Prinzgemahl vorgestellt. Willem Mengelberg stellte Anna Mahler mit den Worten vor: »Dieses Kind macht schon Klavierauszüge«, worauf Anni, der kleine Schnabel, trotzig zu Mengelberg sagte: »Woher weißt du denn das?« Seine Königliche Hoheit schien sich zu amüsieren, und so war es nur ein Spaß gewesen.
Beim Dinner unterhielt ich mich mit dem Prinzgemahl über den schmalen Tisch hinweg. Er war witzig und sehr gescheit und wahrscheinlich froh, dem strengen Protokoll für kurze Zeit entronnen zu sein.
Der Bürgermeister von Amsterdam hielt die Eröffnungsrede, ich fragte leise über den Tisch: »Welche Partei?«
Der Prinz wies wortlos auf das riesige rote Blumenarrangement in der Mitte des Tisches.
Dann hielt Specht, der Häßliche, einen Mahler-Vortrag ... er sprach über die Liebe in der Musik Mahlers ... Der Prinz sah den Bärtigen an und sagte zu mir herüber: »Der spricht über Liebe ... was kann der davon wissen?«
Wir unterhielten uns und ließen alle reden.
Dann stand Mengelberg auf und hielt eine Rede auf mich ... ich war etwas beschämt, besonders da man in mich drang, nun meinerseits zu sprechen. Das aber nun ist mir vollkommen unmöglich, und so unterblieb es, wurde mir aber verübelt.
Schönberg raunte mir ins Ohr, er könne diese zwanzig Gänge nicht herunterschlingen, wenn er nicht zwischendurch eine Zigarette rauchen könne. Der Prinz wurde aufmerksam und fragte mich: »Was will er denn?« – Ich sagte ebenso leise: »Rauchen.« Da rief der Prinzgemahl plötzlich:
»Schönberg, haben Sie zufällig eine Zigarette bei sich? So? Also geben Sie mir eine.«

Schönberg reichte eine unbeschreiblich scheußliche Blechdose hinüber, und der Prinz nahm eine Zigarette und rauchte sofort.
Als der Prinzgemahl gemütlich rauchte, war auf einmal aller Zwang weg – und man begann, seinem Beispiel zu folgen.
Man sagte mir nachher, daß in Anwesenheit der Königin diese Formlosigkeit unmöglich gewesen wäre.

Später

Ich fühle, ich bin nur allein ganz Ich... oder vor Franz Werfel.
Vor ihm auch fallen alle Bespiegelungen ab.
Auch vor Gustav Mahler war es so, aber Mahler ist nun fast zehn Jahre tot.
Ich fühle, daß ich heute gar nicht das Recht habe, so als ›Witwe Mahler‹ an der Spitze zu fungieren.
Dieser Dinge bin ich auch müde.
Die 6. und 7. Symphonie und ›Das Lied von der Erde‹ gehen mir vollkommen nahe. Ich habe von der 5. Symphonie jeden Einfall, jede Skizze sofort gehört und miterlebt, alle Symphonien von da ab kopiert und sie mir so vollkommen zu eigen gemacht.
Nun aber sehne ich mich nach Franz Werfel, seiner restlosen Nähe, nach der absoluten Phrasenlosigkeit unserer Gemeinschaft.

12. Juni – Wien

Aufführung von Schönbergs ›Gurreliedern‹.
Der Mensch Schönberg ist mir seit langem verständlich... aber den Musiker verstehe ich seit heute erst ganz. Franz Werfel war mit mir. Seine Anwesenheit hinderte mich zu Anfang, mich der Musik ganz hinzugeben, bis auch er gerührt ward... wider Willen.
In einer anderen Loge saßen Schönberg, seine Frau, seine Tochter und sein Sohn. Ich ging zum Schluß zu Frau Schönberg und sagte: »Viel hast du gelitten für diese Stunde.« Sie weinte und sagte: »Das kann sicher im ganzen Haus niemand so mitfühlen wie du.«
Und ich habe es so mitgefühlt!

In der Pause habe ich das große Glück gehabt, Puccini neu kennenzulernen. Casella holte mich und brachte mich in Puccinis Loge. Er sah schon sehr elend aus... krank, und seine Nase war vollkommen deformiert. Ich hatte ihn vor Jahren in New York kennengelernt, und

er war damals einer der schönsten Männer, denen ich je begegnet bin.
Nun saß er also, ein Schatten seiner selbst, in der Direktionsloge, und Casella mühte sich eifrig und weithin sichtbar um ihn.
Puccini sprach mit mir über die ›Gurrelieder‹, die ihm keinen Eindruck machten. Er sagte, er habe etwas Radikales hören wollen, aber er höre wagnerische Musik, das interessiere ihn nicht, er wäre gekommen, um sich überzeugen zu lassen, dies hier aber nötige ihm keinen Respekt ab, das kenne man. Ordentlich böse war er.
Ich erwiderte, der zweite Teil sei viel kühner... Aber Puccini ging vor dem zweiten Teil weg. – Er wurde in der Folge trotzdem ein absoluter Anhänger Schönbergs.
Puccini ist später eigens von Viareggio nach Turin gefahren, wo Schönberg mit seiner kleinen Truppe den ›Pierrot Lunaire‹ aufgeführt hat. Puccini suchte immer, die eigene Zeit zu begreifen, ganz anders als Richard Strauss, der sich hermetisch abschließt von allem, was seine Kreise stören könnte.

Rainer Maria Rilke sagt: »Ruhm ist die Summe von Mißverständnissen, die sich um einen Namen sammeln.«
Es ist bei Werfel so, bei Mahler, bei Puccini, bei Schönberg.
Diese Sentenz stimmt immer.

Heute las Franz Werfel dem Dichter Albert von Trentini den ersten Akt ›Spiegelmensch‹ vor.
Trentini sprang tief erschüttert auf und lief die Stiegen hinunter, davon...
Wir beide saßen ganz ratlos, eine lange Weile. Dann kam Trentini ganz verheult wieder und bat, daß Franz Werfel weiterlesen solle. Ich mußte meine Tränen zurückhalten... nie hatte ich einen Mann so an des anderen Mannes Brust gesehen, ohne jede Berührung... so vollkommen hingegeben.

Ende Juni

Gestern waren wir beide im Prater, in einer dummen Operette. Diese brachte uns in ein langes Gespräch über die Zukunft der Operette.
Franz Werfel meinte: »In dieser banalen Kunstform spiegelt sich das alte Österreich, mit all seinem Rhythmus, seinem Witz, ja mehr als

das ... die ganze alte Opernform hat sich nur mehr hier rein erhalten können und hat auf diese Weise Fortdauer im Volk. Vielleicht gibt es von da aus wieder eine Art Auferstehung der Oper.«
Dies Gespräch geschah beim ›Eisvogel‹ ... von überall her kam Musik, leise, unartikuliert ... und wir beide in tiefer Liebe zueinander verfangen.
Meine Scheidung ist auf Oktober verschoben ... ja, der Mensch soll halt nicht heiraten!
Hätte ich dieses Kind Manon illegitim bekommen, so könnte sie mir kein Mensch streitig machen ... aber ihre Zukunft wäre in eine Art Boheme-Diktatur geraten, was ich weder ihr noch mir gewünscht hätte.

23. August

Abendsonnenschein
Drückt das Herz mir ein
Drückt die Seele weh
Mond vergeh!

Brust so schwer und bang
Seele krank
Unentwirrbar Weg
Unverlierbar Weg –

Ein Ermüden ohne Halt
Ein Veralten ohne Gestalt
Äste ohne Blatt –
Nächte ohne Tag!

Dieses Gedicht habe ich mit siebzehn Jahren, also drei Jahre bevor ich Gustav Mahler kennenlernte, geschrieben.

25. August

Mein Lebensatem Franz ist fort. Im Gebirge soll er arbeiten. Ich selbst habe ihn fortgeschickt ... nun ist mir elend zu Mut. Ich bin nicht jung genug für ihn ... warum lebe ich, wenn er nicht bei mir ist?
Es soll keinen Morgen die Sonne heraufkommen und mich ohne ihn sehen!
Der Tag ist dann trübe und nichtig.

Oktober – Weimar

Wieder bin ich hier.
Walter Gropius schrieb, er brauche mich. Vielleicht braucht er mich wirklich...
Gestern war Johannes Schlaf bei uns.
Er interessiert mich jedoch nicht sonderlich.

Immer, wenn ich nach den deutschen Besuchen in Wien ankam, hatte Franz Werfel ein Fest vorbereitet. Der große Tisch bog sich unter den kostbarsten Köstlichkeiten dieser Welt!
Er schleppte alles selber nach Hause – und immer geschah dasselbe: Nichts war bezahlt – und die Rechnungen flatterten dann ins Haus. Er liebte es, Schulden zu machen, und er tat dies immer und überall – seine Lust, Freude zu machen, war grenzenlos. Man war immer sein Schuldner, weil er selbst nichts annehmen wollte.

Wien

Ich unternahm es, den ›Pierrot Lunaire‹ von Schönberg in meinem roten Musiksalon aufzuführen. Vor allem wollte ich dieses urfremde Werk den Wiener Freunden und Musikern nahebringen.
Zugleich diente das Ganze einem Vergleich:
Das Werk wurde bei mir zweimal nacheinander aufgeführt. Zuerst vom Kapellmeister Stein, der ein Schüler und Prophet Schönbergs war. Dann von Darius Milhaud.
Gesprochen wurde es zuerst von Erika Wagner, einstudiert von Schönberg selbst – dann gesungen von Maria Freund, einstudiert von Milhaud.
Schönberg erkannte nun sein Werk kaum wieder – aber die Mehrzahl der Anwesenden war für Milhauds Auffassung.
Origineller war es zweifellos in Schönbergs rhythmisierter Fassung des betonten Sprechens, denn im Gesang merkte man eher die paar Anlehnungen an Debussy. Die authentischere Auffassung war natürlich die Schönberg-Steinsche.
Die Aufführung, das ganze kleine Orchester, wirkte sehr gut in meinem Zimmer, und ungefähr achtzig Menschen lauschten mehr oder minder angestrengt den spröden Wundern der Atonalität.
Für mich waren es zwei vollkommen verschiedene Stücke gewesen, die da aufgeführt wurden.

Immer habe ich das Gefühl: mehr Geist als Empfindung – mehr Können als Impetus – doch im allerbesten Sinn des Wortes.
Darius Milhaud war mit seinem Freund Poulenc damals längere Zeit in Wien. Wir arrangierten nun für uns einen zweiten Nachmittag, ohne Zuhöhrer, nur mit Bergs, Steuermann, der die Kammer-Symphonie Schönbergs für Klavier meisterhaft gesetzt hatte und sie uns an diesem Nachmittag zu Gehör brachte, dann Schönbergs, Cyril Scott, Stein.
Es zeigte sich, daß zwischen Schönberg und den Franzosen kein Weg führte. Einer negierte den andern. Und war Schönberg atonal, so waren Poulenc und Milhaud polytonal.
Dazwischen Cyril Scott, der glaubte, tonal zu sein.
Milhaud scheint mir von allen der begabteste. Scott ist zu fein und zu bleichsüchtig... er ißt nur Gras und ist nur Spiritist!
Als Steuermann spielte, umstanden Schönberg und seine Phalanx das Klavier, und Scott verzog sich in das Nebenzimmer. Nach Beendigung der Kammersymphonie fragte mich Scott, ob noch etwas so Schmerzhaftes käme...
Ja, das Schmerzhafte kam noch: Scott spielte nämlich selber seine ganze Oper vor... ohne Ende... von trostlos-englischer Langeweile (mit einem langweiligen indischen Textbuch).
Scott hat später geheiratet, aber man hat nurmehr wenig von ihm gehört.
Im Laufe des Winters war auch Montemezzi dagewesen. Ich hatte ihn vor Jahren in Venedig kennengelernt. Es war in einem Toscanini-Konzert, und Toscanini mit dem ganzen Orchester ging von da aus nach Fiume, um d'Annunzio eine Ehrung zu erweisen. Als sie ankamen, ließ d'Annunzio alle Kanonen losböllern, um die Künstler seinerseits zu feiern... aber Toscanini war halb ohnmächtig von dem Gekrach.
Dies also war daneben gegangen.
Nebenbei war Montemezzi unschuldige Ursache schwerster Eifersucht von seiten Franz Werfels.
Tatsächlich hatte er mir ein wenig den Hof gemacht... aber nur eine halbe Stunde und inmitten einer vielbegangenen und -bestandenen Hotelhalle. Die Ursache seiner plötzlichen Verliebtheit waren meine glücklichen Tränen beim Anhören des Meistersingervorspiels, das er ebenso liebte wie ich.

Und nun war er also hier in Wien mit seiner neugebackenen Frau, einer reichen Amerikanerin.
Sehr glücklich schaute er nicht drein, denn seine wirklich schöne Oper ›L'Amore dei Tre Re‹ fiel mit Pauken und Trompeten in Wien durch. Es war das schönste Werk, das ihm gelungen ist.
Schade, die Oper ist voll echter Melodik und wirklich gekonnt.
Später in der Zeit kam noch Respighi mit seiner Frau. Wir hatten ihn in Rom kennengelernt, wo er uns sehr gefallen hatte.
In Wien wirkte er viel weniger.
Er kam, um seine junge Frau zu propagieren. Er hatte eine Schülerin geheiratet, und der soviel ältere Mann reiste nun herum, um ihre dilettantischen Kompositionen durchzusetzen.
Er nützte ihr nicht und schadete sich selbst, weil man ihn unwillkürlich mit ihr identifizierte.

Augenblicklich ist mein Haus voller Italiener.
Etwas sehr Wichtiges verliere aber ich dabei – in diesem Getriebe. Und das ist Kontemplation!

1. Februar 1921

Heute kam folgendes Telegramm von Oskar Kokoschka aus Frankfurt: »Nimmst du den größten Moment deines Lebens wahr und kommst zu himmlischer Aufführung von ›Orpheus‹ trotz irdischer Schwierigkeiten, Mittwoch, 2. Alma sei meine Herzensgeliebte! Oskar.«
Wie konnte ich von Werfel weg nach Frankfurt ohne ihn fahren? Dies alles war unmöglich, und Oskar Kokoschka mußte es wissen.
Ich hatte es gefühlt, gewußt, daß es kommen werde, denn die Gedanken an ihn plagten mich.
Aber meine Liebe zu Franz Werfel ist stärker als alle lockenden Geister.

Ich lud einen jungen Freund und Verwandten Gustav Mahlers, Wolfgang – oder Wolfi (wie er damals gerufen wurde) – Rosé ein, den Sommer bei uns zu verbringen.
Er gefiel uns seines aufnahmefreudigen Sinnes, seiner großen Musikalität halber, und er wurde der Spielgefährte meiner überaus gescheiten und verträumten Tochter Manon Gropius.

Eines Abends kam er zu mir und bat mich, ihm ein Buch zu geben, das er lesen könne. Ich überlegte gar nicht, sondern gab ihm ›Parerga und Paralipomena‹ von Schopenhauer. Ich hatte es im selben Alter gelesen.

Der Knabe nahm das Buch und verschwand damit.

Es war Abend, und ein jeder begab sich auf sein Zimmer.

Wolfi begann zu lesen, konnte aber den Inhalt nicht begreifen. Er war noch fremd im Hause, beschloß aber doch, auf Raub auszugehen, und kletterte behutsam die Stiege hinab, die auf Umwegen zum Bibliothekszimmer führte.

Er suchte und fand einen Band Karl May, den er unter den Arm nahm. Mit der kostbaren Beute wollte er die Treppe erklimmen, als plötzlich Franz Werfel vor ihm stand.

»Was haben Sie denn da?... Ach, ein Lieblingsbuch von mir ... ich habe lange nicht hineingeschaut – bitte geben Sie es mir...«

Franz Werfel nahm dem Tiefenttäuschten das Buch ab und verschwand seelenvergnügt in seinem Zimmer.

Nun aber kommt das Sonderbare.

Wolfi, der damals bestimmt kein Wort davon verstanden hatte, wurde heiß beseelt von dem Wunsche, den ganzen Schopenhauer zu besitzen – und er kaufte sich die Gesamtausgabe von dem ersten Geld, das er verdient hatte.

September

Die Ehe Annas mit Rupert Koller ist nach kurzer Zeit schon in die Brüche gegangen.

Heute ist meine Anna weggereist, nachdem sie über einen Monat bei mir war.

Ich fühlte stark, was ich verloren habe. Jetzt ist alles leer.

Ich liebe sie leidenschaftlich, und nur darum war ich im vorigen Sommer so trostlos.

Sie ist unglücklich... leidet.

Ist mit ihrem Mann vollkommen fertig.

Ach... und es war doch ihr Wunsch gewesen und nie der meine. Wenn sie von ihm wegginge und wieder zu mir zurückkäme, wäre ich über alle Begriffe glücklich.

Mein Herz schmerzt vor Liebe.

Später

Anna ist von ihrem Mann weg... lebt in Berlin... und ich bin seelenruhig, ich sehne mich nicht mehr nach ihr, weil sie sich nicht nach mir sehnt.

Wien

Olga Schnitzler wohnt momentan bei mir. Sie ist die in Scheidung begriffene Frau unseres geliebten Freundes Arthur Schnitzler.
Ihre Anwesenheit bei mir war Arthur Schnitzlers Wunsch gewesen. Er wollte nicht, daß sie in einem Hotel wohne.
Mein eigenes Beispiel hatte in manchen Hirnen Unfug angerichtet.
Aber zur Freiheit muß man auch innerlich frei sein, und das ist eben schwer.
Ich habe mit meiner ganzen Kraft versucht, Olga von dem unsinnigen Schritt zurückzuholen.

Winter 1921

Die Uraufführung von ›Spiegelmensch‹ fand am 15. Oktober 1921 in Leipzig statt. Die Titelrolle spielte Ewald Schindler, der die Rolle später auch in Hamburg mit Gustaf Gründgens als Thamal spielte. Lutz Altschul gab den Thamal, die Ampheh: Margarete Anton, Fisillih: Margarete Kupfer, den Mönch: Lothar Körner, Thamals Vater: Wilhelm Walter.
Eine sehr interessante Bühnenmusik entstand auf den Proben durch Georg Kiessig.
Die Bühnenbilder, die Werfel sehr gefielen, waren von dem Russen Baranowsky.
Die Aufführung unter dem glänzenden Direktor und Regisseur Alwin Kronacher war so jung und lebendig wie das Werk. Es war bestimmt die beste Aufführung, die wir erlebt haben. Der Erfolg beim Publikum war beispiellos – acht Tage später fand die Premiere in Stuttgart statt, und später ging das Werk über alle Bühnen Deutschlands.
Die Premiere in Stuttgart allerdings fand vor leerem Hause statt.
Meine Tochter Anna Mahler kam zu uns ins Theater, und wir hatten Angst, daß sie uns verfehlen würde; da wir aber so ziemlich die einzigen Besucher waren, sahen wir einander sofort, und sie kam gleich in unsere Loge.
Meine kleine Tochter Manon hatten wir mit, und sie war bei den

Proben anwesend; ihre Phantasie war noch lange von den Figuren im Drama erfüllt. Sie sprach zum Schluß nur mehr Franz Werfels Verse und ging mit selbstdrapierten Schleppen im Haus herum.
Später besuchte uns die Sängerin Barbara Kemp in Wien. Sie wollte das Kind Manon sehen, und ich führte sie in das Kinderzimmer, in dem die Kleine gerade wieder mit langer Schleppe herumspazierte und Verse aufsagte. Barbara Kemp verwunderte sich und frug, was die Kostümierung bedeute. Manon erwiderte sehr ernst und gestört: »Ja, siehst du denn nicht, daß ich die Ampheh bin!«

Ich kam von Berlin mit Franz Werfel nach München. Gerhart Hauptmann erfuhr, daß ich da sei, und rief in meinem Hotel an, ob ich zum Nachtmahl kommen wolle. Ich antwortete, das würde ich schwerlich können, da ich nicht allein, sondern mit Franz Werfel hier sei... Gerhart Hauptmann aber rief ins Telefon, wie er sich freue, Franz Werfel kennenzulernen, dessen Schriften ihn so interessierten. Ich möge ihn selbstverständlich mitbringen.
Gerhart Hauptmann erwartete uns auf der Straße an der Tür des Hotels ›Vier Jahreszeiten‹, in dem er wohnte.
Es wurde ein wunderbarer Abend; eine tiefe unwandelbare Freundschaft zwischen diesen beiden Menschen begann hier.
Ich erinnere mich eines Gesprächs an diesem Abend, da Gerhart Hauptmann sich gegen den Futurismus und Kubismus apodiktisch aussprach. Er sagte: »Dies mögen ja ganz schöne Blumen sein, aber mir gefallen sie nicht, und ihr Geruch widerstrebt mir.«
Und so ging es weiter, bis in die Gestrüppe der atonalen Musik, zu der ihn ebensowenig Weg und Freude führte. Er war sehr gefesselt an das vorige Jahrhundert, und als er all dies sagte, war er schon Anfang sechzig.

Gerhart Hauptmann hat einmal im Beisein einer Freundin, in einer Nacht heftigen Zechens folgendes Reizende gesagt (er war plötzlich aufgestanden): »... Man geht schwer... die ersten Schritte... es ist einem so wie einem Kind, das erst gehen lernen soll... aber seht her, die weiteren Schritte gehen schon von selbst... das ist das Mannesalter...« Er ging immer feuriger durch das Zimmer, und die Arme ausbreitend rief er: »Und das Greisenalter kommt nie!«

1922 – Wien

Im Sommer habe ich mir ein Haus in Venedig gekauft.
Einstweilen lebe ich in Wien mit vielen Intellektuellen, Dichtern, Musikern und so weiter ... aber ich gewahre unsichtbare Zöpfe allenthalben.
Der urfremde Dostojewskij ... Franz Kafka ... die Atonalen ... der Kubismus ... der Kommunismus ... alles dieselbe Krankheit.
Entsetzen der Seelen und der Herzen.
Ein Klang endlich wieder von einem Menschen.
Franz Werfel ist gut ... aber etwas gleichgültig. Er wird das Letzte erreichen: Identität mit sich selbst.
Die Menschen gehen wie Schatten durch mein Dasein. Manche gehen mir plötzlich verloren ...
Anna Mahler lebt mit einem Musiker, da draußen in Berlin. Es ist der hochbegabte Komponist Ernst Křenek.
Ich kann nichts dafür, daß die Welt mich für alles verantwortlich macht, was um mich herum geschieht ... ich leide mit, das ist alles. Die Welt wirft mir den kalten Ernst Křenek vor ... nimmt mir den Kommunisten Werfel übel (der er nie war). Alles geschieht gegen meinen Willen ... aber ich kann da nichts machen.

Frühjahr – Venedig

Ich habe jetzt zufällig Oskar Kokoschka getroffen. Merkwürdig nah und fern ... Sein Gesicht verkindet sich. Etwas von Dorian Gray ist an ihm. Irgendwo außerhalb müssen sich seine Laster eingriffeln. Seine Bilder in der Internationalen Ausstellung in Venedig aber sind ein starker bleibender Eindruck für mich. Ich bin mehr denn je überzeugt von seiner großen Bedeutung.

»Nun, gequält haben wir uns ja genug, auch aus der Entfernung. Glaubst du, ich wußte es nicht, daß du die Offiziere in der Kaserne aufhetzen ließest, damit sie mich sekkieren sollten. Dein Wille ist geschehen, sie haben mich bis aufs Blut gemartert. Aber ich habe dir ja auch manches angetan ...«, so sagte er.
Nicht ein Wort davon war natürlich wahr. Ich kannte niemanden von den Offizieren und hätte derartiges auch nie getan.
Und so sprachen wir ›liebenswürdige Dinge‹ miteinander. Wir saßen im Café Florian, bis Mama, die eifersüchtig Franz Werfels Rechte bewachte, kam, um mich zu holen.

Oskar Kokoschka verspottete mich Franz Werfels wegen. »Du wirst ganz engbrüstig werden, wenn du immer auf einen solchen kleinen Knirps herunterschauen mußt... du mußt mehr mit großen Menschen umgehen... immer lieber hinaufschauen!« Und er reckte sich. Ich weinte fortwährend vor mich hin.
Kokoschka sagte: »Sonderbar, wie man hier so inkognito herumgeht...«
Ich: »Hmm...?«
Kokoschka: »Na, knien die Leute am Ende nieder?«
Ich: »Sag solche Dinge nur mir und nicht anderen. Sie könnten meinen, du sagtest es im Ernst.«
»Und du weißt, daß ich es im Ernst meine!« Beide aber fühlten wir, wie seltsam es sei, daß wir einander so nah und zugleich so fern in derselben Stadt sprachen, in der wir einst so glücklich zusammen waren.

Franz Werfel kam nach Oskar Kokoschkas Abreise, also etwas später, nach Venedig. Er wollte erst in Wien der Premiere des ›Spiegelmensch‹ beiwohnen. Der Abend war nicht gut. Die Kritik elend. Er war wie zerbrochen. Bei unserer Freundin Berta Zuckerkandl hatte er einen völligen Nervenzusammenbruch. Ich bereute tief, daß ich diesmal nicht bei ihm war. Er brauchte lange, bis er sich davon erholt hatte.
Oskar Kokoschka schrieb mir sofort nach seiner Abreise und bat mich, ihm Fotos von mir, von Anna Mahler und von Manon Gropius zu schicken. Seine Karten kamen jetzt aus Marokko.
Wir wohnten in einem kleinen Hotel am Canale Grande, sehr beengt. Freunde hatten es für Franz Werfel erwirkt, daß er im Hause von d'Annunzio arbeiten konnte. Es war ein herrliches Arbeitshaus, neben der Salute-Kirche.
Franz Werfel war seit frühester Jugend mit der Figur Verdis verwachsen. Nun wollte er ihn und seine Probleme schildern. In dieses sein Thema wurde Franz Werfel nun durch den Besuch des Freundes meiner Tochter Anna, Ernst Křenek, noch weiter hinein verwoben.

Ernst Křenek ist ein starker Musiker. Doch es gab täglich Streitereien und Dispute, Funken stoben, und so erfand Franz Werfel gleichzeitig mit seiner Ur-Idee, dem göttlichen Verdi-Wesen, den Antipoden

Fischboeck, den modernen Musiker. Nicht aus der Melodie, sondern aus der Mathematik schöpfend.
Ernst Křenek ahnte es bestimmt nicht, daß er uns das Leben in diesem Sommer etwas schwer machte, denn er füllte die Räume zum Platzen aus. Anderseits hat er Werfel angeregt, Verdis Antipoden zu erleben und gestalten zu können.
Franz Werfel sperrte sich in seinem kleinen hölzernen Atelier ein und ich in meinem Schlafzimmer, und dies waren die einzigen Räume, in denen Křeneks paravent-große Notenblätter nicht auf jedem Sessel, Tisch oder Bett lagen.
Es gab zwischendurch sehr amüsante Szenen, wenn Franz Werfel und Ernst Křenek zusammen Opernparodien improvisierten. Werfel hatte auch Křeneks Oper ›Zwingburg‹ auf seinen Wunsch umgeschrieben. Da er Křenek ›Melodie‹ hervorlocken wollte, so dichtete er vieles ins Lyrische, aber Melodie konnte er trotzdem von Křenek nicht erzwingen – denn der wollte es nicht.
In Venedig nun waren wir oft auf die Giudecca gefahren, diese vorgelagerte Insel Venedigs, auf der die Engländer ihre wohlgepflegten Gärten besaßen. Unser Lieblingsgarten hieß ›Eden‹. Dort fanden wir öfters einen fiebernden, leichenblassen jungen Mann, in einem Rollwagen sitzend und von einer jungen Frau betreut, mit großer geistiger Trauer und physischer Hoffnungslosigkeit im Gesicht.
Ein rostrotes Plaid bedeckte seine Beine. Wir sprachen oft über diese beiden armen jungen Menschen... und auch diese beiden hatten ihre Auferstehung im Verdi-Roman, ohne es zu ahnen.

21. September 1923

Der Sommer mit Franz Werfel war harmonisch, heiter, liebevoll... Wir waren sehr einsam, hatten keine Gäste, in meinem lieben Haus allein... hatten wenig Geld und viel Bedürfnisse!
Es war trotzdem viel schöner als im Vorjahr.
Und Franz Werfel hat nun einen großen Roman geschrieben. Der Roman ist ›Verdi. Roman der Oper‹.
Zweimal diesen Sommer ist Franz Werfel im Morgengrauen plötzlich in mein Zimmer gestürzt und hat mir das unfertige Manuskript zum Verbrennen aufgedrängt. Ich behielt es natürlich, bis er sich wieder beruhigt hatte. Hoffentlich schlägt der Roman diesmal ein. Er braucht einen Erfolg.

Ich bin absolut nicht der Meinung, die in diesem Buch ausgesprochen wird.
Aber ich fühle nicht das Recht in mir, ihn darin zu beeinflussen. Für mich ist Richard Wagner der Größere gewesen und wird es für mich immer bleiben.
Franz Werfels Jugend aber fiel in eine um zehn Jahre spätere Zeit. Man hatte schon wieder andere Probleme. Und die Juden heute verzeihen Wagner den Aufsatz ›Über das Judentum in der Musik‹ nicht. Gustav Mahler hat vollkommen davon abgesehen. Auch er liebte Wagner über alles.
Ich glaube nicht, daß ich den ›Tristan‹ je wieder so gewaltig hören werde, wie durch ihn. Seit er weggeschwunden ist, habe ich jedenfalls keine auch nur ähnliche Aufführung mehr gehört.

Herbst

Jakob Wassermann war bei uns. Er nahm das Manuskript Werfels in die Hand, besah es und meinte, es ›rieche‹ gut. Dann riet er Franz Werfel einige Änderungen an, die Werfel zum Vorteil des Buches befolgte.
Der Schluß war etwas zerfallen gewesen. Franz Werfel fuhr sofort auf den Semmering und, was ich sonst nicht an ihm kannte, diesmal hat er sich untergeordnet.
Ich bin Jakob Wassermann dankbar für seine werktätige Hilfe, und Werfel dafür, daß er ausnahmsweise einen Rat angenommen hat.

Kurze Zeit vor der Kölner Premiere des ›Spiegelmensch‹ waren Franz Werfel und ich zu Besuch in Düsseldorf.
Mein dortiger Friseur sagte mir eines Morgens, er möchte uns so gern einen Gottesdienst bei irgendeiner Brudersekte zeigen, ob er uns um drei Uhr abholen dürfe. Wir bejahten.
Als wir kurz nach drei Uhr an Ort und Stelle ankamen, war der saalartige Raum bereits mit Menschen vollgestopft. Auf einem räudigen Harmonium spielte jemand das Vorspiel zu ›Tristan und Isolde‹. Sodann betrat ein sauermündischer Mann das Podium und hielt eine Rede – recht blassen Inhalts. Dann wurden Gebete vorgesagt und vorgesungen, hierauf nachgesagt und nachgesungen.
Manche bekamen verklärte Gesichter und schrien unartikuliert dazwischen. Männer und Frauen getrennt, natürlich. Eine Frau preßte

mir ein dünnes Büchlein in die Hand. Ich las und fand ergötzliche Dinge darin:
»Eine Frau steht vor einer Auslage und weiß nicht, was sie wählen soll. Plötzlich steht ein fremdes Wesen neben ihr und zeigt auf einen Gegenstand. Dieses Wesen aber war ein Engel. Sie hatte ihn sofort erkannt. Nun eilte sie ins Geschäft und kaufte das Angegebene – und siehe, es war ausgezeichnet und sehr billig. Der Engel hatte sie wunderbar beraten!« –
Und so ging es weiter. Ich kugelte mich innerlich.
Unterdessen wuchs der Gesang steil in die Höhe. Ich mußte plötzlich Franz Werfels hellen Tenor erkennen, der alle anderen Stimmen überstrahlte – er fand sich mit Inbrunst in diesem Choralgestrüpp zurecht. Vergeblich machte ich ihm Zeichen. Endlich ging ich zum Chauffeur, der ebenso verglast dreinschaute und in Trance war. Ich bat ihn, Franz Werfel zu holen, denn wir mußten in zwei Stunden nach Köln abreisen, wo die Premiere des ›Spiegelmensch‹ stattfand.
Franz Werfel kam etwas gestört und ungeheuer belustigt an, wir sausten ins Hotel, ich packte in höchster Eile, und dann fuhren wir zur Bahn.
Rechtzeitig waren wir in Köln im Theater, wurden in die Direktionsloge geführt – und da ich als ›Frau Mahler‹ vorgestellt wurde, frug mich der Direktor des Theaters etwas verschämt, an was für einem Roman ich momentan arbeite. Ich wunderte mich. Aber bald stellten wir seinen Irrtum fest: er hatte mich mit Hedwig Courths-Mahler verwechselt.

1923

Der Zsolnay-Verlag kam auf folgende Art zustande:
Paul von Zsolnay, der mit meiner Mutter und deren Mann befreundet war, übertrug bald diese Freundschaft auf Franz Werfel und mich. Es war die Zeit der Inflation, und ich beklagte mich bei ihm, daß alle Tantiemen, die ich im Laufe eines Jahres aus den Werken Gustav Mahlers zu bekommen hatte, vollkommen wertlos geworden seien, wenn ich sie endlich bekam. Er fand das unerhört und kam von da aus auf Verlagsdinge zu sprechen.
Er wußte, daß Franz Werfel einen Roman geschrieben hatte, den er aber kontraktmäßig an den Verleger Kurt Wolff abliefern mußte. Plötzlich kam Zsolnay auf die Idee: »Wenn du mir den Verdi-Roman

von Franz Werfel bringen könntest, baue ich auf diesem Buch einen Verlag auf.«
Und so geschah es. Kurt Wolff wurde überredet, und Zsolnays Verlag begann mit dem ›Verdi‹.
Später kamen meine ›Mahler-Briefe‹, die auch schon anderweitig vergeben waren, aber von uns befreit werden konnten... und nach mehreren anderen Büchern die Faksimile-Ausgabe der Skizzen zur 10. Symphonie von Gustav Mahler.
Paul von Zsolnay, ein vollkommen autodidaktischer Mensch, wurde ein großer und guter Verleger, weil er musisch und voll Liebe ist.

Später

Zwischen Weihnacht und Neujahr fuhren wir mit Paul von Zsolnay auf sein Schloß hinaus, das irgendwo an der ungarischen Grenze liegt. Er zwang uns, die Mahlerbriefe, die er herausgeben wollte und die ich redigieren sollte, zu bearbeiten. Wir taten es in der gläsernsten Kälte. Trotzdem waren wir ungeheuer belebt.
Doch kam ich hoch fiebernd Silvester nach Wien zurück. Es war schwer, die Briefe einzuordnen, da Gustav Mahler niemals ein Datum geschrieben hatte und ich nur aus dem Sinn der Briefe ein Datum feststellen konnte. Außer mir hätte niemand das tun können.

Mitte Januar 1924

Ich träume davon, völlig losgelöst von der Welt in meinem Häuserl in Venedig allein hinter der Steinmauer zu leben – und zu sterben.
Ich weiß nur noch nicht, ob ich's ertragen kann.
Ob ich das letzte große Alleinsein ertragen kann.
Und ohne Manon, das kleine edle Geschöpf? Aber auch sie soll nicht belastet sein!

April – Venedig

Im eigenen Haus! Ein kleiner Garten. Ein wirkliches Paradies.
Es ist alles geworden, wie ich es wollte. Ich habe erst prozessieren müssen gegen die früheren Besitzer, die absolut nicht heraus wollten. Aber endlich ist es mir gelungen.
Ich habe das ganze Haus renovieren, ein Zimmer vergrößern, zwei Badezimmer einbauen lassen... und der Herr Moll ließ hinter meinem Rücken noch zwei neue Zimmer aufbauen. Das alte Haus aber

konnte diese neue Last nicht mehr tragen, und in der Decke über meinem Bett waren nun lebensgefährliche Sprünge entstanden.
Elf Jahre später, kurz nachdem ich das Haus verkauft hatte, brach die Decke ein, und der Neuaufbau kostete den neuen Besitzer eine Menge Geld. Herr Moll hatte die Zimmer nur aufgebaut, um seine Tochter immer bei mir beherbergen zu können, ohne mich vorher fragen zu müssen.
Alles in allem, das Haus entspricht jetzt dem, was ich mir gewünscht hatte.

Juni – Venedig

Ich bin jetzt einen vollen Monat mit Franz Werfel allein hier – endlich einmal ganz allein mit ihm. Wir waren sehr glücklich – ohne Sehnsucht nach außen, ohne anderes zu wollen... und es ist ein Frevel, wenn ich manchmal sehnsüchtig bin. Ich bin dann eben unverbunden mit Franz Werfel, zu meinem eigenen Unglück...

Juli 1924 – Semmering

Wie immer überfällt mich plötzlich die Traurigkeit und die Sehnsucht nach meinem kleinen Buben.
Dieses Kind war für mich das erwünschte – und das mußte in dieser schrecklichen Weise von uns gehen. Gott straft hart.

Ende des Monats

Es ist merkwürdig... ich gefalle immer noch... und könnte verführen...
Mir aber graut vor der Sünde.
Nie möchte ich Franz Werfel untreu sein!
Er ist rührend.
Nachdem er im vorigen Jahr seinen großen Verdi-Roman geschrieben hat, ist er in diesen letzten drei Wochen mit einem starken Drama fertig geworden: ›Juarez und Maximilian‹.
Nacht für Nacht ging er über unsern Häuptern bis zum Morgen auf und ab... und arbeitete. Dieses Nachtarbeiten ist mir sehr wenig recht. Er hält sich künstlich wach durch übermäßiges Kaffeetrinken und Rauchen.
Das muß sich doch einmal rächen.

13. August 1924

Die Stimmen all meiner geliebten Menschen fließen in einen Orgelton zusammen, und das ist mein Leben.

Später

Am Ende des Jahres 1924 kamen Franz Werfel und ich zum erstenmal nach Ägypten.
Im Zuge von Alexandrien nach Kairo aß Franz Werfel von allen Hors d'œuvres und kam schwer krank im Hotel Continental in Kairo an. Ich wachte die ganze Nacht an seinem Bett. Er hatte sich den Magen verdorben – erholte sich indessen bald, und wir begannen, ohne fremde Hilfe diese einzigartige Stadt für uns zu erobern. Wir liefen in den Muskis herum, kauften Rosenöl, das Franz Werfel unsäglich liebte, gingen täglich in die Oper und sahen ›Aida‹ am Platze ihrer Premiere, da die Oper ja zur Eröffnung des Suezkanals geschrieben worden war. Die Natur reich – alles phantastisch – nur eines konnten wir nicht ausstehen: das Essen. Alles roch nach Fischmehl, und sonst war es die gräßlich langweilige englische Küche.
Eines Nachts – wir lasen noch – riefen wir uns an. Es war ein großer Vorraum zwischen unsern Zimmern. Franz Werfel setzte sich an mein Bett, und wir hatten Eß-Phantasien:
»Möchtest du jetzt gerne einen Rehrücken mit Preiselbeeren und Erdäpfel-Krapferl? ... Möchtest du einen Schweinebraten mit Sauerkraut und Knödeln? ... Oder ein Rindfleisch mit Schwammerlsauce?« ...
Und so ging es weiter.
Endlich stand Franz Werfel auf und ging ins Bett, und wir waren vollauf befriedigt und gesättigt von diesem Phantasiemahl.
Es war beinahe dasselbe, wie wenn wir gemeinsam Musik hörten. Immer saßen wir da Hand in Hand und fühlten gleichzeitig die Wellen, die von der Musik ausgingen.
Wo die Lebensschönheit herkommt, darauf kommt es nicht an – man muß sie nur stark aufnehmen, empfinden und weitergeben.

Palästina 1924–1925

Von Ägypten kamen Franz Werfel und ich in diesem Jahre zum erstenmal nach Palästina. Wir waren am Abend von Kairo abgefahren und landeten ungefähr um zwölf Uhr in der Nacht in El Kantara. Man mußte zu einer äußerst strengen Paß- und Zollkontrolle aus dem

Zuge steigen; es war eiskalt, und der Sturm schüttelte uns auf dem Perron.

Ein russischer Jude sollte uns helfen. Er war betrübt, weil, wie er sagte: »Haint sennen nur fünf Juden angekommen, Sie zwei und drei andere!« Als ich ihm sagte, daß dann nur vier Juden gekommen seien, weil ich keine Jüdin bin, sagte er streng: »Das ist gleichgültig, as Sie mit Herrn Werfel gekommen sind, sennen Sie eine Jüdin.« Vergeblich suchte ich ihm seinen Chauvinismus auszureden.

Endlich durften wir weiterfahren. In der Nähe von Jerusalem stieg ein Herr ein, der, wie er sagte, von der Exekutive vorausgeschickt worden war, um uns zu helfen. Er stellte sich vor, hieß Seligmann und war ein Deutscher. Er rügte es sehr, daß wir später angekommen waren, als wir uns angesagt hatten, und sagte, die Exekutive sei schon recht ›böse‹ auf uns ... setzte sich dann zwischen uns und erzählte von seiner Familie.

Wir befanden uns in traulichem Gespräch, als der Zug in Jerusalem einfuhr. Seligmann sprang auf den Polstersitz, riß unsere Koffer herunter und entpuppte sich als einer der gewöhnlichen Träger der Station Jerusalem.

An der Bahn wurden wir von der Frau des Dekans der Universität erwartet, die uns sofort zu einem Kinderfest schleifen wollte. Ich sagte mit leiser Bosheit, Franz Werfel könne, ja, müsse dabei sein – ich aber wolle das Gepäck ins Hotel bringen und auspacken.

Franz Werfel machte ein bekümmertes Gesicht, er war müde und mußte nun zusehen, wie fünfhundert jüdische Kinder »Baimchen« (Frau B. kam aus Prag) anpflanzten.

Ich fuhr unterdessen in das – damals arabische – Allenby Hotel. Das Zimmer war armselig, von Bad keine Rede... eine einzige kleine elektrische Birne am Plafond. Ich zivilisierte mit der Hilfe eines Arabers den Raum etwas, und das war nicht leicht, der frühere Bewohner war noch überall zu spüren. Schmutzige Taschentücher, Kragen, Haarnadeln lagen unter den Betten. Danach ging ich in die innere Stadt, die wie ein Zauber auf mich wirkte... kaufte Leuchter und Kerzen und ein paar persische Decken und verschönte unsere klägliche Hütte.

Wir wurden nun in Siedlungen geführt. Dr. Bergmann von der Universität ging überall mit uns.

So sollten wir auch einmal zu einer tschechischen Siedlung ins Tal

Emek fahren. Die Sonne brannte, die Straße verschlechterte sich mehr und mehr, und schließlich blieben wir im Morast stecken.
Man stieg aus und überlegte. Ein jüdischer Reiter auf feurigem Roß, der uns gesichtet hatte, galoppierte auf uns los, hielt so knapp vor uns, daß der Schaum des erregten Tieres uns traf, was uns erst erschreckte, dann ärgerte – und der Reiter stob davon...
Er war aber doch ein besserer Reiter gewesen, als wir nach seiner Pose angenommen hatten, denn bald kam ein hoher Mistwagen dahergehumpelt und stank schon von weitem. Der Wagen war eben erst entleert worden, war noch naß von der Jauche, und ich weigerte mich entschieden, hinaufzuklettern.
Während meines Gezeters aber wurde unser Auto wieder flottgemacht und Franz Werfel und Dr. Bergmann stiegen übel duftend von ihrem Thron herunter. Schnell waren wir jetzt zur Stelle, aber staubig und übermüdet.
Sofort kam auch eine politische Diskussion in Schwung, teils tschechisch, teils deutsch geführt.
Die Frauen waren sehr ärmlich gekleidet, es war eben der Anfang und alles noch ›im Negligé‹, sozusagen. Man bekam Tee in verrosteten Eierschalen. Dann gingen wir ins Freie und beschauten uns die ganze Anlage. Vor allem das Kinderhaus, das der Stolz der Siedler war. Aber Fliegen und großer Zugwind wehten über die hilflosen mutterlosen Geschöpfe.
Im Hofe zeigte man uns den Platz, auf dem das Zelt aufgestellt wurde, in dem wir schlafen sollten. In all dem war wenig Schönheit zu spüren. Aus dem debattenreichen rauchigen Raum floh ich wieder zurück ins Haupthaus und frug den Chauffeur, ob er uns in der Nacht noch nach Nazareth bringen könne. Er bejahte es, machte aber auf die Gefahr der arabischen Räuberbanden aufmerksam, die oft genug einsame Autos anfielen. Er selber fürchtete sich ein wenig.
Alles war mir lieber, als im Zelt auf dem Boden zu schlafen. Franz Werfel war es zufrieden, und so kamen wir unbehelligt nach Nazareth und in ein englisches Hotel... sauber, appetitlich. Die Straße war sehr kurvenreich, und wir rasten einen Abhang entlang. Aber der Chauffeur war so neugierig, kein Wort unserer Konversation zu missen, daß er dauernd mit rückwärts gerichtetem Kopf fuhr.
Die Kwuzahs und Farmen der ersten Jahre waren zu wenig durchdacht. Uns gefielen die Familiensiedlungen besser als die kommuni-

stischen Kwuzahs. Die Vögel fraßen die frischgepflanzten Bäume, die Heuschober waren nicht geschützt, ich sah viele Dinge, die hätten besser sein können. Aber wir spürten den ungeheuren Auftrieb.

Die Herren der Exekutive wurden alle unsere Freunde. Sie waren sehr überlegen und gescheit und konnten angeblich nichts für die heißspornigen Jungen, die in ihren Zeitungsblättern die Araber verhöhnten ... und die Araber lasen es. Sie schrieben über die »stinkenden« Araber, statt vor der eigenen Tür zu kehren.

Irgendwo ist man immer, mindestens zu einem Teil, schuld an dem, was einem geschieht.

Wir waren einst am See Genezareth in Kapernaum. Wir aßen die Nachfahren der Fische, die vor zweitausend Jahren in den Netzen Petri zappelten und Jesus Christus ernährt hatten ... denn es sind immer dieselben Fische in diesem Gewässer, flache Flundern, mit beiden Augen auf einer Seite... Wir saßen auf den Steinen, die einst die Bergpredigt gehört hatten... wenn sie Ohren hatten, zu hören – und das nehme ich an.

In Jerusalem lernten wir den deutschen Konsul Kapp und seine Gattin kennen, befreundeten uns mit ihnen und dem Bruder der Frau, der Musiker war und dessen Namen ich vergessen habe. Er arbeitete in der Konzertabteilung von Palästina, und man beschloß, mir zu Ehren ein Mahler-Konzert zu geben.

Vorher wollten wir noch einen gemeinsamen Ausflug ans Tote Meer unternehmen.

Die Sonne brannte, alles ging gut, aber als wir an das Tote Meer hinunterkamen, Hunderte von Metern unter dem Meeresspiegel, begannen unser aller Hirne sich zu verwirren. Da man kein Wasser trinken durfte, wurde dem starken roten Wein heftig zugesprochen, und in der kürzesten Zeit war Zank und Hader da. Franz Werfel hatte knapp vorher erfahren, daß der Musiker die ›Fackel‹ abonniert hatte und ein großer Freund von Karl Kraus sei. Es gärte also in ihm, und er rempelte den Ahnungslosen heftig an, nannte die Krausverehrung die jüdischen Masern und beschimpfte diesen Arier, daß er doch diese Krankheit nicht notwendig habe.

Kurz, es kam ein wildes Geschimpfe dabei heraus. Der Konsul und ich trennten die Erbosten, wir gingen ein paar Schritte am Toten Meer entlang – Salz und Salpeter glitzerten am Ufer in der furchtbaren Sonne – aber niemand sah das Merkwürdige und Schöne der

Landschaft, alle waren böse und müde. Wortlos stiegen wir in unser Auto und fuhren nach Jerusalem zurück, der Musiker neben dem Chauffeur – die Konsulin Franz Werfel keines Blickes noch Wortes würdigend –, und wir beschleunigten unsere Abreise, damit ich nicht beim Mahler-Fest anwesend zu sein hatte.
Die Antipathie lag tiefer: jeder der Menschen wußte es, denn: Jeder Mensch weiß alles.

Im selben Jahr, später

Aus Franz Werfels Vortrags-Tourneen in Deutschland in den zwanziger Jahren:
Einst kamen wir auf einer Vortragsreise nach Gotha, wo wir aussteigen und erfahren mußten, daß es keinen Zuganschluß bis abends nach Mühlhausen in Thüringen gab. So versuchten wir, uns dieses altehrwürdige Städtchen näher zu bringen.
Dann beschlossen wir, uns zu verschönern.
Franz Werfel ging zu einem Raseur und kam zurück wie nach einer Hunnenschlacht. Mir hatte man alle Haare vom Kopf gerissen, und traurig saßen wir wieder in der Eisenbahn nach Mühlhausen, woselbst sich ein Vortrag Franz Werfels ereignen sollte.
Eine halbe Stunde vor Beginn des Vortrags kamen wir dort an. Zwei Jugendliche standen auf dem Perron und begannen allsogleich, sich unsere mageren Köfferchen aufzusacken.
Einen Wagen gab es nicht, und so gingen wir beherzt und zu Fuß zum Hotel.
Später brachte uns ein dreirädriger Wagen mühsam zum Vortragssaal, der irgendwo außerhalb der Stadt lag. Das Gebäude schien erst vor kurzem der Muse errichtet worden zu sein, denn die gefällten Bäume ringsum versperrten noch den Eingang.
Da die Zeit knapp war, hüpften wir über die Baumstämme und kamen gerade noch zur rechten Zeit, um Fürchterliches zu verhindern.
Der Impresario lud uns mit flammenden Gebärden auf das Podium des noch schwach bevölkerten Saales.
Wir befanden uns in der Dekoration der Wolfsschlucht aus dem Freischütz. In der Mitte der Wildnis stand ein Tisch, darauf eine Lampe mit rosa Spitzenschirm, und zwei Sessel. Auf unsere fragenden Blicke meinte der Veranstalter, es sei notwendig, daß ich neben Franz Werfel auf dem Podium säße.

Unsere Antwort war ein lautes respektloses Lachen.
Ich versank dann in der ersten Parkettreihe... die Wolfsschlucht blieb, der Spitzenschirm ward durch eine Bürolampe verdrängt.
Franz Werfel las Gedichte von unnachahmlicher Schönheit.
In der Pause erhob sich ein Würdevoller und sagte laut: »Pfui Teufel, das ist ja Kubismus.« Er entfernte sich grollend.
Im Künstlerzimmer standen nun die beiden Jünger vom Bahnhof und baten dringend, in der Pause Franz Werfels Gedichte auswendig vortragen zu dürfen. Franz Werfel lehnte diese Huldigung ab und erstürmte wieder die Wolfsschlucht.
Aber nun hörte man auch noch vom oberen Stockwerk, wo ›Lohengrin‹ geprobt wurde, den Chor unentwegt schreien:

»Fluch ihm!
Fluch ihm!
Fluch ihm!«

Franz Werfel hatte noch den Ausruf ›Kubismus‹ im Kopf, den er gehört hatte. Er putzte seelenruhig seine Brille, setzte sie auf, sah den Saal entlang und sagte sehr deutlich: »Schafe!«
Dann las er das Gedicht ›Schafe‹ mit frommer Miene, aber das Publikum war nun nervös. Sie wußten, sie waren gemeint...
Der Vortrag war zu Ende. Das Künstlerzimmer war leer. Die Jünglinge waren erzürnt, und der Unternehmer war wegen unserer Kritik an seiner Wolfsschlucht böse.
Wir suchten wieder unseren Weg über die Baumstämme und fanden endlich die Straße nach der Stadt. Zugleich verfolgte uns ein menschliches Wesen in der menschenlosen Nacht. Wir begannen zu laufen, kannten aber unseren Weg nicht... es war stockfinster und sehr unheimlich. Endlich kamen ferne Lichter nah... es war ein Privatwagen ... wir riefen so, daß er stehenblieb und uns zum Hotel brachte, das ganz nah gewesen war.

Von meinen langen Aufenthalten und meinem Leben in Italien und nach Berichten aus Spanien weiß ich, wie die Tiere dort zu Tode gequält werden oder zu furchtbarster Art von Leben verdammt sind: »... weil sie ja nichts fühlen«.
Ich habe dieser Frage nachgespürt.
Es sind die katholischen Länder. Nirgends hat Jesus Christus in den

Evangelien seine Liebe den Tieren zugewandt... Hat darum das katholisch denkende Volk sie nicht in eine Überwelt eingebaut?
Hat Jesus die Tiere nicht der Gnade für wert gehalten, oder – was kaum glaublich ist – hat er vergessen, sie zu schützen?

1925

Der Sommer auf dem Semmering war von unsagbarer Ruhe und zugleich großer Anspannung. Franz Werfel entwarf und dichtete sein Drama ›Paulus unter den Juden‹, wozu viel Studium notwendig war.
Ich naschte nur an dieser herben Frucht.
Sueton, die Bibel, den Flavius Josephus, Papini und andere.
Alle Tage, alle Nächte waren angefüllt mit Gesprächen über diesen ungeheuren Gegenstand.
Franz Werfel ist in einer Weise ernst geworden – voll der höchsten Verantwortung vor sich selbst. Es ist eine Lust, seinem Leben beizuwohnen. Diese Lust ist nicht ohne Angst, denn er lebt ganz aus der Substanz.
Wenn ich denke, was für ein junger Tunichtgut er gewesen ist!
Im Herbst gab es wieder eine Tournee durch Deutschland. Das ist immer sehr anstrengend für Franz Werfel, bringt aber Popularität... und großen menschlichen Erfolg. Der Erfolg kam diesmal aus seiner disziplinierten Ruhe im Vortrag, wo er sonst manchmal übertreibt und sich so um die Wirkung bringt.
Franz Schalk dirigierte am 24. Oktober in der Wiener Staatsoper die beiden Sätze der nachgelassenen 10. Symphonie von Gustav Mahler. Ernst Křenek hatte die schwer lesbare Partitur meisterhaft kopiert. Oft saß er lange mit dem Vergrößerungsglas, um eine Note richtig zu erkennen.
Man hat es ihm schlecht gelohnt.

In Venedig

Arnold Schönberg probte beim Musikfest in Venedig seine ›Serenade‹.
Er probte lange, und als seine Zeit längst überschritten war, kam Mr. Dent, der Vorsitzende, und sagte: »Herr Schönberg, Ihr Probe-Nachfolger, Herr Grünberg, wartet. Ich glaube, Sie müßten jetzt aufhören.«
Arnold Schönberg sagte ruhig, daß er nicht aufhören werde.

Darauf nun Mr. Dent, schon etwas gereizt: »Ja, Herr Schönberg, Sie sind nicht der einzige Komponist hier!«
Worauf Schönberg: »Ich denke doch...!«

14. Juli 1926

Es ist traurig, daß die politische Gegensätzlichkeit zwischen Franz Werfel und mir und allen Freunden ins Unüberbrückbare wächst – alles, aber auch jedes Gespräch, führt todsicher darauf hin, und unsere verschiedenen Lebenseinstellungen ergeben für die Zukunft eine böse Prognose.
Ich zum Beispiel will Gandhi sehen, von dessen gottgewollter Mission ich überzeugt bin.
Und fürchte schon jetzt Werfels Skeptizismus.
Trotzdem bereite ich eine Indienreise vor. Hoffentlich gelingt es mir, ihn zu dieser Reise zu überrumpeln, wie ich es bei der Palästinareise tat.

Alban Berg

Seit Jahren waren Alban Berg und Helene Berg meine nächsten Freunde geworden.
Und das kam gleich nach dem Tode Gustav Mahlers, denn vorher hatten sie sich aus Scheu und Bescheidenheit von mir ferngehalten. Beide kamen aus etwas überfeinerten Familien.
Helene, seine Frau, war eine Tochter Kaiser Franz Josephs mit einer fast fünfzig Jahre jüngeren schönen kleinen Korbflechterin, die der Kaiser zufällig einst in seinem Park in Schönbrunn um vier Uhr früh kennengelernt hatte. Der Kaiser Franz Joseph hatte nämlich die Gewohnheit, jeden Morgen um vier Uhr im Park spazierenzugehen.
Helene hatte noch einen Bruder, der auf den Namen Franz Joseph getauft war. Beide seraphisch schön, innerlich und äußerlich. Auserwählte Menschen und darum auch überempfindlich.
Alban Berg suchte einen Lehrer und schwankte zwischen Hans Pfitzner und Arnold Schönberg. Er wollte nach Straßburg zu Pfitzner, versäumte den Zug und fuhr sofort zu Schönberg – wohin ihn sein Weg mit Recht geführt hatte.
Alban Berg sah aus wie der junge Oscar Wilde, und das Jünglinghafte blieb ihm bis zum Tode. Ein ähnliches Phänomen wie bei Kokoschka.

Wir waren täglich beisammen. Alban und Helene Berg waren und sind schwierige Menschen, aber opferfähig bis zum letzten. Und beide sind so schön...

Alban Berg war sein Leben lang in Arnold Schönbergs Genie verliebt.

Von Helene Berg sagte Peter Altenberg: »Und wenn sie nicht die Tochter des Kaisers wäre – sie wäre dennoch eine Kaiserstochter!«

Alban Berg hatte lange ein Libretto gesucht. Er fand den ›Wozzek‹ und arrangierte sich die ältere Franzossche Fassung des Dramas sehr geschickt als Opernbuch um. Nun arbeitete er lange daran, spielte auch zuweilen vor, aber diese Musik konnte am Klavier keinen Eindruck machen. Sie war absolut orchestral gedacht. Außerdem war Alban kein Pianist, denn das Sich-Leichtmachen des Komponierens durch Klavierspielen war vom Meister verpönt.

Alban Bergs Oper war nun gedruckt und wurde sofort angenommen. Erich Kleiber, der eine hervorragende Stellung an der Berliner Staatsoper hatte, sicherte sich die Premiere. Franz Werfel und ich fuhren zu den letzten Proben nach Berlin. Als wir im Hotel ankamen, lag auf dem Tisch eine große schöne Mappe mit dem ersten Particell-Manuskript des ›Wozzek‹, in dessen Ecken »Alban – Alma« eingraviert war.

Wir lebten und webten mit in diesen Proben und verwuchsen immer mehr mit dem schönen Werk.

Der Eindruck der Oper bei der Premiere war stark, aber die Menschen, die einen großen Erfolg erlebt hatten, verstanden nicht viel davon.

Nach der Berliner Aufführung fuhren beide Bergs nach Prag, wo Alban Berg die letzten Proben bis zur Aufführung überwachen wollte. Franz Werfel und ich blieben in Berlin. Hans Pfitzner besuchte uns in der Zwischenzeit öfter, war aber diesmal ganz besonders verbittert.

Am letzten Abend unseres Berliner Aufenthaltes saß er wieder einmal recht mürrisch bei mir. Franz Werfel kam ins Zimmer und schwenkte ein Zeitungsblatt in der Hand. Laut lachend las er vor: Den Bürgermeister von Prag habe während der Generalprobe des ›Wozzek‹ der Schlag getroffen ... und zwar aus Wut über die Musik von Alban Berg.

Dies natürlich freute nun Pfitzner über die Maßen. Seine Laune wurde direkt sonnig. Er haßte auch solche Rivalen, die gar keine waren.

Dann reisten wir nach Prag ab. An der tschechischen Grenze wäre ich um ein Haar hängengeblieben. Ich hatte das Rückreisevisum nicht. Man nahm mir den Paß ab und wollte mich nicht weiterreisen lassen. Ich bekam einen bodenlosen Zorn und rief: »Dann will ich auch gar nicht nach Prag!...«, warf den Paß hin und lief heulend davon. Franz Werfel suchte mich zu beruhigen.

Als der Kellner mich weinen sah, sagte er: »Oh, das ist noch gar nichts. Vorige Woche hat einen Amerikaner hier vor Wut der Schlag getroffen ... dort habens ihn naustragen...«, und zeigte auf die Tür. Inzwischen bekam Franz Werfel seinen Paß, und ich ging allein auf dem Gang vor dem Wartezimmer auf und ab. Auf einmal rief jemand von hinten: »Frau oder Fräulein... hier ist Ihr Paß... um Gottes willen, nehmen Sie ihn ...«

Ich drehte mich nicht um, und der Tscheche mußte mir nachlaufen und mir meinen Paß direkt aufdrängen. Total verweint kam ich dann doch noch in meinen Zug. Das Gepäck wurde in letzter Minute hineingeworfen, denn Franz Werfel wäre ohne mich selbstverständlich nicht gefahren. Ich beruhigte mich langsam, und so ging es Pilsen zu.

Dort wurden wir, zur sichtbaren Heiterkeit der übrigen Zuggenossen, mit Namen ausgerufen; endlich bemerkten sogar wir es ... und sahen Alban Berg rasch den Zug erklimmen, der schon im Abfahren war.

Atemlos und leicht beschwipst teilte er uns mit, daß wir von der Bahn direkt zur Premiere ins Nationaltheater fahren müßten. Alles sei bereit.

Ich zog die Vorhänge des Abteils zu, die beiden Männer standen Wache vor der Tür, und ich kleidete mich schnell aus dem Koffer festlich an. Dann kam Franz Werfel und wurde nun auch für die Premiere ›verschönt‹. Alban Berg schwankte vor der Tür, bis wir ihn hineinlassen konnten. Er hatte in Pilsen mehrere Stunden auf uns gewartet und, um sich die Zeit zu vertreiben, unentwegt Bier getrunken. Zum Schluß sei er immer zwischen dem Pissoir und dem Tisch mit dem Bier hin und her gelaufen, so erzählte er – und wir glaubten ihm, wenn wir ihn ansahen.

Dann war man plötzlich am Bahnhof in Prag – das Gepäck wurde im Auto der Schwägerin verstaut, und wir schossen ins Theater, denn es war spät. Aber es war Halbmaststimmung dort. Taktloserweise hatte man diese Premiere am Tag des Leichenbegängnisses des Bürgermeisters angesetzt. Und das sollte sich bitter rächen.

Alban Berg hatte auf meine Logenbrüstung ein ungeheures Bouquet gelegt, hinter dem ich nun aufgebahrt wurde, und Franz Werfel neben mir. Alban und Helene Berg saßen versteckt im Hintergrund – die Glücklichen!
Ich hatte die ganze Zeit das Gefühl, als müsse etwas geschehen. Die Inszenierung unterstrich die soziale Tendenz, und als der Vorhang aufging und man wieder nur dreckige, zerfetzte Militärbetten sah, wußte ich: jetzt geht's los.
Mein Herz setzte aus. Das Publikum johlte. Alle waren wie wahnsinnig vor Haß. Der Kapellmeister Ostrčil floh aus dem Orchesterraum. Die fürchterlich großartig kenntliche Loge wurde zur wütendsten Kampfansage: Franz Werfel war der Komponist, und seine Frau war ich...!
Das Publikum bellte unter unserer Loge und drohte mit den Fäusten. Alban und Helene Berg waren längst verschwunden. Von unten tönte es: »Hamba! ... Schande! ... Judenvolk!«
Aber Alban Berg war gar kein Jude.
Die Polizei brachte uns mitten durch Wut- und Haßgeschrei zum Wagen. Unsere Erregung löste sich den ganzen Abend nicht.
Später wurde die Aufführung der Oper wieder aufgenommen und ging über alle deutschen Bühnen; sogar das konservative Wien mußte daran glauben.

Alban Berg kam im Jahre 1935 nach dem Tode meiner geliebten Tochter Manon in Wien zu mir und sagte, daß er seine neue Oper ›Lulu‹ unterbrechen müsse, weil er ein Requiem für Manon schreiben wolle ... ob mir das recht sei? Dem »Andenken eines Engels« nannte er das Violinkonzert. Es war mir eine wehmütige Freude.

Franz Werfel und ich waren im Herbst unseres Unglücksjahres 1935 zu den Proben des ›Eternal Road‹ (›Weg der Verheißung‹) nach New York gegangen, beide noch vollkommen vernichtet durch den Verlust von Manon. Unser Freund Rudolf Kommer sah unseren Zustand. Als Weihnachten heranrückte, ließ er uns vom Sohn Hugo von Hofmannsthals, Raimund, einladen (er hatte eine Lady Astor geheiratet), denn Rudolf Kommer wollte nicht, daß wir ein einsames Fest in New York hätten.
Wie immer stand ich früh auf ... vor der Tür unserer Zimmer lagen

die Morgenblätter. Ich nahm sie auf und sah sofort auf der ersten Seite das Bild Alban Bergs und die Geschichte seines Todes.
Ich weckte Franz Werfel nicht und weinte für mich allein. Es war mir bang, wie ich es ihm mitteilen sollte.

Alban Berg hatte seit langem an Furunkulose gelitten. Seine Frau pflegte ihn ganz allein. Diesmal war es schiefgegangen. Der ganze Körper war vereitert, bevor Alban Berg ins Spital kam. Der arme Mensch litt furchtbar, sein ganzer Körper wurde zerschnitten, eine Operation nach der anderen vorgenommen, aber es war zu spät.
Alban Berg war bestimmt der begabteste der ganzen Schönberg-Schülerschar; wahrscheinlich überhaupt in der Zeit der bedeutendste, ... über alles Können hinaus hatte er noch eine Seele.
Das Requiem für Manon war sein eigenes geworden, denn er hatte nach dem Violinkonzert nichts mehr geschrieben.
So blieb seine ›Lulu‹ deshalb Fragment.

Die Griechen dachten sich manche ihrer Helden nicht aus dem Weibe geboren, weil der Schreck bei der Geburt die Ungebrochenheit für ewig nehme...
Die Juden fügen zum Geburtstrauma noch einen weiteren Schock hinzu: die Beschneidung. Ist da ein wirklicher Held möglich?

1927 – Semmering

Plötzlich, gestern, am 8. Juli 1927, kamen Hugo von Hofmannsthal und seine Frau zu uns auf den Semmering, und wir verbrachten zwei schöne Nachmittage und Abende. Für mich dadurch etwas erschwert, daß Manon Keuchhusten hatte und Hugo von Hofmannsthal äußerst lärmempfindlich war. So nahm ich das Kind aus seinem Zimmer, das neben den Gastzimmern liegt, und Manon schlief in meinem Bett. Das heißt wir schliefen beide nicht, da sie unentwegt schwere Anfälle hatte.
Hugo von Hofmannsthal sprach ausschließlich von seinem neuen Drama ›Der Turm‹ nach Calderon, das ihm sehr am Herzen lag.
Er erklärte dessen Symbolik: ›Turm‹ im weitesten Sinne: jeder Mensch sei eingeschlossen. Er meinte, er hätte dieses Drama ohne die Revolution nicht zu schreiben vermocht. Die Hierarchie sei die: der Vater, weltliche Macht – aber über diesem der Prior, als göttliche Macht.

Wir sprachen über den Begriff ›Dichter‹ und in diesem Zusammenhang über Schnitzler und dessen Ausspruch über sich selbst, daß er kein Dichter, sondern ein Wissenschaftler sei. Es wurde als richtig empfunden. Dichter können nur von der Lyrik herkommen. Einer, der nie einen schönen Vers geschrieben habe, sei eben kein Dichter.
Hugo von Hofmannsthal erzählte, Richard Strauss habe ihm geschrieben, er sei wieder vollkommen auf den Meistersinger-Stil gekommen. Er hatte Hugo von Hofmannsthal gebeten, ihm ein Buch mit starker Milieubetonung früherer Zeit zu schreiben, in die Mitte Richard Strauss selbst und als Gegenspieler Hans Pfitzner zu stellen.
Mich freute es, daß Strauss Pfitzner fürchtet, und es tat mir nur leid, daß Pfitzner, der sich ewig verfolgt Wähnende, dies nicht weiß.
Richard Strauss selbst ist viel zu bedeutend, um die Potenz Hans Pfitzners nicht zu erkennen.
Ich habe lange nichts von Hans Pfitzner gehört... er scheint böse zu sein. Ich war im Winter brieflich etwas unwirsch geworden. Er hatte nämlich apodiktisch die Entfernung Franz Werfels im Sommer verlangt für den Fall, daß er zu mir nach Breitenstein käme, um zu arbeiten. Und da hatte ich ihm geharnischt geantwortet. Franz Werfel gehört zu mir.
Ein paar Wochen mit Hans Pfitzner denke ich mir so, als ob man andauernd Holzessig trinken würde.
Ich, die ich ihn so verehre, sage das.

Freitag, 15. Juli 1927 – Wien

Schwere Ausschreitungen. Hundert Tote. Tausend Verletzte. Der Justizpalast niedergebrannt. Die Menschenhorde losgelassen!
Die böse Saat des Kommunismus geht auf.
Nun fallen die literarischen Ideologen aus allen Himmeln... Julius Tandler schrieb mir: »Fenstersturz der Ideale...« Warum wußte er das nicht? Wo ich das alles kommen sah?!!
Die Intellektuellen sind Gelehrte, Künstler, Geldmenschen ... aber von der Politik sollen sie ihre Hände lassen.
Sie setzen die Welt durch ihre Phantasielosigkeit in Brand.
Die Menschen sollten ihnen schon endlich das Handwerk legen, bevor es zu spät ist! Der Intellekt ist in der Politik das schwerste Unglück Europas und Asiens: Da er durch seine jahrtausendlange Isolierung den direkten Zugang zur Natur und zum Menschen verloren hat,

muß er nach Analogien schließen, um mit der Umwelt fertig zu werden. Da sie kein Proletariat haben, leugnen sie das Proletariat als biologischen Zustand.
Da der Intellektuelle a priori den Menschen nicht zu behandeln weiß, so ist er gezwungen, durch Schmeichelei die Sympathien der Massen zu erringen. Die Schmeichelei aber führt unweigerlich zur Volksverdummung ›Sozialismus‹. Wenn auch die katholische Kirche ein ähnliches Prinzip hatte, nämlich ›weg vom Wirklichen‹, so erzog sie doch ihre Kinder für den Himmel, sozusagen...
Kulturen werden zertrampelt und vernichtet, und ›im Namen der Menschheit‹ wird die Menschheit massakriert.
Österreich ist schon verloren. Es rettet vielleicht der Kaiserschnitt: Angliederung an Deutschland. Aber es wird dann aufwachen und sein eigenes Blut nicht mehr verstehen. Denn Österreich ist dann Vasall Deutschlands, und seine großen Eigenarten und Schönheiten werden von dorther, unbegriffen und unverstanden, bekämpft werden.

Paris – Beaulieu – Nervi

Vollkommen unchronologisch will ich, nach dreimonatigem Aufenthalt in romanischen Ländern, mit folgenden Eintragungen beginnen:
Gestern waren wir zum vierten Male bei Gerhart Hauptmann. Jedesmal ist man einander näher ... die Stimmung freier. Zum Überfluß waren gestern auch Herbert Eulenberg und d'Albert da. Des Saufens und Lachens war kein Ende.
Das Stammeln Gerhart Hauptmanns, wenn er ein wenig zuviel getrunken hat, ist zu reizend.
»... ja, ja, wenn man es bedenkt, sollte man doch ... Sie verstehen mich ja ... nicht wahr?«
Und alle hatten ihn verstanden. Er hat einen göttlichen Gleichmut.
Seine blauen Augen sind tief wie der Himmel in einer Berglache.
Er sagte gestern zu mir: »Es ist ein Jammer, daß wir beide kein Kind miteinander haben! Das wäre etwas gewesen...«
Auch sagte er fortwährend: »Du – du, meine große Liebe...«
Und ich sitze da, mit meiner tiefen Verehrung, und bin glücklich, daß mein kleines Nichts noch immer imstande ist, Freude auf ein Gesicht zu zaubern, das ich so verehre wie das Gerhart Hauptmanns.

D'Albert war sternhagelvoll. Er schrie, nachdem Franz Werfel ahnungslos das Wort »Hollywood« in das Gespräch geworfen hatte: »Eine Fratze der Menschheit!«, hieb mit der Faust auf den Tisch und rief ein über das andere Mal aus: »In Gegenwart Hauptmanns hat niemand das Wort Hollywood auszusprechen, das ist eine Entweihung!«

Er tobte, er war nicht zu beruhigen, und alle waren ja seiner Meinung, aber das zu begreifen, war er zu betrunken. Endlich sprang er auf und ließ die deutsche Kunst leben! Mit wutflammenden Augen... auf jeden von uns zornig, die wir doch alle seiner Meinung waren.

Im Anfang hatte er schön brav mit Franz Werfel diskutiert... Verdi, Wagner, Beethoven. Der ›undramatische‹ Beethoven, die mangelnde ›Ökonomie‹ Wagners, die Impotenz der Atonalen, die ›Musikfabrik‹ Bachs, der sich zum Beispiel in einem Brief über das Abnehmen der Pest in Leipzig beklagt hatte, weil es weniger Tote gebe, er also weniger Bestellungen für Kantaten und so ein geringeres Einkommen habe.

Kurz, alles mußte herhalten, und der kleine Gnom d'Albert kicherte in sich hinein, blinzelte mit seinen müden schlauen Äuglein, rieb sich die Hände und war ganz von sich hingerissen.

Franz Werfel war auch etwas betrunken, aber schwungvoll, paradox und dann wieder voll offener Wahrheit.

Gerhart Hauptmann hatte sichtbar Freude an ihm. Er erhob sich plötzlich, nachdem man ungefähr zehn Flaschen scheußlichen Gancia-Champagners getrunken hatte und sich allenthalben Zeichen der körperlichen Unruhe zeigten, und sagte: »Ich will nun einmal nachsehen, ob das Klavier wirklich zu schlecht für d'Albert ist.«

Dieser sprang sofort auf und ging mit, um nachzuschauen – auch Eulenberg war sehr interessiert...

Franz Werfel befreite ich durch einen Blick, er überwand seine starke Schüchternheit, und die vier Männer gingen und kamen bald wohlgemut wieder... aber von dem Klavier wurde nicht mehr gesprochen.

Später erzählte mir Franz Werfel, daß die vier in den Garten gegangen waren und, dem Monde zugewandt, sich dem angenehmen Geschäft des Sichbefreiens eifrig hingegeben hatten.

Plötzlich sagte Gerhart Hauptmann: »Tycho de Brahe ist am Anstand gestorben... an geplatzter Blase, weil er sich vor Rudolf II. geschämt hatte, seinem Drang nachzugeben. Das kam von seiner guten Erziehung... wir wollen ihm das nicht nachmachen.«

Franz Werfel hat eine wunderbare kleine Novelle geschrieben: ›Kleine Verhältnisse‹. Es ist wieder seine Jugend, seine Kindheit darin, die ihm bis zum Schluß seines Lebens wichtig war. Prag, seine Schulzeit, das Gymnasium, die Mitschüler, die Lehrer, die Gouvernanten ... alles war tief in seinem Gedächtnis eingegraben. Er benutzte bis zu seinem Tode Schulhefte, in die er seine Gedanken und Gedichte eintrug.

Wir hatten uns in Nervi mit Hermann Sudermann befreundet.
Es ging erst langsam. Eine junge Frau, die Sudermann anschwärmte, stellte uns vor, wir gewannen immer mehr Freude aneinander, und zum Schluß gingen wir regelmäßig mit ihm spazieren, manchmal zu dritt, oder Werfel mit Sudermann allein.
Er erzählte uns aus seiner Jugend, die hart gewesen sein muß. Er war für Zeitschriften und Tageszeitungen Rätselerfinder gewesen.
Es ist nun klar, daß dieser seltsame Beruf Franz Werfel darauf brachte, seinem Helden im ›Abituriententag‹, der im Jahre 1928 erschien, also im Sommer 1927 entstanden war, denselben Beruf zu geben. Ja, es ist sogar möglich, daß die ganze Idee zum ›Abituriententag‹ aus dieser kleinen Wurzel entstand.
Hermann Sudermann hatte uns in seiner lebendig-drastischen Art eine echte Geschichte aus seinem Leben erzählt.
Er hatte sich durch seine Rätselmacherei soviel erspart, daß er eine armselige Fahrt nach Tilsit zu seiner Mutter unternehmen konnte. Er hatte das vollständige Manuskript von ›Frau Sorge‹ in Zeitung gewickelt bei sich, weil er es nirgendwo anders lassen konnte. Die Fahrt dritter Klasse dünkte ihm ewig. So stieg er in einer größeren Stadt aus und frug den Polizeimann an der Bahn, wo es hier ›schön‹ sei. Es mag Königsberg gewesen sein.
Der Polizeimann nannte ihm ein billiges öffentliches Haus, und Sudermann trabte mit seinem Roman unter dem Arm dem Ziele zu.
Nach ein paar Gläsern und Schnaps und Vergnügungen anderer Art entschlief er, um am anderen Morgen mit Entsetzen aufzuwachen (da es schon fast zu spät war), um den Zug zu erreichen, der ihn ›zu Muttern‹ bringen sollte.
Der Zug fuhr los; Sudermann nickte wieder ein und fühlte im Traum,

daß ihm etwas Wichtiges fehle. Er starrte auf und wußte plötzlich... er hatte sein Manuskript verloren.
Also warten – warten bis zur nächsten Station, warten – bis zum nächsten Zug zurück...
Keuchend kam er in das bewußte Haus – aber niemand wußte etwas von seinem Manuskript.
Müde und verzweifelt von all dem Suchen ging er in das WC, um ›nachzudenken‹. Aber siehe: da hing an Strick und Nagel sein durchbohrtes Buch, und viele Anfangsseiten waren schon heruntergerissen.
Er löste seine Hefte von dem Nagel und stürzte neuerdings auf die Bahn.
Da er aber nur dieses eine Exemplar besaß, mußte er nun den ganzen Anfang teils aus dem Gedächtnis aufschreiben, teils neu erfinden.
Es wurde sein erster großer Erfolg!

Er schenkte uns die ›Litauischen Geschichten‹ und mir viel später noch seinen Reue-Roman ›Der tolle Professor‹.
Reue über seine dauernde Untreue gegen seine Frau. – Ich las den Roman und fuhr augenblicklich zu ihm in den Grunewald ... er umarmte mich und weinte sehr.
Eine ausgezeichnete Feindschaft verband Hermann Sudermann mit Gerhart Hauptmann. Niemals kam aus seinem Munde der Name des Gegners, wie auch Gerhart Hauptmann niemals Hermann Sudermann erwähnte, von dem er wußte, daß er mit uns im gleichen Hotel in Nervi wohnte. Die Ursache dieses Zwistes haben wir nie erfahren.

Franz Werfel schrieb den ›Abituriententag‹ in Santa Margherita, wohin er von Nervi zog. Die Zimmer in Nervi waren ihm zu klein. Wir fanden im Hotel in Santa Margherita saalartige, hohe Zimmer, deren Decken höchst pompös und sinnlich bemalt waren. Da war er glücklich, und ich blieb einstweilen noch in Nervi, siedelte aber später auch nach Santa Margherita über. Franz Werfels Sucht nach großen Räumen kam von einem Kabinett her, das er als Junge in Prag bewohnt und das ihn sehr bedrängt hatte. Das war seine Meinung.

7. September

Es ist Wahnsinn zu glauben, daß die Maschine uns auf dem Wege

zur inneren Freiheit ein äußeres Mittel sein wird... Je mehr wir uns ihr anvertrauen, desto sicherer wird der Arbeiter unser Zar sein.
Ich sah es am 15. Juli. Mein Haus ist jetzt elektrifiziert. Der Generalstreik war. proklamiert, und wir erwarteten jeden Abend, plötzlich im Dunkeln zu sitzen. Als wir noch mit Kerzen arbeiteten, konnte uns von außen her so leicht nichts geschehen.

Was wißt ihr Erdentrottel von meinen ungeheuren Glücken, die ich mir herbei-imaginiere... teils durch Liebesrausch... teils durch Musikrausch... teils durch Weinrausch... starke Religiosität...
Was wißt ihr Erdentrottel von meinen Glückseligkeiten... Mit eisernen Krallen erkralle ich mir mein Nest... Jedes Genie ist mir gerade der rechte Strohhalm... als Beute für mein Nest...!

8. Oktober – Venedig

Heute habe ich Oskar Kokoschka im Teatro Fenice gesehen.
Ich bin in die Markuskirche gegangen und habe seit langem wieder einmal beten können. Nämlich das, was ich unter Beten verstehe. Eine Auseinandersetzung mit meinem Gott... Ich bat, mich auf den rechten Weg zu führen... mich nichts Unrechtes tun zu lassen.
Und Gott hat geantwortet.
Ich kam heraus in den hellen Sonnenschein, ging ins Café Lavena, wo Anna Mahler mich erwartete. Benno Geiger, ein ganz geschickter Mensch, setzte sich zu uns und erzählte uns abstruse Dinge von Oskar Kokoschka, der gesagt habe: »Wenn mir nur endlich meine Nase abfiele... na, im nächsten Jahr hoffe ich sie nicht mehr zu haben.«
Wie kenne ich diese geschmacklosen Geziertheiten!
Jede Nacht sitzt Oskar Kokoschka in den verschiedenen Bars herum, Lebemann spielend, allerdings die Tage hindurch malt er.
Aber er ist mir schon ganz fern, und ich erlebe jetzt im Geiste noch einmal all die tausend Quälereien, mit denen er mich zu martern wußte.

Sonntag

Wieder habe ich Oskar Kokoschka gesehen. Er war rot im Gesicht, sah roh aus, und Anna und ich blieben im Ungewissen, ob er uns gesehen habe oder nicht. Wir ließen ihn vorübergehen, ohne uns bemerkbar zu machen. Aber eben kommt diese Karte:

»Ich bin noch immer so kurzsichtig, daß ich nicht zehn Schritte weit sehe. Aber Dich habe ich doch leider gleich gespürt ... trotz der Entfernung ... Ich grüße Dich und Gucki. Oskar.«
Unser aller Haß ist wie weggeschmolzen durch dieses Stück Papier.
Eine Blumenflut kam mit der Karte und erfüllt mein Haus.
Benno Geiger, den ich wiedertraf, brummte der Kopf von Oskar Kokoschkas Besuch in Venedig. Er sagte: »Seltsame Mischung von Hohem und Gemeinem... leider ist soviel Phraserei dabei.«
Gott also wollte, daß ich diese Worte hören sollte.

5. November – Wien

Wieder ein Abend bei Arthur Schnitzler.
Ich sprach darüber, wie die Frau sich durch die Ehe merkwürdigerweise oft von ihrem Ich abdrängen läßt. Etwas dem normalen Manne Fremdes. Ich erzählte Arthur Schnitzler, wie ich mit Gustav Mahler wunderbar sprechen konnte, solange wir uns heimlich kannten. Aber als die Welt von unserer Beziehung wußte und der Tag der Heirat festgesetzt war ... wie ich dann von einem Tag zum anderen seine Sprache nicht mehr verstand. Ja, ich bin schweigend stundenlang neben ihm durch den Park des Belvedere gegangen (unser täglicher Spaziergang), und ich sagte wohl zum Schluß, wenn ihn meine Schweigsamkeit verwunderte: »Du hast chinesisch geredet, und ich habe dich nicht verstanden.«
Ich hatte mich mit Nietzsche- und Schopenhauer-Lektüre erzogen; nur um seine Sprache verstehen zu können, habe ich angefangen, seine Bücher zu lesen, seine Gedanken zu teilen, seine Philosophie als die meine zu betrachten. Ich las Dostojewskij, der mir wesensfremd war und immer sein wird; ich las Fechner und Lotze und lebte mich so ein, daß ich mich in ›Die Brüder Karamasow‹ fast verliebte. Und nach Gustav Mahlers Tode wollte ich weiter in seinem Sinne leben, nahm wieder den ›Idiot‹ vor. Ich saß in der Eisenbahn und las... und urplötzlich haute ich das Buch auf die Erde und beschimpfte mich innerlich, daß ich meinem Wesen untreu gewesen war und so lange Jahre entgegen meiner Neigung Dostojewskij gelesen hatte. Ich habe nie mehr eine Zeile von ihm zu mir genommen, und werde es auch nicht. Denn seine Art ist mir wesensfremd.

Es ist um Weihnachten, und vor zwei Tagen war Franz Werfel in ernstlicher Lebensgefahr. Der Zug, in dem er von Prag nach Wien fuhr, stieß mit einem anderen zusammen, und es gab Tote und Verletzte. Franz Werfel, der um elf Uhr abends ankommen sollte, kam um vier Uhr früh.
Ich wartete die ganze Nacht auf ihn, mit merkwürdigen, nicht wiederzugebenden Empfindungen.
Ich telefonierte nicht an die Bahn.
Dann kam er und war ruhig und gefaßt, obwohl der Schock ihm doch noch irgendwie in den Gliedern saß.
Es ist momentan nicht so schön, wie es sonst um uns war.

Vor Weihnachten

Heute abend waren wir in einem Theaterstück letzter Güte. Es hieß ›Broadway‹, und es ist sicher New York, wie sich's irgendein Ungar vorstellt und wie es nicht ist. Wir waren mit dem Engel Richard Coudenhove und seiner Frau. Ich litt sehr unter dem Zynismus und der Roheit dieser Mache und wollte mich wegschleichen. Franz Werfel aber bekam deswegen einen seiner Tobsuchtsanfälle und wurde auf offener Straße gemein zu mir. Ich lief zu einem Auto, in das er mir unflätige Dinge nachrief: »Aber merk dir, ich komme heute nicht nach Haus… ich tue dir etwas Furchtbares an…«
Zu Hause angekommen warf ich mich angezogen, zähneklappernd aufs Bett … und ich habe gedacht … und gedacht …
Bin ich deshalb einen so weiten Weg gegangen, daß mich ein Mensch beschimpft wie irgendeine Schlampe? Darf ich mir heute kein eigenes Urteil erlauben, keine willensfreie Handlung begehen…?
Muß ich mich beleidigen, anschreien, mißhandeln lassen?!
Nein … in mir ist ein ungeheurer Protest, gegen mein sinnlos gewordenes Leben… gegen das Herabschrauben meiner Jahre auf ein Lebensniveau, das mir fern ist.
Ich habe genug von der Sklaverei unter dem ›Mann‹.
Dann bekam ich einen Weinkrampf.

Jetzt sind vierzehn Tage vorbei, und ich habe mich davon noch immer nicht erholt. Ich bin innerlich weiter als er. Soll er ein zorniges Rot sehen, wenn es ihm eine Sensation ist. Mir aber geht es schwarz ins Blut und läßt mich am Leben verzweifeln.

Roheit war die Ursache, daß ich Oskar Kokoschka verließ. Roheit wird mich auch von Franz Werfel entfernen.
Übrigens gab es damals noch ein Nachspiel.
Er begriff und weinte mit mir.
Ich fühlte mich wortlos vollkommen verstanden.
In seinen Augen las ich die Klage, daß er an demselben litt wie ich...
Dann war Franz Werfel in Zürich und schickte die liebendsten Telegramme...
Und ich saß in Wien und erholte mich ... vom ›Mann‹ an sich.

Santa Margherita

Hier brennt mir eine göttliche Natur ins Herz und beruhigt mich.
Draußen vor meinem Fenster beleuchtet die Sonne vom Meer her alle Häuserfronten rosagelb, und das Gebirge dahinter ist braungrün. Ein lichter fahlblauer Himmel liegt darüber hin.
Und meine armen Kinder waten durch den Schnee und vereisen ihre Lungen bei achtzehn Grad Kälte.
Das frißt an mir...

25. Dezember

Heute, am ersten Weihnachtsfeiertag, kam Gerhart Hauptmann mit seiner Grete. Da ich mich sehr elend fühlte, holte Franz Werfel beide in mein Zimmer. Zuerst war mein Hals wie zugeschnürt... dann sprach ich nur mit Gerhart Hauptmann, vor allem über seinen ›Till Eulenspiegel‹, den ich eben lese. Er war glücklich über mein Mitgehen und sagte: »Ich bin nun wie erlöst... jetzt kann ich sterben, da es fertig ist, und doch – wie traurig für mich, daß dieses Werk fertig ist...«
Gerhart Hauptmann erzählte mir dann, daß er die Hälfte der geschlossenen Form willen herausgeworfen habe. Er lobte den Hexameter, der ihm die Fülle erleichtert habe. Nie hätte er in Prosa vermocht, das alles so auszusprechen.
Er erzählte mir, Balzac habe einen Preis für das schönste Epos gestiftet, diesen aber selber nie erringen können, weil der Vers nicht seine Sprache war.
Wir sprachen weiter über die neuen Wortformen und über die traurige Tatsache der Irreligiosität in der Welt. Gerhart Hauptmann klagte über den Protestantismus, der im Verlöschen sei, und über das begründete Aufleben des Katholizismus in Deutschland.

Einmal sagte Gerhart Hauptmann zu mir: »In einem nächsten Leben müssen wir beide ein Liebespaar sein. Ich pränumeriere mich schon darauf.«
Darauf sagte Grete schnippisch: »Alma wird auch dort längst besetzt sein.«
Aber Gerhart Hauptmann und ich lächelten eigentlich recht vielstimmig...

Vor Jahren hatte Richard Specht ein Buch über Franz Werfel geschrieben, in dem Fritz von Unruh hart mitgenommen wurde. Specht hatte von Unruh gesagt, daß er eine »leere Kleistattrappe« sei. Es war nun ein Fehler Franz Werfels gewesen, daß er Unruh nicht sofort ein paar erklärende Worte sandte, nämlich daß er das dumme Buch vor dem Druck nicht gekannt habe. Er hätte damit Unruh beweisen können, daß er nichts davon gewußt hatte. Wir hörten deshalb Jahre nichts von Unruh.
Nun war Silvesterabend. Franz Werfel und ich waren bei Gerhart Hauptmann eingeladen – wie auch Fritz von Unruh, der aber mit der Begründung absagte, daß er mit Franz Werfel nicht beisammen sein wolle.
Ich machte nun kurzen Prozeß. Franz Werfel setzte ich in einen Wagen, mich dazu, und in wenigen Minuten waren wir vor Fritz von Unruhs Haus.
Er war »ausgegangen«...
Aber am nächsten Tage waren beide, Unruh und seine Frau, sowie ihr Gast, der preußische Minister Becker, bei uns.
Und seither ist es ein reger Verkehr.
Fast zu rege... mir bangt... er ist etwas sprunghaft, und ... Werfel wollte hier eigentlich Ruhe haben.

4. Januar 1928

Um mich ist eine ungeheure Stille und Frieden.
Wir hatten Silvester bei Gerhart Hauptmann verbracht. Er erzählte wieder viel vom ›Till Eulenspiegel‹. Graf Keßler mache nun eine vollständige Ausgabe (auf der Cranachpresse) des ›Till‹, und Hauptmann gibt ihm die ungedruckten Teile dazu. Gerhart Hauptmann ist so schön, so vollkommen edel, daß ich immer ergriffen bin, wenn ich neben ihm sitzen darf.

Aber er ist irgendwie resigniert.
Er sagte, auch er habe, wie ›Till‹, den Ast losgelassen, da ja doch alles gleich sei.
Man gehe ganz allein, ganz einsam ... Man solle nur schauen, daß und wie man am schönsten und richtigsten lebe ... alles andere sei nichts wert.
Beim Abschied küßte er mich auf den Mund und sagte: »Endlich sind wir einen Moment allein ...«, und schon stand seine Sekretärin vor uns. Ich umarmte also auch sie, was mir weniger vergnüglich war.

30. Januar 1929 – Nervi

Alban und Helene Berg sind angekommen.
Da er ›Und Pippa tanzt‹ komponieren will, so wünschte ich, daß er Gerhart Hauptmann menschlich nahe käme. Ich bezahlte ihnen also die Reise, und auch hier sind beide unsere Gäste.
Sie sind zum erstenmal in Italien, und jede Agave ist ein Erlebnis.
Alban und Helene erzählten mir, Oskar Kokoschka gehe jetzt nach Afrika.
Und das war es ja gerade, was ich für ihn immer gewollt hatte: die fremden, starken Farben!
Heute früh öffnete Werfel die Post, und fast wäre ihm eine Karte in die Hände gefallen. Eine Karte aus Afrika, von Kokoschka ...
Ich solle ihm schreiben ...
Ja, kann ich denn, wenn meine Post unter Kontrolle steht? Und – will ich denn auch?
Oskar Kokoschka kann mich ebensowenig vergessen wie ich ihn ... aber ich brauche ihn nicht mehr für mein Leben.

Abends waren wir mit den beiden Zsolnays, Mutter und Sohn, bei Gerhart Hauptmann.
Hauptmann sprach viel über sich selbst. Wir wunderten uns, denn das ist sonst nicht seine Gewohnheit.
Zum Schluß ließ er seine Abhandlung über den jüdischen Gott, Jehova, vorlesen.
»Eine antisemitische Angelegenheit«, wie er lächelnd sagte.
Franz Werfel, der wie alle anderen auch etwas alkoholisiert war, fuhr immer dazwischen und verteidigte seinen Gott, dem es allerdings weidlich schlecht ging. Gerhart Hauptmann nahm, unter Zuhilfe-

nahme der ›Schrift‹, eine Kritik an dem Wesen Jehovas vor, die Jehova so ziemlich aller Göttlichkeit entkleidete und ihn zu einem verworrenen, in Selbstwidersprüchen sich verhaspelnden Kauz machte.
Aber Franz Werfels fortdauernde Unterbrechungen störten; die Vorlesung wurde abgebrochen.

7. Februar

In letzter Zeit waren wir fast täglich bei Hauptmanns.
Gestern verabschiedete ich mich, weil ich morgen Anna Mahler in Rom treffen werde, um mit ihr nach Sizilien zu gehen.

8. Februar – Rom

Sonderbare Reise!
Durch die Karte von Oskar Kokoschka hatte ich wieder vollkommen die Fassung verloren.
Und ich rettete mich vor mir selber und vor einem Fremdwerden zu Franz Werfel in diese Flucht nach Rom und weiter nach Sizilien.
Es war wahrscheinlich notwendig, daß ich es getan habe. Franz Werfel gegenüber ist es nur scheinbar ein Unrecht. Ich will ihm in jedem Gedanken treu bleiben.

In Civitavecchia brannten Hunderte von Kerzen auf einem Friedhof. Es dämmerte ... und ich sah die Seelen sich über ihre eigenen Gräber beugen.
Ich war in den letzten Wochen innerlich so zerrissen ... Franz Werfel und ich waren nicht einmal allein ... Oskar Kokoschka stand zwischen uns wie Banquos Geist ... und Franz Werfel ahnte ihn vielleicht, ich aber sah ihn.
Ich bin ein anderer Mensch, seitdem ich hier bin.
Zehn Stunden kein Wort gesprochen.
Ganz allein stehen vor sich selbst, das ist wichtig!
Ich bin meinem heutigen Leben mit Haut und Haaren verschrieben.
Es ist eine Ehe – und was für eine schöne, bedeutsame!
Die Fata Morgana mag in der Wüste sein und ... bleiben.

Anna Mahler war, ohne meine Verständigung abzuwarten, von Berlin abgereist und bereits zwei Tage hier in Rom, während ich sie natürlich vergeblich erwartete. Sie war zu allen Zügen gegangen, um

mich abzuholen, ausgenommen den einen, mit dem ich gekommen war!
Ich war früh von Hause weggegangen, schrieb ein Antworttelegramm an Oskar Kokoschka auf seine Briefe und wollte es auf die Post geben. Ich nahm es vom Schalter zurück und steckte es ein. Ich hatte mich bezwungen.
In meinem kleinen Einspänner fuhr ich nun weiter und stieg mit guten Gefühlen aus dem Wagen aus, um Wiener Zeitungen zu kaufen. Plötzlich, an der Ecke des Café Aragno, umarmte mich Anna Mahler von hinten. Sie hatte mich im Straßengewühl an meinem Pelzmantel erkannt und war von einem fahrenden Omnibus abgesprungen. Wirklich eine Fügung Gottes, denn wie hätten wir uns sonst in dieser Riesenstadt treffen sollen!
Wir reisten bald weiter – per Schiff über Neapel nach Palermo. Es war eine windige Nacht, und wir schaukelten wie das Kind in der Wiege.
Sogleich nach unserer Ankunft in Palermo fuhren wir im Einspänner nach Monreale hinaus, ahnungslos daß dies eine lange, lange Distanz sei. Die herrlichen alten Mosaiken sind vollkommen erhalten. Der Eindruck ist überwältigend. Wir waren bezwungen, trotz der schauderhaften Winterkälte.
Wie kam es, daß der Vandalismus der Menschen einmal hier haltgemacht hat?
Palermo ist unüberwindlich unappetitlich.
Wir eilten sofort zu den Cappucini mit den achttausend einbalsamierten Toten, die – teils an der Wand hängend, teils sitzend oder liegend – nicht den Eindruck toter Menschen machen, sondern viel eher an gotische Kunst erinnern.
Dann San Giovanni degli Eremiti, eine frühchristliche Kirche, die an eine frühere Moschee angebaut sehr merkwürdig wirkt.
Spät abends bei einer Vorstellung der Puppazetti am Corso.
Die alte Sage vom rasenden Roland beschäftigt die Gemüter der Sizilianer noch immer stark.
Immer wieder Ruggiero, auf allen Karren, auf allen Wägelchen und in allen Volksstücken. Er steht ihnen näher als Jesus Christus.
Als Held in der Mitte: der schielende Orlando.
Die Puppen des Marionettentheaters sind so lebensvoll und genial gearbeitet, daß man, selbst wenn man sie nach der Vorstellung in der

Hand hält, sich eines Grauens vor der Naturhaftigkeit der höchst realistischen und dabei doch stilisierten Menschennachahmung nicht erwehren kann.

12. Februar – Segesta

Ein schöner Tempel in noch schönerer Umgebung.
Aber Ägypten hatte mir den Geschmack an diesen Tempelchen genommen.
Das Amphitheater ist wunderbar in die Landschaft gestellt, mit großem Blick auf das Meer.
Auf dem Wege zum Monte Pellegrino hinauf haben wir den Karnevalszug getroffen, der durch seine Phantastik und Größe allein schon jeden deutschen oder französischen Zug übertrifft.
Nächsten Tag ging's wieder nach Neapel ... wir kamen um fünf Uhr früh an. In Erwartung eines köstlichen Frühstücks liefen wir in die Passage. Es war nun gegen sechs, und kein Italiener würde seine Bude um diese Zeit aufmachen ... kurz, wir trollten uns mit krachenden Mägen und erlebten das Tagwerden dieser einzigartigen Stadt.
Mit Anna Mahler Kunst erleben, ist ein hohes Glück, weil sie ein absolut sicheres Qualitätsgefühl diesen Dingen gegenüber hat. Mit den Menschen ergeht es ihr nicht so – da irrt sie leicht.
Gegen Mittag kamen wir mit dem Hydroplan in Genua an. Wir flogen über Elba – weiße Schafe weideten friedlich unter uns. Da wir wunderbaren Wein aus Palermo mithatten, saß immer ein Pilot von den zweien in der Passagierkabine und half uns die Flasche leeren. Nach kurzer Flugunterbrechung in Ostia ging's nach Genua, wo uns Franz Werfel neidisch erwartete. Er hatte Karten für die Nachmittags-Aufführung zu ›Nerone‹, und so stürzten wir also in die Oper, dann ein fulminantes Dinner bei Ferraris mit viel Champagner, abends nochmals in die Oper, ›Maskenball‹, und schließlich mit dem Auto in der Nacht nach Santa Margherita ...
Mir standen die Sinne still ... woher das Geld ... woher das alles?
In Santa Margherita, nächsten Tag, ein Festmahl wieder mit Champagner, wieder nach Genua in die Oper, ›Werther‹ – wieder elegant nach Hause ... aber jetzt sagte Franz Werfel: »Nun ist das Geld alle!«
Jetzt erfuhr ich: Zsolnays hatten – wie alle reichen Leute – nie Geld genug bei sich, und ich hatte ihnen eine größere Summe geliehen. Dieses Geld, mehrere hundert Lire, war in meiner Abwesenheit ge-

kommen; Franz Werfel hatte es ›defraudiert‹ und in zwei Tagen mit uns durchgebracht.
Da er nie Geld bei sich hatte, damit er auf nichts aufpassen müsse, es auch nie für sich ausgab, war die Geldgebarung notgedrungen in meine Hände gelegt.
So war es übrigens auch mit Gustav Mahler gewesen.

Venedig

Gestern bin ich hier angekommen. Venedig!
Es ist *mein* Haus, in dem ich jetzt wohne. Meine ... von mir aus dem Nichts ... aus ein paar Zahlen heraus erschaffene Umgebung ...
Verkaufte ich dieses Haus, so bekäme ich hunderttausend Lire, also eine Zahl mit fünf Nullen ... dafür wäre meine Welt hier versunken, und ich hätte eben ein paar Nullen mehr ...
(Leider, leider habe ich es später dann doch getan!)

24. März 1928 – Wien

Gestern abend waren wir wieder bei Arthur Schnitzler. Wir sprachen über Géraldys Stück ›Robert und Marianne‹. Ich erzählte Schnitzler, daß ich meine alten Tagebücher wieder gelesen hätte, daß sie mir gemäßer seien als die Aufzeichnungen der späteren Jahre ... und wie wahr Géraldy über die Ehe geschrieben habe.
Das Ehe-Gespräch tat ihm weh.
Schnitzler bog das Thema ab und sagte: »Ja, auch ich habe seit meinem fünfzehnten Jahr bis heute täglich alles Wichtige aufgeschrieben, und ich kann mich nicht entschließen, diese Tagebücher von fremder Hand kopieren zu lassen. Sie sind zu ehrlich, und ich bin kein großer Dichter.«
Auf unseren Protest hin sagte er: »Nein, ich weiß, daß ich kein ganz Großer bin. Es gibt viel, viel größere Dichter als ich, aber ich glaube, daß diese Tagebücher, wenn sie einmal herauskommen sollten, sich an Bedeutung mit den Werken der Größten messen können.«

31. März

Ein äußerst stürmischer Flug von Wien nach Venedig.
Es gab Stellen, wo man sich's aussuchen konnte, was besser sei, an einem weißen Grat zu zerschellen, oder mit dem sich überkugelnden Luftschiff dreitausend Meter in die Tiefe zu segeln ...

*Gustav Mahler (sitzend) in Amsterdam mit (von links nach rechts)
Cornelis Dopper, H. Feyer, Willem Mengelberg und Alphons Diepenbrock (1909)*

Selbstporträt Oskar Kokoschkas aus dem Jahr 1913
(Museum of Modern Art, New York)

Walter Gropius (1916)

Franz Werfel auf dem Semmering, 1918

Alma Mahler-Werfel und Franz Werfel im Sommer 1919

Porträt von Alma Mahler-Werfel aus der lithographischen Folge ›Der gefesselte Kolumbus‹ von Oskar Kokoschka aus dem Jahr 1913

Die Töchter von
Alma Mahler-Werfel

Maria Mahler (oben links)
Anna Mahler (oben rechts)
Manon Gropius (rechts)

Alma Mahler-Werfel
in Beverly Hills, 1954

Der Pilot wollte von Klagenfurt aus nicht weiterfliegen – die Wetterberichte waren zu schlecht –, wurde aber von einem Mitglied des Direktoriums der Fluggesellschaft dazu gezwungen. Nachher hörten wir, daß es lediglich ein Probeflug war, und es sich um einen Rekord handelte! Viele Wetten waren auf diesen Flug gesetzt gewesen – also mußte geflogen werden.
Mein Kind war heldenhaft und wurde von allen Offizieren am Landungsplatz gelobt.
Wir hatten sieben Stunden Verspätung.

2. April – Venedig

Quälende Unrast ist in mir.
Ich sehne mich nach irgendeiner starken Empfindung.
Vielleicht ist es die Reaktion auf meine Todesangst... Ich möchte alles herbeirufen, was ich je geliebt habe, oder was ich lieben könnte – ohne Zwang ... ohne Bindung.
Plötzlich litt es mich nicht länger in Venedig, und ich überredete Anna Mahler und fuhr mit ihr zwei Tage nach Rom.
Am Tage unserer Ankunft noch ging ich zu Margherita Sarfatti, der ungekrönten Königin Italiens.
Sie lag auf einem Ruhebett – drei Zimmer waren nur durch Vorhänge geteilt – und empfing mich mit erstaunten, nicht eben sehr einladenden Blicken.
Im Gespräch aber wurde sie wärmer, und wir konstatierten wieder, daß nur eine Weltorganisation helfen könne. Sie meinte, daß ein internationaler Faschismus, auf Grundlage des nationalen Faschismus, nur möglich sei, wenn der Faschismus der anderen Länder die Weisheit eines Mussolini aufbringen würde, die Judenfrage auszuschalten. – Und ich war ja nur deshalb zu ihr gekommen, um diese Frage zu erörtern. Sie sagte, daß Mussolini nie die Absicht hatte, sich in die Politik anderer Nationen einzuschalten und zum Beispiel den Hitler-Antisemitismus in Italien einzuführen. Ich bat sie dringend, auf die Gefahr zu achten, die via Berlin Italien drohe. Sie glaubte es mir nicht! Weiter sagte sie: »Die Juden sind doch so gescheit, man braucht ihren Geist. Und was ich immer predige, und wo ich weder von Rechts noch von Links verstanden werde: Der Jude muß endlich als gleichberechtigt aufgenommen werden. Der Jude hat sich übrigens in der Geschichte oft nationaler betragen als der Eingeborene.«

(Heute weiß ich, daß sie Jüdin ist, was ich damals nicht erkannt hatte.)
Später im Gespräch sagte sie noch, daß der italienische Faschismus ungeheure Opfer vom Volk verlange, und sie wisse nicht, ob ein anderes Volk dessen fähig wäre.
»Endlich haben wir einen Führer – es war fast zu spät! Aber noch wichtiger als sein Genie ist sein Charakter!«
Sie rief diese beiden Sätze kurz nacheinander.
Auf ihrem Schoß lagen Hunderte von Blättern, in die sie während des Gesprächs immerfort kleine Notizen eintrug. Zum Schluß sagte sie sehr liebenswürdig, sie empfange immer ab fünf Uhr, und ich solle zu ihr kommen, wann ich wolle. Irgend jemand wurde gemeldet, und ich verabschiedete mich.
Später besuchte sie mich in Wien, und wir trafen sie dann zwischen 1938 und 1939 öfters in Paris. Sie besuchte uns mehrmals. Nun war sie aber nicht mehr die Geliebte Mussolinis, hatte fliehen müssen... und ihr Held lag im Staub vor Hitler. Sie war jetzt voll Bitterkeit, und alles, was ihr vorher an Mussolini liebenswert erschien, war ihr nun verabscheuungswürdig.

Hans Pfitzner und seine Tochter Agi wohnten diesmal nicht bei mir.
Die Ankunft war schon für Pfitzner ungeheuer charakteristisch. Ich hatte im Hotel Brittanica zwei Zimmer für die beiden genommen, mit der besonders schönen Sicht auf den Canale Grande. Am Tage vor der Ankunft ging ich noch einmal dorthin, um nach dem Rechten zu sehen. Der Portier zeigte mir lächelnd eine Karte Pfitzners, die eben eingetroffen war. Es stand darauf, man möge ihm keinen ›Omnibus‹ an die Bahn schicken, da er nicht genau wisse, wann er ankäme.
Omnibusse in Venedig!!
Als ich Pfitzner bald nach seiner Ankunft besuchte, waren die Fensterläden seines Zimmers, dem Canale zu, alle geschlossen. Auf meine Frage, warum: »Ich will den Canale Grande nicht sehen.«
Seine zwanzigjährige Tochter durfte nirgends allein hin, weder spazierengehen noch in eine Galerie... sie könnte bestohlen oder beraubt werden... bei dem »Bettelvolk« sei ja alles möglich.
Eines Tages kam er böse nach Haus: »Und die Tauben sind auch nicht mehr zahm!« Wütenden Blickes warf er seinen Überrock von sich.

Ich hatte mich einmal um ein paar Minuten verspätet, da mir das Vaporetto vor der Nase davongefahren war. Pfitzner sagte: »Warum hast du nicht das frühere genommen?«
Und so ging es ins Endlose.
Er wollte das Böse sehen, enttäuscht, wie er vom Leben war.
Es gab in dieser Zeit einen höchst interessanten Abend bei uns. Rededuelle zwischen Hans Pfitzner und Arthur Schnitzler. Schnitzler war der geistreichere und Pfitzner mußte es anerkennen.

Und so hatte ich eben wieder schweren Dienst... Quälereien von Pfitzners Seite und alles einstecken... Aber ich verehre ihn, und ich weiß ja, daß es vorübergeht. Neben Richard Strauss ist Hans Pfitzner heute der musikalischste Komponist Deutschlands.

Nun also gingen wir Arm in Arm auf dem Bahnhof auf und ab, und Hans Pfitzner sagte:
»Weißt du, wenn ich nicht hierhergekommen wäre, so hätten wir uns wahrscheinlich nie mehr gesehen, denn du kommst ja doch nicht nach Deutschland. Mir geht es dir gegenüber schwer. Ich habe dich als Frau begehrt, begehre dich noch immer, aber die Reue meiner zahllosen Vergehen meiner armen Frau gegenüber steht immer vor mir und vergällt mir jede Freude. Franz Werfel ist mir heute viel sympathischer – obwohl ich ihn nie gesucht hätte, wenn du nicht mit ihm verbunden wärst. Meine Briefe stimmen nun in diesem Punkt nicht mehr. Ich bitte dich also, sie zu vernichten.«
Ich habe sie natürlich nicht vernichtet, weil sie wichtig sind, wie alles, was er geschrieben hat.
Als sich die beiden seinerzeit kennenlernten, hatte ich mehrere Versuche gemacht, sie einander näherzubringen, aber es ging nicht. Gleich beim erstenmal machte mir Pfitzner fortwährend Zeichen, ob denn der Eindringling nicht bald gehe. Ich tat, als verstände ich ihn nicht. Es folgte ein frugales Nachtmahl – wir befanden uns in den ersten Jahren nach dem Krieg – und ich gab ein paar kleine Flaschen Tokajer her, die ihre Wirkung nicht verfehlten, das heißt, die beiden Männer gerieten in furchtbaren Streit über das Kommende: Hitler. Pfitzner drohte mit den Fäusten und schrie: »Der Hitler wird es euch schon zeigen ... Deutschland wird trotzdem siegen...« Und so ging es weiter. Als er sich verabschiedete, zog er mich ins Vorzimmer und zischte:

»Wenn Dante den Werfel gekannt hätte, hätte er einen zehnten Höllenring erfunden und ihn dort hineingesetzt!« (Hans Pfitzner war einer der ersten Anhänger Hitlers gewesen, um freilich bald abzufallen, als die Nazis ans Ruder kamen.)

An der Bahn trafen wir den Dichter Max Brod, der zufällig durchreiste. Nach der herben, spitzen, germanischen Art Pfitzners wirkte der Jude Brod wie eine Erlösung auf mich.

Ein anderes Mal wollte Pfitzner lachen und bat mich, Egon Friedell einzuladen ... und, für mich selbstverständlich, kam Franz Werfel, von dem aber Pfitzner nicht wußte, wie nahe er mir stand. Anfangs ging alles gut. Später kam man auf die Friedensbedingungen nach 1918 zu sprechen. Pfitzner tobte dagegen... aber Egon Friedell meinte sehr fein: »Wie schrecklich würden aber die Bedingungen erst ausschauen, wenn die Deutschen gesiegt hätten. Alle Nachbarländer wären zerfetzt worden...«
Hans Pfitzner war sprachlos empört. Von Heiterkeit, von Lachen also keine Rede...

Mich erinnerte Hanz Pfitzner an Hugo Wolf, dem er nicht nur sprechend ähnlich sieht, sondern er stellt in seiner skurrilen Art und Bosheit genau dieselbe Spezies Mensch dar. Da ich Hugo Wolf in meiner Kindheit öfters in meines Vaters Haus sah, hatte ich sein Bild klar vor Augen.
Beide hatten eine kärgliche Jugend gehabt. Pfitzner sagte einmal in Gegenwart anderer: »Vielleicht wäre etwas ganz anderes aus mir geworden, wenn ich nicht körperlich so dürftig wäre.« Dabei zog er seinen engen Bratenrock noch enger um den engen, dürren Körper und bereitete uns Wehmut mit dieser Geste.

Am 26. Juli 1928 hat sich die einzige Tochter Arthur Schnitzlers, die mit dem italienischen Hauptmann Cappellini verheiratet war, erschossen. Der Schuß an und für sich war nicht lebensgefährlich, aber die verrostete Kugel brachte Sepsis und Tod.
Lilli Schnitzler selbst ahnte nicht, daß sie sterben werde; sie sagte in der Gondel zu ihrem Mann: »Weine nicht, ich werde ja wieder gesund.«

Gleich nach dem Schuß sagte sie: »Was habe ich getan... warum habe ich es getan?«
Tiefes Dunkel liegt über ihrem Tod.

Wien

Arthur Schnitzler rief mich vom Semmering nach Wien, und ich fuhr sofort hinunter. Ich fand einen gelben erloschenen Greis und eine schwarzgekleidete Mutter. Der schöne düstere Schwiegersohn sprach unausgesetzt, als hätte er eine Schuld zu vertuschen. Bald sprach er französisch, bald italienisch und tat mit viel Gesten und Ausrufungen sein Unheil kund. Dies war auch groß genug. Er wurde strafweise nach Süd-Sizilien geschickt, denn Mussolini duldete keine Skandalaffären im Heer.
Der einzige, der ruhig, anständig, gefaßt, abseits stand und doch alles lenkte, war der junge Schnitzler, der das Herz am rechten Fleck zu haben scheint.
Olga Schnitzler war die erste, die mir mit einem Weinkrampf in die Arme sank.
Mir war elend zumute, als ich Arthur Schnitzler entgegentrat. Er umarmte mich und weinte furchtbar.
Cappellini küßte mir die Hand und hielt die erste Rede; er dankte mir für ›irgend etwas‹.
Dann gingen wir in den Garten, wo wir uns auf Polsterbänke setzten und sprachen.
Arthur Schnitzler sagte: »Als ich im Jahre 1907 Gustav Mahler auf einer Bank in Schönbrunn ganz allein und trauernd sitzen sah, den Kopf gesenkt – es war dies nach dem Tode Ihrer Tochter Maria –, da dachte ich mir: wie kann dieser Mann das überleben? Wenn man mir damals die Zukunft gezeigt hätte, wie seine Tochter Anna mein Kind in den letzten Augenblicken umsorgt und begleitet hat!«
Keiner der Eltern wollte die Tote sehen.
Anna Mahler war außer den Eltern Lilli Schnitzlers auch das einzige menschliche Wesen auf dem Friedhof gewesen.
Ich bin glücklich, daß Anna das erstemal in ihrem Leben sich beweisen mußte und konnte.
Der hagere Colleoni-Schwiegersohn ist mir recht rätselhaft.
Er spricht fortwährend.
Mag sein, daß das seine Art zu trauern ist.

Cappellini konnte das Alibi einer glücklichen Ehe bis zum jetzigen Moment erbringen ... trotzdem kann ich es nicht fassen, daß Lilli Schnitzler mit diesem Fremdesten aller Fremden wirklich glücklich gewesen sein soll.
Man sagte sich auswendig Lillis Tagebuch auf, das voll sehr heikler Stellen ist, die offen besprochen wurden.
Es scheint auch, daß Lilli eine neue Leidenschaft befallen hatte, doch schien auch der wieder ein ungeistiger schöner Zwockel gewesen zu sein.

Ich beschloß in dieser Nacht, nicht zu heiraten.
Schuld an dieser neuen Entfremdung ist ein Gedicht, das Franz Werfel jetzt macht.
Ein Gedicht über den Tod Lenins ... und, wenn der Rhythmus dieses Gedichtes auch sehr schön ist, so ist doch der Sinn dessen, was Werfel jetzt dichtet, mir fremd.
Lenin war der Ur-Brunnenvergifter!
Und mein Glück schwimmt irgendwo im Ozean des Geschehens... ich bin allein in fremder Leere.

25. August

Ich las jetzt alte Briefe von Oskar Kokoschka. Er hat meine Kreise sehr gestört, aber ich war immer der Zentralpunkt aller seiner Lebensinteressen.
Wen interessiert heute mein Leben?
Wer kümmert sich heute um meine heimlichen Leiden und Beglükkungen?
Ich bin seit zehn Jahren unausgeglichen und spiele irgendeine Rolle.
Nach außen: die sozusagen glückliche Geliebte eines anerkannten Dichters.
Aber ich fühle mich weder als seine Geliebte noch als seine Frau. Und er will ja heiraten, so schnell wie möglich, aber etwas in mir will nicht.

September – Venedig

Der Sommer war schön und erfüllt.
Vielleicht werde ich Franz Werfel doch heiraten...
Er ist der gütigste, liebendste Mensch in meinem Leben.

Das Aufhören – jedes Aufhören ist furchtbar.
Nun gar das der fraulichen Körperfunktionen – denn da gibt es keinen Anfang mehr.
Niemals mehr kann ich mit dem Gedanken spielen, mich vor einer Empfängnis zu fürchten!
Und was tauscht man ein?
Ruhigeres Blut? Keine Spur.
Weiseres Betrachten des Lebens? Keine Spur.
Nichts gäbe es also mehr, wonach man sich sehnte? Keine Spur!
Nach allem Ersehnten sehnt man sich weiter!
Jedes Aufhören ist ein Teil vom Tod... Jedes Aufhören einer Liebe ist ein Teil vom Tod – und so stirbt Ast um Ast ab! Und so soll es sein?!

Später

Wieder waren wir in Wien bei Arthur Schnitzler. Nachdem wir ihm über das Grab Lillis in Venedig berichtet hatten, wobei seine guten blauen Augen in Tränen schwammen, kamen wir auf das Gebiet des Glaubens, der Religion, und endlich auf das Christentum selbst zu sprechen.
Arthur Schnitzler steht auf streng naturwissenschaftlichem Boden und leugnet den Begriff des ›In der Gnade sein‹.
Ich verteidigte den gottbesessenen Menschen und den Begriff der ›Erleuchtung‹. Und wir kamen auf die Zweifler, die doch glauben, und auf die Gläubigen, die doch zweifeln.
Er berichtete von einem Buch, das er eben lese und das den sonderbaren Titel trägt: ›Der gerettete Christus‹.
Schnitzler meinte, Christi Tod käme in keinem Zeitbericht vor. (Er kommt doch vor, aber als bloßer Zeitbericht.) Man erkannte die Einzigartigkeit und Größe des Geschehens nicht sofort.
Auch mir war der Opfertod Christi nie ganz verständlich gewesen.
Der Opfertod Giordano Brunos ist erklärbar.
Und daran knüpften sich lange Gespräche, die in uns dreien nachklingen und wirken.

Arthur Schnitzler über Bolschewismus:
»Der Pedantismus mißverstand die Menschenliebe; das Resultat ist als Marxismus bekannt.

Das Ressentiment mißverstand den Marxismus – da wurde der Bolschewismus daraus.
Das Literatentum mißverstand den Bolschewismus – da galt er wieder als Menschenliebe – aber nun sah sie auch danach aus.«

Ich könnte ohne Juden nicht leben, lebe ja auch dauernd fast nur mit ihnen; ich bin oft aber sehr voll Groll gegen sie, daß ich mich manchmal aufbäumen möchte.
Warum kann man nie glücklich sein – nie zufrieden genießen, was man hat, und immer das Andere wollen?
Das Andere.
Jetzt sehne ich mich fort, an einen stillen Ort, um mich zu vergraben und allein zu sein... so will ich heimlich ›Comologno‹ kaufen. An der Grenze zwischen der Schweiz und Italien, ein Schloß aus dem siebzehnten Jahrhundert, in den höchsten Bergen gelegen – sehr nahe bei Lugano. Als Abt im Kloster meiner eigenen Bruderschaft.

Gestern abend habe ich die Dichterin Paula Grogger kennengelernt. Ich kannte sie gut durch ihr Buch ›Das Grimmingtor‹. Ich hatte das Manuskript seinerzeit Zsolnays gegeben, aber damals waren sie sehr links eingestellt und wiesen es ab. Später wollten sie um jeden Preis ihr nächstes Buch, aber da war sie schon in festen Verlegerhänden, und Zsolnay hatte sie verloren.
Für mich war sie ein faszinierendes Bild der tiefsten Einfalt und rührend madonnenhafter Echtheit. Schön, durch Ausdruck, sitzt sie da in ihren alten schäbigen Gewändern, und ihre Haare hatte sie so ungeschickt aufgesteckt, daß man nur die dummen Enden der Zöpfe zu sehen bekam. Sie trägt das unsichtbare Königreich in sich.
Meine modischen Fetzen wurden zu Hadern neben ihrer strahlenden Armseligkeit, und ich schämte mich.

Im Sommer 1928 hatte Franz Werfel auf dem Semmering seinen neuen Roman ›Barbara oder die Frömmigkeit‹ angefangen. Es galt, den Bodensatz unserer Revolutionszeit zu gestalten. Er schrieb die ersten beiden Lebensfragmente, und da er spät angefangen hatte, kam der Herbst viel zu früh. Es wurde bitterkalt, und wir übersiedelten nach Wien, wo er aber nie recht arbeiten konnte. Zu verführbar war er mit seinen heiteren Sinnen!

1929

Wieder kam ein Frühling in Paris und später Franz Werfels Arbeitszeit in Santa Margherita.

Dort hatte Franz Werfel ›Barbara oder die Frömmigkeit‹ vollendet. Es war eine wunderbare Zeit, und ich war mit Manon die ganzen Wochen vor der Vollendung des Buches bei ihm. Er arbeitete mit großer Freude und las mir gleich nach dem Entstehen jedes Kapitel vor, über das wir dann stundenlang sprachen.
Es ist ein sehr starker Roman. Die Atmosphäre des Krieges und des Wiener Umsturzes ist großartig geschildert. Später hat er es gemildert.
Leider hatte er wieder die Nächte durchgearbeitet und seinen Motor mit viel Rauchen und Kaffeetrinken überheizt. Ich sehe das mit großer Angst.

Und wieder kam eine Karte von Oskar Kokoschka aus Kairo und rührte mein Inneres auf.
Warum tut er das nur?
Es ist, als ob wir mit einer geistigen Nabelschnur aneinander hingen. Und es ist gewiß nichts Körperliches ... war es nie!

Die Phrase bringt die heutigen Menschen um, wahrscheinlich war das zu allen Zeiten so.
Oskar Kokoschka hatte andere Lebensmusterkarten vor sich ausgebreitet als Franz Werfel, aber er kann ihnen ebensowenig nachleben wie Werfel. Es ist die Reinheit, die Oskar Kokoschka mit einer etwas zu wissenden Seele anstrebt.
Aber dieser selbstberäuchernden Sucht kann ich eher ins Auge schauen als dem triefäugigen Untier des Klassenkampfes, der Franz Werfel einen Schmarren angeht, weil er ihn ja geburts- und klassenmäßig überhaupt nicht verstehen kann... geschweige denn mitmachen. Also bleibt es beim Wort.

Semmering

Theodor Däubler war über den Tag hier.
Er ist bestimmt ein bedeutender Mensch, aber ich kann für dieses mächtige Stück Fleisch nicht das geringste Gefühl in mir erwecken.

Kann eine solch ungegliederte, ungeschlachte Fettmasse einen Genius umschließen?
Däubler ist einer der seltenen Fälle von Künstlertum, wo ich weder helfen könnte noch möchte.
Alles ist unhuman an ihm.
Jede Äußerung, jede Lebensregung, jede Bewegung der Seele oder des Körpers, ja jeder Atemzug.
Ich hatte ihn von der Bahn abgeholt.
Ja, es war heiß ... aber so viehisch schwitzen darf man doch nicht! Wir saßen im breiten Landauer, weit auseinander, denn mir grauste vor jeder fernsten Berührung.
Er nahm seinen Calabreser ab, legte ihn umgekehrt auf die Bank gegenüber. Der Hut war innen fettig und fließend. Er sprach von Verlegerdingen. Denn deshalb allein war er ja gekommen, warum also Umwege?
Und wir beide, Werfel und ich, waren nur der gradus ad parnassum zum Zsolnay-Himmel.
Er sah nicht die Natur, auf die ich ihn vergeblich aufmerksam machte, er sah nur sich.
Im Badezimmer, wohin er sich führen ließ, entledigte er sich seiner Weste, und jetzt noch sehe ich dieses fettige Etwas dort hängen.
Nein! Zur Kunst gehört Schönheit, und wenn man sie auch oft erst heben muß. Aus solchem Fettwanst kann keine reine Seele tönen!
Drei Tage später kam der jiddische Dichter Schalom Asch mit seiner Frau hier an.
Welch andere Welt! Sofort war man zu Hause.
Inwieweit er bedeutend ist, kann ich noch nicht sehen, aber er ist hinreißend in jedem Augenblick.
Ich bin natürlich politisch sein schärfster Gegner, aber solche Feinde liebe ich. Sie sind von meinem Blut, und wenn es Australneger wären.
Mir fällt übrigens ein Gedicht ein, das ich als sehr junges Mädel schrieb. Ich war damals sechzehn Jahre alt.

Selig alles Werden
In Geist und Herrngemüt –
Selig alle Erden
Wo dieses Wunder blüht.

Hoch nur von den Bergen
Kommt der Quell –
Selig alles Sterben
Hinein in diese Well'.

O Urgrund alles Seins – helle Glut –
Nimmermüd des Gebens!
Nimm auf in dich all mein göttliches Gut,
Meer des Lebens...

Mein armes kleines Gedicht. Und wieviel hab ich dabei empfunden!

7. Juli 1929 – Semmering

Morgen wollen wir heiraten ... ich kann nicht schlafen. Bin zu unruhig.
Weiß nicht, ob ich recht handle bei meiner Freiheitssucht.
Für den ›Herrn Nachbarn‹ tue ich es nicht.
Gewiß nicht für mich!
Für Manon vielleicht. Sie soll in geordneten, westlichen Umständen aufwachsen.
Meine Freiheit, die ich mir trotz alledem gewahrt hatte, bekommt einen Stoß. Meine Liebe ist einer sehr verbundenen, innigen Freundschaft gewichen.
Ich habe noch einmal die alten Karten Oskar Kokoschkas aus der letzten Zeit durchgelesen; aber er schläft jetzt ruhig in mir. Ich bin also bereit.

Mir geht es körperlich nicht gut.
Ein Versagen auf allen Linien. Die Augen wollen nicht mehr. Die Hände verlangsamen ihre Gangart übers Klavier... Ich vertrage kein Essen – kein Stehen – kein Gehen. Höchstens noch Trinken.
Aber es ist oft das einzige Mittel, um meine Auskühlungen und Schauer im Körper zu überwinden, da ich ein Vagotoniker bin und einen zu langsamen Puls und ein schwaches Herz habe.
Ich werde in wenigen Wochen fünfzig Jahre alt – und Franz Werfel ist jung.
Ich muß schritthalten ... muß Jugend heucheln.
Muß mein ganzes Lebensinteresse auf sein Werden wenden – darf nicht, wie ich möchte, objektiv über den Dingen stehen.

Den ungeheuren Reiz des Alterns, des Sich-in-sich-selber-Zurückziehens, Weniger-Mitspielens – darf ich mir nicht leisten.
Da gibt es nur eine Rettung.
Öftere Trennungen, wie wir das ja in den ganzen letzten Zeiten schon getan haben.

8. Juli 1929

Heute war meine Hochzeit. –

19. Juli

Eine traurige Zeit liegt hinter uns.
Hugo von Hofmannsthal, der große Dichter und unser Freund, ist am Montag, dem 15. Juli 1929, plötzlich gestorben.
Am Samstag zuvor hatte sein Sohn Franz Selbstmord verübt, und am Tage des Leichenbegängnisses dieses jungen Ahnungslosen, im Moment, da Hugo von Hofmannsthal seinen Zylinder aufsetzen wollte, fiel er in eine Ohnmacht, aus der er nicht mehr erwachte.

Hugo von Hofmannsthal war ein strenger, etwas unnahbarer Mensch. Vor längerer Zeit hatte er sich plötzlich einmal bei mir angesagt, und ich war tödlich erschrocken, als ich ihm nun so allein vis-à-vis saß. Nicht aus Angst vor ihm, nicht aus irgendeiner Beklemmung vor seiner Bedeutung, sondern einfach deshalb, weil ich ihm nichts zu sagen hatte. Er kam und sagte etwas grausam: »Ich hab schon so viel von Ihnen g'hört, daß ich jetzt selber dahinterkommen möcht, wer Sie eigentlich sind... denn alles, was m'r die Leut erzähl'n, is ma so sympathisch.«
Er blieb ein paar Stunden bei mir, aber er ging bestimmt enttäuscht fort, denn ich konnte nicht reden.
Er frug mich sehr viel über Franz Werfel aus, dessen politische Linkseinstellung er ablehnte, vor allem glaubte er nicht recht an sie. Die wilde Revolutionszeit Werfels im Umsturz war ihm geradezu verhaßt.
Ich erklärte ihm alles aus Franz Werfels großer Jugend, und er versprach mir damals, mit größerer Objektivität an die Erscheinung Werfels heranzugehen.

Noch vor drei Wochen waren wir bei Hugo von Hofmannsthal in Rodaun. Er war gesprächig, unbelastet und heiter. Wir mußten immer wieder die selbsterlebten Hauptmann-Anekdoten erzählen. Davon konnte er nicht genug bekommen.
Er führte uns damals in den Garten, in die Höhe, zu seinem Arbeitsplatz. Aber da es schon finster war, so sahen wir nur hie und da weiße Blumen aufleuchten ... und stolperten über unbekannte Stufen und Wege.
Hugo von Hofmannsthal war voller Glück über sein Heim. Das ganze war mir eine freudige Überraschung, denn zwei Tage zuvor war ich mit ihm allein bei Berta Zuckerkandl gewesen, er kam, vielmehr schwankte zur Tür herein ... ein steinernes Golemgesicht ... wir riefen: »Was ist Ihnen...?« Er sank lautlos auf das Sofa. Berta Zuckerkandl holte Wasser und Validol, es wurde ihm besser, aber seine geisterhafte Blässe verließ sein Gesicht nicht.
Und nun klärte sich die Sache.
Hugo von Hofmannsthal hatte sich im Datum geirrt und plötzlich Angst um den jüngeren Sohn Raimund bekommen, der von seiner Weltreise zurückerwartet wurde.
Damals war es ein, wenn auch schnell vorübergehender Herzanfall.
Vorher schon war er bei einer Vorlesung des ›Welttheaters‹ bei Berta Zuckerkandl plötzlich bewußtlos am Boden gelegen.
Hugo von Hofmannsthal war Mitglied des Dritten Ordens der Franziskaner und wurde im Ordenshabit begraben.

Fritzi Massary

Ich hatte und habe eine liebende Verehrung für Fritzi Massary, eine der merkwürdigsten Künstlerinnen, die ich je erlebt habe. Sie brachte ihren Geist in die dümmste Operette und machte dadurch Unwahrscheinliches wahr.
So wie die Duse, die oft schlechte Stücke spielte, alles sublimierte, was ihr Geist berührte, so auch ›die Massary‹, wie man sie populär nannte.
Fritzi Massary fühlte mein Verständnis, und so kamen wir öfter allein zusammen. In einem solchen Tête-à-tête erzählte sie mir einst bezaubernd über die Liebschaften ihrer frühen Jugend, und zum Schluß sagte sie: »Alles in allem – wenn ich so zurückschau, hab ich nicht mehr erlebt als ein heutiges Bürgermädel.«
Voll von diesen entzückenden Novellen ihres Lebens war ich wieder

einmal mit Franz Werfel bei Hugo von Hofmannsthal in Rodaun. Ich erzählte ihm Wort für Wort das ganze intime Gespräch und Hofmannsthal geriet außer Rand und Band.
»Ja, das müssen Sie bald wieder herbeiführen, so ein Gespräch ... und mir nachher genau erzählen. Das ist zu schön!«
Fritzi Massary ist zutiefst geistreich. Sie hat ihr Leben, das gedrückt und arm begonnen hatte, fest in ihre kleinen starken Hände genommen und fand in Max Pallenberg den kongenialen Partner – nach vielem Suchen nach der zweiten Ich-Hälfte, wie sie in Platos ›Gastmahl‹ beschrieben wird. Da sie vollkommen über diesen Dingen steht, muten ihre Erzählungen an wie die schönsten Autobiographien aus der Zeit des Pompadour-Regimes oder des Zweiten Kaiserreiches.
Sie sagt, Max Pallenberg sei die einzige Leidenschaft ihres Lebens gewesen. Ich glaube, es stellt sich ihr heute wohl so dar, aber sie ist viel zu reich fazettiert, um ihrer ›Zukunft‹ in jeder Weise so treu gewesen zu sein. Ich kannte einen ihrer Liebhaber. Er war ein bezaubernd schöner und geistreicher Jüngling und muß stark auf sie gewirkt haben. – Spricht sie, so pulsiert das Leben hinter jedem Wort. Die Menschen, die sie umgeben, waren, sind und werden nicht die rechten sein, um den Roman ihres Lebens ihr gemäß zu schreiben. – Auf der Bühne war sie einzig. Wenn Franz Werfel und ich nach Berlin kamen, so war unser erster Weg immer in das Theater, wo sie auftrat.
Ich hatte die Empfindung, daß Hugo von Hoffmannsthal sich dieses Sujet vorgenommen hatte – aber er hatte ja nur noch so kurze Zeit zu leben.

Mit der Größe der Kreatur und ihrer Menschenähnlichkeit wächst unser Leid bei ihrem Tode.
Mein Hund, aufgestellt so groß wie ein Mensch, liegt im Sterben, und der Tod des Vogels vor acht Tagen bedeutet wenig gegen den Schmerz, den das ganze Haus um den Hund leidet. – Ist es die Menschenähnlichkeit?

Der Hund ist gestern verendet.
Ich hatte ihn seinerzeit mit ungeheuren Mühen einem Tierquäler in Venedig abgekauft und von dort hergeschleppt.

Später im August

Heute haben wir eine wunderbare Fahrt nach dem früheren Ungarn zum Neusiedlersee unternommen. Der Burgtheaterdirektor Herterich besuchte uns mit seiner Freundin Stella Eisner und mit dem Ehepaar Schalom Asch, und so fuhren wir alle zusammen dorthin.
Alles fanden wir dort: Pußta, Wasser, Schilf, Reiher, Lenau, Liszt, Zigeunerdörfer, Wildwest!
Zum Schluß gab's noch ein kleines Abenteuer. Wir waren in zwei Autos verteilt, und von Eisenstadt zurück fuhr ich mit Schalom Asch allein. In dieser Hügelei verloren wir die anderen aus den Augen.
Ich wollte nach Hause und Asch wollte sich irgendwo ein eigenes Auto suchen, um nach Wien zurückzufahren. In Sollenau machten wir deshalb halt; Asch sprang als Kavalier aus dem Wagen und rief der Sollenauer jeunesse dorée in seinem schönsten Jiddisch zu: »Ich bederf zu gebrochen en Oto – ich bezohle...«
Nun war es geschehen. Die Leute sahen drohend drein, und da ich ein Pogrom fürchtete, hieß ich ihn schnell einsteigen, und wir flüchteten unter dem Gewieher der Dorfjugend.
Ein schweres Gewitter ging nieder, und wir erwischten endlich nach manchen Irrfahrten die anderen.

24. August – Semmering

Gestern ist meine Mutter heraufgekommen und hat mir zu meinem kommenden Geburtstag das ersehnte Landschaftsbild meines Vaters gebracht. Ich weiß, daß es ihr eine schwere Selbstüberwindung war, und ich möchte es ihr jetzt am liebsten zurückgeben. Ich wollte kein Opfer – aber ich hatte ein Anrecht auf dieses Bild. Ich wollte nur Gerechtigkeit.
Da meine Mutter ihre ganze Liebe ihrem Kinde aus der Ehe mit Moll zugewandt hatte, ohne daß sie es weiß, und dieser Tochter vor kurzem ein herrliches Bild meines Vaters geschenkt hatte, so war ich voller Groll und habe es ehrlich ausgesprochen. Am meisten aber hätte mein geliebter Vater darüber gelacht, wenn er gesehen hätte, wie das falsche Kind dem echten vorgezogen ward – wie im Märchen.

Später

Ich fühle meine neuerliche Ehe als Zwang. Viel mehr, als ich mir dies vorgestellt hatte. Merkwürdig.

Möchte fort und möchte bleiben!
Dieses Hocken auf einem Fleck, den man jetzt fünfzehn Jahre in- und auswendig kennt, ist sündhaft. Mein Leben geht zu Ende, und ich habe nur ein kleines Stück Erde gesehen. Menschen aber habe ich dafür genug verschlungen. Und es ist also unmöglich, daß ich einfach erkläre, daß ich allein eine Reise machen will? Ja natürlich, denn es geht gegen den Begriff der Ehe!

Franz Werfel bekam ein Telegramm aus Prag, daß seine kleine Nichte lebensgefährlich krank sei. Wir fuhren in der Nacht nach Wien und er sogleich weiter nach Prag.
Für Franz Werfel war das ein Unglück, er wurde aus seiner Arbeit herausgerissen und verlor dann Wochen damit, sich wiederzufinden. Für mich aber war das Ganze ein Glück. Ich hatte mir am Semmering eine Zehe gebrochen – und behandelte mich selbst, das heißt überhaupt nicht. Nun ging ich zu einem Röntgenologen, was ich sonst nie getan hätte; der Knochen hatte sich schon verdreht, ich bekam einen enormen Gipsverband. Vielleicht wäre mir sonst etwas Böses davon zurückgeblieben.
Meine Ärzte-Ablehnung geht schon etwas weit.

Ich bin von einer kleinen Reise angekommen. Auf der Porch kam mir ein federnder Jüngling entgegen: frei, heiter, zu mir gehörig. Ich werde Franz Werfel nie verlassen, und je ärger man von außen mit ihm umgeht, desto weniger! Er trägt die verfluchten Anfeindungen wie ein weises, göttliches Kind.
Fünfzehn Jahre lassen sich nicht aus dem Leben streichen, am wenigsten dann, wenn ein Mensch so restlos gut, rein und nobel war, wie er im Grunde – und insbesondere zu mir – war und ist.

1929

Zweite Reise nach Palästina.
Nachdem Franz Werfel seinen Roman ›Barbara oder die Frömmigkeit‹ beendet hatte, wollten wir eine Reise machen. Ich wollte nach Indien, dem Lande meiner Sehnsucht. Er widersetzte sich dem mit der Begründung, es sei zu weit, zu anstrengend. Und so tauschte ich die Schiffskarten und alle weiteren Bestellungen für Alexandrien um und begrub damit meinen Lebenswunsch.

In all seinen Entschlüssen war Franz Werfel schwer und langsam. Befanden wir uns aber einmal in einem anderen Land, einem anderen Erdteil, so war er derjenige, der die abenteuerlichsten Pläne schmiedete und über alle Maßen verwegen war.

Wir gingen wiederum erst nach Ägypten und nach einem kurzen Aufenthalt in Kairo nach Palästina.

Werfel zog sich in El Kantara eine merkwürdige Krankheit zu, die ihm jeden Abend Fieber brachte. Sie verschwand, sobald wir wieder in Ägypten waren.

Wir fanden nach der kurzen Zeitspanne von fünf Jahren, in denen wir nicht dagewesen waren, ein ungemein gewachsenes, verschönertes, viel interessanteres Palästina.

In Jerusalem empfing uns ein neues, sauberes und modernes Hotel, und ganz in der Nähe befand sich das bekannte ›King David Hotel‹ im Bau. Wir fühlten uns so zu Hause, daß ich meiner Häusersucht zu frönen begann und absolut ein Haus in Jerusalem haben wollte.

Franz Werfel hatte nun viele Gespräche mit dem Geschäftsführer des Lloyd, da er absolut nach Syrien und Damaskus wollte, Baalbek, den Libanon, Beirut und Bagdad zu besuchen wünschte. So wurde denn die Fahrt zusammengestellt, ein Detektiv gedungen, und wir fuhren an die syrische Grenze. Die Leute warnten uns vor der Reise durch die Wüste – aber nun war Werfel wild und wollte alles sehen.

Bald waren wir auf dem Wege, und da wirklich allerhand Beduinenstämme zum Vorschein kamen, war dieser Teil der Reise eher unheimlich.

Sie kamen dahergebraust auf ihren herrlichen Pferden, bewaffnet bis an die Zähne, verdächtig nah an uns heran... betrachteten uns aber nur überlegen und stürmten davon.

Sie mögen uns wohl angesehen haben, daß bei uns wenig zu holen sei. Es waren schöne Kerle, mit Gewehren und Dolchen, breiten Gürteln voller Patronentaschen. Alles von Schmuck glitzernd und prächtig beperlt und bestickt. Aber auch unser Detektiv war schwer bewaffnet.

Es war heiß, und wir atmeten auf, als wir in Damaskus einfuhren.

Der Detektiv führte uns in alte großartige Moscheen, aber »es roch alles nach Sterblichkeit«. Zerfallen und grau war es. Und sehr schmutzig. Er führte uns in reiche Kaufhäuser und endlich in die größte Teppichweberei. Der Besitzer erschien und übernahm die Führung

durch sein riesiges Etablissement. Wir gingen die Webstühle entlang, und überall fielen uns ausgehungerte Kinder auf, mit bleichen El Greco-Gesichtern und übergroßen dunklen Augen. Sie rollten auf dem Boden herum, hoben Spulen und Fäden auf, fegten wohl auch manchmal den Boden mit einem Besen rein.
Franz Werfel frug den Besitzer, was das für merkwürdige Kinder seien. Er antwortete: »Ach, diese armen Geschöpfe, die klaube ich auf der Straße auf und gebe ihnen zehn Piaster pro Tag, damit sie nicht verhungern. Es sind die Kinder der von den Türken erschlagenen Armenier. Wenn ich sie hier nicht beherberge, verhungern sie, und niemand kümmert sich darum. Leisten können sie ja nicht das geringste, sie sind zu schwach dazu.«
Franz Werfel und ich gingen tief betroffen weg, nichts wollte uns nun wichtig oder schön erscheinen. Müde und entmutigt gingen wir in ein Kaffeehaus, wo Werfel Gefallen an den Djargilehs fand, den türkischen Wasserpfeifen, die rundherum von den Türken geraucht wurden.
Er kaufte sich das Mundstück einer solchen Wasserpfeife und rauchte gemächlich vor sich hin. Die Armenier gingen ihm nicht aus dem Sinn. Nach dem herzlich schlechten Essen gingen wir in unser Zimmer. Werfel bekam wieder sein allabendliches Fieber, das der Arzt in Jerusalem für harmlos erklärt hatte.
Der nächste Tag brachte uns nach Baalbek. Franz Werfel hatte sich eine leichte Malaria zugezogen. Den ganzen Tag war er gesund. Am Abend aß er immer im Bett, da er wieder etwas Fieber hatte, und ich half ihm seine Djargileh rauchen, indem ich aus dem hitzespuckenden Eisenofen, der mitten im Zimmer stand, kleine Holzkohlenstückchen fischte, damit der Rauch der Pfeife nicht ausgehe.
Auf Franz Werfels Bett häuften sich trotzdem die Notizen über die an den Armeniern begangenen Greuel.

Baalbek

Der Tempel, wenn auch klein, steht gegen die Schneekuppen des Libanon unwahrscheinlich schön in die Natur gestellt. Den ganzen Nachmittag stiegen wir in den Trümmern des Tempels herum. Vielleicht sind diese zerfallenen Ruinen schöner als zur Zeit, da sie in ihrem Glanze prangten. Was wissen wir auch vom Tempel von Karnak, der uns unermeßlich groß und schön dünkt ... vielleicht war er einstens zu abgezirkelt und symmetrisch. Die kleine Allee zum Nil jedenfalls wirkte heute gar nicht, trotz oder vielleicht gerade wegen ihrer Wohlerhaltenheit.

Alles Menschliche ist eben doch zu menschlich, um göttlich groß zu sein; durch ein Zucken des göttlichen Willens stürzen die Tempel ein und werden dann erst göttlich...

Das Aufwachen dieser kleinen Stadt mit der großen Vergangenheit war so kleinbürgerlich wie überall sonst im Orient. Wägelchen zeigten Früchte, Körbe, Brot und anderes, ihre Besitzer schrien sehr melodisch ihre Waren aus. Ich stand auf dem Balkon, sah von oben wunderbar phantastische, gestrickte Handschuhe mit Blumen- und Tierornamenten. Ich frug mit den Fingern, bekam die Antwort ebenso, warf das Geld hinunter, und der Händler warf mir die Handschuhe herauf. – Die Sonne färbte alles mit rosa Licht, der Tempel lag in zartesten Farben, der Libanon leuchtete.

Früh fuhren wir an vielen armenischen Dörfern vorbei, von Überlebenden erbaut, die sich von den türkischen Siedlungen durch Reinlichkeit und Blumenpracht abhoben – dem Libanesischen Gebirge zu, das in ungeahnter Größe seine weiten Schneefelder zeigte. Diese Fahrt über Schnee und Eis war eine einzige Freude für Augen und Lungen. Oben war es beißend kalt, ein Schneewind tobte, und wir erfreuten uns der Wollhandschuhe, die ich in der baalbekschen Hitze gekauft hatte. Der Rundblick auf der Bergspitze, in dem glitzernden Schnee, hinunter, wo man in der Ferne das blaue Meer im Dunst liegen sah und die weißfiebernde Stadt Beirut, war märchenhaft. Doch leider nur von weitem.

Die Scheußlichkeit dieser provisorischen Hafenstadt, in der kein Baum uns vor der Hitze schützen konnte, veranlaßte uns fast augenblicklich, weiterzufahren. Beirut empfanden wir als unerträglich. Es hat einen mäßigen Hafen, ein paar lumpige Häuser schlechten Stils und ist ungepflegt; wir entflohen der feuchten Hitze über Acra und Haifa. Und nun stundenlang am Meer entlang... Auf dem Berg Karmel wollten wir übernachten. Wir suchten einen Gasthof auf. Der Wirt spielte mit seinem Hausdiener Schach. Beide waren recht ungehalten über das Erscheinen von Gästen in ihrem menschenleeren Haus. Es war schwermütig und vernachlässigt, keine Tür versperrbar, das Essen ungenießbar. Wir wachten dem Morgen zu und flohen von dieser ungastlichen Stätte.

Wir mußten einige Male die syrische Grenze passieren; immer wurde der ganze Wagen inspiziert, und die Pässe wurden bestempelt. Es ging ziemlich feindlich zu. Eines aber blieb in Franz Werfels Seele haften: das Unglück der Armenier. Er skizzierte noch während der Reise eine Romanidee. Unser Freund, der Gesandte Graf Clauzel, sandte Werfel auf seine Bitte alle Protokolle über die türkischen Greuel aus dem Pariser Kriegsministerium, und Werfel schrieb später von 1932 bis 1933 den Roman: ›Die vierzig Tage des Musa Dagh‹ nieder.

Jerusalem ist durch die jüdischen Siedlungen sehr bereichert worden. Es ist ein starkes geistiges Leben dort. Wir konnten es mitfühlen und verstehen ... während das der Araber uns natürlich unverständlich war. Aber auch unter ihnen gibt es zweifellos feine Köpfe... wenigstens sehen sie so aus. Sie wurden damals von den Juden etwas übersehen. Trotzdem wissen die Weisen unter den Arabern, daß Palästina an Wert ungeheuer gewonnen hat. Es wurde elektrifiziert, die morastigen Täler wurden entwässert, überall Wälder angelegt, vor allem Eukalyptus gegen die Insektenplage, Straßen, Kanalisation... Mit einem Wort, es ist ein zivilisiertes Land geworden, das es bei unserem ersten Besuch noch nicht war.

Ausgezeichnete Maler, Dichter, Philosophen arbeiteten für das kulturelle Leben von Neu-Palästina. Die damalige Krise konnte das nicht unterbinden. Sie konnte die Entwicklung nur vorübergehend stören, nicht aber verhindern.

In Jerusalem kamen wir bei unseren Streifzügen durch die Stadt auf den Ölberg, auf dem eine hohe großartige griechisch-orthodoxe Kirche steht. Die Flügeltüren standen offen – es brauste Orgelklang heraus, und wir wünschten drinnen zu sein. Von höchst erstaunten Blicken umlauert, schlichen wir hinein.

Hoch stand der Priester in weiß und goldenem Ornat – und zu beiden Seiten Ministranten in hellblauen Samtgewändern mit blonden Lokkenperücken.

Die griechisch-orthodoxe Messe ist viel komplizierter als die unsere – und noch viel schöner.

Frauen, die die heilige Kommunion erwarteten, knieten in tief schwarzen Kleidern und langen Spitzenschleiern hinter dem Priester, der mit einem Kristallstab das Kreuz auf die Stirn dieser Frauen machte – und die Musik dazu verzauberte uns.

Wir kamen aus dem Dom – der Sonnenuntergang, von Dürer in seinen Visionen geahnt und gemalt. Von grellstem Gelb durch stärkstes Rot in das tiefste Violett zurückfallend, hat dieser Sonnenuntergang in seiner intensiven Wirkung uns nie verlassen. Nirgendwo kann man einen solchen Sonnenuntergang sehen wie in Jerusalem. Es ist so, als versetzten die Lichtjahre einen zurück, um uns dem erhabensten Augenblick der Menschheitsgeschichte dort – nur dort, wo es geschehen ist – noch einmal beiwohnen zu lassen.

Herbst 1929 – Santa Margherita

Die Entstehungsgeschichte der ›Geschwister von Neapel‹.
Im Herbst fuhren Franz Werfel und ich planlos von Genua an die ligurische Küste und wollten aussteigen, wo es uns gefiel – und eventuell dableiben. Wir kamen nach vielem Anschauen von schmutzigen Städtchen und Hotels endlich wieder nach Nervi, wo es uns so gefiel, daß wir Zimmer in einem Hotel mieteten und nur nach Genua zurückkehrten, um unser Gepäck zu holen. – Da befand sich unter den ständigen Gästen ein sympathisches Ehepaar, das unsere Neugier erweckte. Er schien Engländer zu sein, sie war Italienerin und viel jünger als er. Ihr Reiz wurde durch ein grünes und ein blaues Auge erhöht. Franz Werfel und ich schienen diesem Ehepaar ebenfalls sympathisch zu sein, und es entspann sich ein allseitiges Lächeln, wenn wir uns begegneten.
Dann übersiedelten wir nach Santa Margherita. Mit seiner Arbeit an der ›Barbara oder die Frömmigkeit‹ war er fertig, und so gönnte er sich nun Freiheit und Musik. Da war vor allem die Oper in Genua. Es dauerte nicht lange, so gewahrten wir am andern Ende des Speisesaals unsere Grußfreunde aus Nervi, und unser gegenseitiges Grüßen war schon merklich wärmer. Zuweilen erhoben wir unsere Gläser und tranken einander zu. Nie wurde ein Wort gesprochen.
Wieder einmal war Franz Werfel in die Oper gefahren. Zuweilen fuhr ich nicht mit, denn Genua war weit weg und die Fahrt ermüdend. Aber diesmal sollte meine vorübergehende Müdigkeit Franz Werfel zum guten Geschick werden.
Ich ging allein in den Speisesaal und entdeckte an ihrem gewohnten Platz Mrs. O. ebenfalls allein. Sie legte ihren Kopf auf die Seite… ihr Mann war krank. Ich stand auf, im selben Moment stand auch sie auf, und wir trafen uns in der Ausgangstür. So kam es, daß wir das

erstemal miteinander sprachen, und ich frug sie, ob sie nicht in meinen Salon kommen möchte. Sie bejahte erfreut. Ich ging voraus und richtete Benediktiner und sonstige Freuden des Gaumens her. Sie kam, und ahnungslos trank sie den schweren Likör, als wäre es Wein... und ihre sonst so schweigsame Zunge löste sich mehr und mehr. Sie erzählte ohne abzusetzen die Geschichte ihrer traurigen Jugend und Kindheit, von ihrem tyrannischen Vater, ihren Geschwistern et cetera, und in mir entstand augenblicklich das Bild eines großen Romans. Alles, alles fand sich da: der Konkurs des Vaters, die Hilfe eines Engländers, die Liebe der Grazia zu diesem Mann (so hieß sie dann im Roman), die Brüder, die nach Amerika auswandern mußten – kurz, als sie sich verabschiedete, war ich ein Jäger auf der Fährte des Wildes.

Endlich vernahm ich den vertrauten Schritt; ich ließ mir erst ruhig von Franz Werfel die Erlebnisse des Abends erzählen, wie wir das gewohnt waren. Als er dann im Bett lag und die Ruhe ihn überflutete, begann ich zu erzählen... wir sprachen die ganze Nacht, und er war außer sich vor erwartungsvoller Freude.

Am nächsten Tag wollten wir natürlich die alte-neue Bekanntschaft pflegen und luden Mrs. O. wieder ein. Sie nahm keinen Tropfen Alkohol, und ihre Vertrauensseligkeit war dahin. Franz Werfel bekam nur noch weniges über das Schicksal ihrer Brüder zu hören, aber er hatte genug Anregung für seinen Roman ›Die Geschwister von Neapel‹.

Er begann augenblicklich das ganze Skelett des Buches zu skizzieren. Selten habe ich ihn so ekstatisch arbeiten gesehen wie damals. Oft wurde er – später auch ich – gefragt, woher er das profunde Wissen der italienischen guten Familie habe, in der viele unserer italienischen Freunde ihre eigene Familie wiedererkennen wollten. Doch wir schwiegen beide. Auch Goethe hätte den Werther nie schreiben können, ohne daß er, der Kestner um eine genaue Schilderung des Vorgangs vor und nach dem Selbstmord Jerusalems gebeten hatte, ganze Stellen aus Kestners Briefen einfach abschrieb.

Die Wirklichkeit war Franz Werfel nur zum Impuls notwendig, dann flog er mit seiner Phantasie davon, ins große ungewiß Gewisse... wie jeder Künstler es im Sinne Goethes tut, der zu Eckermann sagte, daß in den ›Wahlverwandtschaften‹ kein Strich enthalten sei, der nicht erlebt, aber auch keiner so, wie er erlebt worden war.

Ich habe lange nicht geschrieben. Irgend etwas hat mich gehemmt. Mein Tagebuch ist mir abhanden gekommen. In diesem Buch lag ein schönes Telegramm von Gerhart Hauptmann, in dem er mich wegen eines Streites über den Katholizismus um Verzeihung bittet und mich seiner Liebe, ja seiner Verehrung versichert. Um dieses Telegramm ist mir leid, und um das Tagebuch, das gefährliche Wahrheiten barg, noch mehr.

Ich bin seitdem diesem Beichtvater, meinem Tagebuch, etwas entfremdet...

So wie ich Gerhart Hauptmann auch jetzt weniger gern habe, weil ich sein Telegramm verloren habe.

Weiter mache ich den Eindruck auf Fremde und Freunde, als ginge ich meinen Weg – unbeirrt und unbeirrbar vorwärts – und als sei ich zufrieden.

Meine fieberhaften Wünsche aber kennen keine Ruhe.

Soll sich nun mein innerer brennender Mensch in dürres Gestrüpp verwandeln?

1930 – Wien

Anna Mahler, die im vorigen Frühjahr krank aus Paris kam, wo sie plötzlich wie eine Tolle die Bildhauerei ergriffen hatte, und in der sie nun wirklich Schönes und Meisterhaftes leistete und leistet, wurde von mir auf den Semmering zur Erholung geschickt. Es traf sich, daß auch Paul von Zsolnay ins Kurhaus hinauffuhr.

Später kam Paul von Zsolnay nach Wien und bat mich um Annas Hand.

Der Vater Zsolnay wollte in diese Ehe um keinen Preis einwilligen. Es kam zu häßlichen Auftritten und Ehekontrakten, aber nun sitzt Anna brav, gefüllt mit Protest bis an den Rand, in ihrem schönen Schloß.

Wenn sie nun endlich hier ein wirkliches Glück fände!

Anna Mahler fühlt auf einmal den Reichtum als zu ihr gehörig, mehr als ich das je vermocht hätte ... denn in mir war stets ein starkes asketisches Verlangen.

3. August

Ich fasse mich in mir selber zusammen – bereise meine Seele, bin fast glücklich.

Mit der Ordnung meines äußeren Menschen beschäftigt, ordnet sich das Innere.
So oft tritt der Gedanke an den Tod mich jetzt an – es ist schon schwer, weggehen zu müssen.
Denn die Erde ist unergründlich schön.
Sturmlos – ach, nur sturmlos soll sie sein!
Denn wir wissen nicht aus noch ein bei dem kleinsten Beben der Atmosphäre – und Erdlöcher, wie die Mäuse oder Hasen, haben wir nicht, um uns zu verbergen.

Die neue Familie bedrängt uns, jetzt ein großes Haus zu kaufen.
Ich möchte meinen Standard verkleinern, niemals aber vergrößern.
Ich zittere, ich sehe nicht ein, warum ich mich so im Materiellen fixieren soll.

Ich habe heute in einer schlaflosen Nacht fast die ganze ›Italienische Reise‹ durchgeliebt... denn da kann von Lesen nicht mehr die Rede sein.
So jedes Wort – mir aus der Seele gesprochen... bis auf den Haß gegen den Katholizismus, der mir mit dem Goethe, der den zweiten Teil Faust geschrieben und die Mater Gloriosa gedichtet hat, unvereinbar scheint. In der ›Italienischen Reise‹ ist der Haß noch offen.
Gerhart Hauptmanns Haß gegen Rom ist mir nun auch verständlicher geworden. Er ahmt den Großen, von dem er sich einbildet, ihm so ähnlich zu sein, in allem nach – auch darin!

Als wir einmal bei Gerhart Hauptmann in Rapallo waren – er war bald sehr redselig – erzählte er von seinem Traum: »Heute nacht war ich ein Walfisch – viel Fett und wenig Seele... und... hm... wenn man bedenkt, daß diese Tiere sich nur in einer stillen Ecke im transatlantischen Ozean lieben können... vis-à-vis von Madagaskar... hm... es ist doch ein schönes Stück Reise immer...!«
Von Schönherr meinte er wieder: »Ich fühle mich gewissermaßen geehrt, wenn ich mit ihm sein darf.«

Ich habe an Romain Rolland über seinen ›Jean Christophe‹ geschrieben und diesen Brief von ihm bekommen:

»Chère Madame,
Je suis très touché de votre lettre et heureux que ma ›Musique‹ ait pu trouver le chemin d'un cœur habitué aux profonds poèmes musiquaux du grand Gustav Mahler.
Je vous en remercie, et vous prie, chère Madame, de croire à ma respectueuse sympathie. Romain Rolland.«

›Jean Christophe‹ ist eine Welt voll Schönheit, die mich tief aufgewühlt hat.
Rolland hatte Gustav Mahler nicht persönlich gekannt, wohl aber gesucht. Als wir einmal in Paris waren, ließ sich Rolland bei Mahler melden. Er war jung und unbekannt, und Mahler kannte seinen Namen nicht. Er ließ ihn also nicht vor. Es ist jammerschade. Romain Rolland hat Mahler bis in die feinsten ›Seelenfingerspitzen‹ erahnt. Gleiche Worte, gleiche Gesten – es ist sehr merkwürdig.
Rolland: »Man wirkt nicht mit Worten auf die Andern, mit seinem Wesen tut man es.«
Mahler: »Es gibt nur eine Erziehung, und die ist das Beispiel.«
Rolland: »Sie wußte, es muß so sein...«
Mahler: »Ich glaubte, es müsse so sein...«
»Die Toten leben von unserem Leben und sterben durch unseren Tod« – ein beiden gemeinsames Bild.
Gustav Mahler hatte nur eines nicht, was Romain Rolland verlangt: die werktätige Liebe.
Mahler hat sie wohl gepredigt, war aber zu sehr in sich versponnen, um sie selbst leben zu können.
In Romain Rollands Buch offenbart sich mir das unbegreiflichste Wunder in dieser Zeit des Unglaubens... und es ist bestimmt noch niemals ganz begriffen worden, sonst hätte es die Menschheit verändern müssen.
Es ist viel zu kraftvoll und stark für diese Welt.

31. August

Durch Zufall ist Julius Tandler da. Er ist ein ganz merkwürdiges Exemplar Mensch. Sicher ein Mensch von wirklicher Bedeutung.
Schade, daß er seine Kräfte in sozialistischer Parteimacherei vergeudet.
Dies war mein verheimlichter Geburtstag...

Berlin

Ich bin nun in Berlin allein... Es ist Nacht. Einsamkeit – Hochgenuß und Angst.

Wovor man sich immer nur fürchtet?

Daß ein Etwas den luftleeren Raum um uns durchbricht?

Sei es ein Körper – oder Seelenmörder. Gleichviel!

Eben hat es geklopft, und der Portier brachte mir ein Telegramm, in dem Franz Werfel der Schillerpreis zuerkannt wird.

Erst war ich ängstlich wegen des nächtlichen Klopfens... jetzt beruhigt und froh darüber.

Langes Alleinsein in der Fremde bedeutet, mich der äußersten Selbstkontrolle auszusetzen.

Der Schluß ist immer, daß ich mir selbst die Zunge herausstrecke und dann so positiv werde, wie ich es unter Menschen niemals vermöchte.

Wien

Heute saßen wir im Wohnzimmer mit Dr. Karl Renner, der Franz Werfel in irgendeine Parteisache eintunken wollte. Er ist Sozialistenführer.

Währenddessen läutet es, und mein kleiner italienischer Diener bittet mich ins Vorzimmer ... Signor Starhemberg habe mir eine dringende Mitteilung zu machen.

Ich verstand sogleich, daß es sich um den Führer der ›Heimwehr‹, Fürst Starhemberg, handle. Renner hatte keine Ahnung, daß sein Erzfeind so nahe bei ihm weilte. Ich aber war recht unfreundlich mit Ernst Rüdiger Fürst zu Starhemberg. Seine radikale Rechtseinstellung ist nicht die meine.

Und drinnen im Zimmer stoben die roten Funken, die auch nicht die meinen sind!

Ich interessiere mich immer weniger für die ephemeren Dinge. Seh ich doch, weiß ich doch, wie vorübergehend, wie verwischt sich dies Geschehen abspielt – einzig allein bleibt das schöpferische Geistige.

Meine frühere Erregung weicht einer unerschütterlichen Ruhe.

Wichtiger werden mir die Dinge meines Lebens... meiner Herkunft. Jede Zeile, die mein Vater geschrieben hat, suche ich auf, jeden Strich, den er gemalt hat, möchte ich besitzen.

September – Kärnten

Jetzt war ich zehn Tage mit Manon in Velden. Ich freute mich an dem Gefallen, das sie allenthalben auslöste.
Am letzten Abend kam Minister Anton Rintelen an.

Später

Juden scheinen viel öfter Gauner, als daß sie es wirklich sind.
Es ist das zweitemal in letzter Zeit, daß mir Christen, wirklich bedeutende Christen, mit Unaufrichtigkeit begegnen. Prälat D., der mich bestimmt gern hat, und nun Dr. B., der eine tiefe Liebe für mich empfindet... und trotzdem... und ganz unnötig, scheint das Lügen dem Germanen eingeboren zu sein. Viel mehr als dem Juden!

Am 15. Oktober waren wir wieder einmal alle bei uns: Hauptmanns, Schönherrs, der Prälat D. und Julius Tandler. Es kam ein einzigartiges Gespräch zustande. Erst erzählte Gerhart Hauptmann wunderbare Tiererlebnisse, vor allem mit Hunden. Er erzählte so meisterhaft, daß es ein Jammer ist, daß nicht mitstenographiert wurde. Schönherr sagte: »Diese Skizzen fehlen noch in Ihrem Werk.« Hauptmann antwortete: »Ich hatte zwar niemals daran gedacht, aber wenn Karl Schönherr das sagt, so muß ich es ja wohl tun.«
Ich ließ unterdessen nach dem schwarzen Kaffee wieder frischen Champagner servieren, und Hauptmann trank lustig weiter. Ich bot Julius Tandler ein Glas an und machte die boshafte Bemerkung, daß er aus sozialistischen Prinzipien ja wohl nicht mehr trinken dürfe.
Und nun ging es los.
Gerhart Hauptmann erzählte von einem Sozialistenführer, der sein Jugendfreund war, bis zu einer gewissen Grenze, nämlich wo er anfing doktrinär zu werden. Denn da trennten sich ihre Wege! Dieser Mann, ein Naturforscher, hielt ihm immer antialkoholische Reden, und der säuerliche Ton ärgerte ihn.
Tandler, aus dem Konzept gebracht, fing nun an, die Gesetzlichkeit des Marxismus zu verteidigen. Aber so trocken und übergebildet... er wurde immer unsicherer und unsicherer, daß es eine Lust war, zuzuhören.
Gerhart Hauptmann sagte: »Entschuldigen Sie, aber ich kenne meine schlesischen Bergarbeiter und die Glasbläser... nehmen Sie denen noch den Alkohol, was bleibt den armen Teufeln dann noch übrig?«

Tandler antwortete: »Der Arbeiter versauft seinen Wochenlohn, dann geht er nach Hause, prügelt seine Frau, und dann wirft er sich auf sie. Da zeugt er ein Kind, das ein Trottel werden muß.«
»... oder ein Beethoven!« schrie Hauptmann, »denn der Vater Beethovens war ein Potator und seine Mutter eine saufende, gewalttätige Frau!«
»Ich beuge mich vor dem Genie«, sagte Tandler, »aber das ist keine Norm!«
Hauptmann lachte über das ganze Gesicht und sagte dann verschmitzt: »Ach, lassen Sie doch die Leutchen – es macht doch soviel Spaß!«
Er erhob sein Glas und nickte Tandler zu, der gebrochen in seinem Stuhl hing. Am selben Abend war die Pen-Club-Feier. Franz Werfel, der den ganzen Nachmittag hin und her lief, weil er die Festrede auf Gerhart Hauptmann halten sollte, hielt am Abend eine tiefempfundene Rede.
Nach Franz Werfels Rede stand Gerhart Hauptmann auf, dankte für die Rede und küßte Werfel auf die Stirn. Er sagte noch, dies sei der schönste Abend seines Lebens – was er immer sagt und was dementsprechend unglaubwürdig klang –; aber eine größere Rede, die er selbst halten wollte, wurde durch das vorzeitige Tisch-Aufheben des Präsidenten Felix Salten verhindert. Rein äußerlich war der Abend mehr peinlich als erfreulich, und wir unterhielten uns am nächsten Morgen mit Gerhart Hauptmann lang und lustig über die Regiefehlleistungen der Klubleitung.
Hauptmanns fuhren nachmittags nach Prag. Gerhart Hauptmann sagte: »Die Reise... nun, die ersten Stunden gehen schnell... man schaut aus dem Fenster. Und die zwei letzten werde ich versaufen.«
Ich teile die Menschen ein in Feste-Bringer und Feste-Störer.

23. November

Ich habe einen neuen schönen menschlichen Eindruck von Karl Schönherr. Dieser Mensch, so grundfremd meiner jetzigen Umgebung, der mir innerlich nahesteht, fühlt das genauso, und wir ziehen einander gewaltig an.
Er hat jene Kraft, die Orientalen oft fehlt – nicht einmal Offenbach hat sie, der gewiß einer der stärksten östlichen Künstler ist. Heine hatte sie nie.

Ich meine die Kraft, eine Linie zu halten, ohne mit exzessiven Blitzstrahlen hineinzufahren, wie das Mahler manchmal tat. Mendelssohn hatte die Linie. Mit einem Wort also: sich und anderen einen ruhevollen Gott gönnen.

Später

Vor kurzem habe ich die 2. Symphonie von Gustav Mahler unter Bruno Walter gehört. Ein ganz starker Eindruck. Das Werk, trotzdem es manchmal zu sehr al fresco gemalt ist, ist von einer solchen Konzeption, daß es an Allergrößtes heranreicht.
Das Religiöse darin ist wahr und echt, und wenn man nicht alle Symphonien nacheinander hört, wo einem das ewige »Telefonieren mit dem lieben Gott« (wie ich es nenne) ein bißchen auf die Nerven geht, packt und rüttelt sie einen auf.
Ich saß wieder aufgebahrt in der ersten Reihe, spielte heimlich mit den Enden meines Spitzenärmels, und wünschte mich tausend Meilen fort. Doch dann packte mich das Werk wieder – trotz der zudringlichen Augen ringsum.
Nach dem Konzert waren Bruno Walter und seine Freunde bei mir und blieben bis in den Morgen hinein. Bruno Walter sprach viel, in einer für ihn neuen und angenehmen Art, über Gustav Mahler. Er schilderte das furchtbar bösartige Wesen Mahlers: im Zufahren, Schreien, mit den Füßen Stampfen... die Menschen wie Schadentiere behandeln et cetera... alles Dinge, die man noch vor zehn Jahren vor Bruno Walter nicht laut hätte sagen dürfen. Am wenigsten hätte er es gewagt, sie zu erzählen.
Und wie notwendig ist es, daß ein Mensch ›Mensch‹ bleibt und nicht in Legendenform erstarrend ein unerträgliches Gipsmodell wird.
Schalom Asch, der mit von der Gesellschaft war, erschreckte erst durch sein barbarisches Wesen. Aber schaut man in seine guten Augen hinein, so vergißt man bald seinen kuriosen jiddisch-gutturalen Baß.
Mittags bei Kienzl...
Weißes Löwenhaupt ... ›Evangelimann‹ ... Vergangenheit ... Kindheitsglück und Glauben!

Seit Jahren war Bruno Walter in Wien. Mahler hatte ihn bald nach seinem Direktionsantritt an die Hofoper engagiert. Das menschliche und künstlerische Verhältnis des älteren Meisters zum jüngeren ent-

wickelte sich von der ersten Stunde an zu einer kongenialen Freundschaft, die ein ganzes Leben lang ungetrübt andauerte.
Walter hat den Künstler und sein Werk voll verstanden, und nach seinem Tode dient er mit seiner großen und idealen Kunst überall der Musik Mahlers, die er bis ins feinste Detail beherrscht und einzigartig zur Wirkung bringt.
Den Geist dieses Werkes hat er zum Mittelpunkt seiner eigenen verkündenden Tätigkeit gemacht.

Die Männer sind so arm und hilfsbedürftig...
Niemals würde aber Franz Werfel ein Wort des Dankes haben, daß ich helfe und helfe, seit fünfzehn Jahren treulichst helfe. Alles ist selbstverständlich... die Hingabe meines ganzen Ichs ist obligat.
Gustav Mahler war da nobler. Er wußte es allerdings erst spät... aber dann zutiefst. Franz Werfel wird diese Erkenntnis nicht einmal dann haben, wenn ich ihn verlasse oder ... sterbe.
Gustav Mahler hatte mich, besonders in den letzten Jahren, dankbar empfunden.

Heute war Burgtheater-Probe des ›Reich Gottes in Böhmen‹ von Franz Werfel. Es wirkt sehr gut, aber es gab Krach auf Krach mit dem Regisseur Heine. Alle Mitwirkenden tun ihr Möglichstes, ich versuche, Heine mit Franz Werfel zu versöhnen.

Heute war ich bei Jakob Wassermann. Er beruhigt mich immer so über mich selbst. Ich weiß gar nicht, ob er das weiß. Er selbst wird immer sicherer ... daran liegt's. Ich habe eine Schwäche für ihn, wenngleich mir Schönherr als Mensch und Künstler tausendmal nähersteht. Karl Schönherr sagt, er brauche mich für seine Arbeit, und da bin ich schon gewonnen.

6. Dezember 1930

Heute war Premiere von ›Reich Gottes in Böhmen‹ im Burgtheater.
Welche Kämpfe, welche Nervenzusammenbrüche... gegen die Tücke des Objekts und der Subjekte...!
Und nun geht es weiter. Nun kommt der hinkende Pferdefuß... die Kritik mit ihren persönlichen Interessen. Franz Werfel ist vollkommen gebrochen.

Ich bin leider viel zu nervenverbraucht für all das...
Ich sehne mich nach einem stillen Leben, mit etwas Behaglichkeit...
Aber nicht fortgesetzten Kampf gegen alles und jedes.
Ist es ewig oder ephemer?
Wer entscheidet?
Mein Gefühl sagt mir, daß das Stück trotz aller Anfeindungen sehr gut ist.

Dezember 1930 – Wien

Ich bin durch die Aufregungen um das Stück ›Reich Gottes in Böhmen‹ wirklich krank geworden.
Erst die erbitterten Proben, in denen Franz Werfels Weherufe kein Gehör fanden, dann die Premiere, die gemeinen Gesichter, das Gesindel ... dann die Presse ... Und wie dumm und öde alle Einwände waren und wie doch niemand eigentlich die Dichtung verstand.
Genau wie bei Gustav Mahler.
Nein! Man möchte hier nicht ewig bleiben!
Es ist ein Jammer. Überall anderswo die Sprachfremdheit – und hier eine solche Dummheit, daß man sich schämt, ein Deutscher zu sein!

Januar 1931

Wieder war ich mit Richard Strauss beisammen und saß bei Tisch neben ihm. Wir sprachen sofort über das Textbuch, das er von Franz Werfel will.
»Vor allem brauch ich eine starke, merkwürdige Frauenfigur... alles andere interessiert mich in zweiter Linie. Von da aus werde ich inspiriert.«
Er klagte, er wolle so gern nächsten Winter in Wien dirigieren, aber »mei Frau will net, sie will den ganzen Winter in Garmisch bleiben, aber sie wird's ja net aushalten«.
Ich riet ihm, für zwanzig Abende mit der Oper abzuschließen ohne Datum. Ich wußte, daß man ihm das angeboten hatte.
Wird es ihm in der zweiten Hälfte des Winters zu langweilig, und verspürt auch seine geniale Furie Sehnsucht nach der ›Welt‹, so zieht er den Kontrakt heraus und besänftigt die schäumenden Wogen.
Mit seiner Frau erlebte ich wieder die komischsten Dinge, die wegen ihrer Drastik aber leider nicht wiedergegeben werden können.
Ein paar Tage später waren Franz Werfel und ich allein bei Straussens

zum Nachtmahl gebeten. Dieses Fest hatte seinen Zweck in dem geplanten Text, den sich Richard Strauss nach wie vor von Werfel wünschte.
Nach dem Essen spielte Strauss mit müden alten Fingern und sang mit uralter Stimme seine Bearbeitung des ›Idomeneo‹ von Mozart vor. Diese Arbeit ist höchst gelungen. Wie er sich mit Mozart amalgamierte, und wie er doch Strauss dabei geblieben ist, das ist großartig. Er ist der größte Meister unserer Zeit.
Aber in dieser klumpenschweren Welt... ob das Werk nicht zu fein ist?
Wir sprachen wieder lange über eine Modernisierung der Calderonschen ›Semiramis‹, und als wir uns verabschiedeten, lief uns Pauline Strauss über die Stiege herunter nach, fortwährend rufend: »Aber Herr Werfel, Sie müssen was Heroisches dichten ... was Heroisch's ... was Heroisch's ...!«

Die Beziehung von Richard Strauss zu Pauline de Ahna begann während einer Probe seiner Jugendoper ›Guntram‹, die mit Pauline in der weiblichen Hauptrolle in Weimar vorbereitet wurde. Strauss dirigierte, klopfte ab und bat die de Ahna, die Stelle noch einmal zu singen. Es mißfiel ihm abermals, und Strauss klopfte das zweitemal ab – aber eh er ein Wort sagen konnte, hatte Pauline de Ahna ihm den dicken Klavierauszug mit ein paar nachdrücklichen Worten von der Bühne her auf den Schädel gehauen.
Der Bariton Schwarz, der mit Pauline aufgetreten war, machte ihr nachher bittere Vorwürfe wegen ihrer Ungezogenheit. Am selben Abend noch kamen die Sekundanten des Richard Strauss zu Schwarz, um ihn zu fordern, weil er die ›Braut‹ Straussens beleidigt habe.
»Braut?? ... Wieso?«
Ja, Richard Strauss habe sich gleich nach der Probe mit Fräulein de Ahna verlobt.
Und so ist es geblieben – er zittert vor ihr. Nach der Premiere seiner ›Feuersnot‹ lief Pauline Strauss wütend aus der Direktionsloge Gustav Mahlers heraus, immer schreiend: »Er ist nix, er kann nix, die ganze Oper is gstohln, ihr lügt's alle...« – Strauss bat nun, ob er sie ins Hotel bringen dürfte: »Ja, aber zehn Schritt hinter mir!«
Und als er wirklich zehn Schritt hinter ihr die Oper verließ, sagte er zu mir: »Mei Frau is oft arg ruppig, aber wissen's... ich brauch dees!«

Dieses »I brauch dees...« ist aufschlußgebend für vieles, was sonst unverständlich wäre. Diese sonderbare Schwäche und Sehnsucht, unterlegen zu sein, liegt auf seinem Lebensweg und auf dem Weg seiner Kunst. Ebenso in der Wahl seiner Texte.

›Feuersnot‹: Exhibitionismus, die wunderbare Musik steigert sich bis zur Klimax des Liebesrausches – und das Volk der Stadt, das auf den Straßen wartet, daß sich der Akt erfülle und das Licht in der Stadt wieder leuchte ... und Salome, Elektra, Rosenkavalier???

›Elektra‹: lesbische Atmosphäre zwischen den Schwestern.

›Frau ohne Schatten‹: sehr ins Sexuelle gezogene wunderbare Ballade von Lenau.

›Rosenkavalier‹: Knabe und alternde Frau.

Wo man auch ansetzen mag... überall wird das Sexuelle herauszuspüren sein, wie es bei Gustav Mahler immer der Zölibatär ist, den man schließlich findet.

Pauline Strauss war Richard Strauss nicht nur wegen ihrer Nervenüberlegenheit, sondern auch als Musiker wichtig. Sie hatte einen starken musikalischen Instinkt, und ich habe sie einmal eine Rolle glänzend vorspielen sehen. Sie war schon richtig an ihrem Platz. Aber man mußte sehr auf der Hut sein, um nicht irgendeine große Taktlosigkeit an den Kopf geworfen zu bekommen. Sie sagte alles heraus, was und wie sie es dachte. Er hatte das gern. Ich selber habe sie bewundert – für ihre Wahrheitsliebe und ihre große Musikalität.

Strauss hatte sich zwei Klaviere angeschafft. Das große – ein Konzertflügel – stand in dem pompösen Musiksalon. Ein kleines Pianino stand in einem winzigen Zimmerchen... dort durfte er spielen, komponieren, »Schmutz machen« (wie seine Frau sagte), und er lachte dazu. Der große Flügel wurde kaum benutzt.

Nach dem Tode Gustav Mahlers hatten Freunde eine große Summe Geld gesammelt, die sie mir übergaben. Ich hatte die Zinsen dieser Mahler-Stiftung nun jährlich an bedürftige Musiker zu übergeben. Als Juroren wählte ich: Richard Strauss, Ferruccio Busoni und Bruno Walter. Wieder einmal schrieb ich an die drei Herren und bat um ihre Zustimmung, die Zinsen (es waren jährlich ungefähr dreitausend Kronen) wieder an Schönberg vergeben zu dürfen. Walter und Busoni fanden es richtig. Strauss aber schrieb mir diesen bemerkenswerten Brief:

»Ich stimme Ihnen bei, die Zinsen der Stiftung Arnold Schönberg zu geben. Wenn ich auch glaube, daß es besser wäre, wenn er Schneeschaufeln würde, als Notenpapier vollzukritzeln – so geben Sie ihm immerhin die Stiftung ... da man ja nie weiß, wie die Nachwelt darüber denkt.«

Die Stiftung kam zustande, als ich den Freunden erzählte, wie Gustav Mahler sich während seiner letzten Krankheit Sorge um Schönberg gemacht hatte, dem wir immer mit unseren schwachen Kräften halfen, wenn es notwendig war. Dieses Geld und das Geld für das Mahlerdenkmal ist in Hitlers Hand zerschmolzen.

März – Santa Margherita

Gestern waren wir in ›Rigoletto‹. Hier im Fischerdorf.
Eine ausgezeichnete Aufführung. Ich zweifle, ob sie an Tempo und Präzision, vor allem an Elan, in Wien möglich gewesen wäre.
Die Italiener sind das begabteste, phrasenloseste Volk, dabei von einer reinen und gesunden Erotik.
In derselben Nacht las ich ›Franziskus‹ von Klabund.
Diese bis in die Wurzeln kranken Deutschen!
Ich warf das Buch fast mit Ekel von mir und vergegenwärtigte mir diese ›Seele‹ Klabunds, die aus jeder Zeile kriecht.
Und ich stelle mir im Gegensatz dazu das italienische Volk vor, mit seiner wirklichen Moral, mit seinem Draufgängertum und mit der großen Gesundheit eines nicht degenerierten Volkes.
Nur in Italien kann man frei und glücklich leben.

Werfel: manchmal rührt er mich so, daß ich ihn kaum ansehen kann. Er spricht nicht, wie Gustav Mahler, in Formeln ... sondern er lebt sie eher. Es ist deshalb schwer, Aussprüche von ihm festzuhalten.
Er verscheucht ein plastisches Bild mit dem andern. So schnell kommen ihm die Einfälle.

Später – Wien

Heute, 28. März 1931, bin ich allein und liege das letztemal in meiner alten lieben Wohnung in der Elisabethstraße 22 und kann vor Erregung nicht schlafen.
Was wird mir das neue Haus bringen?

Viel Kraft muß ich aufbringen, um die Tode dort zu bekämpfen. Zwei junge Menschen, Kinder der vorigen Besitzer, sind dort gestorben. Viel Leid ist dort verweint worden.
Wird meine Heiterkeit die nassen Tränenwände trocknen können?
Es ist kein Zufall, daß ich heute so maßlos einsam bin... Ist es das Ende des Vergangenen oder der Anfang des Künftigen? (Es kamen die schrecklich-schwersten Jahre unseres Lebens!)
Ich wollte Ruhe haben ... aber jetzt möchte ich eines Menschen Stimme hören und sei es der Dümmste, Fernste!
Franz Werfel arbeitet in Santa Margherita. Ich habe den Umzug in einer Zeit gemacht, wo ich wußte, daß er weit von Wien ist, damit er von jedem Alltag verschont sei. Und so tat ich es auch immer mit Gustav Mahler.

Am 30. März bin ich also am Vormittag nach unsäglicher Arbeit auf der Hohen Warte eingezogen. Das Haus empfing mich mit warmen Armen, und ich schlief am Abend dort bereits in meinem eigenen Bett, mit dem Gefühl, nirgends anderswo je geschlafen zu haben. Manon hatte ich aus dem Institut genommen... und wir fühlten uns in diesem großen Haus so weit voneinander, so vereinsamt, daß wir zusammenkrochen und die Nacht über in meinem Riesenbett beisammen blieben.
Mit atemloser Eile richtete ich nun dieses schöne Herrenhaus ein, und mit wachsender Freude fühlte ich es heimatlich werden. Ich hatte mir ein großes Musikzimmer anbauen lassen.
Trotz des ganz unfertigen Hauses wurde ich von Felix Salten gezwungen, einen großen Abend zu geben. Es waren die Reimers, die Saltens, Conrad Veidt und dann noch ein paar Füllsel da. Sie alle tranken und tanzten bis zum frühen Morgen.
Endlich, im Zug nach Venedig, atmete ich auf.

Venedig

Franz Werfel erwartete mich an der Bahn – wir waren beide glücklich, einander zu haben, denn wir hatten uns sehr einsam gefühlt.
Leider wurde diese Harmonie gestört durch Albert von Trentini, der drei Tage später kam. Er war so furchtbar krank, er erbarmte uns, und so hatte ich nun alle Hände voll zu tun, um ihm den ganzen Tag seine Diätspeisen zu kochen oder zum mindesten das Kochen zu be-

aufsichtigen, daß ich gar nicht mehr selbst existierte. Er blieb indessen kurz... und Franz Werfel, der Albert von Trentini sein Zimmer gegeben hatte, kam aus Bologna zurück, wo er in wenigen Tagen einige farbig-süße Gedichte gemacht hatte.
Ich hatte diese Tortur übernommen, den armen Krebskranken zu pflegen, aber ich wollte nicht, daß Werfel, der Überempfindsame, sich dieser Pflege auch widmete, und so kamen wir überein, daß er die paar Tage allein nach Bologna fuhr.
Einmal im April fuhren wir auf dem Vaporetto, und Franz Werfel sagte plötzlich: »Willst du Bernard Shaw sehen?« ... und richtig, da saß zwei Schritte von uns der alte, junge Shaw. Er war ganz allein. und beobachtete scharf alle Vorgänge an der Maschine des Schiffes.
Nicht aber die Menschen.
Die kennt er offenbar zur Genüge.
Er ist übergroß und hält sich fast etwas absichtsvoll kerzengerade. Es ist schon etwas Geheimnisvolles um einen Menschen, der mit sechsundsiebzig Jahren alle turmhoch überragt – kein Alterszeichen an sich hat und herrisch seinen Weg geht.

Heute hat mir wieder so lebendig von Gustav Mahlers Krankheit geträumt, und ich erlebte den ganzen Schmerz und meine panische Angst von damals noch einmal.
Vor mir lag der ausgezehrte Kopf mit den Fieberflecken und der arme, ausgemergelte Leib. Und ich fühlte im Traum, wie man überall und immer schuldig wird. Zum mindesten bleiben alle nicht ganz in Liebe erlebten Momente als Schuld auf dem Herzen liegen.
Seien wir also wach, daß nicht neues Unrecht sich auf altes häufe!
›Wir‹ haben zwei unmündige Kinder zu betreuen: Franz Werfel und Manon.
Und nichts sonst hat ›uns‹ heute wichtig zu sein.
Leider fühle ich mich selbst krank und am Niedergang...

18. Mai 1931

Gustav Mahlers Todestag.
Ich habe Gustav Mahlers Büste von Rodin der Wiener Staatsoper geschenkt und verlangt, daß sie am heutigen Tage, seinem zwanzigsten Todestag, aufgestellt wird. Ich zwang so gewissermaßen die Behörde dazu, Mahler zu feiern ... was sie absolut nicht wollte.

Ich hatte mir das Adagietto aus der 5. Symphonie erbeten, das Clemens Krauss meisterhaft dirigierte. Vorher sprach der Intendant Schneiderhan sehr eindrucksvoll vom Operndirektor Mahler.
Die Büste aber wirkt zu klein für den großen Raum ... und das ist mein Fehler gewesen.

Juli – Semmering

Ich glaube, das Taubwerden so vieler Musiker ist nicht nur eine Reaktion auf die physische Überanstrengung, sondern viel mehr, und vor allem, eine psychische Reaktion auf den von außen und von innen erzeugten Lärm.
Wir schlafen – und wir laufen im Traum, wir fühlen uns verfolgt, und wir wachen atemlos und schweißbedeckt auf. Wir machen also die Bewegung mit und arbeiten uns körperlich ab, gleichviel ob wir uns im Tiefschlaf befinden oder in Zuckungen umherschlagen. Man gibt sich aus, ganz gleich ob mit oder ohne Bewußtsein.

Eine Menge Türen haben sich mir geöffnet.
Ich habe die Entelechie Richard Strauss niemals ganz gekannt und nicht genug verehrt. Das Mißverständliche in seiner Lebensführung, das ich viele Jahre Gelegenheit hatte zu beobachten, meine eigene, innere Einstellung, die das Schwere, Tiefe, daher meist Intellektuelle suchte, ließen mich ihn falsch sehen. Seine Meisterschaft allerdings war mir immer klar.
Aber nun lebe ich hier ganz in seinem Werk, bin hingerissen von dieser mozarthaften Natur, die sich nicht in winzige Spekulationen einläßt, sondern einfach schön ist – und nichts anderes sein will.
Bei Eckermann steht: »Es gibt Leute unter den Poeten, deren Neigung es ist, immer in solchen Dingen zu verkehren, die ein anderer sich gern aus dem Sinn schlägt...«
»Nun, was sagen Sie?« sagt Goethe. »Da wissen wir auf einmal, woran wir sind, und wissen, wohin wir eine große Zahl unserer neuesten Literatoren zu klassifizieren haben.«
Nun, und was sagen wir dazu?
Die ganzen Taggers, Bronnen, Brecht, Döblin?
Hell sein wollen kann man nicht. Man ist es, oder man ist es nicht.
Darum diese herrische sieghafte Geste Straussens, der seiner Sache sicher ist. Auf wie lange, »weiß man nicht«.

Wie oft hat mich diese Sieghaftigkeit an ihm gestört – verzogen und verdorben durch Dostojewskij und Konsorten, wie ich es war.

Später

Erhaben über diesem ephemeren Dunst steht Richard Strauss, der die ganze Gesinnungsheuchelei niemals mitgemacht hat.
Der nicht rechts, nicht links orientiert war und der jetzt einfach recht hat, weil er Musik ins Blaue machte und mit äußerster Meisterschaft seine Terzenmelodien von primitivster Beschaffenheit bringt, wenn er glaubt, genug ›interessant‹ gewesen zu sein.
Früher einmal meinte ich, er habe unrecht. Heute weiß ich – er hat absolut recht!
Götter sind Götter... Geschmeiß ist Geschmeiß!
Wo sind sie alle hin, diese Moralhyänen ... nicht zuletzt mein schachmatter Pfitzner?
Ohne Bedauern sehe ich ihn aus meinem Leben entweichen... es will nur so scheinen! Er war nie darin.

Eines Mittags kam Arthur Schnitzler auf den Semmering zu uns. Endlich war er wieder einmal heiter und ungemein witzig und geistreich. Ich machte den Spaß, ihm zu sagen, wir hätten, um ihn zu feiern, schon erwogen, unsere Schildkröten abzustechen, damit er eine gute Suppe bekäme, aber Manon hätte es nicht erlaubt.
Dann sprachen wir vom Winterschlaf der Schildkröten und Schnitzler meinte, wie entsetzlich es für eine Schildkröte wäre, wenn sie an Winterschlaflosigkeit leiden würde.
Zum Schluß sagte er: »Das war wieder ein so schöner unvergeßlicher Tag.«
Beim Spazierengehen mit Franz Werfel meinte er, plötzlichen Schwindel empfindend: »Schwindel ist im Raum, was die Ungeduld in der Zeit ist.«
Arthur Schnitzler war einer unserer geliebtesten, verehrtesten Freunde. Sein überaus bedeutend-schöner Kopf, die tiefen blauen Augen – sein gütiges Lächeln, die Geniestirn – sein geistreich freies Reden – er war eine große gelungene Schöpfung Gottes. Kein Mensch konnte sich seiner Bedeutung und seinem Charme entziehen. Er war der österreichische Maupassant. Sicher einer der feinsten Geister, die die Erde zu seinen Zeiten trug.

Im Hause auf der Hohen Warte hatte ich Franz Werfel den ganzen Oberstock, mit dem Entfernen aller Zwischenwände, zu einem idealen Arbeitsraum umgestaltet. Er wollte immer große Räume zum Arbeiten, ging dann aber meist in irgendein kleines Hotelzimmerchen in der Nähe Wiens, wo er seine Arbeit fortsetzte, dann später nach Italien, wo er am allerliebsten arbeitete.

Im Atelier des Hauses auf der Hohen Warte in Wien lebte er nur zu gern.

Ich hatte ihm ein kleines transportables Klavierchen geschenkt, an dem saß er nun und spielte mit einem Finger jeder Hand Verdi-Melodien, die er sich mühsam zusammensuchte, schlief dann oben auf einem Riesensofa, denn kein Zimmer konnte zu groß, kein Bett zu ausladend, kein Sofa zu geräumig für ihn sein.

Eine eiserne Tür verschloß das Obergeschoß vor jedem Lärm. Mit seinen überfeinen Ohren erlauschte er aber jedes Geräusch im Haus, und wenn er fühlte, daß ich Gäste hatte, stand er plötzlich da, denn teils trieb ihn die Neugierde, teils Eifersucht... aber immer war er allen und mir lieb und willkommen.

Später – Berlin

Franz Werfel und ich haben ›Macbeth‹ von Verdi gehört. Er ist ganz unshakespearisch, vollkommen vom italienischen Himmel her gesehen. Die Natur liegt dem Italiener fern. Sie lacht ja immer, ist also konfliktlos.

Keine mystischen Nebel – keine grauschwarzen Wolken. Stereotyp gestalten sie ihre Gewitter: Barbier von Sevilla, Rigoletto et cetera.

Verdi interessiert nur das, was im Menschen vorgeht, oder die Situation... jede Seelensituation gelingt ihm meisterlich; die Natur ragt nirgendwo hinein, wie fast immer bei Beethoven, Wagner, Weber und anderen.

Die Geistererscheinungen in Verdis Macbeth sind darum leer und wirkungslos. Sie sind als die Leiden Macbeths gedacht, als Phantasie-Ausgeburten in die Natur, in den Wald projiziert.

Bei Verdi ist keine Natur. Da ich nun von der Landschaft herkomme, so fehlt mir diese ungeheure Entourage.

Die Italiener leiden nur unter ihren eigenen Leidenschaften, nicht aber unter der Natur-Dämonie.

Früh im Jahr 1932 – Wien

Abends war ich heute bei Gerhart Hauptmanns – ganz allein.
Es war ein seltenes Erlebnis, voller Harmonie, und ich saß diesem goldgelb leuchtenden Menschen gegenüber, als sei er mein Vater oder mein höherer Bruder. Immer wieder fing er davon an: »Ach, Alma, wir zwei gehören zusammen; ach, wenn wir zwei einmal wirklich zusammenkommen würden, dann würde die Welt etwas erleben.«
Er achtete nicht der Zornesblicke seiner Ehefrau.
Er war im Anfang sehr deprimiert gewesen. Eben heute hatte er die Nachricht von seines Sohnes heimlicher Ehe und Vaterschaft erhalten. Sein Stolz war tief getroffen. Um so mehr freute es mich, daß ich ihn immer mehr auftauen machen konnte, und letzten Endes war dann auch Grete Hauptmann darüber glücklich.
Beim Abschied küßte er mich auf den Mund und brachte mich auf die Straße zum Auto, wo wir uns, ungeachtet der Herumstehenden, gegenseitig die Hände küßten.
Nun kamen Tage der Feste, denn wo Gerhart Hauptmann ist, da ist Fest.
Jeden Tag waren wir beisammen ... beim deutschen Gesandten, bei uns, bei Zsolnays ... und dann kam die Premiere von ›Vor Sonnenuntergang‹.

April

Franz Werfel sagte heute: »Wenn mir ein Weib außer dir je gefallen sollte, so würde ich, wie die Heldin im ›Maskenball‹, das blaue Kraut zur Heilung dieser Liebe suchen gehen.«
Dies hat mich tief ergriffen, aber ich fühle ganz ebenso ... ich gehe der Verführung aus dem Wege.

Später

Vorige Tage war ich bei dem großen Kunsthistoriker Joseph Strzygowski. Ungealtert und frisch trat mir der Siebziger entgegen. Voller Probleme und Streitsucht.
Er ist mir ein wirklicher Freund und kränkt sich über meinen Lebensweg, den er für unrichtig hält. Er sagte zu einem Freund: »Was hat die Alma nur immer mit den Juden?« Komische Idee das! Er hat mich also nie verstanden!
Seine Frau ist eine treuherzige Seele mit entschieden malerischer Be-

gabung. Alles hängt dort voll mit ihren blauen Bildern, die die Bläue ihrer Augen widerspiegeln. Er ist erst kurz verheiratet und hat ein kleines Kind. Wie immer hatte ich den Eindruck, einen großen Gelehrten vor mir zu haben.
Am selben Nachmittag besuchte uns Paul Valéry. Sein Gesicht und die Art seines Sprechens haben einen nachhaltigen Eindruck bei uns hinterlassen. Wir hatten ihn kurz vorher im Speisewagen Berlin–Wien gesehen – sein schönes, intellektuelles Gesicht entzückte uns, ohne daß wir ihn erkannt hätten.

Juni

Ich habe ein lächerlich kleines Erlebnis mit einem der geistreichsten Männer gehabt, der mich wahrhaft liebt... aber ich scheine nun immun zu sein.
Ich will mich nicht mit Lügen und Mißtrauen einlassen.
Und war mir Franz Werfel je verblaßt gewesen, so ist er mir teurer, einziger denn je.
Der germanische Christ oder ›Arier‹ hat die unangenehme Eigenschaft, sich nicht amalgamieren zu können, aber der Jude hat diese Fähigkeit des Beglückens und Beglücktseins, das heißt des im Andern Aufgehens und vom Andern dasselbe erwartend – daher die menschlich großen Ärzte.

Im Juli 1932 bin ich endlich wieder katholisch geworden.
Ich hatte jahrelang das Gefühl, ausgestoßen zu sein aus der Gemeinschaft der Heiligen. Die Beichte nach langen Jahren war mir eine schwere Überwindung.
Es hat mich bis zur Ohnmacht aufgeregt.
Mein lieber Freund, Dompfarrer von St. Stefan, Engelbert Müller, hat mein heftiges Weinen bestimmt nicht begreifen können.

Später

Die 7. Symphonie von Gustav Mahler unter Clemens Krauss.
Großes blutendes Erlebnis... wie nahe geht mir diese Sprache. Ich war wie in einem Märchen, glücklich, entrückt, meine Jugend stand vor mir.
Alle Qualen der Entbehrung und der Erfüllung ahnte ich wieder.
Ich habe heute einen solchen Glauben an Gustav Mahler bekommen,

den ich mir manchmal wegspüle, um nicht allzusehr vergangenheitsbelastet zu sein.
Aber es geht nicht... und es soll auch nicht gehen.
Jeder hatte unter diesem Schatten noch zu leiden gehabt.
Ich konnte da nicht helfen.
Nicht aber Franz Werfel, der ist selber stark und liebt Gustav Mahler.

Eben komme ich aus der 6. Symphonie von Gustav Mahler unter Anton von Webern.
Ich konnte den letzten Satz kaum ertragen, so war ich wieder bei ihm... und die Zeit der ersten Aufführung dieses Werkes in Essen mit der furchtbaren Erregung Mahlers stand grausam deutlich vor mir. Wie hatte er sich mit diesem Werk abgequält! Ich hatte meine kleine Anna bei mir, und ihre süßen kleinen Hände beruhigten mich, wenn mich der Schmerz übermannen wollte.
Und heute jubelt das Publikum...
Und immer noch der unversiegliche Schmerz nach zwanzig Jahren.

Heute hatten wir wieder einmal zum hundertsten Mal eine Sitzung in der Gustav Mahler-Denkmal-Angelegenheit bei Julius Tandler im Rathaus.
Der frühere Bundespräsident Hainisch präsidierte.
Der regierende Fürst Schwarzenberg hatte seine anfängliche Einwilligung zur Errichtung des Denkmals an der Rampe seines Gartens zurückgezogen. Der Block ist gebrochen, die Gemeinde hat den Unterbau bewilligt – die Stimmung war mehr als gedrückt.
Aber der herrliche offene Kämpfer Tandler hat alle besiegt; und wir, das engere Komitee, wir werden nun den Kampf bis aufs Messer fortsetzen.
Nachtrag
Aber was tat Hitler? Nach der Machtübernahme in Österreich hat Hitler sofort die Mahler-Straße in Wien umgenannt in Meistersinger-Straße – und das gesamte Mahler-Denkmal-Geld eingestrichen!

Ich musiziere jetzt wieder mehr, und zwar das, was mich glücklich macht. Nicht diese ewige Verdi-Drescherei, die einem mit ihrem genialen Draufgängertum den Ausblick auf alles seelisch Feinere nimmt.

Wir hatten einmal einen kleinen politischen Diskurs. Es ging um den Begriff Held und Heldentum.
Ich verfocht den aktiven wagnerschen Heldentyp des Siegfried. Franz Werfel wurde böse, weil er glaubte, daß ich alles nur gegen ihn und seine Weltanschauung sagte. Es wurmte ihn, daß ich meinen Göttern Nietzsche und Wagner treu und von ihnen beeinflußt geblieben bin. Wo sind aber dann die Heldenleben Plutarchs? Der Gilgamesch? Franz Werfel war die ganze Zeit bedrückt gewesen, weil er keine Arbeit vor sich hatte. Er bosselte an alten Gedichten herum und war unzufrieden mit sich selbst.
Nun, ich hatte es damals in der großen Einsamkeit dort oben am Semmering nicht leicht mit ihm. Auch ich hatte meine Sorgen. Unser Etat wurde durch das Haus in Wien stark belastet. Da wir weniger als sonst Einnahmen hatten – Mahler wird jetzt in Deutschland wenig aufgeführt –, so meinte ich, daß wir das Haus vermieten sollten. Franz Werfel aber empfand es als Vorwurf und zermarterte sich das Hirn. Und nun kam er plötzlich am nächsten Morgen und sagte mir: »Heute nacht ist mir etwas durch den Kopf gegangen... ja, es hat mich direkt verfolgt. Ich wollte gar nicht, aber *es* wollte.«
Und nun erzählte er mir, er werde einen Helden schildern, wie er ihn sich vorstelle ... den türkischen Nationalismus beleuchten und die Geschichte der armenischen Greuel berichten, wovon er sich ja schon nach unserer Damaskus-Reise die authentischen Aufzeichnungen der Franzosen hatte geben lassen. Damals in Damaskus hatte er das erstemal die Infamie der Türken aus nächster Nähe mit ansehen müssen... die armen Kinder an Webstühlen, vielmehr unter ihnen – denn an ihnen arbeiten konnten sie ja noch nicht –, diese armen Kreaturen, deren Eltern erschlagen und ermordet worden waren, sind Franz Werfel nie aus dem Kopf gekommen... Schon damals wollte er darüber schreiben, aber der Feuerfunken war noch nicht aufgeschossen... und nun war unser Wesensstreit Anlaß zur Erweckung der Idee. Ich kenne nun schon den ungeschriebenen Roman sehr genau und bin sehr glücklich über das Thema: ›Die vierzig Tage des Musa Dagh‹.
Ich wiederhole hier die Einleitung zur Erstausgabe vom Frühjahr 1933:
»Dieses Werk wurde im März des Jahres 1929 bei einem Aufenthalt in Damaskus entworfen. Das Jammerbild verstümmelter und verhun-

gerter Flüchtlingskinder, die in einer Teppichfabrik arbeiteten, gab den entscheidenden Anstoß, das unfaßbare Schicksal des armenischen Volkes dem Totenreich alles Geschehenen zu entreißen. Die Niederschrift des Buches erfolgte in der Zeit vom Juli 1932 bis März 1933. Zwischendurch, im November, gelegentlich einer Vorlesungsreise in verschiedenen deutschen Städten, wählte der Verfasser das fünfte Kapitel des ersten Buches zum Vortrag, und zwar genau in der vorliegenden Form, die sich auf historische Überlieferung des Gesprächs zwischen Enver Pascha und Pastor Johannes Lepsius stützt.
Breitenstein, Frühjahr 1933. F. W.«

Franz Werfel will mir nun den Helden wider Willen zeigen – der mich bekehren soll.
Es ist gut für Franz Werfel, daß wir oft in politischen Dingen aneinandergeraten. Eine Kaffeehaus-Literatin hätte schon längst ein Abstraktum aus ihm gemacht. Er hatte diese Gefahr in sich. Und doch auch wieder nicht, denn er war dem Leben unersättlich zugewandt. Der wachsende Antisemitismus hat ihm den Anstoß gegeben.

1933

Heute nachmittag hat Franz Werfel sein großes Buch ›Die vierzig Tage des Musa Dagh‹ vollendet.
Das ganze Haus wartete in Spannung, bis er aus seinem Studio herunterkam. Es ist eine Gigantenleistung für einen Verfolgten einer solchen Zeit, während dieser Anfeindungen ein solches Werk zu schreiben.
Wir beide waren unsagbar glücklich.

Nun sind wir zurück aus Deutschland, wo wir zwei schöne Wochen, reich an Eindrücken, verlebt haben.
Franz Werfel hat diesmal mehr schlecht als recht gelesen, und ich habe es mir schon zum Vorwurf gemacht, daß er so theatralisch vorliest, weil ich ihn zu liebevoll blind beurteile, statt gleich beim erstenmal zu randalieren. Man ist noch immer zu verschreckt vor dem Mann! Man hilft ihm aber mehr, wenn man es nicht ist. Und ich weiß, wie herrlich er liest, wenn er ruhig ist. Und das war er eben leider nicht.

An Begegnungen hatten wir:
Wilhelm Furtwängler, den feinsten aller dieser vagierenden Dirigenten – ein Künstler bis in die Fingerspitzen.
Otto Klemperer...
Erich Kleiber, das Männchen mit dem Napoleonhut auf. Ein überkompensiertes Etwas. Er hätte es nicht notwendig, denn er ist ein großartiger Musiker.
Stiedry, der explodierende Musiker-Komponist, voll großem Talent! Wenn er seine Oper nur vollendet!!
Intendant Ebert, ein junger elastischer Mensch, der die Berliner Städtische Oper auf wirkliche Höhe gebracht hat. Das heißt Höhe... nun, relativ. Es ist halt ein beschwingteres Theater, als man's sonst gewöhnt ist. Nicht mit Mahler zu vergleichen, Bühne, Stimmen, auch Orchester nicht übermäßig, doch alles vereint ein ausgezeichnetes Ganzes.

Und in letzter Stunde... in Deutschland, haben wir Hitler noch gesehen.
Es war in Breslau, die ganze Stadt in Aufruhr. Ich habe stundenlang gewartet, um dieses Gesicht zu sehen. Ich ging nicht in Franz Werfels Vortrag, den ich schon oft gehört hatte, sondern setzte mich allein in den Speisesaal unseres Hotels und las einen wunderbaren Roman von Thomas Hardy. Den Kellner hatte ich bestochen, der versprach, mich zur rechten Zeit zu holen. Wohl vorbereitet stand ich dann mit vielen anderen und erwartete ›ihn‹.
Auch Franz Werfel war inzwischen vom Vortrag heimgekommen.
Ein Gesicht, das dreißig Millionen Menschen bezwungen hat, das muß doch ein Gesicht sein – immerhin!
Und richtig ... es war ein Gesicht!
Umklammernde Augen ... ein junges, verschrecktes Gesicht ... kein Duce! Sondern ein Jüngling, der kein Alter, der nie seine Weisheit finden wird.
Franz Werfel hatte sich hinter mich gestellt. Die plötzlich die Stiegenseiten flankierenden SS-Männer wollten mich hinunterzwingen, aber ich sagte, daß ich ganz ruhig hinter einem stehen werde, und so beschützte mich jener dann selber.

März

Nach kurzem Aufenthalt in Santa Margherita ging's zurück nach Wien, und ich hatte viel Kontakt mit katholischen Führern. Ich hatte die Empfindung, daß ich meinem Ur-Wesen nach dorthin gehöre.
Soviel als möglich möchte ich von Hollnsteiner profitieren. Er hat fundiertes Wissen und Geist und eine vornehme, unaufdringliche Art, dieses Wissen zu verschenken.
Gestern hat er mir die Messe auseinandergesetzt als das in jeder Stunde in der Welt zu Christi Andenken Geschehende, das heißt, daß also immerwährend, des Tages und nachts, über die ganze Welt Messe gelesen wird.
Die Frage des Ablasses, die Luther aufgeworfen hat, ist die alte germanische Sitte des Wehrgeldes. Im Konzil von Konstanz wurden Fragen, die den Individualismus gegen die Gemeinschaftsidee ausspielen, von Luther verhärtet und vollendet. Hollnsteiner ist der Meinung, daß Hitler für ihn eine Art Luther sei, wenn auch in großem Abstand.
Weiter sprach er über das Sonderbare, daß die Geburt Christi erst im Anfang des sechsten Jahrhunderts vom 6. Januar auf den 24. Dezember verlegt worden sei. Die Stelle im Evangelium, die die Feier des wahren Lichtes preist, weist auf eine Feier der Lichter hin, und zwar eines Festes des Mithras-Kultes.
Johannes Hollnsteiner ist achtunddreißig Jahre alt und der Frau bisher nicht begegnet.
Er ist nur Priester.

Gestern war ich bei Julius Bittner, dem das zweite Bein amputiert werden sollte. Er hatte sich den Flügel zum Bett schieben lassen und komponierte, bis der Rettungswagen ihn holte.
»Ich muß mit meiner Messe doch fertig werden, sonst kann sich nachher keiner auskennen.«
Die Ärzte beschlossen, noch zu warten, und so war alle Vorqual umsonst gewesen.

Später – März 1933

Heute rief mich Julius Bittner wieder zu sich. Er lebt seit Tagen im Sanatorium, und heute wurde ihm das zweite Bein amputiert. Ich half seiner armen Frau die furchtbaren Stunden des Wartens zu ertragen.

Als Bittner in den Operationssaal hinaufgeschoben wurde, verabschiedete er sich von uns mit königlicher Ruhe. Er sagte leise: »Es können der Opfer nie genug sein, hat die heilige Therese gesagt.«
Und dann wurde Bittner zurückgebracht.
Lange stand ich in Betrachtung dieses edlen, durchsichtigen Antlitzes. Als er zu sich kam, faltete er die Hände zum Himmel und versuchte, das Vaterunser zu beten. Er fand zuerst nicht alle Worte, und wir halfen ihm.
Es war so erschütternd, daß die sicherlich atheistischen Ärzte, die um das Lager standen, weinten.
Wir alle hatten das Gefühl, einer heiligen Handlung beizuwohnen.

Mai – Wien

Franz Werfel ist wieder in Wien.
Er macht jetzt Fehler.
Heute wollte er mich nicht in die Kirche gehen lassen ... und tat unrecht daran. Es ist irgendeine Eifersucht.
Dort ... bin ich ihm nicht untreu!
Oder doch, vielleicht gerade dort. Doch er ist ja im Grunde viel religiöser als ich ...

Wir hatten amerikanischen und englischen Besuch. So besuchte uns der Dichter H. G. Wells mit seiner Geliebten. Sicher ein hochbedeutender Mensch ... aber ein füchsischer, unsympathischer Mensch.
Später Sinclair Lewis mit seiner Frau. Er – ein verrückter oder Verrücktheit simulierender Mensch. Sie – ein warmblütiges, schönes und geistreiches Weib. Beide sehr interessant und wichtig.
Eines Abends waren wir mit Sinclair Lewis und seiner Frau Dorothy Thompson in einem eleganten Ringstraßenhotel. Sinclair Lewis trank etwas viel und wurde übermütig. Er ging zum Orchester, setzte sich unter die Instrumentalisten, begann mit der Trommel, die er meisterhaft handhabte – nahm das Saxophon ... blies ... nahm dem Primgeiger die Violine aus der Hand – spielte, und es war eine Wonne für uns, ein so grundbegabtes Wesen, sein starkes Ich – wenn auch exhibitionistisch – zu erleben.
Die beiden besuchten uns auf dem Semmering, und wir waren bei ihnen. Immer war es geistig interessant und scherzhaft leicht und ohne hindernde Sentimentalitäten.

Unser armes Österreich hängt im Netz Hitler-Deutschlands. Schuschnigg ist ein schwaches, kultiviertes Männchen. Ich kann unseren jetzigen Führern keine Kraft zutrauen. Wenn nicht ein Wunder geschieht, so sehe ich keinen Weg. Sollten es die Habsburger noch einmal sein? Kaum!

Aus einem Brief Schönbergs an Webern vom 4. August 1933:
»... Du hast recht, daß es schwerfällt, in dieser Zeit unaktiv zu bleiben. Allerdings stellen sich die Umstände zu einer Aktivität für mich anders, als für Dich. Ich bin seit vierzehn Jahren vorbereitet auf das, was jetzt gekommen ist. Ich habe mich in dieser langen Zeit gründlich darauf vorbereiten können und mich, wenn auch schwer und mit vielen Schwankungen, schließlich definitiv von dem gelöst, was mich an den Okzident gebunden hat. Ich bin seit langem entschlossen, Jude zu sein, und Du wirst mich auch manchesmal von einem Stück haben sprechen hören, über welches ich noch nichts Näheres sagen konnte, in welchem ich aber die Wege für eine Aktivität des nationalen Judentums gezeigt habe. Nunmehr bin ich vor einer Woche auch offiziell wieder in die jüdische Religionsgemeinschaft zurückgekehrt, obwohl mich davon nicht die Religion trennt (wie ja mein ›Moses und Aaron‹ zeigen wird), wohl aber meine Auffassung über die Notwendigkeit der Anpassung der Kirche an die Forderungen der modernen Lebensführung.
Es ist meine Absicht, mich aktiv an solchen Bestrebungen zu beteiligen. Ich halte das für mich für wichtiger als meine Kunst, und ich bin entschlossen – wenn ich für solche Tätigkeit geeignet bin –, nichts anderes mehr zu machen als für die nationale Sache des Judentums zu arbeiten. Ich habe damit auch bereits begonnen und habe in Paris für meine Idee fast überall Zustimmung gefunden. Mein nächster Plan ist, eine große Tournee durch Amerika zu machen, aus welcher vielleicht eine Weltreise werden wird, um Hilfe für die Juden in Deutschland zu werben. Man hat mir wichtige Unterstützung zugesagt. Es geht etwas langsam vorwärts. Denn, wie es immer bei mir gewesen zu sein scheint: wer von dem, was ich ihm gesagt habe, einen Eindruck empfangen und mir geglaubt hat, ist selten imstande, diesen Eindruck einem Dritten zu vermitteln und ihn zu glauben zu bewegen: denn es liegt wohl nicht nur am Wortlaut, sondern auch am Vortrag, daß sich so schwer wiedergeben läßt, was ich gesagt

habe; und so bleibt der Dritte skeptisch, solange bis er mich selbst gesprochen hat. Ich werde eben in großen Versammlungen und im Radio sprechen müssen.«

Ich fürchte sehr für Franz Werfel. Er hat eine schwere Zeit durchzumachen.
Er war ein Glückskind von Geburt, bis über das vierzigste Jahr.
Nichts ging ihm schief. Die Eltern, die Schwestern, der Familienreichtum, sein eigener wachsender Ruhm ... und nun auf einmal: die Judenverfolgung in Deutschland.
Seine Bücher werden verbrannt – er ist nicht mehr umworben –, er ist auf einmal ein »kleiner vorlauter Jud« mit mäßiger Begabung für die Menge, die jetzt den Erfolg diktiert.
Nun werde ich erst recht zu ihm halten.
Ich fürchte für ihn den baldigen Tod seines Vaters, der sechsundsiebzig Jahre alt und der politischen Situation seelisch nicht gewachsen ist.
Nur jetzt darf der zweite Schlag nicht kommen!
Franz Werfel ist ohnehin in schwerer Depression.

Der ungeheure Fehler, die Gesamtheit für die Sünden einzelner anzuprangern und zum Beispiel nicht bemerken zu wollen, was die Borgias positiv geleistet haben – was für große Kunstwerke unter ihrer Herrschaft Rom zu dem Rom gemacht haben, das wir lieben.
Und was ist von Martin Luther, diesem Kleinbürger, geblieben? Sein Urenkel im Geiste – Herr Hitler.

Paul Painlevé, Ministerpräsident von Frankreich, mit dem mich eine fünfundzwanzigjährige Freundschaft verbunden hatte, ist tot.
Er gehörte zu den ersten Anhängern Gustav Mahlers und kam nach Mahlers Tode öfters nach Wien – hauptsächlich, wie er mir und den Zeitungen sagte, um mich zu besuchen. Er war früher überall hingereist, wo Mahler seine eigenen Symphonien dirigierte. Er hatte sie oft mit dem General Picquart – bekannt aus dem Dreyfus-Prozeß – vierhändig gespielt.
Er konnte mir nicht viel geben. Die Sprache trennt, obwohl er glänzend deutsch sprach. Aber politisch mußte ich sein Antipode sein. Er war sehr linksstehend. – Im Herbst 1932 waren wir täglich beisammen. Er war Ministerpräsident, und sein Stab und er waren unsere

täglichen Gäste. Er hielt große Reden, in denen er Franz Werfel und mich feierte. Ich gab ihm einen Festabend und frug vorher an, wen er zu sehen wünsche, und er sagte: »Renner, Seitz, Tandler.«
Painlevé wird mir persönlich nicht weiter fehlen, aber der Ministerpräsident einer großen Nation, der auf dem Sterbebett das Manuskript seiner eigenen Faust-Übertragung liegen hat, ist schon etwas Einmaliges, Großartiges.
Painlevé war der langjährige Geliebte der Schwägerin von Georges Clemenceau, der Schwester meiner Freundin Berta Zuckerkandl. Ihr Mann, Paul Clemenceau, war ein prächtiger Kerl, doch stand er sehr im Schatten seines großen Bruders Georges, des ›Tigers‹.

November

Heute ist Franz Werfel politisch ruhiger und mir darum wieder näher. Gustav Mahler sagte immer: »In einen geschlossenen Kreis kann nichts hinein.«
Hier aber war die Öffnung, und der kleine Pater Filucius versuchte es, den Ring zu sprengen.
Aber nun sitzt er weit draußen. Meinen ganzen Willen lenke ich dahin, mein Leben in meinen Bahnen weiterzuleben.

27. Februar 1934

Straßenschlacht in Wien.
Viel ist geschehen in den letzten Wochen. Die Regierung hat am 18. Februar 1934 den Vorstoß gewagt und das Rathaus besetzt. Es gab einen harten Kampf mit den Sozis, die ihre Festungen, alias Wohnbauhäuser, scharf armierten und eine ganz große Heerformation hatten.
Der Bürgerkrieg, indessen, kam zwei Tage zu früh. Sonst säßen heute die Kommunisten in Österreich.
Wir waren in absoluter Gefahrzone, und das scharfe Schießen in nächster Nähe regte mich furchtbar, fast freudig auf – wie es mir immer in Gefahr geht! Zugleich hatte ich meinen kleinen Koffer gepackt, für eine eventuelle Flucht.
Ich sandte mein Fräulein in den Keller und ließ eine Flasche Champagner bringen, die wir stehend und auf dem ›qui vive‹ sofort austranken. – Mein physisches Herz aber hat schwer gelitten. Ich bin krank seither.

Die ungeheuren Fehler der Sozialdemokraten mußten sich rächen. Julius Tandler ließ zum Beispiel in allen Spitälern die Kreuze entfernen. Weiter ließ er die Priester nur zu den Besuchsstunden zu den Kranken. Hatte also jemand die Kühnheit, zwischendurch zu sterben, so mußte er sich eben ohne geistlichen Beistand behelfen.
Ungemessen sind die Fehler, die sich diese machtgierige Gesellschaft zuschulden kommen ließ. Der Hauptfehler aber war der, daß sie den Einfluß der Landpfarrer untergruben und so den Weg für die ›Ersatzreligion‹, den Nationalsozialismus, ebneten.
Frei von der Kirche, also leer in ihren gottverdammten Bauernschädeln, waren die Herren Dörfler von der bazillenreichen Nazi-Idee leicht zu kaptivieren, die ja im Grunde der Kommunismus mit anderen Vorzeichen ist, eine enharmonische Verwechslung also, die den sogenannten Erdverbundenen sehr zupaß kam.

Ich war allein in Wien, denn Franz Werfel arbeitete in Santa Margherita. Das war gut so, denn er hätte sich hier in Wien maßlos aufgeregt.
Ich fuhr oft mit meiner kleinen Tochter in die Stadt, und wir lasen dort alle Zeitungen. Draußen war es uns zu eng, bei dieser gefahrgeschwängerten Atmosphäre. Die Arbeiterzeitung hetzte beständig zum Bürgerkrieg weiter. Die Art war empörend, wie sie die Regierung reizte, ohne daß von dort her irgendwelche Maßnahmen getroffen wurden. Plötzlich stand in der bürgerlichen Zeitung, in Linz sei ein chiffriertes Telegramm bei der Post konfisziert worden, in dem der Schlachtplan, vor allem der Generalstreik projektiert worden war. Fürst Starhemberg hatte mir vor acht Tagen gesagt, wenn sich Dollfuß auf die fortwährende Aggression der Arbeiter hin nicht rühre, so gingen er und Fey ohne Dollfuß los. Und so ist es geschehen. Dollfuß war in Budapest, Starhemberg und Fey mobilisierten, und das Linzer Telegramm war ihnen willkommener Anlaß.
Ich war am Vormittag bei meiner Freundin Ellen Davison, als sie von ihrem Sohne, der in der Miliz steckt, angerufen wurde, daß der Generalstreik ausgebrochen sei. Ich empfahl mich sofort, kaufte Kerzen und stürzte nach Haus. Schon gab es kein Telefon, kein elektrisches Licht mehr.
Schuschnigg schickte augenblicklich einen Boten und bat mich, mit Manon zu ihnen zu ziehen, da ich in unmittelbarster Gefahrzone sei.

Ich konnte aber meine Dienstleute nicht allein lassen – da war auch noch Manons französische Erzieherin –, so lehnte ich dankend ab.
Zwei Tage gab es einen verzweifelten Kampf von beiden Seiten. In der kleinen Straße, in der unser Haus steht, wallte die Menge auf und ab. Aus allen Arbeiterhäusern wurde geschossen.
Was geschehen ist, mußte vielleicht geschehen, wie alles was geschieht: die Regierung Dollfuß war schwer verwundet aus dem Kampf hervorgegangen. Dollfuß selber wurde verfolgungswahnsinnig und sah in jedem seinen Feind. Der Dritte freute sich – und das war Hitler. Die Nazis entfalteten eine starke Propaganda unter den Arbeitern, und diese, erbittert durch die Februarvorgänge, sanken ihnen in die Arme.
Dollfuß wurde von den Nazis ermordet, und nach fünftägigem Weigern nahm Schuschnigg das Amt des Kanzlers an. Er sagte damals wörtlich: »Ich bin ein erster Zweiter, aber kein erster Erster.«
Später glaubte er es dann doch zu sein... aber zu seinem und unser aller Unglück. Mussolini, der Dollfuß' Freund war und auch seinen Tod gerächt hatte, indem er den Österreichern in den kritischen Tagen nach dem Mord zu Hilfe gekommen war, konnte sich mit Schuschnigg nicht verständigen. Hitler bedrängte Schuschnigg, und so ließ ihn Mussolini fallen. Fünf Jahre kämpften Schuschnigg und die Seinen gegen den großen Nachbarfeind, der schon jetzt Österreich durchseuchte, wie der »große Krumme« bei Ibsen. Ungeheure Gelder flossen von Berlin nach Wien, und nur denjenigen, die sich den Nazis verschrieben hatten, ging es gut.

Später

Ich sprach heute lange telefonisch mit Franz Werfel, der in Prag ist. Er gilt jetzt dort schon als Nazi, nur weil er versucht, dieses Elementarereignis objektiv zu betrachten.
Und er hat es wahrlich schwer genug, denn es geht ihm an den Hals...!
Seine Bücher, die früher in ganz großen Auflagen vorbestellt waren, kümmern sich jetzt so durch.
In Österreich herrscht momentan ein gefährlicher, schleichender Antisemitismus. Also viel ärger als der deutsche. Franz Werfel sagte heute: »Die Juden sollten heute durch Würde und Leistung beweisen, daß die andern unrecht haben... aber nicht durch Geschrei.«

Wie recht hat er! Diese mit Recht verzweifelten Juden, die jetzt in Österreich herumrasen, vernichten den letzten Rest von Achtung. Nun ja, sie waren am Ende ihrer Nerven!
Und glauben denn alle diese Menschen, ohne Hitler wäre das nicht gekommen? Hitler ist doch nur ein schwaches Männchen ... und fünfzig Millionen Menschen tanzen nach ... nein! eben nicht nach seiner Pfeife, sondern nach der eines viel Größeren, ja – Höchsten! Gott wird auch Hitler aus seiner Gnadenhand fallen lassen.
Der läßt ihn nur so lange gewähren, so lange er ihn braucht, um sein Ziel, das wir nicht kennen, zu erreichen... so wie Nebukadnezar, von dem im Alten Testament steht, daß Gott ihn »seinen Knecht« nennt.

Venedig 1934

Es ist wieder März, und wir sind wieder in dieser holden Stadt. Mit Franz Werfel ist es eine einzige Harmonie. Fast bin ich wunschlos. Ich muß endlich über all diesen Dingen stehen. Ich lasse mich von keinem Menschen mehr auffressen!
Heute früh holten Manon und ich Rintelen vom Flugplatz ab. In meinen Augen ein weitblickender Staatsmann.
Rintelen hat in diesen Tagen sein ganzes politisches Konzept vor uns entwickelt, eigentlich mehr ein wirtschaftliches, aber es scheint mir, daß dieses momentan Österreich mehr not täte als alles andere. Ein junger Politiker namens Cyhlař war mit von der Partie.

Dann ging ich mit Franz Werfel nach Mailand. Es war mir wieder merkwürdig zu fühlen, wie gut wir uns verstehen und Musik miteinander genießen, obwohl er mehr vom Gesang und ich mehr vom absolut Musikalischen her empfinde. Aber wir leben und weben einzigartig.

Am 6. April 1934 sind wir also nach Mailand gefahren, um bei Riccordi vorzusprechen und um eine Opernaufführung zu hören. Es war die ›Macht des Schicksals‹, die wir beide zusammen für die deutsche Bühne bearbeitet hatten.
Ich hatte Herzweh, daß Manon nicht mit mir war, aber sie wollte absolut in Venedig bleiben.

Wir kamen nach Venedig zurück und fanden Manon wohlauf, aber blaß. Sie aß fast nichts. Sie hatte mir auch verschwiegen, daß sie vier Aspirin auf einmal geschluckt hatte, »weil sie Schmerzen im Kopf fühlte«, wie sie sagte.

Nachmittags kam Max Pallenberg. Er war bezaubert von Manon. Später gingen wir alle ins Ristorante Fenice und Manon ekelte sich vor dem Essen. Dann saßen wir eine Weile auf dem Marcusplatz, und plötzlich fühlte ich, daß ich mein Smaragdkreuz – ein hohes Geschenk, das ich immer trug – verloren hatte. Wir suchten alles ab, Platz und Gassen, aber vergeblich. Da wurde mir unheimlich zumute. Ich hatte ein böses Vorgefühl.

Am Tage vorher hatten uns Malipiero und Ernst Lothar besucht. Lothars Tochter war vor neun Monaten an Kinderlähmung gestorben. Manon kam über den Platz zu uns – schlank und edel wie immer, und ich bemerkte im Auge Lothars schmerzende Wehmut.

Ich erschrak... begriff es... und er tat mir so leid.

Ich empfahl mich schnell, denn ich konnte ein Unbehagen nicht loswerden, als ich Manon neben Lothar, dem unglücklichen Vater, sitzen sah.

Am 13. April sollten wir nach Wien fahren, um eine Aufführung des ›Liedes von der Erde‹ unter Bruno Walter zu hören. Manon beschwor mich, sie in Venedig zu lassen, sie wollte ein paar Tage später nachkommen.

Sie ließ es sich nicht nehmen, uns auf die Bahn zu bringen, obwohl der Zug kurz vor fünf Uhr morgens abging, und es wurde ihr übel, wie immer, wenn sie früh aufstehen mußte. Sie konnte das Abfahren des Zuges nicht abwarten, sondern sagte mir, es sei ihr nicht gut und sie wolle nach Hause gehen. Sie winkte noch einmal mit ihrer schönen schlanken Hand.

Und das war das letztemal, daß ich Manon gesund gesehen habe... gehend, stehend, in ihrer großen Schönheit.

Aber wir wußten nicht, daß sie damals schon sterbenskrank war und daß ich sie hätte nach Wien mitnehmen müssen. Freilich, sie hatte keinen Paß bei sich, und wir hätten nicht mit ihr über die Grenze kommen können. Auch hatte sie einen eisernen Willen, und sie wollte absolut noch in Venedig bleiben.

In mir wußte etwas, daß das Kind sehr krank sei, aber Franz Werfel versuchte, mir das auszureden... aber »Jeder Mensch weiß alles«, und so fühlte ich, daß Manon verloren sei, und weinte die ganze Zeit leise vor mich hin. Hätte ich meinem Impuls nur folgen können ... aber Werfel hat mich dieses eine Mal nicht gefühlt und nicht die Schwere des Schicksals vorgeahnt.

In Wien war der übliche Trubel. In der Frühe hatte ich an Manon telegrafiert, wie es gehe, und die Antwort lautete: »Magenverstimmung fast behoben.« Am liebsten wäre ich am selben Tag zurückgeflogen, aber es war Sonntag und kein Flugzeug ging. Wir waren mit Walters und Schuschnigg zusammen und allen sagte ich von meiner Besorgnis. Schuschnigg war den ganzen Abend mit uns und kam auch noch mit uns nach Hause, denn er sprach gerne mit Anna Mahler. Wir wurden von unserem Stubenmädchen erwartet, die uns berichtete, daß aus Venedig »telefoniert worden war, daß es Manon nicht gut gehe ... sie habe es im Kopf...« Niemand konnte sich ein Bild über die Krankheit machen. Ich rief sofort einen Freund an, der mir zwei Plätze im Morgenflugzeug reservierte, und flog Montag mit der Oberschwester Ida nach Venedig. Vorher hatte ich noch mit Manons Französin telefoniert, die weinend das Wort »Kopfweh!« ins Telefon schrie.

Ich wußte genug.

Die Oberschwester und ich starrten aus dem Flugzeugfenster, denn wenn wir uns ansahen, wußten wir, daß uns Furchtbares bevorstand. Am Lido erwartete uns Prinz Urach, der uns verzweifelt sagte, daß Manon Meningitis habe. Es war aber Kinderlähmung.

Wie wir nach Hause kamen, weiß ich nicht mehr. Manon umarmte mich weinend, wobei sie immer wieder sagte: »Jetzt ist alles gut, wenn meine Mami da ist.«

Wenige Zeit nachher kamen die Ärzte ... sehr ernst.

Es mußte sofort eine Lumbalpunktion gemacht werden.

Die Oberschwester assistierte, und ich rannte wie eine Besessene im Nebenzimmer auf und ab.

Am selben Nachmittag flogen Anna Mahler, Franz Werfel, Paul von Zsolnay und Dr. Friedmann nach Venedig. Manon sagte: »Ich habe gar nicht gewußt, wie lieb ihr mich habt!«

Nach zwei Tagen trat die Lähmung der Beine ein, die sie selbst sofort erkannte, und in wenigen Tagen war der ganze Körper gelähmt.

Nacht acht Tagen trat Atemlähmung ein, und nur durch das rasche und energische Handeln meiner Tochter Anna Mahler, die in strö-

mendem Regen einen Oxygenapparat in einer entlegenen Apotheke entdeckte, ist dieser erste Tod verhindert worden. Dr. Friedmann machte einundzwanzig Injektionen.
Von diesem Moment an stand Tag und Nacht das Motorboot unseres Freundes Adolf Loevi vor unserem eigenen Anlegeplatz, damit wir immer die Möglichkeit hatten, den Arzt schnell zu holen. Dies war um so rührender, als diese Freunde selber kleine Kinder hatten. Ich habe nie etwas so Aufopferndes erlebt.
Schwer war der Abtransport von Venedig, wo alles über schwankende Planken gehen mußte und das arme Kind nicht einmal, sondern öfters in der Gefahr war, ins Wasser zu fallen. In einem besonderen Krankenwagen traten wir mit ihr die Reise nach Wien an. Es war der frühere Krankenwagen des Kaisers Franz Joseph, der mir von der österreichischen Regierung zur Verfügung gestellt wurde.
Manon litt im Anfang viel, später wurden die Nerven ruhiger, und das letzte Halbjahr war für sie eine Quelle von Bestätigungen und Freude. Carl Zuckmayer verliebte sich so in sie, daß er sagte, er wolle nur mit Manon leben, ob sie nun gelähmt sei oder nicht.
Und Werner Krauß studierte seine Rollen mit ihr, sich voll auf ihr fabelhaftes Kunstgefühl verlassend. Er sagte, als ich einmal ins Zimmer trat: »Ich bin ganz verzweifelt, jetzt habe ich den Monolog schon viermal gesagt, und Manon ist noch immer nicht zufrieden.«
Im vorigen Winter war die Premiere der ›Macht des Schicksals‹ in unserer Bearbeitung in Dresden gewesen. Manon war damals mit uns dort, und sie erfühlte den ganzen neuen Text von Franz Werfel bis ins letzte. Im Sommer 1934 machte sich Franz Werfel nun eine Ausruhfreude während seiner Arbeit und studierte Manon die Hauptrolle ein. Sie sah königlich aus mit ihrem schwarzen Trikot, Wams und Eskarpins, und sie sprach wie eine vollendete Schauspielerin. Franz Werfel spielte mit, und ich mußte dazu die Musik spielen – es war wirklich eine entzückende kleine Aufführung, die Freunde mit uns da erlebten.
Während der Krankheit lernte Manon bei unserem Freunde Horch und hatte etwas unsagbar Rührendes, wenn sie eine Rolle sprach.
Für Manon war das Jahr nach ihrer Erkrankung also fruchtbar gewesen, und darum auch für uns ... bei allem Schmerz.
Unser alter Freund, der Dompfarrer von St. Stephan, trat damals an ihr Bett und sagte: »Weißt, mein Kind, gelitten hast jetzt gnug;

wenn du wieder gesund bist, dann derfst sündigen, soviel als d' willst, der liebe Gott wird nichts dagegen haben. Du bist schon vorher dafür bestraft worden.«

Wien

Im Jahre 1935 las ich eines Tages in der Zeitung ein Inserat, daß eine Familie ein musikbegabtes Negerkind bei sich habe, daß aber nicht die Möglichkeit bestehe, es in Musik auszubilden. Die Adresse stand dabei – ich stieg in meinen kleinen Wagen und fuhr weit ab vom Kirchplatz in Hietzing in eine recht entlegene unschöne und laute Straße. Ich krabbelte die scheußlichen Treppen in die Höhe, läutete – und es kam ein junges Mädchen zur Türe. Es war die Tochter dieses Ehepaares.
Hinter ihrem Sessel stand der kohlrabenschwarze Bub, bleckte mit ungeheuer vielen weißen Zähnen und seinem wundenähnlichen riesigen Maul. Es war unterdessen etwas dämmerig, und das Weiße der Augen schimmerte fast phosphoreszierend.
Ich wollte das Kerlchen für Manon, die gelähmt in ihrem Bett lag und sich schon auf diesen Buben freute.
Am nächsten Tag kam das Ehepaar mit dem Negerlein zum Lunch. Erst umsprang der kleine Kerl Manons Bett, machte sie aber ganz nervös, wie uns alle auch, da er beständig durch das Haus jagte und man nie wußte, wo er wirklich war, so daß wir ihn in die Küche verbannen mußten.
Die Erzählung des Ehepaares Weinzinger war merkwürdig genug. Weinzinger war durch Zufall oder mit Willen nach Addis Abeba verschlagen worden. Er war Akademiker und wurde der Erzieher und Lehrer von Haile Selassie. Der junge Prinz liebte ihn sehr – aber nur bis zu dem Moment, da Weinzinger ihm einmal heftig widersprach. Sofort wurde er fristlos entlassen – und sein Feind kam an seine Stelle.
Sie waren eine vierköpfige Familie gewesen, aber von einem Tag zum anderen wurden sie fünf.
Die Töchter Weinzingers gingen fleißig in die Kirche und sahen mehrere Tage nacheinander ein vollkommen verhungertes, nacktes Negerkind über die Schultern einer alten Vettel gehängt, die damit an der Kirchentür bettelte. Das Kind war mit Schwären überdeckt; die beiden Mädchen weinten voll Mitleid, holten ihre Mutter – und diese

mildtätige Frau kaufte den Buben der Alten ab (deren Kind er natürlich nicht war).
Franz Werfel und ich haben seinerzeit in Kairo eine ähnliche schauerliche Szene erlebt, als wir eines Abends aus dem hellerleuchteten, noblen Opernhaus kamen. Die Anlagen davor waren recht dunkel. Eine Frau saß da auf dem Boden – vor sich quer über ihren Beinen hatte sie ein schönes totes Mädchen liegen, und immer auf es zeigend bettelte sie – und wir gaben schnell und rannten auf die helle Straße.
Um nun wieder zu unserem Negerknaben zurückzukommen: Frau Weinzinger wickelte ihn in ein mitgebrachtes Tuch und eilte mit ihrer Beute nach Hause. Sie schilderte, wie sie ihm sofort ein warmes Bad machte, wahrscheinlich das erste, das dieses arme Geschöpf bekam, und beobachtete, wie die leere Haut dem verhungerten Körper im Wasser nachschwamm!
Er kam in eine Kiste, gedieh, betreut und wohlgenährt, nahm zu, und man glaubte ihn schon gerettet, bis man bemerken mußte, daß das Gehirn gelitten hatte. Er war in allen psychischen Reaktionen anomal und nun eine Qual und Last für die ganze Familie. Er besudelte alles mit allem, und es gab nur ein Mittel, ihn ein bißchen ruhig zu halten, das war: Musik oder Tanz, oder beides.
Er tanzte den ganzen Tag, auf der Straße, im Hause, er konnte eigentlich keinen normalen Schritt machen.

Ich wußte sofort: dieses Kind kann ich nicht bei mir behalten. Ich versuchte, es in einem Missionsspital bei Wien unterzubringen, denn das Ehepaar Weinzinger war ziemlich verarmt aus dem Orient heimgekommen.
Die Familie ging später nach Persien, und als Weinzinger bei dem nunmehrigen Kaiser von Abessinien wieder in Gnade stand, gingen sie später wieder nach Addis Abeba. Weiter weiß ich nichts von dieser Familie.

Franz Werfel interessierte sich sehr für den Knaben, und er bekam Form und Inhalt im Jeremias-Roman ›Höret die Stimme‹, wo er als das Negerkind ›Ebedmelech‹ mit den tanzdurchzuckten Gliedern erscheint.
Und in ›Zenua‹ erlebte Manon ihre Auferstehung mit ihren eigenen Gesten und Worten und mit all ihrer Schönheit.

Der Roman ›Höret die Stimme‹ ist im Sommer 1936 auf dem Semmering geschrieben worden (und kam im Jahre 1937 im Zsolnay-Verlag heraus). Auch hat Franz Werfel in den letzten Jahren zwei Vorträge geschrieben: ›Realismus und Innerlichkeit‹ und ›Können wir ohne Gottesglauben leben?‹

März 1935 – Wien

Endlich kann ich schreiben! Es ist fast ein Jahr her, daß Manon am 14. April 1934 so schwer erkrankte, und wir schleppen diese furchtbare Krankheit mit ihr.

Im Frühjahr Hitlers Triumph. Seitdem ist Franz Werfel ruhelos. Arbeiten kann er nur mehr anderswo; also war dieser Hauskauf eine Unsinnigkeit ... denn das Haus in Wien sollte Werfel helfen, ruhig zu arbeiten!

Momentan arbeitet Franz Werfel in Baden bei Wien in einem öden Hotelschlafzimmer.

Dann kam der grausliche Rintelen-Prozeß.

Das dümmste war, daß er einen Selbstmordversuch machte. Er war in entsetzlicher Weise in dieses Unheil verstrickt. Mich hat er schwer kompromittiert, indem er mich flehendst bat, den letzten Abend mit ihm und seinen Freunden im Griechenbeisel ein Glas Bier zu trinken – den nächsten Tag sollte er abreisen. Diese Viertelstunde, die ich fast gezwungenermaßen mit ihnen verbrachte, hatte mich in eine schreckliche Situation gebracht. Ich wurde später ins Landesgericht bestellt, aber ihre Aussagen waren so harmlos und deckten sich so absolut mit den abgelauschten Telefongesprächen, die ich mit Rintelen hatte, daß das Gericht Gott sei Dank verzichtete, mich bei der großen Verhandlung zu vernehmen. Alles wäre schon an und für sich schwer genug gewesen, aber durch meine wahnsinnige Angst um Manon, die ans Bett gefesselt alles mitfühlte und erlebte, tausendmal verschärft.

Ostermontag – 22. April

Manon sagte heute mit verhauchender Stimme: »Laßt mich ruhig sterben, ich werde doch nicht mehr gesund ... und meine Schauspielerei, die redet ihr mir doch nur aus Mitleid ein ...«

»Mami, du kommst darüber hinweg, wie du über alles hinwegkommst« (darauf verbesserte sie sich): »... wie jeder über alles hinwegkommt ...«

Das waren ihre letzten Worte zu mir.
Das Furchtbare ist geschehen. Heute ist mir mein schönstes holdseligstes Kind entrissen worden, nachdem Franz Werfel und ich ein volles Jahr um ihre Gesundung gekämpft haben.
Unfaßbar sind die Wege Gottes.

Aber, wer das ganze fremde Aufblühen und Vergeistigen Manons im letzten Jahre miterleben durfte, der konnte schon manchmal vor soviel Werden und Sein Angst bekommen.
Niemand wird sie vergessen, der sie kannte.
Wir sind vollkommen verarmt zurückgeblieben.
Hollnsteiner war uns eine große Hilfe.
Er machte die Häßlichkeiten nach dem Tode schön und hielt eine wunderbare Rede an ihrem Grabe.
Sie wurde wie eine Königin beerdigt, denn als eine solche hat sie ja auch gelebt.
Nichts hält mich mehr. Ich möchte von der Welt fortgehen, aber der letzte Mut fehlt mir, ein Ende zu machen.

Mai

Die Art – der Moment des Gezeugt-Empfangen-Werdens und des Geboren-Werdens ist ausschlaggebend und bestimmend für das Leben der Menschen.
Meine vier Kinder kamen vollkommen verschieden auf die Welt.
Meine Älteste, Maria, kam unter schwersten Krämpfen und Lebensgefahr meiner- und ihrerseits, als Steißgeburt, auf die Welt. Sie lag lange wie tot, ganz blau, und damit begann ihr kurzes dramatisches Sein, das ebenso dramatisch und stürmisch endete.
Gustav Mahler sagte nach der Geburt: »Das ist ganz mein Kind, sie zeigt der Welt gleich das, was ihr gebührt... den Hintern!«
Empfangen wurde sie in trostlosen Kämpfen um eine unvollkommene Liebe...
Anna Mahler kam an einem schönen Junitag, mittags um zwölf Uhr an. Die Luft war still, die Vögel sangen, ehe Arzt und eine weise Frau da waren, war sie schon da. Höchst independent und vorlaut. Man legte sie auf ein Polster – es war nicht nötig, sich um sie zu kümmern. Der Arzt hatte an mir zu tun, weil die Geburt zu vehement war. Anna winselte leise, und ich liebte sie gleich allzusehr.

Dann kam meine ewig holde Manon – viele Jahre später. Ich trug sie zehn Monate und, als sich gar nichts rührte, verletzte ich mich innerlich selber, um dem Arzt weiszumachen, daß ich blute. Er glaubte mir, sah auch, was er sehen sollte, und ging an die operative Entbindung. Es war eine langsame und schwere Geburt. Die Wehen mußten immer wieder in Gang gebracht werden, bis endlich das wunderschöne schwarzlockige Kind auf der Welt war, das ich mit heiliger Scheu betrachtete. Ihr ganzes asthenisches Wesen, ihr Zaudern, ihre übergroße Ruhe, lag im Wesen dieser Geburt.

Und zuletzt – mein Sohn.

Vom Schicksal war er nicht fürs Leben bestimmt...

Seine Geburt war fast unser beider Tod, und sein Tod nach zehn Monaten wiederum fast mein Tod.

In Wien brachte uns die verweinte Trauerluft nach Manons Tod um den letzten Rest von Kontenance... und so fuhren wir mit Anna Mahler nach Italien, zuerst nach Rom. Aber Rom half nicht. Da dachten wir an Florenz. Es war der ›Maggio Fiorentino‹, an dem Bruno Walter eine erleuchtete Aufführung der ›Entführung aus dem Serail‹ dirigierte. Bruno Walter war rührend gut zu uns, er wußte, daß nur Musik heilen konnte, und so saßen wir versteckt in den Proben und konnten weggehen, wenn wir es vor Leid nicht mehr aushalten konnten.

Bald rief der Kanzler Kurt von Schuschnigg uns an, von dem wir wußten, daß er in Italien sei, und wir vereinbarten einen Besuch bei ihm in Viareggio, wohin er sich zurückgezogen hatte. Er schlug uns vor, mit ihm in seinem italienischen Staatswagen nach Pisa und von dort über Viareggio an den kleinen See Torre del Lago zu fahren, an dem das Wohnhaus des früh verstorbenen Giacomo Puccini liegt. Wir erstaunten sehr über die Einfachheit, ja Ärmlichkeit dieses Häuschens, in dem er auf einem klapprigen Pianino seine göttlichen Melodien ersann. Die Einrichtung des kleinen Musikraums war eine grüne und rote Plüschgruft, mit braunen dumpfen Ölbildern an der Wand. Absolute Kleinbürgerei! Der enge Raum daneben barg eine Orgel, unter der sich Puccini hat begraben lassen. Das ganze ist zum Nationaldenkmal erklärt worden.

Seine Freude zwischen Arbeit und Arbeit war die Wildentenjagd an dem kleinen See.

Puccini war einer der schönsten Menschen gewesen, die ich je gesehen habe. Zur Zeit der Uraufführung der ›Bohème‹ in Wien wollte Puccini den Erzherzoginnen vorgestellt werden, und Gustav Mahler, der sich wenig um den Hof kümmerte, verwies ihn an einen Mittelsmann. Viele Jahre später sahen wir Puccini in New York wieder, wo er in der Society sich durch absichtlich schlechtes Benehmen, wie Auf-den-Teppich-Spucken et cetera, mißliebig zu machen suchte, was ihm indessen nicht gelang. Er war ein Don Juan, und die Weiber zerrissen sich seinetwegen. Man kann sich vorstellen, daß er nach all diesem Ruhmrausch und den Liebesangeboten Sehnsucht nach dem kleinen bescheidenen Haus und seiner zurückgezogen lebenden Hausfrau hatte, wo er in klösterlicher Stille ausschließlich seiner Arbeit lebte.

Nur mühsam komme ich über Manons Tod hinweg. Und diese vielen Tode um mich, das Schwerste – Manons Verschwinden – läßt mich in allen Wesen jetzt nur ein Provisorium sehen.
Wenn ich ein Kind sehe, sehe ich sogleich in seinen Zügen das schneller reifende, werdende, vergehende Leben und den nahen Tod.
Wenn ich ein Tier sehe – den Tod. Wenn ich Pflanzen sehe – der Tod sieht mich durch sie an.
Es ist entsetzlich.

7. Juli

Es wäre der fünfundsiebzigste Geburtstag Gustav Mahlers. – Alles um mich voll Toter.
Ich sehne mich verzweifelt nach Manon. Sie war die meinem Herzen Nächste. Näher als alle Menschen, die ich einst liebte. Ich liebe nur noch die Idee Manon, sonst nichts mehr auf dieser Welt.

Später

Im Juli schloß Schuschnigg mit Hitler einen Vertrag ab, löste die Heimwehr auf, entließ Starhemberg und machte eine große Menge der Unzufriedenen und plötzlich ihres Brotes Beraubten – eben die Heimwehr – automatisch zu Nazis.
Antisemitismus wurde unter dem Tisch getrieben, und als ich unseren Unterrichtsminister Pernter deshalb interpellierte, antwortete er mir: »Um den Nazis den Wind aus den Segeln zu nehmen.«

Es war eine unrichtige Antwort, in einer dummen Welt, und sie wird sich rächen!

Ende Juli 1935

Morgen fahren wir alle nach Venedig, um unser liebes Haus zu verkaufen, in dem wir so glücklich waren – vielleicht allzusehr.
Aber der Abschluß war so fürchterlich, daß wir dort nie mehr ein Lachen hätten finden können. Ich sehe Manon Tag und Nacht, sie ist mir allgegenwärtig, so nah, so unvergessen in und bei mir; sie war mein Eigenstes, und was auch Franz Werfel und Hollnsteiner sagen mögen – der Sinn meines Lebens ist dahin.
... In einem Tag hatten wir, Anna, ich und die Oberschwester, alles verpackt und geleert. Wie weh war uns!
Die ganze jüngste Vergangenheit stand vor unseren Augen, und ich konnte mich oft nicht halten, einfach loszuweinen.
Wie furchtbar ist dieser Gott – und wenn er existiert... wie verabscheuungswürdig!
Zerstört meine Fortsetzung in der reinsten Form!
Ich habe Franz Werfel nach Manons Tod die Heilige Schrift aus ihrem Besitz geschenkt.

Franz Werfel und ich sind uns durch das Unglück, das uns betroffen hat, noch näher gekommen, wenn das überhaupt möglich war.
Manon lebt mit uns weiter. Es verging kein Tag, an dem wir nicht von ihr sprachen, um sie weinten. Und als Franz Werfel viele Jahre später zu mir kam, um mich zu fragen, ob es mir recht sei, wenn er die ›Bernadette‹ Manon widmete, umarmte ich ihn wortlos. Denn sie war mein bestes Ich – und hatte sehr viel von ihrem Vater.
Dieses Kind, das jeden meiner Gedanken wußte, ja vorausahnte, dieses Kind ist mir entrissen, und ich bleibe als Bettlerin da!
Sie ist nun entweder ein Nichts ... oder ein glückseliges Wesen... in ihrer Sündenlosigkeit.

1935

Max Reinhardt hatte bei Franz Werfel eine Art Matthäus-Passion bestellt, wie er sich ausdrückte, die das ganze Alte Testament enthalten sollte.
Aber Reinhardt war sich der Größe dieses Auftrags nicht bewußt.

Franz Werfel fuhr also im Sommer 1934 nach Salzburg, um das ganze mit Max Reinhardt und Kurt Weill noch durchzusprechen. Ein paar reiche Ostjuden waren auch dort, und Werfel las ihnen das Stück im Urzustand vor. Der eine dieser Herren ging zum Schluß auf Werfel zu und sagte: »Das ist sehr schön gewesen, Herr Werfel, aber Sie müssen einen böseren Gott machen – a Rachegott!«

September – Semmering

Wir übersiedeln nach Wien. Hier oben ist es rauh und unfreundlich, und ich bin krank. Mir ist alles gleichgültig geworden, mein Leben und das der anderen.
Wozu überhaupt alles? Wenn der Tod einen so angrinst mit seiner unerbittlichen Unlogik.

November 1935 – New York

Wir sind seit dem 12. November in New York. So, als ob ich die Kurve zurückverfolgen müßte, die mit meinem Aufstieg an der Seite Gustav Mahlers begonnen hatte.
So gern ich hier bin – alles, was ich liebte, liegt in Gräbern, verändert, zerfallen.
›Der Weg der Verheißung‹ (›The Eternal Road‹)
Und dieser Weg war wirklich ein ewiger!
Franz Werfels Stück wurde in der Manhattan Opera uraufgeführt. Die Sache war, als wir in New York ankamen, schon von Anfang an verfahren.
Ein Mann namens Weisgal hatte das Geld beschafft. Max Reinhardt nahm und nahm, und oft für die unnötigsten Dinge. Als wir das erstemal in die mir so wohlbekannte Manhattan Opera kamen, lagen die alten Sitzpolster, mit Zement bedeckt, meterhoch, und wurden am Ende – verkauft! Die Arbeiter waren gerade dabei, die Logen zu zertrümmern, und offene Mäuler gähnten uns aus den Schlünden der Mauern an.
Ich fing an zu weinen ... der Vandalismus war nicht anzusehen.
Für uns waren Fürstenzimmer im Waldorf-Astoria genommen worden, natürlich auf unsere Rechnung. Beklommen betraten wir die Pracht. Wir konnten uns in diesen Sälen nicht er-rufen ... waren übermüdet und unglücklich nach der Meerfahrt. Franz Werfel hatte sich außerdem den Magen mit schlechtem Whisky verdorben und war

wirklich krank. Benjamin Huebsch, Werfels Verleger und unser Freund, hatte uns vom Pier abgeholt, Weisgal klimperte mit dem Geld in der Hosentasche und versicherte jedem, der es hören wollte, daß viel zu viel Geld da sei.

Aber die Rechnung war ohne den Wirt gemacht. Man hatte die Gebäudeverwaltung nicht gefragt, ob man die Logen herunterreißen dürfe, und sie forderte nun ihr Recht.

Also: dreißigtausend Dollar fürs Abschlagen und Verpacken der Logen, und weitere dreißigtausend Dollar für die Wiederherstellung der alten Form nach der Aufführung. Und so ging es weiter...

Fünfhunderttausend Dollar waren nun schon verbraucht. Und nichts war da, keine Kostüme, keine Dekoration, man erwog dauernd, die ganze Sache aufzugeben. Die Gewerkschaft tat das ihre dazu. Wir mußten öfters zu reichen Leuten gehen, um zu betteln – einmal sogar zusammen mit Albert Einstein!

Franz Werfel war am Ende seiner Kräfte, desgleichen Max Reinhardt. ›Der Weg der Verheißung‹ kam ein Jahr später heraus. Es hieß, er sei »teilweise ein großer Erfolg« gewesen. Wir haben es nie gesehen... und unsere verwundeten Seelen kamen nicht genesen zurück.

Max Reinhardts furchtbare Angewohnheit, die Nächte wachend zu verbringen, zwang er auch seinen Mitarbeitern auf. Nachts waren die Proben, nachts waren die Konferenzen... und Franz Werfel kam nie vor fünf Uhr früh ins Bett, nach endlosem Gequatsche und immer verzweifelt.

Einmal wachte ich in der Nacht auf... er hing aus dem Bett, tränenüberströmt, und sagte fortwährend: »Ich gräme mich!«

Gottes Atem ist nicht mehr bei den Juden?

Alles, was sie anfassen, muß deshalb mißlingen?

Der arme Franz Werfel hat sich da in eine sinnlose Sache eingelassen...

Ohne Jesus Christus kann die biblische Geschichte nicht schließen; und mit Christus erlauben es wieder die Juden nicht. Es hätte mit Zion enden müssen – aber Franz Werfel war kein Zionist und glaubte nicht recht daran.

Das Traurigste war, daß auch viele arme Ostjuden ihre ganzen Ersparnisse in diese Produktion geworfen hatten, kleine Leute mit großem Idealismus – sie alle haben nie einen Cent wiedergesehen...!

Januar 1936 – New York

Es war nach dem Erscheinen des ›Musa Dagh‹, als Franz Werfel und ich nach Amerika kamen. Werfel wurde in großartigster Weise von den Armeniern gefeiert. Es gab ungeheure Dinners, wo Reden geschwungen wurden und wo auch Franz Werfel sprechen mußte. Aber es fiel ihm wie immer schwer, und er tat es sparsam.
Dann waren wir Weihnachten zu einem Katakomben-Festmahl eingeladen – alles sehr feierlich, unterirdisch und geheimnisvoll.
Dann wieder eine Predigt in einer armenischen Kirche, in der der Priester sagte: »Wir waren eine Nation, aber erst Franz Werfel hat uns eine Seele gegeben.«
Nach der Predigt mußten alle Kirchgänger an uns vorbeidefilieren und uns begrüßen ... so ging es bis zur Abreise.

Februar

›Der Weg der Verheißung‹ ist trotzdem ein wunderschönes Stück geworden, bis auf den Schluß, wo Franz Werfel Mannigfaltiges und zu wenig Plastisches zusammenpressen mußte.
Am Ende läßt er den Knaben das kommende Licht sehen und das schmeckte den Auftraggebenden nicht sonderlich... weil sie wohl an den Messias letzten Endes nicht glauben?!
Die Musik von Kurt Weill hat hübsche Stellen, wenn auch billige, aber er hat das ganze zu sehr unter Musik gesetzt, so daß das Wort oft undeutlich wurde. Da Weill aber nicht Bach, und Werfel eben Werfel ist, so war es sehr schade und beeinträchtigte die Wirkung.

Paris

Zurückgekehrt aus New York wurden wir in Paris von Anna Mahler und einer Menge junger Armenier, die bei der Einfahrt des Zuges einen Choral sangen, empfangen. Anna Mahler glaubte, irgendein Potentat käme an.
Ich wollte mit einigem kleinen Gepäck aussteigen... man stieß Anna und mich auseinander, als wir uns begrüßen wollten. Mit dem Schrei: »Wo ist Franz Werfel?« galoppierten alle in die Waggons. Als sie erkannten, wer ich war, entrissen sie mir nun das kleine Gepäck, ebenso dem Träger ... und wir hatten große Mühe, es wieder zu uns zu versammeln.
In den nächsten Tagen gab es ein großes Dinner zu Ehren Werfels in

Paris, an dem der Kommandant des Schiffes ›Jeanne d'Arc‹, der im ›Musa Dagh‹ am Ende eine so große Rolle spielt, teilnahm. Er war jetzt Konteradmiral und schon in Pension.
Es waren wirklich solenne Feiern, denen wir beiwohnten!
Dann kamen kleine Entgleisungen, die nach dem Fiasko in New York sehr verständlich sind, denn wir waren deprimiert und stürzten uns nun auf alles Gute. Und so hatte uns einmal ein Hofrat Bryk für den Abend eingeladen. Es war ein Bummelabend, von einem Lokal ins andere. Der Schriftsteller Schwarzschild und seine Frau waren auch von der Partie. Es fing jenseits der Seine an, in einem Restaurant, das Trüffel in Asche briet und den besten Kognak vom Faß schenkte. Wir tranken ihn aus Wassergläsern und gingen dann ins Fouquet... und weiter in ein Tanzlokal. Die Damen – es waren Frau Schwarzschild und Frau Bryk – wollten tanzen. Ich beobachtete Franz Werfel und sah plötzlich, daß er recht merkwürdig aussah. Da drang ich auf Heimkehr; man bestellte ein Taxi. Anna Mahler saß schon im Wagen, ich wartete auf Werfel, der unsichtbar war, aber nach langem Suchen fand ich ihn in der Damentoilette, wo er sich über Kopf, Hals und Gesicht kaltes Wasser laufen ließ. Ich trocknete ihn ab, so gut es ging, und wir verließen das Lokal. Er war lustig, schwankte aber ein wenig. Im Hotel ›Majestic‹, das sich durch ›Feinheit‹ auszeichnete, nahmen Anna Mahler und ich Werfel in unsere Mitte und kamen so unbeachtet an dem strengen Nachtportier vorbei. Ich blieb die restliche Nacht bei Werfel, denn obwohl er ausgezeichnet schlief, hatte ich doch Sorge um ihn.
Solche Dinge habe ich in unserem fast dreißig Jahre währenden Zusammenleben nur etwa vier- oder fünfmal erlebt. Franz Werfel war, was Alkohol betrifft, der nüchternste Mensch. Anders stand es mit Kaffee und Nikotin, er rauchte, trotz ärztlichen Verbotes, Zigaretten, Zigarren, Pfeifen ohne Unterlaß. Es war wie ein Dauerselbstmord.
Heimlich verschaffte er sich Unmengen von Rauchwaren, die ihm, wenn sie ihn auch nicht umgebracht haben, doch bestimmt sehr schädlich waren. Als ich Franz Werfel kennenlernte, waren seine Fingerspitzen gelb von Nikotin.

Franz Werfel litt seit seiner frühesten Jugend an Herzattacken. Unsere Oberschwester Ida Gebauer kam einmal mit dem Frühstück zu ihm ans Bett und fand ihn in tiefer Ohnmacht. Und dies kam öfters vor.

Jetzt, im Rückblick sehe ich, daß wir in unserem Zweieins-Sein alle immer um Franz Werfel gezittert haben und nie um mich, die ich doch viel älter war als er. Aber es kam mir gar nicht die Idee, daß man sich um mich bemühen könnte.

22. April – Locarno

Heute ist es ein Jahr, daß uns Manon verlassen hat.
Der Schmerz und die Unbegreiflichkeit ist wie am ersten Tag.
Ich war jetzt acht Tage mit Franz Werfel in Locarno; er mußte sich wiederfinden, nach all dem Entsetzlichen der letzten Jahre. Er war unendlich gut, wie seit langem nicht. Die Schlappe in New York tat das ihre.
Auch Werfel träumt Tag und Nacht von Manon – auch ihm kann sie nie verlorengehen.
Hollnsteiner hatten wir in Zürich getroffen und ihn mit nach Locarno genommen. Er las für Manon die Messe – und leidet mit uns.

Juni – Wien

Ausgedörrt ist mein Herz... ich liebe niemanden und nichts mehr... höchstens noch mein kleines Stück Leben. Die Arbeiten der Männer, die mir nah waren, sind mir nicht mehr das Wichtigste.
Auch brauchen sie mich nicht mehr.
Ich bin momentan allein in Wien.
Diese Betrachtung aus der Vogelperspektive ist doch das Traurigste. Wenn man doch noch mit irgend etwas beschäftigt wäre!

Es war falsch von mir, die Briefe Gustav Mahlers an mich so lange nicht herauszugeben und mich so im Hintergrund zu halten, denn alle seine alten Freunde glaubten, ich hätte etwas zu verbergen. Richtig war es, die Skizzen zur 10. Symphonie zu faksimilieren. Über dieses: »Für dich leben, für dich sterben – Almschi« können diese meine alten Widersacher doch nicht hinwegschauen...

Eltern hat man, um sie zu belügen...
Männer hat man, um sie zu betrügen...
Seele hat man, um sie zu vertieren...
Gott, o Gott! Was liebst du so das Böse!?

Die Allzugescheiten sind selten Improvisatoren. Irgendwo mangelt es ihnen an Phantasie. Ein Musizieren, wie es Bruckner zum Beispiel, nach allem was ich höre, einzigartig konnte, habe ich nie an sogenannten Intellektuellen bemerken können. Gustav Mahler konnte nicht zwei Takte auf dem Klavier frei phantasieren, wie ich dies von meinem zehnten Jahre an mühelos konnte. Franz Werfel muß sich acht Tage aufs Land hinaussetzen, um ein paar Worte für irgendeinen Jubilar oder Toten zu dichten.
Aber bei Werfel ist es deshalb so, weil er ein ungeheures Verantwortungsgefühl hat.
Er ist eine Ausnahme. Er könnte doch improvisieren!
Dabei sind die Juden in der Regel so schnell im Reden, und man glaubt dann an schnelles Reagieren.

März 1937 – Wien

Ich fühle, als ob alle meine Kinder, diese zarten, hellgrünen Sprößlinge, in mir weiterleben – ob sie nun auf der Erde leben oder unter der Erde zerfallen. Und in mir pochen – bis zu meinem Zerfall – ewig also! Und vollkommen unverlierbar. Ja, ich möchte sagen, die Gestorbenen sind mir sicherer als die Lebenden.
Nichts kann sie mir mehr rauben.
Es ist ein ungeheurer geistiger Besitz, den mir niemand nehmen kann.
In vierzehn Tagen verlasse ich dieses Unglückshaus auf der Hohen Warte und gehe ins Nichts. Alles zerkrümelt zwischen meinen Fingern, und zurück bleibt die Musik allein!

Die Menschen sind um des Todes willen erschaffen.

Ich habe jetzt zehntausend Bücher zu verpacken. Bilder, Noten, Kostbarkeiten aller Art. Im Grunde Krempel vor der Ewigkeit und Ballast im Alltag.
Und doch schützt man sein Besitztum, wie ein eifriges Tierchen. Wofür... wozu?
Alle Menschen gehen gesenkten Hauptes den allgemeinen Trott der Verblödung. Nirgends – aber auch nirgends ein Hoffnungsstrahl.
Der Mensch frißt Gras oder tote Leiber, und er liebt verzweifelt und kurz, um wieder in starren Todesschrecken zu versacken.

Papen sagte zu dem Monarchisten Wiesner: »Wenn wir vor dreihundert Jahren leben würden, würde ich Hitler und seine Leute auf dem Scheiterhaufen verbrennen. Heute aber ist das nicht möglich, und so müssen wir warten, daß er an die Macht kommt, um am eigenen Feuer zu verbrennen.«

23. Juli

Diesen Brief werde ich heute an Oskar Kokoschka schreiben:
»Nun bist Du fünfzig Jahre alt – ohne mich –, und es ist mir so, als ob wir diese Zeit doch zusammen gelebt hätten – wenn auch räumlich getrennt.
Ich weiß von Dir vieles und Du von mir – und Du weißt auch, daß mein Leben einen Todesstoß bekommen hat durch den unüberwindbaren Verlust meines Kindes Manon. Du hast dieses wunderbare Geschöpf kaum gekannt; sie wuchs in der Krankheit weit über uns alle hinaus. Und wenn Alban Berg ihr als Engel sein letztes Werk widmete, so war sie es wirklich geworden.
Ich habe keine Freunde mehr seitdem, und wenn ich noch immer hoffnungsvoll oder zukunftsfreudig wirken sollte, so trügt der Schein. So, Du weißt nun über mich, so bitte ich Dich, laß mich von Deinem Leben nun wissen.
Deine Bilder alle beisammen zu sehen, war ein hohes Glück für mich. ›Du gehst Deine Grenzen ab‹, bist immer derselbe und immer ein anderer.
Ich bin am frühesten Morgen erwacht und ein erdumfangender Regenbogen ging von meinem Tag über die Rax in ein fernes Tal. Da fühlte ich, daß Du mir verziehen hast. Ich bitte Dich heute, laß alle unguten Empfindungen gegen mich, reiche mir Deine Hände – ich will nichts von Dir, als daß wir uns wieder eine Einheit wissen, die wir im Innersten nie aufgehört haben zu sein. Alma.«

In diesem Juli 1937 fuhr Franz Werfel, auf Einladung der ›Organisation de Coopération Intellectuelle de la Société des Nations à Paris‹, dorthin und sprach im Rahmen einer großen Diskussion über ›Die Zukunft der Literatur‹.
So ruhig uns diese Rede erschien, gab sie doch Anlaß zu großen Debatten. Es waren unter anderen das Ehepaar Feuchtwanger, das sich besonders scharf Werfels Ausführungen entgegenstellte. Ich war

nicht mitgefahren. Es war eine offizielle Sache – sollte nur sechs Tage dauern, und Franz Werfel, der sich nach seiner Arbeit sehnte, wollte nicht länger in Paris bleiben –. Es gab da aber auch noch einen gewichtigeren Grund. Ich hatte mein Haus ab August vermietet und hatte alle Hände voll zu tun, die zehntausend Bücher, fünftausend Noten, Klaviere, Kunstgegenstände et cetera zu verpacken und zu sichern. Wie wenig mir das gelungen ist, kommt in einem späteren Kapitel. Ich hatte nicht gedacht, daß meine sogenannte Familie – Moll und Eberstaller – meine Abwesenheit benutzen würde, mich auszuplündern und sich zu bereichern.

DIE ZUKUNFT DER LITERATUR
(Destin prochain des lettres)

*Beitrag zur Diskussion dieses Themas auf der Tagung der ›Organisation de Coopération Intellectuelle de la Société des Nations‹ zu Paris im Juli 1937.**

1

Finis poesiae! In dieser Formel scheint mir die Diagnose und Prognose der modernen Literatur beschlossen zu sein. Die Welt der Gebildeten und Eingeweihten ist als geltende Macht verschwunden. Mit pünktlicher Folgerichtigkeit tritt der nackte Stoff die Herrschaft an. Das Schrifttum gerät in die eisigste Sonnenferne zur absoluten Sprache, zur Poesie. Sein Reich wird der industrialisierte Roman, die biographische Manufaktur, der episch appretierte Tatsachenbericht. Realismus nennt man verschämt, was Journalismus zwischen Buchdeckeln ist.

Noch bedenklicher jedoch als diese Dezimierung der gebildeten Gesellschaftsschichten ist für die Zukunft der Literatur eine Erscheinung, wie sie im gleichen Ausmaß die dunkelsten Zeitalter der Weltgeschichte nicht kennengelernt haben. Ich meine damit den Totalitätsanspruch gewisser Staaten und ihrer nationalen Ideologien, die sich kraft der modernen technischen Machtmittel in bisher unvorstellbarer Weise durchsetzen konnten. Eine völlige Verkehrung der Werte hat stattgefunden. Während in klassischer Zeit die Literatur und Philosophie auf das politische Geschehen einwirkte und mit ihren Ideen unablässig in die Wirklichkeit drängte, sind es nun in unserer Epoche die zur Diktatur gelangten politischen Parteien, die ihr erstarrtes ›Gedankengut‹, wie sie es euphemistisch nennen, zum unverletzlichen,

* Es wird hier die erste, retrospektive Hälfte weggelassen und nur die zweite Hälfte wiedergegeben. D. Hrsg.

unwandelbaren Dogma erheben und gegen die leiseste Opposition mit Waffengewalt verteidigen. Der Primat der Politik vernichtet den Geist, indem er den Herrn zum Sklaven macht. Das geistige Leben von mehr als zweihundert Millionen Europäern leidet unter dieser namenlosen Entwürdigung, und leidet hoffnungslos, da das Bewußtsein von der technischen Übergewalt der bewaffneten Ideologien selbst die Kraft zur inneren Empörung lähmt. Zeiten der Unterdrükkung gab es immer. Doch auch noch in den schlimmsten hatte der freie Gedanke Einsamkeit und Stille genug, um dann und wann zu seiner eigenen Wahrheit heimkehren zu können. Heute ist es anders. Im Lawinendonner der Propaganda von Radio, Tagespresse, Film, der keine Sekunde lang aussetzt, hört der Gedanke sich selbst nicht mehr, wird unsicher, schwach und resigniert endlich. Das ärgste aber ist es, daß dieses Übel nicht nur auf die ›totalen‹ Teile Europas beschränkt bleibt, sondern sich infektiv ausbreitet und im Geistesleben aller Völker eine sonderbare Anarchie erzeugt, die aus Zweifel, Unlust und Verwirrung gemischt ist.

Nicht anders kann ein vorurteilsloser Betrachter die Aspekte der europäischen Literatur in den nächsten Jahren erblicken. Ich aber will es nicht bei diesen traurigen Feststellungen bewenden lassen, sondern frage: Haben wir Mittel, die gefährdete Lage des Geistes in dieser Welt ein wenig zu verbessern? Gibt es eine Möglichkeit, daß der Geist Macht gewinne oder Autorität innerhalb der heutigen Mächte und Autoritäten?

Macht? Jeder Vernünftige wird sagen: Nein! Autorität? Darauf antworte ich für meine Person: vielleicht. Um diese Antwort aber zu rechtfertigen, erlaube ich mir mit allen Vorbehalten, eine Anregung zur Diskussion zu stellen.

2

Ich bin mir der Schwierigkeiten voll bewußt, die nicht allein der Verwirklichung, sondern bereits der Formulierung meines Vorschlags im Wege stehen. Wenn er hier auch nur lückenhaft und in groben Zügen entwickelt werden kann, so hoffe ich dennoch, daß er genügend Grundlage zu einer ernsten Diskussion bietet.

I. Die Liga der Nationen möge eine Weltakademie der Dichter und Denker berufen und sich angliedern.

(Die Bezeichnung ›Weltakademie‹ ist noch nicht die glücklichste Lösung, da der Begriff Akademie allzusehr an steife Würde und Kälte gemahnt.)

II. Die Berufung dieser Weltakademie erfolge nicht nach Nationen, sondern nach Sprach- und Kulturkreisen.

(Das heißt: Nicht die siebzig oder mehr im Völkerbund vertretenen Nationen ›entsenden‹ jede ihre literarischen Repräsentanten in die Weltakademie. Dies wäre unmöglich und unsinnig. Hingegen beruft die Liga aus den produktiven Kulturkreisen der Welt die wichtigsten Geister. Es handelt sich daher um keine internationale, sondern um eine supranationale Körperschaft, deren Zusammensetzung nicht paritätisch ist und nichts mit der literarischen Vertretung der einzelnen Völker zu tun hat.)

III. Das Prinzip, nach dem die Auswahl der Mitglieder getroffen wird, sei einzig und allein bestimmt durch die Größe und den moralischen Ernst der Persönlichkeit, durch den Rang des dichterischen oder denkerischen Werkes und durch die Macht des erworbenen Namens.

(Im idealen Falle müssen die ruhmreichsten und größten Schriftsteller des ganzen Erdkreises ohne Unterschied der staatlichen und politischen Zugehörigkeit alle in der Weltakademie vertreten sein.)

IV. Die Vorbereitungen zur Gründung der Weltakademie der Dichter und Denker werden der ›Organisation de Coopération Intellectuelle‹ anvertraut.

V. Die Mitgliederzahl darf nicht unter Vierundzwanzig bleiben und die Vierzig nicht überschreiten.

3

Ich sehe in der Gründung dieser Weltakademie einen doppelten Zweck, einen repräsentativen und einen moralischen. Auch der repräsentative Zweck darf nicht unterschätzt werden. In einer Zeit der zynischen Reklame, in der Karrieristen aller Sorten zu einer Namensmacht kommen, wie sie die Geschichte bisher noch nie vergeben hat und der Ruhm bis auf den Grund entwertet ist, in einer solchen Zeit lebt der ernste literarische Künstler gleichsam im Exil. Er hat Jahr für Jahr opfermutig an seinem Werk gebaut. Jetzt aber muß er erkennen, daß die ›Gebildeten und Eingeweihten‹, die seine rastlose Bemühung verstehen, zum größten Teil auseinandergesprengt sind und er einer völlig politisierten und barbarisierten Welt gegenübersteht, der sein schwieriges Tun im tiefsten verdächtig ist.

Die Gründung einer Weltakademie der Dichter und Denker wird das Prestige der ernsten Literatur zweifellos wesentlich erhöhen. An zentraler, weithin sichtbarer Stelle, herausgehoben aus dem Trubel des Erfolges, wird eine Körperschaft bestehen, deren Wert nicht dem politischen Augenblick und seiner rasenden Propaganda unterworfen ist. Diese Körperschaft wird innerhalb der phantastisch gesteigerten Vergänglichkeit unserer Tage vielleicht weniger die Rolle einer Akademie als die einer Synode, einer Kirchenversammlung der christlichen Frühzeit, spielen. Sie wird ihrer Natur gemäß um das Bleibende kämpfen, das ist: die Wahrheit. Möglicherweise wird es ihr als einer reingebliebenen Autorität gelingen, die Zersprengten unter den Völkern zu sammeln, ohne deren lauschende Mitarbeit eine höhere Literatur nicht leben kann.

Hierbei aber bin ich schon bei dem zweiten, dem moralischen Zweck meiner Anregung angelangt. Die Weltakademie der Dichter und Denker kann zu einem wesentlichen Organ des Friedens werden. Die besten Geister werden in ihr über ihre nationalen Bedingungen emporgehoben sein und in der Gemeinschaft jenen Mut finden, zu dem sich der Einzelne inmitten des betäubenden Getriebes so schwer aufrafft.

Breitenstein a. d. Südbahn, Niederösterreich Franz Werfel

Seine Abende in Paris verbrachte Franz Werfel ausnahmslos mit dem Dichter James Joyce in kleinen Gasthäusern, die sie oft wechseln mußten, da sie sich beide mit lautem Verdi-Arien-Singen überall unliebsam bemerkbar machten. James Joyce liebte Verdi genauso wie Franz Werfel – über alles. Werfel war förmlich verliebt in diese neue musikalische Freundschaft. Ein schweres Hindernis lag allerdings in der Krankheit James Joyces: er war fast völlig blind. Er mußte geführt werden, und ein gemeinsames, freudiges Spazierengehen beider kam nicht in Frage. Er ist gestorben ... aber sein Name lebt und wird leben.

Verärgert über die Anrempelungen von Herrn und Frau Feuchtwanger kam Werfel zurück nach Wien.

Oktober

Wieder wurde ich von Bittner geholt. Ich bin die einzige, die er um sich haben will, wenn es ihm sehr schlecht geht. Er hatte wieder Herzanfälle. Ich fühle sein Ende nahen. Aber wie groß erträgt er sein grauenhaftes Schicksal!
Ein Heiliger, wie Manon eine ist.
So liegt er nun seit Jahren ... beide Beine amputiert.
Sein ›Te Deum‹ hat er vollendet ... er sprach mit mir über den ›Palestrina‹ von Hans Pfitzner, den er die »gescheiteste Oper« unserer Zeit nennt, »die aber wenig Einfall« habe. Er meinte, daß die ganze Messe des Palestrina vollständig in der Oper hätte enthalten sein müssen, um tiefste Wirkung zu haben.
»Aber ohne Sanctus und Benedictus ist das nicht zu machen.«
Ich selber verstehe die Rückkehr des protestantischen Künstlers in den ewigen Katholizismus, wie zum Beispiel Goethes Faust II, Wagners Parsifal, Pfitzners Palestrina, als die schönsten Zeichen himmlischer Gnade, die Gott auch Unhimmlischen zuteil werden läßt, wenn es ihm gefällt.
Wagner hat darin bestanden.
Goethe hat darin bestanden.
Pfitzner nicht ... obwohl die Glocken von Rom in ›Palestrina‹ zum Schönsten gehören, was ich von Pfitzner kenne. Der Mangel an Einfällen ist aber nicht zu leugnen.
Julius Bittner fühlte seinen nahen Tod. Er sagte: »Die Leute verstehen ja meine Leiden nicht, aber ich allein weiß, was Gott mit mir will. Und ich habe Ihn schon hier an meinem Bett sitzen sehen. Jesus Christus! Mir kann nichts geschehen. Nur meine Buben, die halten mich noch hier.«
Er sprach unter großen Herzschmerzen und Atemnot.
Wer doch seinen Glauben haben könnte!

Später

Heute war ich bei einem Chiromanten. Er entdeckte das Künstlerische in meinen Handlinien, dicht neben der Religiosität. Er sagte, ich hätte eine Katastrophen-Hand, und wunderte sich über meine Kraft, all dies erlebt und überwunden zu haben.
Nun aber die Zukunft:
In meinem neunundfünfzigsten Jahr wechsle ich meinen Wohnort in

ein anderes Land, wo ich dann bleiben werde, vielleicht auch wechsle ich den Erdteil, dies könne er aber nicht genau feststellen. Ich werde mit einem Mann sein, mit dem ich in meinem fünfunddreißigsten Jahr gelebt habe. Ich werde in ruhiger Freundschaft mit ihm leben. Es kommen keine Katastrophen mehr. Ich werde, von Sehnsucht getrieben, nach sechs Jahren nach Wien zurückkehren ... es wird mir aber nicht mehr gefallen, und ich werde wieder weggehen.
Als ich nach Hause kam, erzählte ich Franz Werfel haargenau, was ich gehört hatte. Franz Werfel sann nach – und sagte dann plötzlich: »Aber wo bin ich dann? Er hatte doch gesagt, daß wir zusammen hinübergehen werden...?«
Und immer frug er wieder, ob von ihm nicht doch noch die Rede gewesen sei.
Der Chiromant hatte mir auch noch gesagt, ich werde wenig Geld haben... ein Satz, der Werfel damals sehr aufgeregt hatte.
Was auch stimmen wird – Geld werde ich wenig haben! Es liegt nicht auf meinem Weg.
Nachtrag
Die sieben Jahre sind um – und mein armer Mann Franz Werfel ist nicht mehr bei mir.

Johannes Hollnsteiner sagt: »Der Denkunterschied zwischen Jud und Christ ist der: Die Juden sind Ich-bezogen, betonte Ideologen... Die Christen oder Arier: über die Wirklichkeit stolpernde Idealisten.«

Gestern erlebte ich eine unbeschreiblich herrliche Aufführung von Gustav Mahlers 3. Symphonie. Alles wird daneben zu Nichts, wenn man das erleben kann, was ich da erlebte. Dieses unvergleichliche Werk unter Hermann Scherchens Leitung: Das Wiedererstehen meiner damaligen starken Erschütterung im Jahre 1903 bei den Aufführungen in Köln und Krefeld.
Ich weiß, wie groß Gustav Mahler war. Ich konnte meine Tränen kaum bezwingen. Immer stand er im inneren Licht, und ich hörte seine Stimme, als er damals nach dem ersten Satz zu mir in den Zuschauerraum herunterkam und sagte: »Und der Herr sah, daß es gut sei...« Dann verbesserte er sich lächelnd und sagte: »Und der Herr Mahler sah...«
Das war nach der ersten Leseprobe in Köln im Gürzenich.

Scherchen wird dem Werk vollkommen gerecht. Seine mangelnde Genialität hindert ihn nicht, durch Fleiß, Subtilität und äußerste Hingabe an das Werk wirkliche genialische Wirkungen hervorzubringen.

Dezember 1937

Ach, das waren jetzt schreckliche Weihnachten! Franz Werfel und merkwürdigerweise auch Anna Mahler empfanden nicht mit mir.
Ich war so tief verzweifelt... dieses ›Freudenfest der Welt‹, das mir durch Manons abgrundtiefe Liebesfähigkeit erst so recht aufgegangen war... ich kann es ohne sie nicht mehr feiern. Sie ist ja immer um mich, aber an solchen Tagen ersticke ich vor Schmerz.
Franz Werfel und Anna Mahler meinten: »Ein Tag ist doch wie der andere.« Was wissen sie? Was fühlten die Zellen ihrer Großeltern an diesem Tage?

Ich will keinen Baum – keine Geschenke – ich will dieses Fest in *das* wandeln, wie es gedacht ist. Ich nahm in der Früh bei Hollnsteiner die Kommunion, dann blieb ich zu Hause und verschenkte alle Blumen, die ich bekommen hatte, an ein Spital. Und dann war ich in der Mitternachtsmette, die mich aber leider gar nicht berührte... Ich ging mit rotverweinten Augen herum, und niemand fühlte mit mir, außer der protestantischen Oberschwester und selbstverständlich Hollnsteiner. Aber was nützte das? Der mußte noch in der Früh beruflich nach St. Florian, und ich war meinen ahnungslosen Peinigern preisgegeben.
Ich war froh, als wir endlich reisen konnten und der schwere Bronchialkatarrh Werfels sich verzogen hatte. Ich wollte Weihnachten in der Fremde, wie voriges Jahr in Mailand, verleben, auch die Silvesternacht, diese blöde, sinnlose Nacht, in der man sich vormacht, es käme etwas Besseres und Schöneres im neuen Jahr!
Was aber soll mir geschehen? Was soll mich noch glücklich machen? Ohne dieses Kind, das meine Seele mitgenommen hat!
Und in einer Welt, die Franz Werfel ablehnt.

Maurice Ravel, dieser überaus verfeinerte und liebe Mensch und Freund, starb am 28. Dezember 1937 in Paris. Nach Ende des Krieges führte er in Wien seine ›Spanische Rhapsodie‹ auf und wohnte im Jahre 1920 während der Proben ein paar Wochen bei mir.
Es waren äußerst genußreiche Tage für mich, obwohl Ravel mir

irgendwie fremd war. Ich hatte aus dem Speisezimmer ein hübsches Schlafzimmer gemacht, und in meinem kleinen Salon wohnte zur gleichen Zeit der italienische Komponist Alfredo Casella. Ravel war ein pflanzenhaftes Wesen, etwas narzistisch... und sehr auf seine Körperpflege bedacht. Casella ist ein Naturbursch und machte sich über das Getue des andern lustig.
Oskar Fried, ein begabter Komponist und Un-Dirigent, sollte Ravels ›Spanische Rhapsodie‹ dirigieren, aber da Fried keine Partitur lesen konnte, bat er mich, ihm zwei gute Pianisten zu stellen, was ich gerne tat. Es kamen die beiden glänzenden Pianisten Steuermann und Serkin, und sie spielten prima vista die Rhapsodie aus der Partitur dem armen ahnungslosen Fried vor. Fried verlangte nun gebieterisch ein Stehpult, und als ich dies beschafft hatte, lernte er mit ausgreifenden Bewegungen das Dirigieren dieses Stückes. Ich habe nie etwas ähnlich Dilettantisches gesehen. Casella phantasierte vorher auf dem Klavier entzückend über einzelne Themen aus der Rhapsodie, erst leise, dann immer lauter, und zum Schluß *fff*. Ravel hatte noch geschlafen und kam nun ganz erschrocken über den Höllenlärm aus seinem Zimmer.
Im Jahre 1936 war Madariaga in Wien und berichtete mir über den hoffnungslosen Zustand Ravels, der Gehirnerweichung hatte.
Auch Madariaga war ein besonderes Wesen. Äußerst gescheit und geistreich. Er kam damals in Wien öfter zu uns.
Maurice Ravel ist heute Standard-Meister geworden... doch glaube ich, daß Debussy und Strawinsky stärker und origineller waren und sind. Ravel stand wie der Mond zwischen zwei Sonnen.

Anfang 1938 – Mailand

In Mailand waren wir wieder, wohnten wieder im Grand Hotel, hatten wieder unsere Zimmer, in denen Verdi gewohnt hatte, gingen wieder täglich in seinen Arbeitssalon, der neben unserem Schlafzimmer lag, befühlten wieder sein kleines altes Pianino, das dort seinen Todesschlaf schlief (denn dieses Zimmer durfte nie bewohnt werden)... gingen wieder allabendlich in die Scala, und es war wie immer... und doch so ganz anders.
Angst und Besorgnis schwelten im Grunde unserer Seele.
Wir waren einen Abend in der Scala bei ›Mignon‹, die Werfel diesmal ganz anders hörte als sonst. Wir sprachen noch die halbe Nacht über diese liebliche Oper.

Aber es zog Franz Werfel zu seiner Arbeit; also fuhren wir nach kurzem Aufenthalt in Neapel weiter nach Capri.

Capri

Wir hatten eine wunderbare Wohnung bestellt, ein großes Arbeits-Eckzimmer mit Veranda, und fühlten uns sofort heimisch. Franz Werfel fing dort nach langem wieder an, Gedichte zu schreiben. Die schöne Natur auf Capri inspirierte ihn.

Wir fanden, wie überall, neue Freunde, unter anderen Alberti, der wegen irgendeiner Unbotmäßigkeit gegen Mussolini seiner großen Zeitungsstellung enthoben war und auf Capri seiner eigenen Arbeit lebte. Öfters fuhren wir nach Neapel, in die Oper, die ausgezeichnet war, und immer sahen wir unsere Freundin O. aus Nervi, deren Mann kürzlich verstorben war. Sie wohnte noch in dem herrschaftlichen Hause, in dem sie mit ihm gelebt hatte. Wir lernten nun die ganze Familie kennen, und das regte Franz Werfel an, eine Fortsetzung von ›Die Geschwister von Neapel‹ zu schreiben. Namentlich war es die kleine Nichte von neun Jahren, die es uns angetan hatte, Franca Maria Contessa Balsamo, die uns ein von ihr selbst verfaßtes Theaterstück vorspielte, in dem ein Hexenmeister Mikroben kochte und Unheil verbreitete.

In Capri gingen wir täglich stundenlang spazieren... studierten die Ruinen des Palastes des Tiberius und freuten uns, gemischt mit Angst, des Lebens. Und dann platzte die Bombe. Franz Werfel stürzte mit dem Zeitungsblatt in mein Zimmer: Schuschnigg war nach Berchtesgaden gefahren...

Ich packte sofort... und wir gingen nach Neapel.

Es stand bei mir fest, daß Werfel nicht mit mir nach Wien fahren dürfe. Er wäre niemals mehr zurückgekommen.

Ein letztes Mal waren wir im Hause der Frau O. mit interessanten Freunden zusammen, und einer von ihnen riet Werfel zu einem Besuch bei Benedetto Croce. Franz Werfel hatte sich immer für diesen Gelehrten interessiert und ging mit Freude zu dem bedeutenden Mann.

Wir wußten, Österreich war in Lebensgefahr. Was wir aber nicht wußten, war die Tatsache, daß Österreich längst gestorben war.

Ich ließ Franz Werfel in Neapel, wo er noch ein paar Tage zu bleiben gedachte, um dann nach Capri zurückzukehren. Er liebte diese Stadt und besuchte jeden Abend die Oper, schon um seine Furcht zu betäuben.

Ich reiste am 28. Februar 1938 von Neapel ab, am gleichen Tag, da Schuschnigg seine große Rede im Parlament hielt.
Die Fahrt war unruhvoll für mich und dehnte sich. Ich hatte niemand an die Bahn bestellt außer der Oberschwester Ida Gebauer. Nicht Hollnsteiner, nicht Molls. Niemand. So blieb ich zwei Tage inkognito und schaute mir mein Wien an, das mit vollkommen fremden Augen zurückstarrte. Ich traf die Frau des Unterrichtsministers Pernter, die mit verstörter Miene und zerrauft durch die Straßen lief. Sie sagte mir sofort, daß ihr Mann sehr beunruhigt sei, weil die Regierungstruppen mit den Nazis nicht fertig würden. In Innsbruck und in Graz seien blutige schwere Straßenkämpfe im Gange. Es werde scharf geschossen. Niemand im Ausland wußte das. Sie lief weiter – sonst eine Frau von vollkommener Kontenance, und ich blieb konsterniert zurück. Ich rief Hollnsteiner an. Er glaubte kein Wort von dem, was ich sagte, und war voller Optimismus.
Hollnsteiner und Anna Mahler sagten, ich sei von der Auslandspresse ›verhetzt‹. Ich sah meine sogenannte Familie. Die wußten die Wahrheit. Sie waren im Siegestaumel und lachten über die Kapriolen, die Schuschnigg in seiner Todesangst vollführte.
Nachdem er vor Berchtesgaden alle Nazis eingesperrt und gemaßregelt hatte, ließ er jetzt auf Befehl Hitlers alle wieder frei, der Hitler-Gruß wurde erlaubt, die Hakenkreuzfahne hatte nicht mehr als staatsfeindlich zu gelten.
Ich war bei Ilka Wertheimer, einer Freundin des Ministers Parater, mit ihm und Hollnsteiner, und niemand wußte, daß ein heimlich eingebautes Mikrophon jedes unserer Gespräche weitergab.
Ich sah noch alle Freunde, den guten Ferdinand Bloch-Bauer auch, der ungeheure Geldsummen hergab und auftrieb, um die Arbeiterschaft zu mobilisieren. Alles war zu spät und Österreich zu arm als Konkurrent gegen Deutschland.
Meine Tochter Anna Mahler stand in der Mitte einer Gruppe, die eifrig für das Plebiszit warb, das Schuschnigg angeordnet hatte. Sie war beim alten Bürgermeister Seitz, sie ging zum neuen Bürgermeister Schmitz, der auf einmal sehr für die Arbeiter war ... Sie war selbst in Gefahr, ohne es zu wissen. Ich erfuhr das Jahre später in Paris.

Ich war in den ersten Tagen in die Staatsbank gegangen, hatte die Hypothek gelöscht, die auf meinem Hause lag, und das übrige flüssige Geld an mich genommen. Die Oberschwester hatte sich erboten, das Geld nach Zürich zu bringen, und wir nähten die vielen verfluchten Hundert-Schilling-Noten in ihren Gürtel. Größere Banknoten wurden nicht mehr ausgegeben. (Dies war unser erstes Geld, das wir später in Zürich vorfanden.)
Anna Mahler und Hollnsteiner beschimpften mich wegen meines unpatriotischen Verhaltens. Alle Freunde in Wien waren eine ahnungslose Herde von blökenden Schafen. Keiner konnte oder wollte die Wahrheit sehen.
Zuckmayers feierten ihre neue österreichische Staatsbürgerschaft, und ich rief: »Was, jetzt, wo Österreich verloren ist?« Man lachte mich aus. Den letzten glücklich scheinenden Abend verbrachte ich mit Zuckmayers, Ödön von Horvath (den ich nie mehr wiedersehen sollte), mit Csokor und der Tochter des italienischen Gesandten Salata, die ich alle ins jüdische Restaurant Neugröschl eingeladen hatte. Es war fast leer, und die Wirtin weinte vor Freude, weil sie endlich wieder »lachen hörte«.
An diesem Abend sagte Maria Salata auf meine angstvolle Frage über das Verhalten Italiens: »Aber glaubst du denn wirklich, daß Mussolini eine deutsche Brennergrenze wollen kann? Er hat doch Papa hergeschickt, um Schuschnigg den Rücken zu steifen.« Ich glaubte ihr nicht.
Täglich fuhr ich über die Kärntner Straße auf die Hohe Warte zu meiner Mutter. Täglich wuchsen die Blumenmengen vor dem Deutschen Verkehrs-Büro, in dem das Riesenbild Hitlers prangte. Der Gehweg war völlig ungangbar. Die Blumen überwucherten die Fahrstraße. Die Frauen legten kniend ihre blühende Last vor dem Bild des Führers nieder.
Ein neues Blatt erschien, ›Wiener Beobachter‹, das den deutschen ›Völkischen Beobachter‹ an Gemeinheit noch überbot. Ich rief Minister Pernter an, er möge das Erscheinen der Zeitung doch verhindern. Er war machtlos. Schuschnigg hatte seinen fünf Jahre währenden Widerstand in Berchtesgaden aufgeben müssen. Die Judenkarikaturen und der Text dazu überstiegen alle Grenzen.
Am 9. März rief mich Zuckmayer an, Anna Mahler und ich möchten in die Reichsbar kommen, sie seien alle betrunken, wirklich lustig

würde es aber erst mit unserem Kommen. Egon Friedell war seit früh zehn Uhr mit Zuckmayer da. Dieser hatte ihn traurig auf der Straße gehen sehen und nahm ihn mit, um ihn zu zerstreuen. Friedell, der schon einen ziemlichen Rausch hatte, wurde sehr ernst, als ich ihm von meiner Vorausahnung sagte, daß Hitler vor den Toren Wiens stehe.

»Das überleb ich nicht... ich habe nirgends auf der Welt etwas zu suchen... ich geh aber auch nicht fort. Hier habe ich Zyankali bei mir« (er zeigte mir eine kleine Phiole), »das nehm ich, wenn er kommt.«

Alles war in einem tragischen Humor gesagt...

Wir hatten bald genug und empfahlen uns. Egon Friedell führte uns schwankend zum Wagen, wo er jede von uns, ungeachtet meines Chauffeurs, schnell noch einmal zwickte. So sah ich ihn zum letztenmal.

Er hat sich zwei Tage nach der Ankunft Hitlers aus dem Fenster gestürzt, weil er glaubte, daß SA-Männer, die bei ihm läuteten, ihn holen wollten. Sein Leben hatte keinen Sinn mehr auf dieser Welt, er wußte das und hat recht getan.

Mit dem ehemaligen deutschen Reichskanzler Wirth sprach ich einige Tage vor dem Zusammenbruch. Er glaubte bestimmt an das günstige Fazit des Plebiszits. Aber Hitler wußte das auch und verbot das Plebiszit im – für ihn – richtigen Augenblick.

Freitag, den 11. März 1938, rief mich Anton Kuh in aller Frühe telefonisch an und fragte, ob er durch mich mit einem aktiven Minister sprechen könne. Und zwar am selben Morgen. Ich bejahte es und rief Pernter an, der sofort bereit war, zu meiner Tochter Anna Mahler zu gehen. Er kam um halb elf Uhr in ihr Atelier. Kuh demonstrierte nun, wie Schuschnigg mit den Arbeitern reden müsse, wie er Seitz einwickeln müsse, so glänzend, daß wir trotz der schweren Stunde übermütig lachen mußten.

Plötzlich wurde heftig an das zerbrochene Atelierfenster geklopft. Minister Pernter müsse sofort in den Ministerrat. Er erblich... wir alle wußten, daß etwas Schreckliches nahe sei. Ich habe Pernter dann nicht wiedergesehen, denn er wurde sofort darauf nach Dachau abtransportiert.

Ich floh aus der Enge. Die Straße war bedeckt mit den Werbezetteln für das Plebiszit des armen Schuschnigg. Der Text klang verängstigt und unfrei. Niemand hob die Blätter auf, nur der Wind spielte erbarmungslos mit ihnen.

(Später in New York schwindelte Kuh sehr amüsant, indem er behauptete, nach dem Beisammensein mit Pernter sei er sofort abgereist, da ein Staat, in dem ein aktiver Minister mit einem Kuh spricht, auf jeden Fall verloren sei.)

Nachmittags saß ich mit meinem Freunde Franz Theodor Csokor und einem Bekannten in meinem kleinen Hotelzimmerchen. Wir waren wie zu Boden gedrückt. Plötzlich stürzt Ilka Wertheimer ins Zimmer. Sie bekomme keine Verbindung mit dem Unterrichtsministerium. Ich rief sofort Johannes Hollnsteiner an und fragte was geschehen sei. Er wußte von nichts, rief seinerseits aber sofort das Kanzleramt an, um Schuschnigg selbst zu erreichen. Hollnsteiner rief in wenigen Minuten zurück: »Das Plebiszit ist abgesagt!« Furchtbare Enttäuschung. Wir stürzten einander in die Arme und wußten: Österreich und wir – alle sind verloren. Bei alledem blieb Hollnsteiner optimistisch ... weil er ahnungslos war, und ich hatte ihn für einen Diplomaten gehalten. Er war es nicht; er war der Situation nicht gewachsen, wie sich später herausstellte.

Am Abend waren Anna Mahler, Hollnsteiner und die Oberschwester Ida bei mir, wir waren tief deprimiert. Ich bat Hollnsteiner, alle ihn belastenden politischen Papiere zu vernichten. Er frug ganz kindisch: »Warum denn, ich habe ja nichts getan!«

Anna Mahler wollte nichts von einer Abreise hören. Sie war mit einem Klüngel linksstehender Burschen und ihrem damaligen Freund beisammen, gab ihnen alles Geld, das sie hatte, und brachte sie dann endlich in der Nacht auf die Bahn. Samstagmorgen beschwor ich sie, am nächsten Tag mit mir nach Prag zu fahren. Jetzt endlich, da sie sich vollkommen allein sah, willigte sie ein und kam mittags mit einem Miniaturköfferchen. Ich schickte sie wieder weg, um ihren Schmuck und etwas Wäsche zu holen; es war bereits gefährlich, mit einem Auto ohne Swastika zu fahren. Auch diesmal brachte sie wieder nur das Allernotwendigste. Sie hatte es sich in den Kopf gesetzt, in zwei Tagen wieder in Wien zu sein.

Ich fuhr auf die Hohe Warte und nahm Abschied von meiner Mutter, von der ich wußte, daß ich sie nie wiedersehen würde. Ich ließ sie glauben, ich käme nach acht Tagen wieder. Ihre Nazi-Umgebung hielt sie im Wahn, Hitler selber wolle nichts Brutales, dies sei nur ein Übergang ... er werde ein Paradies bringen. Ich sei auf keinen Fall in Gefahr!

Wir behielten Hollnsteiner diese Nacht im Hotel bei uns und sprachen die ganze Nacht hindurch. Der Himmel dröhnte von Flugzeugen, die Hitlers Ankunft für Sonntag ankündigten. Auf der Fahrt auf die Hohe Warte sah ich, wie sich wildfremde Menschen vor Seligkeit in die Arme sanken, jeder schon mit Bändern und Hakenkreuzfahnen geziert. Es war ein widerwärtiger Eindruck.

Mein Nazischwager Eberstaller hatte Angst um mich, weil ich keine Abzeichen am Wagen hatte, und gab mir einen Neffen (einen langjährigen Pg. der NSDAP) mit. Überall richteten sich Fäuste gegen mich, aber ich war nicht zu bewegen, diese Fahne herauszuhängen.

Wir fuhren am 13. März 1938 sehr früh auf die Bahn und ließen Hollnsteiner, der seelenruhig war (da er sich für nicht gefährdet hielt), im Hotel zurück. Von dort mußte er sich wegschleichen. Er bezahlte seinen Leichtsinn mit einem Jahr Dachau. – Wir frühstückten an der Bahn und taten sehr harmlos. Ein alter österreichischer Polizist kam an unseren Tisch und flüsterte der Oberschwester Ida ins Ohr, ich möge keine Wertsachen mitnehmen, da an den Grenzen Leibesvisitation sei. Darauf ließ ich fast alles Geld bei der Oberschwester und nahm nur das Erlaubte mit. Moll kam an die Bahn und schaute uns aus traurigen Hundeaugen gerührt an. Da ich aber diesem Menschen nie etwas geglaubt habe, so auch jetzt nicht Blick und Rührung. Er war immer mein Erzfeind gewesen. Ich hatte nur zwei kleine Handkoffer, konnte ja nichts mitnehmen, da ich mein Haus vermietet hatte und dort nicht gesehen werden wollte. Ich besaß also nur, was ich in Capri schon bei mir hatte.

An der Grenze angekommen, mußten wir zunächst unsere Taufscheine zeigen. Dann wurden wir, jeder einzeln, in ein verhängtes Coupé gebracht und bis auf die Strümpfe nackt ausgezogen. An der tschechischen Grenze wurden alle Juden zurückgeschickt. In Prag erwartete uns Franz Werfels ältere Schwester Hanna von Fuchs, die tief teilnehmend half und ehrlich mit uns weinte, aber immer wieder sagte: »Ich wollte ja immer, daß ihr nach Prag zieht... hier wäret ihr sicher...!« Ich warnte sie vor Hitlers Angriffswut; sie glaubte mir nicht. Ein Jahr später mußte auch sie fliehen.

Anna Mahler und ich fuhren nach Budapest weiter, wo wir ein paar Stunden ausruhen wollten ... wir waren in der Nacht eingepfercht zu acht gesessen. Der österreichische Konsul hatte für uns Zimmer bestellt und Rosen geschickt, aber sich mit uns zu zeigen wagte er nicht

– mit Recht. Die Straße war voll von Hitlers weißbestrumpften Burschen. So ging es nun weiter, wieder die ganze Nacht eng sitzend, über Agram, Triest nach Mailand.
Aber Mailand gefiel uns diesmal nicht. Franz Werfel war nun, Gott sei Dank, mit uns. Wir nahmen die Einladung von Werfels jüngerer Schwester, Marianne Rieser, an, zu ihnen nach Zürich zu kommen. Dies war die erste traurige Zeit unserer Emigration. Lag's an ihnen oder lag es an uns – ich weiß es nicht. Jedenfalls war die fürchterliche Situation dran schuld.
Von Zürich aus schrieb ich meinen Abschiedsbrief an meinen geliebten alten Freund Gerhart Hauptmann.
Hauptmann hatte sich im Herbst 1937, als er in Wien war, etwas feige gegen mich benommen. Sonst hatte er sich immer schon im voraus bei mir angesagt, wenn er gekommen war, und wollte immer ein Fest bereitet haben. Diesmal hatten wir nichts gehört, und als ich endlich anrief, wollte er uns eine Nachmittagsstunde geben, die (kurz bemessen) immer die schlechteste Launenzeit war, die ich an ihm kannte.
Ich sagte für uns beide ab. Ich war tief beleidigt für Franz Werfel, dem es ja leider galt. Gerade Gerhart Hauptmann, der Dichter der ›Weber‹, durfte das nicht. Aber nun war auch er gefährdet.
Ich schrieb ihm aus Zürich: Daß unsere lange, lange Freundschaft etwas so Eigenartiges und Großes war, und daß ich deshalb wünschte, sie zu beendigen – da sie in der Zukunft vielleicht weniger schön sein könnte – und, was in der Vergangenheit richtig war, es nicht notwendigerweise in der Zukunft sein müsse...

Jetzt waren wir Emigranten!
Es war unerträglich für uns, in Zürich zu bleiben, und nach endlosen Paß-Schwierigkeiten, die zu beheben sich mehrere Advokaten bemüht hatten, kamen wir endlich über die Grenze nach Frankreich. Als wir im Zuge aufatmeten, war es der erste Glücksmoment seit der Flucht.
In Paris blieben wir in einem Petit-Bourgeois-Hotel namens Royal Madeleine, das später im ›Jacobowsky‹ seine ergötzliche Auferstehung feiern sollte.
Im Mai fuhren wir nach Amsterdam, wohin wir zu einem Gustav Mahler-Fest eingeladen waren. Willem Mengelberg dirigierte an vier Abenden nacheinander die 8. Symphonie von Gustav Mahler.

In Holland wurde ich über Gustav Mahler vielfach interviewt; und die Leute meinten, ich möge all das Gesprochene doch aufschreiben. Ich antwortete, dies sei längst geschehen. Diese Zeitungsartikel waren die Ursache, daß der Vertreter des Allert de Lange Verlages, Dr. Landauer, mich später in Paris aufsuchte und mich so lange dringend bat, ihm doch mein Buch über Gustav Mahler zu geben, daß ich es tat, obwohl ich's schon Paul von Zsolnay versprochen hatte, der aber damals keinen Verlag mehr hatte.

Willem Mengelberg hatte mit diesen Aufführungen etwas Einzigartiges getan, denn sein ganzes Besitztum war in Deutschland. Holland war damals noch glücklich und ahnungslos. Als ich dem Unterrichtsminister in Amsterdam von meiner Flucht aus Wien erzählte, sagte er: »Eine Dame wie Sie sollte solche Worte wie Flucht nicht in den Mund nehmen.«

Niemand glaubte dort an ein ähnliches Schicksal! Die Leute meinten alle, daß so etwas in Holland absolut unmöglich sei.

Nach wenigen Tagen ging es von Holland direkt nach London, wo wir Anna Mahler wieder trafen, die nicht mit uns nach Amsterdam gekommen war. In London nun bekam ich einen veritablen Nervenzusammenbruch. Es war die weitaus härteste Leidensstation dieser unseligen Flucht.

Anfang Juni – London

Nun muß ich mich mit eigener Kraft am Schopf aus dem Moor ziehen.
Ich muß alle, die ich in Wien liebte, über Bord werfen...
Alle werden ja auch schon vollkommen verändert sein.
Ich will und muß vergessen...

Franz Werfel hat es leichter. Er verhandelt mit Verlegern. Die neue Stadt interessiert ihn... Er hat Sprachentalent, schon liest er die hiesigen Zeitungen mit Aufregung und Leichtigkeit ... und er verwundert sich sehr über meine unbeherrschte Verzweiflung, ohne mir natürlich helfen zu können.

Es gab viele große Dinners zu seinen Ehren. Sie waren meist langweilig. Von einer dieser Veranstaltungen kam Franz Werfel mit einem großen Schwips heim. Er kannte die Wirkung des Whiskys noch nicht.

Ich will ein Klavier, Bücher und irgendwo ein kleines Haus oder eine Wohnung ... und schreiben ...

Alles, was ich in meinem Leben gedacht und verschenkt habe...! Politisch aber behalte ich mir vor, zu denken und zu reden, was ich will.
Hier in London sind wir geldlos, ich habe kein deutsches Buch – kein Klavier... keine deutschsprechenden Menschen. Eine kalte Stadt... alle Menschen verständnislos dem österreichischen Schicksal gegenüber... es ist unerträglich.
Niemand glaubte uns und unsern Warnungsschreien. Nach dreiwöchigem Aufenthalt in London hatten wir genug und gingen nach Paris zurück, wieder in unser kleines armseliges Hotel. Es war unterdessen Sommer und sehr heiß geworden.

Franz Werfel quartierte ich im schönsten Hotel der Umgebung von Paris ein, im Hotel Henri IV. in St. Germain. Er hatte einen Saal für sich, so geräumig wie eine Reitschule. Ich blieb erst eine Weile allein in Paris, in unserem kleinen Hotel. Ich besuchte hauptsächlich die Bildergalerie im Louvre. Es war, von der Schönheit abgesehen, der einzig kühle Raum in Paris.

Später im Juni – Paris

Unser lieber Freund und Kumpan, der hochbegabte Ödön von Horvath, ist nicht mehr. Er war uns in den letzten Jahren in Wien ganz nahe gekommen. Besonders mir, der er alle Skizzen und Ideen zu neuen Stücken schickte. Er war mir von meiner »Platte« – wie ich die jungen Dichter: Zuckmayer, Csokor und Horvath nannte, der liebste. Wir gingen oft zum Heurigen, und als ich meinen großen Abschiedsabend in Wien im Frühjahr 1937 gab, kosteten wir in Grinzing überall die Weine, um den besten zu wählen.
Horvath war überaus triebhaft – hatte in jedem Ort eine Geliebte, aber sie waren alle unschön und reizlos; vielleicht suchte er die Banalität im Weibe. Er war aus Wien geflohen – gewiß war er in Gefahr wegen seiner starken Linkseinstellung – und ging in Amsterdam zu einem Hellseher, der ihm verkündete, daß ihn in Paris sein Schicksal erreichen werde...
Horvath nahm den ersten Zug und fuhr nach Paris. Am Bahnhof in Paris traf er Bekannte, die ihn irgendwohin mitnehmen wollten. Er rannte ihnen davon und rief zurück, er habe keine Zeit, er müsse etwas Wichtiges erfahren. Und so irrte er durch die Pariser Straßen,

bis er an die Champs Elysées kam. Es war unerlaubt heiß, kein Wind bewegte ein Blatt – ein einziger Donner rollte schwer – ein plötzlicher Blitz zuckte – und fällte den Baum, unter dem Horvath stand. Der Baum krachte auf den Kopf Ödöns und tötete ihn augenblicklich. Es war kein Gewitter, kein weiterer Donnerschlag, keine Blitze, sondern einfach ein allerhöchster Mord. Horvath war ein Genie – aber ohne Zukunft.

Dieser Tod unseres Freundes ging uns sehr nahe, und Franz Werfel wohnte in der Gluthitze, entgegen meinen Bitten, dem Leichenbegängnis bei. Er kam erschüttert zurück. Werfel hatte mit der Mutter, mit dem Vater – der ein hoher österreichischer Offizier gewesen war – und auch mit dem Bruder des Verstorbenen gesprochen, und er sah Ödön tot liegen, der Kopf war mit Pflastern verklebt. Aus der Kapelle, in der Ödön aufgebahrt war, zogen nun alle den hitzespeienden Weg nach dem Grab. Dieser Friedhof liegt unter einer Eisenbahnbrücke, und es gab jedesmal einen schmerzhaften Schock, wenn ein Zug über diese Feier ratterte. Franz Werfel kam erhitzt, ermüdet und traurig ins Café Weber, wo wir uns verabredet hatten. Wie immer gingen wir Hand in Hand nach Hause. Er sprach über die Idee, aus diesem Erlebnis einen philosophischen Roman zu schreiben mit dem Titel: ›Die Erde als Strafort‹.

Er wußte damals bestimmt nicht, daß die Inder das Leben »Schuld« nennen. Es ist fast derselbe Ideengang.

23. Juni

Ich komme aus dem ›Tristan‹. Wilhelm Furtwängler dirigierte ihn so schön, wie das mit dem damals schlechten Pariser Orchester möglich war.

Nie werde ich mich aus diesem Kulturkreis heraustreiben lassen.

Wo sind denn die andern... die Besseren?

Ich lese ›Zement‹ von Gladkow. Er will einem den Kommunismus mundgerecht machen und zeigt einem den Untergang der Kulturwelt. Alles ist vernichtet, um auf demselben Wege mühsam wieder erbuchstabiert zu werden.

Schande über die Männer, die solches zulassen... und ausgeheckt haben!

Beethoven, Wagner, Nietzsche, Schopenhauer – ist das alles nur Dreck?

Ich fuhr allein zur Witwe unseres Freundes Meier-Graefe, die auch unsere Freundin ist, nach St. Cyr-sur-mer, um uns eine Sommerwohnung an der Riviera zu suchen.
In Sanary-sur-mer fand ich eine Unterkunft für uns... es war ein alter Wachtturm, den sich ein Maler sehr kultiviert, aber unbequem eingerichtet hatte. Franz Werfel sollte das oberste Rundzimmer, mit zwölf Fenstern, bekommen – ein idealer Arbeitsraum... weiter unten war ein schönes Schlafzimmer für ihn. Als Schlafzimmer für mich blieb der Wohnraum, der an die Küche stieß und unerträglich heiß war. Ich war damals noch jung genug, um mich davor nicht zu fürchten.
Ich saß eben bei meiner Freundin Busch Meier-Graefe, als ein Telefonanruf aus Paris kam, ich möge augenblicklich abreisen, Werfel sei schwer erkrankt.
Ich fuhr sofort erst nach Paris zurück und in der Früh ging's weiter nach St. Germain.
Franz Werfel hatte eine Herzattacke gehabt, der herbeigerufene Arzt, ein Engländer, sagte zu Werfel, daß er in Lebensgefahr sei – und er wurde nun die Todesangst lange nicht los. Wir übersiedelten sofort nach Paris, ich ließ einen andern Arzt kommen, der uns warm empfohlen war... auch ein Trottel... und so schlief ich nun wochenlang in Werfels Zimmer auf einem Holzdiwan von mäßiger Bequemlichkeit. Franz Werfel erholte sich langsam. Er bekam täglich Injektionen, um den Blutdruck herabzusetzen. Nun war es über ihn gekommen. Seine Nerven wollten es nicht tragen, das furchtbare Hitler-Erlebnis... und das wahnsinnige Rauchen!
Es war ein schwerer Kampf, den wir beide um seine Gesundheit kämpften.

Juli – Paris

Nach all dem Furchtbaren, was uns widerfahren, ist nun Franz Werfel ernstlich krank.
Ich lebe und fühle nur für ihn. Er ist das Liebste, das ich habe. Ich bin Tag und Nacht um ihn... verscheuche seine und meine Angst. Sein Blutdruck ist schon etwas herunter durch die Injektionen. Sein wütendes Rauchen mußte aufhören. Aber auf wie lange? Dieser Rausch-Mensch soll also normalisiert werden, wie es so schön heißt? Aber der Rausch ist sein Element.

Ich fühle mich eins mit seiner Wesenheit, wenn wir auch im Äußerlichen manchmal diametral entgegengesetzt empfanden.

Wenn es einen Gott gibt– bin ich in ihm.
Wenn es keinen gibt – falle ich ins Wesenlose.

Ich hatte vor vielen Jahren eine Köchin gehabt; sie hieß Agnes Huizd. (Sie hatte den Betrug erlebt, den Werfel später im ›Veruntreuten Himmel‹ schilderte.)
Beim Mittagessen bei einer alten Freundin meiner Mutter in Paris begann ich die Erlebnisse dieser Magd zu erzählen. Die alte Dame hatte sie gut gekannt. Jetzt also frug sie mich genau aus.
Diese Geschichte kannte Franz Werfel schon lange, wie er ja auch die alte Köchin selbst, die fünfundzwanzig Jahre und also schon zu Gustav Mahlers Lebzeiten in meinem Haus gewesen war, oft gesehen und ihr seltsames Erlebnis gekannt hatte. – Bis dahin aber hatte diese Sache nicht sein Interesse geweckt.
Es scheint, nach diesem Mittagessen war ich in guter Stimmung und habe gut erzählt... denn in dieser Stunde zündete das Erlebte. Franz Werfel bekam glühende Augen, wie ich sie so liebe, und so montierte ich viele Details hinein, die mir plötzlich wieder einfielen. Er frug und ich antwortete, und die alte Dame war vergessen. Wir kamen auf die Straße und Werfel frug und frug und sagte dann: »Die Sache werde ich schreiben.«
Diese alte Tschechin kommt auch in Gustav Mahlers Briefen vor.
Heimlich spielte sie in der Nacht Zither.
Sie hatte Noten vor sich liegen und Mahler ergötzte sich wie wir alle an ihrem Spiel. Wir hatten sie eines Abends, gelockt durch das Gezirpe, trotz ihres Versteckes gefunden.
Da sie weder # noch b lesen konnte, klang alles falsch.
Nach dem Tode von Gustav Mahler hatte sie aus Trauer ihre Zither im Sommer nicht mitgenommen...
Die Geschichte von dem jungen Priester, der immer ihren Koffer trug, weil sie die Ärmste und Älteste war, hat Werfel am meisten aufgeregt.
Meine Hausführung auf dem Semmering wurde geschildert... und der Tod der Manon kam in veränderter und doch für uns Wissende verständlicher Form in diesem Buch wieder zum Leben.

Als es Franz Werfel besser ging, fuhren wir Ende Juli nach Marseille, blieben einen Tag dort und übersiedelten am nächsten Tag nach Sanary-sur-mer, wo wir fast zwei Jahre, mit Pariser Unterbrechungen, leben sollten.
Franz Werfel versuchte zu arbeiten, aber es ging ihm andauernd schlecht. Es wollte nichts gelingen. Die Ärzte hatten ihn verrückt gemacht.
Endlich, nach einer tragikomischen Szene, wo er, um sein Kopfweh zu lindern, sich eine ganze Flasche Parfüm von Patou über den Kopf geschüttet hatte und schreiend in mein Zimmer gestolpert war, laut rufend: »Ich werde blind!« hatte ich einen Einfall und rief heimlich Dr. Friedrich Wolf an, einen Dichterarzt sozusagen, der in einer Stunde Franz Werfel die ganze Furcht ausredete. So, nun waren wir bis auf weiteres gerettet, und Franz Werfel fing auch bald an, seinen Roman zu skizzieren. Und es wurde das Buch ›Der veruntreute Himmel‹.
Trotz Krankheit! Trotz Exil – trotz allem!
Natürlich wurde das ganze Geschehen um und um verändert – wie es bei Franz Werfel immer ist, und wie ich es bei jedem wahren Künstler noch immer erlebt habe.

31. August – Sanary-sur-mer

Wieder ist ein Geburtstag, der durchgehalten werden muß.
Was habe ich alles durchlebt!
In welche Höllenschlünde bin ich gestolpert, bin aufgestanden und wieder gefallen.
Sollen die Katastrophenlinien in meiner Hand, die dem Herrn Chiromanten ein solches Entsetzen eingeflößt haben, sich ewig weiter vertiefen?
Ich möchte einen Winterschlaf tun... alles Weh vergessen, das fest eingepanzert in meiner Brust da ist.
Das Elend...

Vor mich hin sage ich... ich liebe, ich liebe, aber wen... aber was?
Bach, den ich spiele, weil er der einzige ist, der mich aus dem Gefängnis meiner Gedanken befreit.
Nein, es ist kein Mann, es ist kein Gott... es ist ein Zukunftsgebilde, vor dem meine Brust sich öffnet... und beugt. Aber ich weiß nichts über mich!

Ich bin hoffnungslos über unserem Einzelschicksal. Und man kann doch nicht ganz ohne Zukunftsahnen weiterleben...
Ich bin am Ende. Franz Werfels Existenz allein hält mich.

Der Sieg jedweder Rasse oder Klasse wird eine furchtbare Niederlage sein.
Das, was war, kommt nicht wieder. Und das Neue ist kaum interessant für uns oder andere aus unserer Zeit.

27. September

Es ist grau in der Welt und unheimlich. Seit drei Wochen hängen wir zwischen Krieg und Frieden. Und wir hier... heimatlos... der Sprache unkundig und in fremdester Fremdheit.
Ich sehne mich ›nach Hause‹...
Aber wo ist das?
Franz Werfel ist unter die politischen Journalisten gegangen. Hoffentlich schadet es ihm nicht, da und dort.
Er macht es sehr gut, aber ich hätte es lieber, wenn er dichtete.
Wenngleich ich auch verstehe, daß einem das Dichten in dieser Zeit vergehen kann. Franz Werfel hatte trotzdem in St. Germain eine merkwürdige Sache angefangen. Es soll ein Roman werden, heißt ›Cella‹ und behandelt, um eine Pianistin herum, den Untergang Österreichs und die Machtergreifung Hitlers. Das Judenproblem, die Emigration natürlich im Vordergrund. Er konnte aber nicht weiterschreiben, da die Vorgänge in der Welt seine Arbeit überflügelten. Es war eben alles zu nah!

Als es rauh wurde, gedachten wir, nach Paris zu gehen. Die Zusammenkunft der vier Staatsführer am 29. September in München trug nicht dazu bei, uns am einsamen fernen Meer in Ruhe und Frieden zu wiegen.
Hitlers Sieg über die Westmächte schien evident. Aber wir hatten keine Ahnung, was der Welt und uns noch bevorstand.

1. Oktober

Der Friede ist ausgebrochen – aber um welchen Preis!
Ich wußte es immer: die tiefe Ungerechtigkeit gegen die deutsche Minorität in der Tschechoslowakei mußte sich rächen. Und in meinem

Zimmer auf dem Semmering hängt die Landkarte, auf der ich die Tschechoslowakei schon längst ausgestrichen habe. Aber jetzt bringt es Hitler neues Prestige, und das deutsche Reich schwillt an wie ein Ochsenfrosch. Wann wird die Kraft dieses Dschingis-Khan gebrochen sein und wo... wo wird er sich den wohlverdienten Genickbruch holen...!

Er muß natürlich jetzt von seiner eigenen Größe besoffen sein.

Wann zerreißt Deutschland selbst die Fesseln, mit denen es sein eigenes armes Volk niederhält?

Wir aber atmen doch auf, daß kein Krieg kommt. Wir hätten nicht gewußt, wohin mit uns...

Der Druck der letzten Tage war grauenhaft. Keiner von uns schlief.

Die Welt erlebt die Vorboten eines großen Ereignisses mit angehaltenem Atem.

Ein einziger Mann, an der Spitze eines unglücklichen geschlagenen Volkes, wenn er genug Suggestionskraft hat, kann eben alles. Lenin hat es bewiesen, er gab den Auftakt, Mussolini führte weiter, Hitler vollendet den unsinnigen Überbau.

Ich, die ich unlösbar mit den Geschicken der Juden verbunden bin, habe meinen gerechten objektiven Blick nicht verloren. Hitler hat momentan keinen Gegenspieler... es sind Marionetten. Er spricht es aus, und es macht ihn größenwahnsinnig.

Ich werde jetzt mit diesem Volk bis ans Ende der Welt wandern müssen – und ich kann nicht anders, obwohl ich meine Heimat, meine geistigen und materiellen Güter, die Menschen, die ich liebe, meine Mutter, nie mehr wiedersehen werde...

Mein völlig sinnlos gewordenes Leben treibt mich weiter. Ich ahne eine Wahrheit... aber rundherum ahnt man sie nicht.

Ich lebe hier momentan in einem jüdisch-kommunistischen Klüngel, zu dem ich nicht gehöre. Manchmal reißt mir die Geduld, und ich sage laut meine Wahrheit.

Äußerstes Befremden in den Mienen der andern zeigt mir, daß ich über ihr Ziel weit hinausgegangen war.

Gott sei Dank ist Franz Werfel jetzt absoluter Antikommunist.

Dann wieder, wenn ich die höllischen Gemeinheiten, die die Nazis vollführen, sehe...! Gehöre ich dahin? Nie und nimmermehr! Viel eher zu den Juden! Die sind momentan in Gefahr!

Die Juden haben kein Proletariat, infolgedessen befreien sie fortwährend etwas, mit dem sie nicht den geringsten seelisch-geistigen Zusammenhang haben – und das sie einmal glattgrinsend verraten und erschlagen wird.

Ende Oktober

Franz Werfel und ich, wir haben beide eine Schlappe erlitten. Er glaubte in seiner Jugend an die Weltrevolution durch den Bolschewismus, und er konnte nicht vorauswissen, was daraus geworden ist.
Ich glaubte an die Welterlösung durch den italienischen Faschismus, an Mussolinis Werk, und auch ich konnte nicht wissen, was durch Hitler später daraus geworden ist.
Ernst Barlach, der größte deutsche Plastiker, von den Nazis deshalb verworfen, weil er zu gut war, antwortete wenige Tage nach Hitlers Machtergreifung auf eine Frage über die Rassen: »Es gibt nur zwei Rassen, die geistige und die ungeistige.«

November

Es zieht sich in Frankreich zusammen. Die Menschen sehen und hören wieder nichts.
Mit dem Ruf: »Nieder mit Blum und den Juden!« wird das Pogrom einsetzen. Warum lassen sie nicht endlich ihre Hände von der Politik?

28. November – Paris

Meine Mutter stirbt, und ich habe sie nicht mehr gesehen!
Ich wollte ihr telefonieren. Es hieß: sie atmet noch...
Wie schrecklich so etwas klingt und ist. Aber alle dort haben sie im Herzen schon begraben. Moll muß fortwährend zurückgehalten werden, weil er sich umbringen will. Warum läßt man ihn nicht? Er hat ja recht.
Es wäre ihm erspart geblieben, die vielen Dummheiten zu begehen, die er nachträglich machte...

29. November

Meine Mutter ist nicht mehr. Und das erstemal empfinde ich, daß ich Fleisch von ihrem Fleisch bin, daß mich das versteinernde Herz dort in Wien hier frieren macht. Ich halte so wenig vom Blut – und doch spricht es jetzt eine laute Sprache.

Später

Ich hatte meine Mutter schon früher durch Hitler verloren... wie ich alles, ausgenommen Franz Werfel und Anna Mahler, durch ihn verloren habe. Meine Mutter war nie ein Nazi gewesen, aber man hämmerte ihr die Vergottung dieses Unholds Tag und Nacht ein... und es war sicher schwer für sie, dem zu entrinnen. Solange ich dort war, war ich das Gegengewicht.

Paris

Nur die wirklichen Heiden, wie ich eine bin, können wirkliche Katholiken sein. Die Verschmelzung des Heidentums und des Christentums ist nur im Katholizismus ganz gelungen. Die Protestanten stehen vor der Himmelstür und bitten um ein bißchen Brot. Wein wird ihnen nicht gereicht werden.

Franz Werfel fuhr Anfang Dezember nach Zürich, während ich zu Anna nach London ging. Es war naßkalt, und wir froren uns fast zu Tode. Alles was man anrührt, bleibt einem naß am Finger. Ein trokkenes Tuch habe ich dort weder gesehen noch gespürt. Ein unseliges Volk, das!

Meinen Freund, den Schriftsteller Rudolf Olden, hatte ich zu Anna Mahler eingeladen. Er fuhr zu diesem Zweck von Oxford nach London und erfreute mich durch seine großartigen Antinazireden. Es kam an diesem Nachmittag bei Anna Mahler zu mehreren Explosionen, denn die wenigsten waren damals seiner Meinung!

Armer Olden! Er ist auf dem Kindertransportschiff auf dem Wege von England nach Amerika mit vielen andern ertrunken. Auch Thomas Manns Schwiegersohn ist damals auf demselben Schiff, das auf eine Mine aufgelaufen war, zugrundegegangen. Thomas Manns Tochter Monika hielt sich viele Stunden festgekrallt an einem Rettungsboot am Leben und mußte mit ansehen, wie ihren Mann die Kräfte verließen und er unterging, ebenso auch Olden und die meisten Kinder, bevor ein Rettungsboot kam und den Rest aufnahm.

1939 – Paris

Ich traf Margherita Sarfatti hier wieder. Als ich sie das erstemal gesehen hatte, war sie die ungekrönte Königin von Italien. Jetzt ist sie die gekrönte Bettlerin des Exils.

Sie ist tapfer, geistreich, wie immer – aber sehr voll Bitterkeit. Ihre tiefe Liebesfreundschaft zu Mussolini ist einer grenzenlosen Feindschaft gewichen.
Sie kam oft zu uns, und ihre große Lebendigkeit belebte alle Emigranten. Vor uns allen stand ein großes Fragezeichen: Wohin?

Später

Heute war, auf meine Einladung hin, Gustave Charpentier, der Komponist der Oper ›Louise‹, zu mir gekommen. Ich war so aufgeregt, als sollte ich einen früheren, unvergessenen Liebhaber wiedersehen – was ja Gott sei Dank nicht der Fall war. Ein nie endender alter Kuß war unseres Wiedererkennens letzter Akt. Seine Art, zu schildern, zu erzählen, ist so dramatisch anschaulich und knapp, daß ich immer kleine Szenen, wie aus der ›Louise‹, erlebte, die ja auch das Sparsamste ist, was ich kenne, und darum eine so starke Wirkung hat. Seit ich hier wieder in der ›Louise‹ war, bin ich wie verzaubert, und dieses Glück meiner Jugend, dieses entzückende Werk verfolgt mich singend und befreiend in meine bösen Emigrantenträume hinein.
Gustave Charpentier schilderte mir seine Mutter, eine Spitzenklöpplerin aus Valenciennes, die mit feinen Sinnen die alten Muster im Gedächtnis trug und verbesserte, und soviel künstlerische Pietät besaß, daß sie alle Rezensionen über ihren Sohn heimlich sammelte und in Bücher klebte, so daß jetzt, nach vierzig Jahren, als er die vielen alten Koffer auf dem Boden fand, an Hand dieser Quellen nun ein großes Werk über ihn und seine Opern geschrieben werden kann.
Charpentiers Vater hingegen tat nichts als ›Nachdenken‹. Das heißt er war faul, aß, trank und schlief. Gleich nach dem Essen ging er, immer den kleinen Hund zwischen oder hinter den Füßen, im Zimmer auf und ab. Charpentier machte dies fabelhaft nach. Eine Hand im Rücken, eine an der Stirn... er dachte nach.
Seine Mutter, die das nervös machte, rief dann wohl von der Arbeit her: »Du bist aber kein amüsanter Gesellschafter...«, aber da ging er auch schon ruhigen Schrittes durch die Tür hinaus. Soweit sich Charpentier erinnern konnte, hatte die Mutter immer den Lebensunterhalt bestritten. Er erzählte empört über die amerikanische Verfilmung der ›Louise‹. Die dramatischen Momente der Oper wurden weggelassen, hingegen plärrt ein Papagei überall dazwischen, und ein Hund bellt durch das ganze Stück in den unpassendsten Augenblicken.

Als ich ihm erzählte, daß ich ein Buch über Gustav Mahler geschrieben habe, in dem auch er eine große Rolle spiele, rief er: »Oh, das ist gut, da kommen wir alle zu unserem Recht.«
Mein kleines Zimmer im Hotel Royal Madeleine ist durch die ungeheuren Mengen von Blumen, die er mir knapp vor seinem Kommen geschickt hatte, in einen blütendurchdufteten Palastraum verwandelt.
Franz Werfel kam wieder von St. Germain nach Paris. Er war weit vorwärtsgekommen mit der ›Cella‹, war aber nicht befriedigt.
Am 14. Januar hatte Werfel einen Vortrag in Paris gehalten: ›Ohne Divinität keine Humanität‹, den ich hier (gekürzt) beifüge.

OHNE DIVINITÄT KEINE HUMANITÄT

1

»Sie haben die Mühe nicht gescheut, meine Damen und Herren, und sind hierhergekommen, um ein paar Seiten Prosa und einige Gedichte aus meinem Mund zu hören. Ich hatte mir vorgestellt, ich werde jetzt einfach mein Buch aufschlagen und zu lesen beginnen, wie ich es schon mehrere hundert Male seit fünfundzwanzig Jahren in aller Welt getan habe... Verzeihen Sie mir. Ich kann es nicht. Ein großes Verlangen drängt mich, für eine persönliche Betrachtung Ihre Nachsicht zu erbitten. Es ist ja so merkwürdig für mich, hier zu sitzen, in diesem Saal, inmitten von Paris, und laut eine Sprache zu sprechen, die mein ein und alles ist und die mir doch beinahe nicht mehr gehört. Nein, ich werde hier nicht das Betäubende wieder heraufbeschwören, das über uns niedergegangen ist und so viele Leben entwurzelt hat. Einer trägt's leichter, der andere schwerer. Je nach Vermögen. Das Wort ›Elend‹, mittelhochdeutsch ›Elilenti‹, bedeutet nichts anderes als ›Ausland‹. Freilich, im vielverlästerten Mittelalter oder gar im finsteren Altertum war jenes Elilenti schon Strafe genug und mußte nicht erst verschärft werden durch Visumqualen, durch Ausweisung oder kurzfristige Aufenthaltsbewilligungen. Das unbeschränkte Asylrecht bildete eines der heiligsten Rechte, der Gottheit unmittelbar entflossen, und der große Gesetzgeber der Bibel gewährt seinen ungeteilten Schutz einer Dreieinigkeit, die er stets zusammen nennt: »der Witwe, der Waise und dem Fremden, der unter deinen Toren wohnt«.
Doch genug. Es ist jetzt so schön Abend. Warum also an den Tagmahr erinnern, der heute in der ganzen so überaus zivilisierten Welt unzählige Elende von Amtsschalter zu Amtsschalter hetzt?!
Hinter diesem Leid ist etwas verborgen, das zu denken gibt. Das unbescheidene Wort ›Erkenntnis‹ will ich nicht gebrauchen, aber Ahnungen dämmern auf, Ahnungen eines Sinns. Die Zentrifuge hat einen

bestimmten Teil der Menschheit erfaßt und ausgeschleudert. Sollte diese Ausschleuderung wiederum nur eine Form der uralten Aussonderung oder Auserwählung sein?

2

Ein frommer Selbstbetrug, eine tröstliche Illusion! Man schüttelt die Köpfe. Was für ein Sinn verbirgt sich hinter diesem sinnlosen Leid? Und können jene von Schalter zu Schalter Gehetzten überhaupt die Träger eines geschichtlichen Sinnes sein? Spreu im Winde sind sie. Jeder erfährt das im Exil, auch der angesehene, der namhafte, ja selbst der reiche Mann, daß er plötzlich sein spezifisches Gewicht verloren hat, daß er nicht mehr ein distinguierter Reisender, sondern nur ein geduldeter Fremder ist, daß man ihn ganz anders empfängt, als man ihn empfing, da er noch eine Heimat besaß, und daß er sich allmählich in ein suspektes Gespenst verwandelt, einem Kranken gleich, dem die strotzende Umwelt mit ihren Wangen wie Milch und Blut vorsichtig aus dem Wege geht. Wie könnte aus diesem stygischen Dämmer eine Hoffnung steigen, ein belebender Gedanke, ganz zu schweigen von einem erneuernden Geist? Man ist zufrieden, wenn man sich durch die Länder schlägt, irgendwo unterschlüpft und ohne besonders zu darben sein Leben fristen darf. In den meisten Fällen bricht ja das Exil jeden höheren Ehrgeiz.
Um sich der Ahnung dieses tieferen Sinnes zu nähern, von dem ich sprach, ist es notwendig, mit einem schnellen Blick jene weite Umwelt zu erfassen, deren Wangen noch immer wie Milch und Blut zu sein scheinen. Der schnelle Blick umfaßt beide Seiten dieser Umwelt, die ausstoßende und die aufnehmende. Wenn es auch für jeden einzelnen von gewaltiger Wichtigkeit ist, wo er sich befindet, so werden doch nur die oberflächlichen Geister verkennen, daß es sich nicht um Gegensätze handelt, sondern eben um zwei Seiten ein und desselben Weltzustandes. Es ist der Weltzustand der vollkommenen Wertzerstörung und absoluten Entgottung. Hier äußert er sich in beklemmender Ratlosigkeit, in seelischer Atonie, in politischer Lähmung, dort, jenseits der Grenze, wo er schon das fieberhaft entzündliche Stadium erreicht hat, tritt er als reiner Satanismus in Erscheinung, als raffinierte art pour l'art des Bösen, als trotzig bewußte Abwendung von der Wahrheit, als sodomitische Selbstvergötzung und als unstill-

barer Durst wehzutun, ohne Beispiel und Muster in der ganzen Geschichte.

Es gewährt keine besondere Befriedigung, schon vom ersten geistigen Erwachen an zu jenen gehört zu haben, welche den Brandgeruch der Hölle rochen. Wenn ich an das zurückdenke, was ich seit dem Jahre 1910 geschrieben habe, so finde ich immer wieder dieselbe grundlegende Empfindung, das Entsetzen nämlich vor dem gänzlich entfesselten, dem gottentbundenen, dem eisigen Menschen (den es damals fast nur theoretisch gab); und zugleich den Versuch, diesem werdenden Typus ein weltfreundliches Wesen entgegenzustellen, das in beschwörenden Rufen an die kosmische Bruderschaft alles Lebendigen und Sterblichen gemahnt. In den Jahren des Krieges 1914, knapp vorher und knapp nachher, gab es einige, die ähnlich empfanden, dachten und sprachen, ja nach der Katastrophe ein großes metaphysisches Erwachen der Menschheit erhofften und verkündeten. Ohne dieses Erwachen, ohne ein ursprüngliches mächtiges Neuerleben des Daseinswunders, das wußten sie, würden die Religionen nach und nach verdorren, die Künste verschwinden und der souveräne Geist des Menschen zugunsten des dienenden Intellekts abdanken müssen.

Ohne Divinität gibt es keine Humanität, so wie es ohne transzendental gebundene Menschenliebe keinen echten Sozialismus geben kann. Das ahnten sie und träumten zwischen 1918 und 1919, daß die Zeit erfüllet sei. Die Zeit aber war nicht erfüllet. Ein Genie-Augenblick der Geschichte ging vorbei, ohne zu enden. Der Krieg löste keinen gotterfüllten Impuls aus. Auf die Katastrophe folgte nicht ein metaphysisches Erwachen, sondern ein ganz dicker und dichter Schlaf, während dessen der Mensch den souveränen Geist für ein Abfallsprodukt seiner Wirtschaftsordnung oder einer biologischen Zugehörigkeit hielt.

In den zwanzig Jahren seitdem ist der Schlaf der Völker und Menschen immer noch fester geworden. Vielleicht gibt es hier und dort noch irgendeinen, der im Getriebe plötzlich stehenbleibt, sich an den Kopf greift und vor dem Geheimnis des Lebens erstaunt. Gewiß leben jetzt wie zu allen Zeiten auf diesem Erdball tiefere Geister, die metaphysischen Regungen und Erwägungen zugänglich sind. Zum Ausdruck und zur Geltung kommt es nicht. Es sind Einzelgänger, die keine Bedeutung für die Gegenwart haben. Ich glaube nicht, daß jemals ein Geschlecht bewußtloser in seinem irdischen Trubel verstrickt war als dieses. Kosmische Bewußtlosigkeit ist geradezu das hervorstechende Merkmal dieser Epoche der Stratosphärenflüge und Relativitätstheorie. Die Menschen scheinen ihren wilden positivistischen Lärm zu erzeugen, nur um nicht mit den Ohren der Seele eine störende Stimme hören zu müssen. Der Leitstern, der Richtpunkt über unserem Scheitel verschwand, seit Jahrhunderten immer bleicher werdend. Der Weg wurde frei...

3

Der Weg wurde frei. Für wen?
Mir kommt ein moderner amerikanischer Merkspruch in den Sinn: »Nothing succeeds like success.« Wahrhaftig ein vielsagend verruchter Satz! Nichts ist erfolgreicher als der Erfolg. Vorerst mag's ganz harmlos klingen, aber man kommt hinter die Teufelei, wenn man den Satz variiert. Zum Beispiel: »Nichts ist mächtiger als die Macht.« – Das heißt: ist der Leitstern verschwunden, ist die in einer übernatürlichen Gewißheit begründete Wertordnung aufgehoben, dann genügt es, daß eine möglichst große Anzahl von Verbrechern eine niederträchtige Macht verteidigt, um diese absolut zu machen und zu rechtfertigen. Auch der Mensch, der seinen Richtpunkt verloren hat, will anbeten. Und was wäre leichter anzubeten als Erfolg und Macht, diese einzig greifbaren und schlüssigen Gottheiten der Erde? Seelen, die anders nicht ein noch aus wissen, werden sich gerade vor diesen beiden Gottheiten begeistert beugen. Darin liegt ein Grund ihrer unbestrittenen Weltherrschaft. Man sieht nun, für wen der Weg frei geworden ist: für die Diktatur der ganz und gar Voraussetzungslosen, für lachende Gräberschänder.
Muß ich in diesem Kreise erst fragen, was das heute ist: Recht? Ist es nicht ein sonnenklarer Beweis für alles Gesagte, wenn das Recht, dieser heilige Schutz des Menschen vor dem Menschen, in dem Augenblick zu Nichts zerfällt, da der über den Menschen thronende Ursprung allen Rechtes nicht mehr wirksam ist? Homo homini lupus, heißt es, doch nicht nur der Mensch benimmt sich gegen den Menschen wölfisch, auch die Völker, Klassen, Interessengruppen und Kollektiva aller Art verhalten sich gegeneinander weit schlimmer als die Wölfe.

4

Dies ist der Punkt, wo die neue große Diaspora einsetzt. Wenn von ihr zuvörderst und zuinnerst das klassische Volk der Diaspora betroffen wird, so bleibt es doch diesmal nicht allein. Alle wahren, das heißt von Christo wirklich ergriffenen Christen schließen sich ihm an, und dazu treten die anderen vielen, ja die unzähligen, in deren Seelen die Flamme der Brüderlichkeit und der Empörung noch nicht erstickt wurde. Wenn ihre Teilnahme so wenig gestaltend in Erscheinung tritt, so darf man nicht vergessen, daß sich neben dem äußern ein inneres Exil ausbreitet, zwar stumm noch, aber mächtig wachsend von Tag zu Tag. Es geht ein heimlicher Riß durch die Welt, dessen sich die Welt noch gar nicht bewußt ist. Auf der einen Seite steht die Überzahl derer, für die das Leben einen grundlosen, folgenlosen, zwecklosen, geistlosen Naturvorgang bedeutet, die daher individuell und kollektiv Erfolg und Macht als ihre Götter anbeten und jeglicher Art heroisierenden Verbrechertums hilflos erliegen; auf der anderen Seite stehen die Ausgeschleuderten oder Ausgesonderten des äußeren und inneren Exils, die eines übergeordneten, souveränen, absoluten Geistes hinter den Erscheinungen fühlend, ahnend, glaubend sind. Dieser Gegensatz wird zum geschichtlichen Konflikt der Zukunft anwachsen. Den christlichen Kirchen ist die hohe Gnade zuteil geworden, zu ihrem Ursprung rückkehren zu dürfen und noch einmal in die Katakomben zu steigen. Das alte Volk der Diaspora aber geht in die Verbannung wie alle heiligen Zeiten einmal.
Gewiß, für die meisten ist das Exil ein Schicksal, ein Unglück, ein widerwärtiger Zwischenfall und wahrhaftig kein tiefes Mysterium. Man kann es von Gejagten und von Schutzsuchenden nicht verlangen, daß sie den Becher der Bitterkeiten mit deutendem Bewußtsein leeren. Und doch, sie alle haben durch die Ereignisse eines gelernt, was die übrige Welt längst vergessen hat: zu unterscheiden zwischen Gut und Böse. Denn sie sind, einem verschlagenen Lehrplan gemäß, in die Schule des absolut Bösen geschickt worden. Nun wissen sie etwas mehr als jene anderen ringsherum, die sich in einem kläglichen Zustand der Unentschiedenheit befinden, die ja und nein sagen, einerseits und anderseits, und in seltsamer Verstocktheit noch immer nicht begreifen, wer und was ihnen droht. Diese neugelernte Unterscheidung aber, diese Sicherheit und Festigkeit, diese Immunität gegen die

Lockung des Verderbens inmitten eines moralisch verwesenden Gesinnungsbabels, sie ist der ungeheure, der unabsehbare Vorsprung derer, die durch die Schule des Bösen gegangen sind.
Und hier beginnt sich der Sinn abzuzeichnen und die Hoffnung, von der ich eingangs gesprochen habe.
Von zehntausend Ausgeschleuderten werden neuntausendneunhundertneunundneunzig sang- und klanglos sterben. Vielleicht aber wird in einem von ihnen die Lehre Wurzel schlagen und in Söhnen oder Enkeln Frucht bringen. Die geistige und die geschichtliche Kraft, welche die Menschheit zu den Höhen Sinai und Golgatha geführt hat, ist nicht erloschen; denn wäre sie erloschen, gäbe es heute für Millionen dieses äußere und innere Exil nicht. Die eisige Gottverlassenheit und das politische Verbrechertum unserer Tage dienen nur dazu, durch unerträgliches Menschenleid diese Kraft zu sammeln und ihren Aufbruch vorzubereiten. Unter allen Völkern.«

Wir hatten in meinem kleinen Pariser Salon oft eine ganze Menge Menschen: Margherita Sarfatti, Zernattos, Géraldy, Franz Léhar, Gillet, Graf Clauzel (der frühere Gesandte, der Werfel mit der Überlassung der Musa Dagh-Papiere soviel genützt hatte), Duhamel, Unruhs, Piscators... auch Bruno Walter sahen wir oft.

März – Paris

Am 14. März fiel die Tschechoslowakei. Ich rief am 13. März Franz Werfels Schwester Hanna in Prag an und sagte ihr, daß am kommenden Morgen »der Onkel« nach Prag käme. Ich wußte dies durch einen Diplomaten. Sie verstand mich sofort, konnte aber nicht gleich »wegen der Möbel« abreisen, und wurde am nächsten Tage von der Grenze zurückgeschickt. Nach vieler Mühe kam sie endlich doch heraus. Sie überschätzte die »Möbel« und wäre um ein Haar hängengeblieben. Franz Werfel und ich saßen einen ganzen Tag an der Bahn und waren sehr besorgt, als sie mit dem angekündigten Zug nicht kam.

Schlaflose Nacht... wozu schlafen... wozu wachen...?
Ob man säuft, frißt... oder krampfig asketisch Werk-Werte schafft, Kunst-Kunst treibt... Leben lebt... alles gleich!
Ein Sandkorn in der furchtbaren Wüste: Ewigkeit.

Eine Dame bat mich, nach dem Lunch mit ihr zu Mainbocher zu gehen, wo sie Kleider zu probieren habe. Ein paar Kleider nur, »aber ganz nett«.

»Die Herzogin« lasse auch dort arbeiten... das ist die Windsor.

Und meine Dame hatte einen neuen teuren Hund mit sich, der alles beschmutzte und auf den feinsten ausgelegten Stoffen sich breitmachte. Er schleckte den armen Probiermamsellen ins Gesicht, schnüffelte an ihren Hinterteilen herum, aber die Dame sagte zu mir: ohne Pipi dürfe sie oben gar nicht erscheinen, so liebten alle das Tier.

Ein Salon nahm uns auf, Madame zog sich aus, ein Tüllhemdchen flatterte um entfleischte Beinchen, schwarze Rosen bezeichneten die verfänglichen Stellen. Sie probierte acht Kleider, jedes um fünftausend Francs... und der Hund saß einmal auf einer Schleppe, dann wieder schleckte er die Hand der Schneiderin, niemand konnte sich der unappetitlichen Zudringlichkeit dieses Biests erwehren. Da mich die armen Weiber erbarmten, nahm ich ihn auf den Schoß und kniff ihn, wenn er frech werden wollte. Ich konnte mir das leisten, war ich doch bei Mainbocher nicht angestellt.

Im Nebensalon saßen viele andere Damen, die entzückt aufschrien über all die »créations«, die sie dann doch bezahlen mußten, aber nie wirklich tragen konnten.

Ich ging, gereizt durch soviel zur Schau gestellten Reichtum und Ahnungslosigkeit, fort, bestieg ein Taxi und nannte die Adresse eines Emigranten-Kuchenbäckers, von dem ich gehört hatte. Der Chauffeur meinte, das dürfte ein Irrtum sein: »In dieser Gasse werden Sie kaum etwas zu tun haben!« Aber wir fuhren hin, im Herzen der Stadt kam ich in eine Gegend, wie ich sie mir – oder vielleicht der Maler Kubin sie sich – nur im düstersten Traum vorstellen könnte. Eng und schmutzig, eingleisig – der Wagen hielt vor einem Hause, aus dem ein stinkender Hof hervorlugte. Ich stieg aus und ging hinein. Die Concierge murrte: »Hier wohnt kein Zuckerbäcker.«

Aus jeder Tür glotzte jemand und machte Lärm. Es wurde gehämmert, Lumpen wurden sortiert, und das ganze Haus war eine einzige Misere. Endlich entdeckte ich unter tauben Scheiben eine kleine Visitenkarte und hatte meinen Mann gefunden. Ich trat ein in ein graues, schmutziges Gelaß. Der Mann stank, seine Hose hing herab, er zuzzelte beim Sprechen, seine Augen tränten, aus seiner Riesennase troff es.

Wir verständigten uns mit schlechtem Französisch, bis ich sagte: »Sie sind ja ein Deutscher, also warum plagen wir uns?«
Und nun erzählte er, kopfwackelnd, von seinem Elend.
Er hatte eine Apotheke in Dresden besessen und mußte im Jahre 1933 weg, weil er beschuldigt war, mit einer Christin zu leben. Nun backe er Kipfel, Schokoladendatteln, und jeden Samstag Streuselkuchen. Er machte aus dem typisch deutschen Gebäck ein englisches Zierwort, denn er sprach es »Throithelkuchen« aus, wobei er durch seinen zahnlosen Mund Bläschen spie. Die Tür öffnete sich vom Hof her, und es kam eine verhärmte, arme Arierin, die einmal hübsch gewesen sein muß, mit den todesbereitesten Augen, die ich je gesehen habe. Ich sprach sie an, sie wagte nicht zu antworten. Ich fragte sie, ob sie die guten Dinge mache, worauf er brüsk erklärte, sie rühre überhaupt nichts an, er mache alles allein. Ich bestellte eine Menge Süßes, obwohl mir schrecklich grauste, nannte meinen Namen, den er kannte, und empfahl mich.
Er protzte noch schnell mit einer Rothschild – als ob ich sie kennte! –, und wir waren aus dem Entrée in das eigentliche Zimmer gelangt, das – vollgerammelt mit alten Schachteln, Papier, schmutzigem Arbeitstisch – auch wenig verlockend wirkte. Das einzige, vollkommen deplaziert Wirkende waren zwei neue weiße, kleine elektrische Backöfen im Vorraum. Dies war also die Werkstatt. Der Mann, von dem ich diese Adresse erfahren hatte, war entsetzt, daß ich dorthin gegangen war, und er erzählte mir nun die eigentliche Geschichte dieses Häßlichen.
Der Bäcker hatte wirklich eine Apotheke in Dresden besessen, in der man auch Diabetikerbiskuits kaufen konnte. Er hatte also schon vorher auch gebacken. Vis-à-vis arbeitete damals eine schöne Zuckerbäckerin. Er verliebte sich in sie und ›entehrte‹ sie, worauf er wegen Rassenschande fliehen mußte.
Hoffentlich war er damals etwas schöner.
Das Elend verhäßlicht... und wie werden die Juden aussehen nach dem Weltpogrom... das ja leider noch lange nicht zu Ende ist.
Die Rasse muß immer wieder »ruiniert werden«, sagt Goethe... aber wenn die Juden sich aus der Asche erheben, werden sie flugs wieder hineingestoßen.
Es ist ein armes Volk, die Juden... aber nicht ganz schuldlos.

16. April

Es ist ja ganz egal, man lebt so hin, wie das Tier, ohne Arbeit, ohne Musik, ein Schatten seiner selbst.
Wenn das Sichumbringen nicht so weh täte, ich hätte es längst getan.

Mai – Sanary-sur-mer

Franz Werfel und ich kehrten wieder nach Sanary zurück, zu den Milliarden Moskitos und Stechfliegen – eine wahre Hölle für mich. Überhaupt die Franzosen! Äußerlich liebenswürdig, innerlich roh und damals ungemein hitlerfreundlich. Ich fühlte das Kommende voraus, wollte weg aus diesem pestkranken Land, aber Franz Werfel verbiß sich in die Idee: ›Letzter Zipfel von Europa‹ und wollte nicht fort. Es sollte uns teuer zu stehen kommen.

September

England hat den Krieg erklärt. Frankreich ebenfalls!
Hitler geht mit Stalin.
Europa ist verloren.

Und nun änderte sich von einem Tag zum andern unsere Lage. Täglich kommt die Polizei, oder Gendarmen, oder Anfragen, ob unsere Papiere in Ordnung seien…? Hausdurchsuchungen – bis in alle Winkel – täglich!
Die Gendarmen waren ungefährlich, sie bekamen viel Geld von uns und, wenn es kalt war, heißen Grog, und waren leicht befriedigt. Auch die Mairie bekam größere Summen.
Franz Werfel aber wurde einmal am Marktplatz angehalten – seine Taschen visitiert und folgendes Gespräch fand statt:
»Sie sind Kommunist!«
»Nein!«
»Sie schreiben doch für die Armen?«
»Ich schreibe für jeden, arm und reich.«
Franz Werfel kam bleich wie der Tod und krank vor Wut nach Hause. Jedenfalls – die Dorfbewohner hatten ihren Spaß gehabt. Man hatte Werfel seinen Rock böswillig vom Leib gerissen. Viele schmutzige Hände hatten an ihm herumgetastet…
Einmal befahl man uns für acht Uhr früh in eine entfernte Stadt. Franz Werfel, Susi Kertes, Manons kleine Freundin und ich fuhren

zähneklappernd vor Angst mit dem einzigen Auto, das es noch gab, nach La Seine. Man frug lange, blätterte in Kartotheken, um endlich mißmutig zu sagen, daß alles in Ordnung sei, daß es sich um einen Irrtum handle, und daß wir wieder gehen könnten. Franz Werfel war fast ohnmächtig, als wir die Riesentreppe des Polizeigebäudes herunterstiegen. Susi Kertes und ich führten ihn eingehängt.
Franz Werfels Zustand wurde ärger und ärger – es war trostlos.

Ein Telegramm rief uns zu Franz Werfels Vater nach Vichy – er liegt im Sterben.
Es war ein hartes Stück Arbeit in diesem von Bürokratie zerfressenen Lande, uns unsere Visa nach Vichy zu verschaffen. Tagelang pendelten wir in größter Hitze zwischen Toulon und Sanary hin und her.
Im Zug gab es keine Sitzplätze. In Lyon hatten wir sechs Stunden Aufenthalt. Wir saßen in einem Restaurant und sprachen leise, aber vielleicht doch zu laut, deutsch. Plötzlich nahte sich ein Geheimer. Franz Werfel mußte mitgehen.
Ich saß angstvoll und wartete. Oft wurden jetzt hier Menschen von der Straße weg grundlos verhaftet. Endlich kam Werfel wieder. Es war das alte Spiel... er hatte nur zum hundertsten Male alle Papiere zeigen müssen.

Franz Werfels Vater war vom Schlag getroffen. Er konnte die Worte nicht mehr finden, wurde aber wütend, wenn man ihn nicht verstand. (Er lebte noch ein volles Jahr, wenn man das Leben nennen kann.)

Wir kehrten nach Sanary zurück, wo das Leben nun unerträglich wurde. Ich hatte eine Pistole bei mir. Das war verboten. So standen Susi Kertes und ich einmal um vier Uhr früh auf und vergruben sie im Garten hinter einem Baum. Später erzählten wir dies Franz Werfel, der meinte, man dürfe eine Pistole nur an einer Mauer vergraben, weil die Wurzeln sich dauernd rühren und die vergrabenen Gegenstände ausspeien... So kletterten wir nächsten Morgen wieder aus den Betten und gruben aus und gruben ein, alles in unseren Nachtgewändern – es mag komisch genug ausgeschaut haben. Die Köchin wollten wir nicht einweihen. Aber wir fanden die Pistole kaum noch wieder.
Das Haus war verdunkelt, die Fenster verklebt. Nur in dem großen

Rundbau konnten wir dies nicht. Franz Werfel hatte also abends keinen Arbeitsraum mehr. Einmal aber suchte er in der Nacht ein Manuskript. Er hatte seine Taschenlampe angeknipst, und das war der Polizei angegeben worden. Er wäre also ein Spion – und er gäbe den Deutschen Lichtsignale...!
Er wurde angedonnert, verwiesen und bedroht, bei nochmaligem Vergehen eine große Strafe zu bekommen.

Später

Wir retteten uns nach Paris.
Hier hatten wir wieder eine Menge Menschen um uns.
Vor allem unsere liebe alte Freundin Berta Zuckerkandl, die jünger ist als wir alle, dann Darius Milhaud, Annette Kolb, Hilferdings, Zernattos, Emil Ludwig, Otto von Habsburg, Gillet, Julius Deutsch, Klaus Dohrn, Sewald, Dr. Körner, Baronin Bonstetten, Graf Mitrowsky.
Franz Werfel fuhr wieder von Paris nach Vichy zu seinem Vater. Ich traf ihn später in Lyon, und wir fuhren zusammen nach Marseille, wo es relativ amüsant war. Es gab eine Oper, Bilderausstellungen und ein sehr modernes Kunstblatt. Ich besuchte das Atelier, in dem dieses Blatt hergestellt wurde, und wir traten dann in nähere Beziehung zu den Herausgebern.

Sanary-sur-mer

Feuchtwanger besuchte uns öfters, aber das Beisammensein ist kaum ein ersprießliches. Von den vielen, die wir sehen, ist Feuchtwanger der weitaus interessanteste, trotzdem wir nie seiner Meinung sein konnten.

Wozu aufstehen in der Früh, wozu sich frisieren, für wen sich anziehen? Ist ja alles gleichgültig. Die Menschen um uns herum sind alle Schatten ihrer selbst...

Ceterum censeo: Die Emigration ist eine schwere Krankheit.
Franz Werfel ist völlig erlahmt, ja vergreist... und sehr hoffnungslos.
Woher soll ich die Kraft hernehmen für alle? Und alle erwarten das von mir. Wir sind wie eine abgemähte Wiese. Ich, die ich alles, alles

verloren habe, ich soll allen helfen und beistehen und lindern – und bin doch selbst eine einzige Wunde.

Franz Werfel arbeitet weiter an dem zeitgenössischen Roman. Er brauchte eine neue große Freude, einen wirklichen Erfolg!
Er ist noch ärmer als ich, weil er in seinem Blut gekränkt ist, was mir ja nur mittelbar geschehen ist.

Sanary-sur-mer

Die Zeit verrinnt so, und das Leben. Man kann nichts anderes tun als warten. Das ist das Infamste. Dieser verdammte Hitler bringt uns um den Rest unseres Lebens.
Unser Leben hier im Turm, vollkommen vereinsamt, wäre fast schön zu nennen, wenn es nicht eine erzwungene Einsamkeit wäre.

Ich bin vollkommen hoffnungslos über unsere Lage. Franz Werfel ist ernstlich krank. Er will und kann doch nicht arbeiten... und so zehren wir unser Letztes auf. Was aber dann...?
Es ist ja egal, wer siegt. Dieser Hitler oder dieser Stalin. Die Menge der Dummköpfe entscheidet den Sieg. Die zehn Prozent der wahren Menschen retten sich in Schlupflöcher, wie die Mäuse. Es ist ja doch alles verloren.
Was auch gekommen ist und kommen wird – die Welt ist immer, Gott sei Dank, dieselbe. Und das Höhere sondert sich vom Unteren.
Einmal wird es vielleicht besser werden – aber für uns wird es zu spät sein!

Wir segeln mit voller Geschwindigkeit in ein schwarzes Loch hinein. Grauenvolle Zukunft tut sich auf. Dabei bin nun auch ich krank... aber einer soll doch dem andern helfen können. Es heißt also, gesund sein!

Nirgends eine Antwort.
Gnadenlos der Himmel... das Meer... und die Dichter, die einem helfen wollen, sind doch selber so jämmerlich klein und erdenrestig. Das einzig Sichere in der unaufhörlichen Bewegung ist – die Verzweiflung!

März

Ein milchiger Tagesschleim stiehlt sich in mein Zimmer.
Viel Äußerliches habe ich erlebt, aber nichts Wesentliches.
Es sind fast genau die Menschen, die wir in Wien um uns hatten...
aber sie können nicht mehr beglücken.
Ceterum censeo: Die Emigration ist eine schwere Krankheit.

Die meisten jüdischen Melodien beginnen mit einer Dissonanz: Sommernachtstraum – Hochzeitsmarsch, Hoffmanns Erzählungen – Barcarole, et cetera. Das ist, weil sie ihren Messias noch nicht erlebt haben. Ihre Schlüsse steigen deshalb zu Verheißungen auf.
Wir beginnen mit einem C-Dur-Akkord (Meistersinger-Vorspiel), zeigen Konflikte auf und endigen in Christus.

9. April – Paris

Anfang des wirklichen Krieges. Besetzung von Dänemark. Paris ist nicht mehr Paris. Marseille ist nicht mehr Marseille.
Überall standen die Leute Schlange, um einen Tropfen Öl, Butter oder Seife.
Hausdurchsuchungen waren an der Tagesordnung. Auch im Hotel, wo jeder uns doch kannte!
Wir konnten uns einer ahnungsvollen Angst nicht verschließen.

Mai – Paris

Am 10. Mai gab's den ersten Alarm, um fünf Uhr früh mußten wir aus den Betten in einen stinkenden Keller hinab, alle Leute in zerwühlten Nachthemden und verrauft.
Und diese Alarme häuften sich jetzt. Am 12. Mai gingen die Deutschen über die Yssel, die Brücken waren nicht gesprengt, alles war auch in Holland verraten.
Wir lebten nun in ständiger Angst. Plötzlich wandten sich Vertreter der Regierung jetzt an Franz Werfel (etwas spät, muß man sagen!)... er solle eine große Radiosache nach Deutschland hinein übernehmen.
Zu diesem Zweck gab es ein paar Zusammenkünfte mit Jules Romains.
Alles war unüberlegt und unzeitgemäß.
Wir gingen ein letztes Mal nach Vichy, um den armen Vater Franz Werfels noch einmal zu sehen.
Auch in Vichy herrschte nur Angst. Ich hatte, auf Wunsch Werfels,

der sich zu nichts entschließen konnte, in Sanary nicht gepackt, und so mußten wir noch einmal zurück, was Mühen, Geldausgaben und Sorgen brachte. (Franz Werfel hat seinen Vater später nicht mehr gesehen. Er starb, als wir längst in Amerika waren.)

28. Mai – Sanary-sur-mer

Und wieder sind wir in Sanary.
Der König von Belgien hat heute früh allen militärischen Widerstand aufgegeben.
Nachtschwarz ist es um uns. Wohin sich wenden? Wohin gehören wir eigentlich? In die Niemandszeit... ins Niemandsland.

Nach enormer Packerei und Arbeit an idiotischen Sachen, die sich schon wieder angehäuft hatten, ging's zunächst nach Marseille – vollkommen hoffnungslos.

Juni – Marseille

Am 13. Juni dröhnte die furchtbare Rede Reynauds, die alle Menschen im Hotel stehend und weinend anhörten. »La situation est grave, mais pas désolée...« Aber sie war désolée.
Auch hier begannen jetzt täglich Alarme.
Wir beschlossen, nach Bordeaux, von dort nach Biarritz zu fahren und in Hendaye schwarz über die Grenze zu gehen, und zwar über die Brücke, die Spanien von Frankreich trennt.
Wie ahnungslos waren wir! Aber auch die Franzosen, die uns dazu rieten. Die hatten keine Ahnung von ihrem eigenen Land. Wir bekamen weder das Visa de sortie, noch das amerikanische Visum.

Ich glaubte nicht an die Schlagkraft der Franzosen; ich glaubte sehr an die Übermacht der Deutschen, von der ich im Herbst 1937 in Berlin doch noch einigen Eindruck gewinnen konnte. Ein ganzes Volk stand dort in Waffen. Hier soff, fraß, vögelte und schlief... schlief... schlief das ganze Volk und ging mißmutig daran, sein Vaterland zu verteidigen – oder auch nicht. (Als die französischen Offiziere, die in Sanary stationiert waren, die Radio-Kriegserklärung hörten, standen sie einen Moment überlegend und still, und wandten sich dann lachend wieder ihrem Croquet-Spiel zu.)
Franz Werfel anderseits glaubte fest an die Übermacht der Alliierten,

die damals bestimmt nicht da war, und ärgerte sich über jedes Wort, das ich oder irgendwer zweifelnd darüber sagte.
Ich wollte vor zwei Jahren schon nach Amerika. Franz Werfel aber weigerte sich. Sein Glaube an die Unüberwindlichkeit der Franzosen hielt uns in Frankreich fest... in unbegreiflicher Schwäche gab ich nach, und nun suchten wir, wie eine Maus in der Falle, irgendein Schlupfloch... aber keines stand mehr offen! Werfel aber sagte immer wieder: »Ich lasse den letzten Zipfel von Europa nicht aus meiner Hand.«
Endlich eroberte Hitler Frankreich. Es wurde ihm nicht schwer gemacht.
Wir erwachten in Marseille in der Nacht durch einen Lautsprecher im Nebenzimmer. Es wurde eben berichtet, daß Hitler in Paris eingezogen sei und daß die französischen Soldaten in wilder Flucht nach dem Süden strömten.
Franz Werfel, der optimistisch-mißtrauische, glaubte dem Bericht nicht. Er war sogar überzeugt, daß unsere Zimmernachbarn Nazis seien und diese Lüge nur so laut ausposaunen ließen, um uns zu kränken. Aber man konnte ein französisches Radio nicht umlügen.
Unsere Tage in Marseille wurden nun in Konsulaten verbracht – die Nächte, wegen der Bombardements, im Keller. Die Gerüchte besagten, die Deutschen seien vor Avignon...
Wir kaperten ein Auto, das uns für achttausend Francs nach Bordeaux bringen sollte.
Am 18. Juni 1940 reisten wir ab. Wir wollten ursprünglich über Perpignan fahren, aber der Chauffeur, ein hochfahrender Mensch, widersetzte sich dem. Er wollte nach Avignon, weil er dort Freunde hatte, und die Deutschen genierten ihn nicht... Wir mußten nachgeben, lunchten in rasender Eile in Avignon und setzten dann unsere Reise fort – Franz Werfel seiner Bequemlichkeit halber vorn beim Chauffeur, ich, fast erschlagen durch meinen großen Stehkoffer (der bei jeder Kurve auf mich fiel) und mit dem ganzen übrigen Gepäck, saß im hinteren Teil des Wagens. Die Straße war menschenleer und vor Angst erstarrt. Nirgends ein Hindernis für den Feind... eine Ohnmachtserklärung auf allen Linien...!
Als wir uns endlich nach dem Westen wenden konnten, atmeten wir auf. Und nun fuhren wir im Schneckentempo nach Toulouse, wo wir am Abend sein sollten. Aber – weit gefehlt! Etliche Pannen, falsche

Wege, kurz – wir kamen im Kreislauf zweimal nach Narbonne und mußten das zweitemal dort zur Nacht bleiben. Es war unterdessen elf Uhr abends geworden. Von Hotel zu Hotel abgewiesen, fanden wir auf der Straße ein paar alte Frauen, die Mitleid mit uns hatten und uns an ein Spital wiesen; wir bekamen schließlich Betten in einem ehemaligen Kinderspital, jetzt Flüchtlingsheim. Wir gingen weit in stockfinsterer Nacht und kamen endlich in ein verlottertes Haus. Muffige Dreckstiegen führten in ein schmales Vorzimmer, in dem eine leidliche Pritsche stand. Dort aber schlief die Pflegerin. Wir hatten nichts gegessen und so baten wir um etwas Brot. Franz Werfel aß eine grauslich riechende Knoblauchwurst. Ich sah Rotwein und bat darum. Das Brot war so hart, daß es sogar im Wein unauflösbar war. Dann frugen wir nach einem WC, und man kam in ein schmutziges Loch ohne Wasser.
Dies war eine Kinderklinik gewesen!
O Zivilisation Frankreichs!
Franz Werfel hatte sich in ein Zimmer mit Männern und Knaben, ich mich zu Weibern und Kindern zu legen. Wir wurden gebeten, kein Licht zu machen; es grauste mir vor dieser Pritsche, ohne Decken, ohne Polster, vor diesem Schmutz. Aber wir waren halbtot und schliefen schnell ein. Bald aber wurden wir durch ein markerschütterndes Geheul eines Weibes geweckt, das vermeinte, wieder inmitten eines Bombardements zu sein. Alles stürzte herzu, und die Männer kamen in zweifelhaften Schlafanzügen, um die Irre zu beruhigen. Unterdessen redete ein Verrückter auf Franz Werfel ein, wir sollten hier bleiben, man habe doch wenigstens ein Dach über dem Kopf... Zum Überfluß schrien nun alle Kinder im Chor. Es war aus mit dem Schlaf. Gerädert erwarteten wir den Morgen. Von Frühstück keine Rede; ich bat wieder um ein Glas Wein, in dem ich mein hartes Brot aufzuweichen suchte. Franz Werfel konnte das, was man da Kaffee nannte, nicht hinunterzwingen. Der Chauffeur wartete bereits draußen und klopfte an die Haustür, wir aber waren eingesperrt und mußten mit der Weiterfahrt warten, bis uns die Pflegerin von außen öffnete. Sie hatte die Nacht anderswo verbracht – und das kann ich verstehen! Ich legte hundert Francs hin für die Pflegerin, die uns so schlecht behandelt hatte. Dieses Geld wurde erst absichtlich nicht bemerkt, dann aber, als jemand herzutrat, schnell mit einem Tuch bedeckt.

Nun ging es mit Hindernissen wieder weiter. Alle Viertelstunden eine Barrage... so wie gestern, und überall mußte man sein ›sauf-conduit‹ zeigen. O wie genau sind die Franzosen, wenn es Nebensächlichkeiten gilt!
Als wir vor Carcassonne waren, hieß es, weiter dürfe man nicht. Der Chauffeur jubelte ... er hatte durch das Kreuz- und Querfahren eine erkleckliche Kilometerzahl zusammengeraubt, und uns kostete dieser Spaß sechstausend Francs.
Jetzt saßen wir in Carcassonne. Auf Ansichtskarten war die Burg sehr schön – die Stadt aber ist ein Drecksnest –. Wir hatten zwei Tage verloren. Es hieß, Züge gingen nicht mehr... aber ich sah vom Fenster unseres armseligen Bahnhotels, in das wir einstweilen unsere Koffer abgeladen hatten, Leute vom Bahnhof kommen, und so ging Franz Werfel hin und erfuhr, daß um zwei Uhr nachts der letzte Zug nach Bordeaux abginge.
Wir gaben gegen meinen Willen das ganze Gepäck auf, bis auf ein paar Handtaschen; und so saßen wir dann viele Monate ohne Kleider, ohne alles, denn das ganze Gepäck war verlorengegangen, und nur der Zufall rettete uns einen Teil des Verlorenen. Vor allem litt ich um die Mahlerschen Manuskripte und die Bruckner-Partitur der 3. Symphonie, die ich monatelang als verloren betrachten mußte.
Pünktlich, mit ein paar kleinen Handköfferchen für das Allernotwendigste, gingen wir also todmüde auf den Bahnhof, um alsogleich zu erfahren, daß der Zug zwei Stunden Verspätung habe. Wir saßen nun auf den Handkoffern... und warteten. Der Zug kam gegen Morgen und war so voll, daß man keine Tür öffnen konnte. In den Aborten war das Gepäck bis an die Decke geschichtet, auch hier war keine Tür auf- oder zuzumachen. Man stand aneinander gequetscht oder versuchte, sich unter dem Hosenboden eines schlecht riechenden Soldaten auf irgendein Gepäckstück zu setzen. Wir gaben unseren Bodensitz einer hochschwangeren Frau.
Die Soldaten aber waren äußerst vergnügt. Der Krieg war aus. Sie stürzten nach Hause, die Waffen hatten sie weggeworfen, sie schimpften laut auf das Regime. Sie wären immer und überall ohne Deckung gewesen, die Proviantkolonnen wären nirgends nachgekommen, et cetera. Es war eine unheimliche Stimmung. Frankreich war ihnen völlig gleichgültig.
Der Tag kam herauf, ermüdend und furchtbar. Zu essen gab es nichts

... das Gegenteil konnte man auch nicht tun. Kinder schrien. Der Zug blieb jede Viertelstunde auf offener Strecke stehen. So kam man statt um fünf Uhr früh um sechs Uhr abends in Bordeaux an.

Aber Bordeaux hatte diese Nacht ein furchtbares deutsches Bombardement überstanden, und die halbe Bevölkerung verstopfte den Bahnhof, um sich wegzuretten, nach Biarritz, Pau, und so weiter – also zurück ins Land hinein.

Der kilometerlange Bahnhof glich einem Heerlager – es war ein Meer von Menschen und Kofferburgen... kein Träger... keine Hilfe. Alles war außer Rand und Band. Ein alter Bekannter sichtete uns und raunte uns zu: »Retten Sie sich, Bordeaux ist eine Hölle!«

Ja, retten – aber wie? Und wohin?

Ich rannte herum, um unser Gepäck auszulösen, aber überall standen Hunderte von Menschen in derselben Not. Ich kam nicht einmal in die Nähe der Schalter, ebensowenig konnte ich deshalb Billetts ergattern.

Franz Werfel hatte endlich einen idiotischen Affenmenschen erwischt, dessen Arme bis zum Boden reichten und der kein Wort irgendeiner Sprache verstand. Dieser also nahm nun unser kleines Gepäck, das heißt, er warf sich einige Stücke über, ließ sie fallen, hob sie wieder auf, verlor sie und warf alles Franz Werfel zu – und so humpelten wir die lange Strecke am Bahnhof entlang... Tausende von Menschen stießen einander oder lagen am Boden. Wir übergaben das Gepäck dem Portier des Hotels Terminus, aber er bedeutete uns, daß an Übernachten nicht gedacht werden könne. Jedes WC war mit Fremden besetzt, und ein Badezimmer als Schlafraum zu bekommen war etwas Unerreichbares! Alle Hotels, vor allem um den Bahnhof herum, waren seit heute früh geschlossen, aus Angst vor neuerlichem Bombardement. Die Stadt lag verlassen.

Der arme Franz Werfel zog mit unserem Tier in der Gegend herum, aber es war alles umsonst.

Unterdessen stand ich ruhig bei unserem kleinen Gepäck, als sich ein stark geschminktes Mädchen neben mich stellte. Ich frug sie, ob sie auch kein Nachtquartier habe, weil sie ein kleines Gepäckstück trug. Sie sagte, sie sei aus Bordeaux und könne uns vielleicht zu einem oder sogar zwei Zimmern verhelfen. Ich bot gleich tausend Francs für eine Nacht. Sie dachte einen Moment nach, gab mir dann eine Karte, und wir fuhren mit dem Affen, der stöhnend zwei kleine Reisenecessaires

trug, in der Straßenbahn ins Stadtinnere... vorüber an zusammengestürzten, zerschossenen Häusern. Ein trostloser Anblick!
Wir fanden die Adresse – es war ein kleines Hurenhaus. Die Hausdame sagte sofort: »Momentan außer Betrieb.« Die Bewohnerinnen waren nämlich aus Angst vor einem zweiten Bombardement geflohen... Die Zimmer rochen süßlich, nur die Koffer der Damen waren dageblieben.
Die Waschtische waren noch voll der notwendigsten Utensilien dieses Standes. Alles wartete auf ein neuerliches Bombardement, das Gott sei Dank nicht kam. Wir mußten in den Keller kraxeln, um ihn für den Notfall zu kennen; jeder bekam eine Kerze, und nun wollten wir ausgehen, um uns irgend etwas zum Nachtmahl zu holen. Wir hatten seit vierundzwanzig Stunden nichts gegessen. Aber nirgends gab es etwas. Jedes Restaurant hatte vor der Tür ein Plakat: Occupé. Fermé.
Der Regen dröhnte.
Endlich gelangten wir in ein Bistro. Drinnen staute sich die Menge. Kalter Haß war zu fühlen. Wir fanden etwas Brot, ein paar harte Eier und eine kleine Flasche Wein. Damit gingen wir in unser flottes Heim und schliefen ganz gut und ohne Alarm.
Am Morgen wieder die Frage: Wohin?
Biarritz war eigentlich unser Ziel... nahe der spanischen Grenze... vielleicht erbarmt sich doch irgendein Konsul? Aber kein Chauffeur wollte fahren. Endlich gelang es Franz Werfel, für sechstausend Francs ein Taxi aufzutreiben, und so ging's los.
Aber auch in Biarritz war alles überfüllt oder geschlossen. Ich fand aber Pariser Pelzhändler, die ich kannte, und die uns halfen, ein Zimmer zu ergattern. Allerdings erst für die zweite Nacht... die erste mußten wir im Bett eines Bekannten übernachten. Und dieses Übernachten kostete uns viele tausend Francs, da dieser Herr Franz Werfel überlistete, indem er ihm vorlog, er könne uns Visa verschaffen... und mit dem vorausverlangten Geld dann nicht mehr gesehen ward.
Am nächsten Morgen früh fuhr Franz Werfel nach Bayonne, um Visa zu erjagen, während ich in ein grausliches Hotel übersiedelte, in dem wir so etwas wie ein Zimmer bekamen, natürlich nur für eine Nacht.
In Bayonne stand Franz Werfel stundenlang Schlange vor den Ämtern, ohne das geringste zu erreichen. Es galt, das portugiesische und das spanische Visum zu bekommen.

Am zweiten Tag holte ich Franz Werfel in Bayonne ab, und als wir in Biarritz ankamen, stürzte ein Fremder auf uns los: »Haben Sie die Deutschen in Bayonne gesehen?«
Wir wußten von nichts. Aber sie waren wirklich schon da. Nur eben dort hatte man es noch nicht gewußt.
Bekannte aus Prag, Vicky von Kahler und seine schöne Frau Bettina, jetzt unsere nahen Freunde, suchten Franz Werfel gegen Abend auf und luden uns ein, mit ihnen nach Hendaye zu fahren, da die Gefahr bestand, daß die Deutschen am nächsten Tag Biarritz besetzten. Wir sagten zu. Immer waren uns die Deutschen nun auf den Fersen...
Wieder packten wir, schliefen kaum... der Ozean donnerte... und selbstverständlich regnete es in Strömen!
In Hendaye überließ ein mickeriges Hotel uns je ein Zimmer für zwei Personen, mit einem schmalen Bett... aber das machte uns schon nichts mehr aus. Franz Werfel und Vicky Kahler gingen nun auf die Suche nach Konsuln. Man hatte uns gesagt, daß der portugiesische Konsul sehr freundlich gleich alle Visa ausstelle. Nun war er aber nicht in Hendaye, sondern in St. Jean de Luz, wohin Franz Werfel und Vicky Kahler sofort fuhren, um da zu erfahren, daß der Konsul wahnsinnig geworden war und alle Pässe ins Meer geworfen habe...!
Am Abend des zweiten in entsetzlicher Öde verbrachten Tages – es war der 26. Juni – saßen wir gerade mit Kahlers bei einem Schlangenfraß, als Franz Werfels Pilotenfisch, ein kleiner polnischer Jude, hereinstürzte und außer sich rief, die Deutschen seien eben in Hendaye am Bahnhof angekommen, und der Bürgermeister rate uns, wir sollten ›uns verkrümeln‹.
Nun wurde es uns doch unheimlich. Franz Werfel warf sich aufs Bett und bekam einen Weinkrampf. Vicky Kahler rannte herum, bis er einen Taxichauffeur fand, der genug ›Essence‹ bis St. Jean de Luz hatte. Gepackt war alles in Eile, und um halb zwölf Uhr nachts begann die neuerliche Flucht, diesmal ins Landesinnere hinein. Ich wendete kein Auge von Werfel, der mir große Sorge bereitete...
»Und der Regen regnete jeglichen Tag!«
Feucht waren Kleider und Schuhe, wir konnten nichts wechseln, weil das Gepäck ja weg war. In St. Jean de Luz fanden wir den alten Chauffeur wieder, der uns nach Biarritz gebracht hatte, aber er war wenig erfreut, uns wiederzusehen. Er schlief, und da man ihn wecken mußte, schlurfte er mißmutig herbei. Wir mußten die uns verbliebe-

nen kleinen Gepäckstücke im regennassen Straßenkot bei der Frau des Chauffeurs stehenlassen.

Auf einmal waren ganze Haufen von Weibern da, die uns keifend versicherten, daß jedes geschriebene oder gedruckte Wort aus unseren Sachen entfernt würde. Sie hatten eine tödliche Angst vor den Deutschen.

Auf schlafender Straße fuhren wir dahin... Der Chauffeur hatte in der Eile vergessen, die Nachtbeleuchtung anzubringen, und so war es stockdunkel um uns. Die Straße sahen wir kaum vor uns. Eng aneinandergepreßt saßen wir zu fünft in dem kleinen Taxi. Auf einmal wurden wir energisch angehalten, ein Offizier hielt die Taschenlampe hoch, und ich sagte leise: »Jetzt haben's uns...« Aber es war ein Franzose, dem ausnahmsweise die Uniform stramm saß, und er ließ uns, nach Einsicht in unsere Papiere, weiterziehen.

Aber der Schreck war uns sehr in die Glieder gefahren in dieser finstersten aller Nächte. In Ortez wollten wir übernachten, klopften überall an – keine Tür öffnete sich. Es war eine Gespensterstadt. Auf einmal trat ein Herr aus dem Dunkel der Nacht hervor und sagte: »Dieser Ort wird noch in dieser Nacht von den Deutschen besetzt werden. Ortez ist Grenzort der Okkupationszone.«

Also schnell weiter... der Morgen begann schon zu grauen.

Wieder ein Halt. Ein Polizist frug, ob wir einen Erlaubnisschein hätten, in der Nacht zu fahren. Wir verneinten natürlich, und so mußten wir den Wagen an den Straßenrand fahren und bis fünf Uhr früh warten. Und jetzt überwand uns alle die Müdigkeit, und wir lehnten aneinander und schliefen ein... laut und leise, wie es jedem gegeben war. Die Kälte und der Regen brachte Husten und Verkühlungen, das aber war jetzt gleichgültig.

So kamen wir also nach Pau. Wir konnten kaum stehen, so zerquetscht waren wir durch die eng verbrachte Nacht. Die wenigen Menschen, die schon wach und auf waren, höchst unfreundlich. Alles war requiriert von der Regierung, die teils schon da war, teils von Bordeaux noch erwartet wurde. Der Chauffeur, der nicht weiterfahren wollte, suchte und fand einen Freund, der uns ein Empfehlungsschreiben an einen Hotelier in Lourdes mitgab.

Wir trafen Eugen Spiro mit Frau und Freund Schapiro, die in derselben Lage waren wie wir. Schapiro versprach das Blaue vom Himmel, nämlich ›Essence‹, aber es gelang ihm nicht. Vaterlandslos, wohnungslos, mit ausgehöhlten Gesichtern saßen wir um einen Tisch herum und verschlangen irgend etwas Menschenunwürdiges. Man versprach einander gegenseitige Hilfe und fuhr auseinander wie die Kreuzottern, wenn sie die Eierschale gesprengt haben...

Todmüde kamen wir in Lourdes an; es war der 27. Juni 1940.

Dasselbe Bild. Als wir beim zweiten Wirt ziemlich unsanft abgewiesen werden sollten, liefen mir, ohne daß ich es wollte, die Tränen über die Wangen. Ich muß wohl sehr elend ausgesehen haben, denn die Wirtin stürzte herbei und rief: »Nein... ich lasse Sie nicht weiter. Wir werden das junge Ehepaar aus ihrer Kammer herausnehmen, und Sie bekommen dieses Zimmer.«

Das Gefühl der Erleichterung war unbeschreiblich. Noch unbeschreiblicher allerdings... dieses Zimmer. Es ging auf ein Glasdach, auf dem der Unrat der oberen Stockwerke abgeworfen wurde. Es war so groß wie ein WC, und in dieser ärmlichen Klause wohnten wir nun vierzehn Tage. Später bekamen wir ein besseres Zimmer mit – Gott sei Dank! – zwei Betten, denn auf der ganzen Reise mußten Franz Werfel und ich immer in einem einzigen Bett schlafen und störten uns gegenseitig mit den Knien. Das Schlafen war dadurch keine Erholung, aber wir waren bereits so heruntergekommen, daß uns ein Dach über dem Kopf eine himmlische Erfindung dünkte.

Am ersten Morgen gingen wir aus: Franz Werfel, um sich rasieren zu lassen, und ich schlenderte die Buchläden entlang und fand ein Büchlein über die kleine Heilige Bernadette. Waren wir schon hier, so sollte man sie doch kennen.

Ich gab Werfel das Buch mit der Bemerkung, daß das etwas sehr Merkwürdiges sei, und er las es mit äußerstem Interesse. Nach und nach kaufte ich noch alle Traktätchen über die heilige Bernadette.

Damals ahnten wir nicht, welch reiche Früchte dieser Aufenthalt bringen sollte.

Die Grotte wurde uns zum Erlebnis; wir tranken das Wasser mit tapferer Rührung und warteten, daß uns irgendein Zufall aus diesem kleinen Städtchen heraushelfe, denn wir waren Gefangene hier, wie überall in Frankreich, da man von einem Dorf zum andern ein Visum brauchte, aber nicht bekam.

Wochenlang gingen wir mit demselben Kleid am Leib herum, denn unser Gepäck war verschollen, und da man sich auch nicht ordentlich waschen konnte – von Baden war überhaupt keine Rede –, so begruben wir unsere Eitelkeit, und es begann uns alles gleichgültig zu werden.

2. Juli – Lourdes

Heute ist der vierzehnte Tag des Entsetzens, den wir nach dem schmählichen Waffenstillstand erleben.
Wenn wir das alles überleben, so sind wir um zwanzig Jahre gealtert. Franz Werfels Rettung, meine Rettung... alles liegt in einem trüben Etwas verborgen, von dem wir nichts wissen.
Die Grotte von Lourdes ist seelisch heilsam, solange wir da sind. Entfernen wir uns, fällt die Erleichterung ab... und wir fühlen wieder den Stein auf dem Herzen.
Was jetzt kommt, ist höchstens ein Geduldetwerden, irgendwo.
Mein Gepäck mit allen meinen Aufzeichnungen ist verlorengegangen in diesem Topf voll Dreck und Unordnung. Alles mir persönlich Wichtige ist mir dadurch genommen worden. Vor allem aber alle meine Partituren! Alles ist nun im okkupierten Gebiet, wird durchsucht und durchstöbert von unweisen Händen.
Nach vielen Wochen kam das kleine Gepäck an, das wir im Straßengraben von St. Jean de Luz stehenlassen mußten. Aber es bereicherte uns wenig.
Von Anna Mahler in London bin ich vollkommen getrennt. Es geht keine Nachricht aus Frankreich hinaus und keine kommt herein.

Franz Werfel verschwand am letzten Tag unseres Aufenthaltes in Lourdes für längere Zeit. Ich frug ihn nicht, wo er gewesen war, aber er sagte freimütig:
»Ich habe gelobt, daß ich ein Buch zur Ehre der heiligen Bernadette schreiben werde, wenn wir glücklich in Amerika ankommen.«

Wenn ich es recht verstehe, so kommt es darauf an, die leidige Kritik in einem selbst zu ersticken. Ich war heute zweimal in der Grotte. Früh bei der Messe, am Nachmittag in der Kirche bei großer Predigt, Musik und unzähligen kleinen Bernadettes. Ich war plötzlich dermaßen hingerissen, daß ich weinen mußte, so daß ich mein Gesicht zu verstecken hatte. Es ging mir furchtbar nahe... ohne ersichtlichen Grund...

Dann aber kommen Zeiten, wo mich alles kalt läßt. Das einzige, was ich noch immer – oder vielleicht erst jetzt mit Erzittern aufnehme, ist die heilige Kommunion. Nie könnte ich vorher einen Bissen gegessen oder getrunken haben. Es ist immer dasselbe Mysterium für mich. Und ich rede mir nichts ein.
Unter Menschen bin ich furchtbar gehemmt. Das kommt von der elenden europäischen Ohrfeigenerziehung unserer Zeit.
Wenige kennen meine Musik und mein Musizieren.
Mir fehlt auch da jede Frechheit... aber irgend etwas wird schon an mir sein... sonst hätten mich die bedeutenden Menschen, wie sie um mich waren, nicht gewählt.

August

Am 3. August hatten wir, nach vielem Stehen im Polizeibüro, endlich das ›sauf-conduit‹-Visum zurück nach Marseille.
Sechs Wochen war keine Eisenbahn gegangen, weil ununterbrochen Militärzüge vom okkupierten ins unokkupierte Gebiet rasten. Wir waren denn auch ziemlich die ersten, die sich dranwagten.
Die Hitze tobte.
Die Eßpakete mit den Weißbroten, dem Schinken, den harten Eiern und den Madeleinen verschnürt, nebst wenigem Handgepäck, wurden auf die Droschken verladen. Wir fuhren die Avenue de la Grotte hinaus, an allen Bistros und der Hauptpost vorbei zum Bahnhof. Dort mußten wir zwei Stunden vor einer Perronsperre warten. Dann fuhren wir los, durchs grüne Bergland.
Es war schon dunkel, als wir in Toulouse eintrafen. Alles stank dort nach Weltuntergang. Senegalesische Soldaten schliefen quer über den Bahngeleisen. Wir ließen uns im verdreckten Bahnhofsrestaurant nieder und begannen, ohne zureichenden Grund, maßlos viel zu essen. Rund um uns tobte die große Ausstattungsrevue ›Weltuntergang‹, in der wir brav mitspielten.
Um zehn Uhr abends wurden wir dann aus dem freundlichen Lokal hinausgewiesen und saßen nun alle vier auf unsern Koffern am Bahnhofsperron, bis im Morgengrauen ein Zug nach Marseille abging.

Marseille... Die Cannebière war schon in der Früh sonnendurchglüht. Wir gingen zu Fuß und trugen unser kleines Gepäck selbst. Im Hotel Louvre et Paix standen feldgrüne Offiziere mit Pistolen und

blankrasierten Schädeln. Draußen in der Sonne glitzerten sechs funkelnagelneue Autos. Einen reingeputzten Wagen hatten wir seit langem nicht mehr gesehen. Nun wußten wir: das sind die Deutschen!
Der Direktor des Hotels, unser Freund, sagte uns leise, die deutsche Kommission fahre in zwei Stunden ab, wir möchten einstweilen rückwärts herum zum Lift gehen und in unserem Zimmer bleiben...
Waren wir darum monatelang durch ganz Frankreich geflohen, um den Deutschen hier in den Rachen zu laufen?

24. August – Marseille

Louis Gillet ist hergekommen, um uns zu helfen. Er ist zwar einer der ›Unsterblichen‹ und sehr berühmt in Frankreich, aber momentan ist all seine Macht dahin.
Der Maire empfing ihn nicht einmal.
Heinrich Mann, ohne Frau, war recht angenehm, wenn auch etwas grobschlächtig.
Er spricht manchmal sehr gescheite Dinge, wenn er aus seiner Lethargie aufwacht. Er sagte zum Beispiel: »Ein Mensch kann eine Weile auf dem Kopf stehen... eine Nation länger... aber dann muß sie umfallen.«

Und fortwährend kamen neue Fluchtideen in Sicht.
Einmal sollten wir in ein kleines Grenzörtchen fahren, übernachten, uns in der Früh um fünf an einen Friedhof heranpirschen, wo hinter einem Holzhaus uns Leute erwarteten, die uns über den Friedhof und über die Grenze bugsieren sollten. Dieser Plan war aber allzu vage und wurde verworfen.
Weiter sollte für alle tschechischen Emigranten ein Schiff gechartert und das Ganze als Rotes Kreuz deklariert werden – wobei ich als Oberin fungieren sollte.
Von den Amerikanern, die sich anfangs erboten hatten, uns über die Grenze zu bringen, war nichts mehr zu hören, nichts mehr zu sehen. Franz Werfel versuchte es ein paarmal, zum Vertreter der Unitarier, Varian Fry, vorzudringen – es war unmöglich.
Mein Geburtstag am 31. August bekam noch als Geschenk die Ankunft der Nelly Mann, die in Nizza gepackt hatte.

Am 3. September fuhren wir weit hinaus zum amerikanischen Konsulat; die Taxifahrt kostete uns ein kleines Vermögen. Alle Menschen waren sehr erregt. In strahlender Hitze saßen wir – mehrere Stunden. Von unserem lieben Freund Kommer in New York hatten wir ein Telegramm erhalten, in welchem er uns mitteilte, daß Cordell Hull für uns an Mr. Bingham, den amerikanischen Konsul in Marseille, gekabelt habe.
Der Konsul wußte von keinem Kabel.
Als wir aber insistierten, brachte es Mr. Bingham mißmutig an...

Diese Wochen in Marseille waren unerträglich. Täglich andere Gerüchte, jede Woche neue Kommissionen, um alle Depots auszurauben und nach Deutschland zu schaffen... Reis, Nudeln, Öl, Zucker! Und hier war der Hunger unterdessen gestiegen, es war ein armes Marseille, das wir wiederfanden. Man bekam wenig und schlecht zu essen. Seife konnte man nicht mehr kaufen, überhaupt kein Fett. Butter kannte man nur mehr vom Hörensagen.
Und täglich wanderten wir zu den Herren Konsuln, die uns ihre ganze Macht fühlen ließen.
In Lourdes bemühte sich der Direktor des Hotels ›Vatican‹ um unser verlorenes Gepäck. Es fiel ihm ein, daß er einen Freund des Bahnhofsvorstehers in Bordeaux kenne, und er schrieb nun Brief auf Brief, und endlich kam ganz allein und verwaist der kleine, nun zerfetzte Koffer mit den Partituren der Symphonien von Gustav Mahler und der Dritten von Anton Bruckner in Marseille an... Das Wichtigste hatte ich ja nun, aber wir waren jetzt überzeugt, daß das restliche Gepäck verloren war.
Franz Werfel war äußerst erregt über die verwirrenden Gerüchte, die er täglich vom tschechischen Konsulat heimbrachte. Er stände zuoberst auf der Liste der Auszuliefernden... Er warf sich täglich aufs Bett und weinte. Gott sei Dank behielt ich wenigstens meinen Kopf oben, denn so konnte ich ihn immer wieder beruhigen. Er war ja auch der bei weitem mehr Gefährdete.

Das versprochene Ausreisevisum kam und kam nicht. Wir mußten an böse Absicht der zuständigen Behörde glauben und beschlossen nach wochenlangem Warten, ohne das Visum zu fliehen. Die Amerikaner hatten einen Mann, Mr. Fry, geschickt, der uns allen helfen sollte. Er tat das recht ungezogen und mürrisch; so zog er die Abreise weitere vierzehn Tage hin, bis wir endlich eine Entscheidung herbeiführten. Wir gingen zu Mr. Fry und verlangten zu wissen, wann endlich gegangen werden sollte. Und es stellte sich heraus, daß wir uns noch in derselben Nacht, um fünf Uhr früh, bereithalten sollten...

Die Tage vorher waren wir wieder von einem Konsulat zum andern gejagt, aber nach dem amerikanischen Papier bekamen wir die andern Visa im Handumdrehen. Der tschechische Konsul war ein wahrer Engel, und Franz Werfel konnte durch ihn etwa fünfzig von seinen Kollegen tschechische Visa verschaffen. Alle deutschen Emigranten waren ja nun staatenlos, und alle Österreicher waren automatisch Deutsche geworden. In den engen Räumen des tschechischen Konsulats balgten sich die Herrschaften und Betrüger – bis auf die Straße standen die Emigranten, gestikulierten und brachten sich und den Konsul damit in Gefahr. Die Polizei war schon aufmerksam geworden. (Später wurde der Konsul verhaftet, lebt aber jetzt wieder in Rang und Ehren.)

Trotz Angst und Sorgen sahen wir noch eine Menge Menschen, die ebenso zersorgt waren wie wir, die uns aber doch vom eigenen Elend ablenkten. Der Name Werfel durfte nicht genannt werden, die bittstellenden Emigranten aber riefen laut ins Telefon: »Guten Tag, Herr Werfel – ich darf meinen Namen nicht nennen!« Das Telefon stand in der Halle unseres Hotels und konnte von jedermann abgehört werden. Neben uns wohnte die Gestapo. Wenn sie kamen, wurden wir vom Direktor des Hotels gewarnt. Er weigerte sich, die Besucherliste des Hotels auszuliefern... Wenn wir nicht auf einem der Konsulate herumstehen mußten, fuhren wir ans Meer hinaus, an den Strand. Die Möwen kreischten, der Dunst über den Wassern roch weit, gute Ideen kamen... es waren gesegnete Stunden... als wenn nichts Böses und Unheimliches auf der Welt wäre und auf uns lauerte.

Nach unserem Besuch bei Mr. Fry stürzten wir also nach Hause – es war keine Zeit zu verlieren. Unterdessen war sogar unser großes Gepäck angekommen. Schnell wurde wieder einmal gepackt... und das einzige, was Mr. Fry wirklich geleistet hat, war, daß er das ganze Gepäck von uns fünfen über die Grenze brachte.

Meine Freundin Busch Meier-Graefe blieb mit mir die ganze Nacht wach, bis wir an die Bahn mußten.

Es war der 12. September. Um fünf Uhr in der Früh fuhren wir mit Heinrich, Nelly und Golo Mann von Marseille ab. Franz Werfel hatte am Tage vorher alle seine Schriften und Skizzen in einer Aschenschale verbrannt.

In Perpignan verweilten wir ein paar Stunden, bis uns der Zug nach Cerbère bringen sollte. Dort wurden wir in einem völlig leerstehenden Hotel einquartiert und erwarteten unsere Ordres. Die beiden Amerikaner, Mr. Fry und ein junger, uns unbekannter Mann, hatten gehofft, daß man uns mit unseren amerikanischen Papieren durchlassen werde, was aber leider nicht gelang.

So war also der erste Schachzug mißlungen!

Ich stand früh auf und ging zum Bahnhof, wo eine Zusammenkunft stattfinden sollte. Oben in dem leeren unheimlichen Hotel hatte es mich nicht lange gelitten. Frühstück war keines zu bekommen. Ein Tee war alles. Nun wurde Kriegsrat gehalten. Man beschloß, es aufs Geratewohl und ohne Papiere zu versuchen. Man wollte sehr früh aufbrechen; die spanische Sonne brannte schon um sechs Uhr früh höllisch auf uns nieder. Golo Mann, sonst ein äußerst verläßlicher Mensch, war unauffindbar. Er kam nach zwei Stunden sehr erfrischt von einem Meerbad, und nun endlich konnten wir an die Besteigung der Pyrenäen denken.

Im Dorf fiel es Nelly Mann plötzlich ein, daß es Freitag der dreizehnte sei, und sie wollte durchaus umkehren. Franz Werfel und ich gingen voraus, um der Diskussion und ihrem wahnwitzigen Geschrei ein Ende zu machen. Wir sollten ja als harmlose Spaziergänger gelten und nicht als Schmuggler. Gleich nach dem Ortsende bog der junge Amerikaner von der Straße ab und ging auf steinigem Pfade steil aufwärts. Bald kletterten wir weglos. Die Ziegen vor uns stolperten, die Schiefersteine flimmerten, sie waren spiegelglatt, und wir mußten hart an Abgründen vorbei. Zum Festhalten, wenn man ausglitt, gab es nur Disteln.

So ging es zwei Stunden steilsten Klimmens. Dann empfahl sich der Jüngling und eilte zurück, um Heinrich Mann noch die Richtung zu zeigen. Wir aber standen am Bergesgipfel ganz allein. Von weitem sahen wir das Hüttchen des spanischen Grenzpostens, es leuchtete weiß auf den weißen Steinen. Dort hatten wir hinzugehen. Mühsam krochen wir den Berg hinab und klopften angstvoll an die Tür, die sich bald öffnete und einen sturblickenden katalanischen Soldaten zeigte, der nur Spanisch verstand. Das einzige, was ihm einging, waren die Zigarettenschachteln, die wir in seine Taschen gleiten ließen. Er wurde freundlicher und machte uns Zeichen, ihm zu folgen. Endlich durften wir auf einer gangbaren Straße gehen – aber wohin führte uns dieser Trottel? Zum französischen Grenzposten zurück! Wir hätten also ruhig mit einem Auto hinfahren können. Wir wurden vor den Chef geführt... Ich hatte alte Sandalen an, schleppte eine Tasche mit dem restlichen Geld und Schmuck und mit der Partitur der 3. Symphonie von Bruckner.

Die Flucht durch Frankreich hatte fast unser ganzes Geld aufgezehrt, hunderttausend Francs, die ich Gott sei Dank unter Protest Werfels bei der Bank abgehoben hatte. Er hatte Angst, jemand könne es gesehen haben und mich deshalb umbringen.

Wir müssen äußerst heruntergekommen gewirkt haben, und die Opern-Schmuggler in ›Carmen‹ machten es bestimmt besser. Es war uns ganz elend von dem Marsch in der glühenden Sonne, und der Chef wurde plötzlich sehr lieb und winkte mit der Hand, man solle uns durchlassen. Stempel hatte er uns zwar keinen gegeben – so gut war er wieder nicht. Aber unser Weg hinab schien nun ohne Hindernisse.

Schweißtriefend und todmüde wankten wir nun zurück, stiegen über theatralische Eisenketten, die Frankreich von Spanien trennen, und begaben uns, nachdem der Soldat hinunter ins Zollhaus telefoniert hatte, auf den weiteren Abstieg. Am Weg nach Port Bou fand ich ein halbes Hufeisen, ich steckte es ein, wir nahmen es als Glückszeichen und schritten froher aus. Unterdessen war es spät geworden. Die Hitze war unvorstellbar, aber kein Beamter war zu sehen. Sie hielten augenscheinlich Siesta. Die Angestellten, denen wir uns zuerst mit Devotion genähert hatten – weil wir sie für Staatsfunktionäre hielten –, behandelten uns mit unheimlicher Liebenswürdigkeit. Sie versprachen uns gutes Gelingen, brachten Wein, schimpften auf Mussolini, der ihnen das Getreide und Fett wegnähme, und auf Franco, ohne Grundangabe. Katalanien war ja stets links, und wir faßten Mut, trotz größter Erschöpfung. – Endlich kamen die andern Weggefährten an. Wir taten, als kennten wir uns nur flüchtig, und Golo Mann flüsterte ich rasch zu, soviel Geld als möglich an die Kerle (es waren gewöhnliche Träger) zu verschenken. Diese hatten sich schon laut darüber unterhalten, daß ein Sohn von Thomas Mann von der Partie sei. Die

Leute sprangen wie die Wilden um uns herum, nachdem wir ihnen so ziemlich alles gegeben hatten, was an Francs in unseren Börsen war.
Sie telefonierten um die besten Zimmer im Ort und rissen sich um unser aller Gepäck, als wir nach vielstündigem Warten endlich zur Paßkontrolle an die Station beordert wurden. Man führte uns wieder über eine üble Abkürzung, bei der man durch anstrengendes Kraxeln nur Zeit verlor.
Jetzt erst aber kam der gefürchtete Moment: die Ankunft in Port Bou. Und es zeigte sich wie immer, die gefährlichen Situationen erlebt der Mensch mutterseelenallein. Nirgends ein Amerikaner oder Helfer.
Wir saßen wie arme Sünder auf einer schmalen Wandbank nebeneinander, und unsere Paß-Scheine wurden an Hand von Kartotheken überprüft. Heinrich Mann fuhr unter falschem Namen, als Heinrich Ludwig. Franz Werfel, mit eigenem Namen, war gefährdet, und Golo Mann als Sohn seines Vaters auch. Golo aber saß seelenruhig und las in einem Buch, als ob ihn der ganze Krempel nichts anginge. Nelly Mann hatte ihren alten Mann mehr getragen als geführt, ihre Strümpfe hingen wegen der Disteln am Wege in Fetzen von ihren blutenden Waden.
Nach qualvollem Warten endlich bekam jeder sein Papier mit Stempel zurück. – Wenn ich bedenke, wieviele Männer sich oben am Berg umgebracht haben oder ins spanische Gefängnis kamen, so muß ich von großem Glück sagen, daß die Behörde hier unsere amerikanischen Papiere anerkannte.
Wir suchten und fanden nun Mr. Fry, der unser Gepäck hatte. Und so gingen wir im verdämmernden Abend irgendwohin, wo für uns ein Zimmer bestellt war. Das Hotel war im Bürgerkrieg fast ganz zerschossen worden. Es standen nur noch ein primitives Speisezimmer und drei bis vier schäbige Schlafzimmer. Das ganze Haus sah aus wie ganz Spanien... es war eine blutende Wunde.
Am Abend ist im Gastzimmer ein junges Paar vom Maire getraut worden. Das Rathaus war auch zerstört.
So schliefen wir bis vier Uhr morgens – einen wahren Todesschlaf. Erwachten schreckhaft, denn um sechs Uhr früh ging natürlich wieder der Zug. Auf der ganzen Flucht gingen alle Züge immer zwischen drei und sechs Uhr in der Früh.

So ratterten wir nach Barcelona. Die Stadt ist vom Bürgerkrieg stark verwüstet, ausgehungert, verarmt... muß aber einmal sehr schön gewesen sein. Franz Werfel und ich saßen am Nachmittag vor einem Kaffeehaus – die armen Kinder leckten uns das Eis vom Teller. Man zahlt mit zerfetzten alten Marken... alles ist brüchig und trostlos.
Wir verbrachten zwei Tage des Aufatmens in Barcelona und fuhren dann per Bahn nach Madrid, fünfzehn Stunden.
Die Träger dort rieten zum Bahnhofshotel, und wir konnten ja nicht wissen, daß wir uns in eine Nazihölle führen ließen. Die Behandlung war entsprechend. Der Portier sagte zu Golo Mann: »Jetzt kommt ihr Juden daher, weil ihr überall hinausgeschmissen wurdet!«
Man hatte uns gewarnt, nicht mit der Eisenbahn nach Portugal zu fahren, da an der portugiesischen Grenze alle Emigranten glatt eingesperrt wurden – darum mußten wir fliegen. Um drei Uhr nachmittags flogen wir von Madrid nach Lissabon.
Es war schon Abend, als wir in Lissabon ankamen – der Flugplatz noch nicht fertig und ohne Licht. Wie überall auf Ämtern standen wir stundenlang sinnlos herum. Der Beamte musterte streng das Verzeichnis der Werke Franz Werfels, die der Herzog von Württemberg, ein hoher Geistlicher, zur Rekommendation für Werfel aufgeschrieben hatte. Er stutzte, als er zu dem Titel ›Paulus unter den Juden‹ kam.
»Ach, Sie kommen wohl aus jüdischer Familie?«
Franz Werfel sagte nicht ja, nicht nein, und zeigte verwirrt nur auf mich, wobei der Beamte ein höhnisches Zeichen machte, so als ob meine Herkunft für jeden ersichtlich sei.
Juden durften damals nicht nach Portugal hinein oder waren doch höchst ungern gesehen.
Nach langem Nachdenken gab uns der Beamte den Einlaßstempel.
Endlich ein Hauch von Freiheit für uns!
In der Nähe von Lissabon, im Estoril-Hotel, mußten wir nun zwei Wochen warten. Die ersten Tage einer paradiesischen Ruhe in einem paradiesischen Lande sind unvergeßlich, nach der Qual der letzten Monate.
In Lissabon erlebten wir recht merkwürdige Dinge mit den Menschen. Eine große Betrügerei und eine große Liebestat.
Ein Herr B. aus Wien, von unserem Freund Zernatto uns vorgestellt, gab vor, meine zweihundert englische Pfund zu einem günstigeren

Kurse wechseln zu können als in irgendeiner Bank. Ich gab ihm das Geld. Am nächsten Tag beteuerte er, die Pfunde von mir nicht bekommen oder das ganze verloren zu haben. Er frug noch nach Merkmalen an den Banknoten, die mir aber im Augenblick entfallen waren. Es war ein harter Kampf, und Franz Werfel mußte einen ganzen Tag auf B. einreden, bis er ihn mürbe gemacht hatte. Er gab uns das Geld eine Stunde vor unserer Abreise nach Amerika zurück und behauptete, die Noten aus eigener Tasche angeschafft und bezahlt zu haben. Auf dem Schiff besah ich die Banknoten – und fand meine eigenen wieder, die ich nämlich daran erkannte, daß sie rote Ecken hatten, von einem innen rot gefütterten Briefumschlag herrührend, in dem ich sie jahrelang verwahrt hatte. Es fehlten allerdings fünf einzelne Pfundnoten, die B. schon gewechselt hatte.
Ich war am Tage unserer Abreise nach Amerika allein im Estoril-Hotel geblieben, packte und übersiedelte aufs Schiff. Der mir fremde Hotelportier spürte, daß ich wegen des Fehlens meiner englischen Pfunde knapp an Geld war, und sagte: »Aber lassen Sie doch die Rechnung! Ich lege es für Sie aus... und Sie schicken mir das Geld von New York zurück.«
Das hat mich wieder mit der Menschheit ausgesöhnt.

Wir hatten endlich Kabinen im letzten griechischen Schiff ›Nea Hellas‹. Das Schiff war mäßig, die Billetts teuer, das Essen zum Abgewöhnen schlecht.
Kurz vor unserer Abreise von Marseille war unser Gepäck aus Bordeaux angekomen, wurde sofort nach New York weiterbefördert, wobei wieder ein Teil verlorenging, diesmal aber endgültig.
Das Meer war langweilig, wie immer, denn nur die Küsten sind interessant, und auch nur die von Menschen besiedelten. Sonst ist die Monotonie in der Natur groß. Wir können die absolute Größe nicht in uns aufnehmen.
Heinrich Mann blieb in seiner Kabine, weil ihm schlecht war. Auch war er böse auf die Welt. Als sein Neffe Golo ihn besuchen ging, lag er im Bett und zeichnete gerade Weiber mit großen Busen, manchmal auch nur letztere allein.

Auf dieser Reise waren wir der Welt wirklich ›abhanden gekommen‹. Nichts von außen konnte uns berühren. Der Erlebnisdruck der letzten

Monate, die Ahnung, ja Gewißheit einer vollkommenen Freiheit waren überwältigend. Wir gingen kaum auf Deck – lagen meist in unseren Kabinen, lasen und sprachen. Die Übungen mit den Rettungsgürteln und Jacken machten wir nicht mit. Wir schleppten uns müde in den verwahrlosten Speisesaal. Die ›Nea Hellas‹ war ein altes griechisches Schiff und machte vermutlich ihre letzte Fahrt, denn die Kriegsgerüchte verdichteten sich täglich. Die verdorbenen Speisen waren ekelhaft.

Mitten im Ozean wurde der Krieg mit Griechenland proklamiert.

Mutig und voll neuer Hoffnung stiegen wir am 13. – ja, leider am 13. Oktober 1940 an Land. Zu unserem Unglück sollte die ominöse Zahl recht behalten.

13. Oktober 1940 – New York

Endlich – endlich standen wir wieder auf wahrhaft freiem Boden, und das Vorausgegangene versank in die Nacht des Vergänglichen.

Hätte ich mich nicht vor den andern geniert – ich hätte den Boden Amerikas geküßt.

Die Ankunft im New Yorker Hafen ist wie immer ein grandioses Erlebnis. Wir wurden von einer großen Menge von Freunden am Pier erwartet, alle hatten Tränen in den Augen und wir nicht minder.

28. Dezember – Chicago

Auf dem Wege nach Kalifornien.

Heute sind wir hier angekommen, nachdem wir fast zehn Wochen in New York zubrachten. Es war dort ein bißchen zuviel Trubel, aber wichtig und reich war die ganze Zeit. Viel Liebe, viele Freunde, große Bewegung – und das Glück der Freiheit!

In Chicago suchten wir uns ein gutes Hotel; Franz Werfel nahm ein großes Zimmer im Hotel Drake, und dann fuhren wir schnurstracks ins Museum, wo sich die schönste Sammlung von französischen Impressionisten befindet. Dann ging's zum Lunch ins Hotel zurück. Nachher in meinem Zimmer entdeckte ich mit furchtbarem Schreck, daß ich meine Reisetasche, in der all unser weniges Geld, all unsere Papiere und Schmuck waren, nicht mehr hatte. Ich sagte Werfel kein Wort, denn ich war immer so stolz gewesen, daß ich drei Jahre hindurch alles mit mir herumgeschleppt hatte – auch in der Oper und im Theater – und niemals etwas verloren hatte – und nun dies! Überdies

hätte es ihn zu sehr aufgeregt, denn wir hätten nicht weiterfahren können – ich trug keinen Cent bei mir – und Franz Werfel natürlich auch nicht. Ich stürzte in den Lunch-Raum hinunter zu dem Tisch, unter welchen ich meine Tasche gestellt hatte, und begann zu suchen, ungeachtet dessen, daß dort schon andere Leute saßen...
Sofort kam ein Kellner und führte mich zum Desk, wo mir die Direktrice die Tasche sogleich und ohne Legitimation aushändigte.
Diese Minuten werde ich nicht vergessen. Franz Werfel hatte nichts davon bemerkt und hat es nie erfahren.

Gegen Abend fuhren wir nach Los Angeles weiter, wo wir am 30. Dezember 1940 in der Früh ankamen. Unsere lieben Freunde Loevi, die uns alles mit größter Liebe schönstens eingerichtet hatten, erwarteten uns am Bahnhof und brachten uns in unser kleines entzückendes Haus, in dem wir nun zwei Jahre leben sollten. Für alles hatten sie gesorgt: die Küche war angefüllt mit allem, was man braucht, und sie hatten einen Butler engagiert, der dann jahrelang bei uns war.

3. Januar 1941 – Los Angeles

Franz Werfel hat heute angefangen zu arbeiten. Gott sei Dank. Es ist ein solches Wunder, daß er sich schon wieder konzentrieren kann.
Es ist die ›Bernadette‹, die ihm im Kopfe rumort...

11. Januar

Heute waren wir das erstemal bei Max Reinhardt. Er sieht gealtert und sehr schön aus. Er ist hier auf einem Nebengeleise, traurig, aber nicht verbittert.
Er sagte: »Wenn ich Sie wäre, würde ich hier leben.«
Aber er lebte hier, obwohl es für ihn ganz falsch war. Er gehörte nach New York.
Er ist ein unverwüstliches Genie.

Später

Wir leben hier in den blühenden Tag hinein und preisen Gott.
Franz Werfel will den neuen Roman ›Der Gesang von Bernadette‹ nennen. Es ist Lourdes und das große Erlebnis, das wir dort hatten.

Über Kerenski wollte ich sprechen. Wir lernten ihn und seine redselige Frau in New York kennen. Sie luden uns ein. Die Frau dominierte, und obwohl sie beständig betonte, daß sie Dichterin sei, hatte sie doch nichts Rechtes zu sagen.
Ich frug Kerenski direkt, warum das zaristische Rußland stürzen mußte...
Er beantwortete meine Frage folgendermaßen:
»Der Zar war sehr gescheit, aber schwach. Die Zarin war gescheit und stark. Rasputin war übermäßig gescheit und ungeheuer stark, ja dämonisch stark. Beide waren ihm verfallen. Er wollte nichts als den Frieden, und er hatte letzten Endes recht. Alle seine Prophetien sind in Erfüllung gegangen. Ein Krieg mußte das Ende der Zarenfamilie und des Zarismus sein!«
Ich hatte den bestimmten Eindruck, als bereue Kerenski alles, was geschehen war.

Ein zweites Mal waren sie bei uns, und wir nahmen sie nach dem Dinner zu Benatzky, einem der begabtesten Schlagerkomponisten, der in Wien den Spitznamen ›Benutzky‹ hatte, weil er Musik stahl, wo es leicht ging. Aber das haben auch schon Größere getan.
Benatzky ist jetzt aber nicht mehr der alte. Er spielte uns aus einer neuen Operette vor, aber weder er noch diese Operette waren vorhanden. Und nun noch der etwas müde Kerenski dazu... es war gespenstisch.

21. April

Lange habe ich nichts aufgeschrieben.
Morgen sind es sechs Jahre, daß ich meine Manon verlor... und man lebt weiter.
Und so aktiv, wie wir jetzt eben sein müssen: nicht mehr jung an Jahren, hinausgetrieben aus aller Ruhe, die nicht zum Genießen gedacht war, sondern zum Sammeln, Kompilieren, Ordnen des langen, reichen Lebensextraktes.

Mai

Man lebt ein solches Provisorium, daß einem jedes Wort zu stabil vorkommt. Denn auch hier ist keine Sicherheit – es ist fast so schrecklich wie in Frankreich. Das Volk, ganz und gar defaitistisch, fühlt wieder nicht, daß ihm Gefahr droht. Denn Hitler kann jetzt gar nicht stehenbleiben, wenn er es auch heute vielleicht möchte. Die Weltrevolution, von rechts oder links, muß ihr Ziel und Ende finden, und wenn darüber England und Amerika in die Brüche gehen sollten.

Oktober

Diesen Monat sind wir mit Kurt Wolff nach Oysterbay zu seinen Freunden Meyer gefahren. Es war bitter kalt, und wir verkühlten uns beide gründlich. Wir kamen zu wildfremden Menschen, die uns aber gleich ganz besonders gefielen.

Dr. Meyer ist Psychologe und an der Irrenanstalt dieses Städtchens tätig. Seine Frau – sehr kunstbegeistert – hat momentan zwei junge Engländer bei sich wohnen. Der eine ist ein bekannter Komponist namens Benjamin Britten, und sein Freund ist ein ausgezeichneter Sänger. Britten spielte uns Michelangelo-Lieder vor, und sein Freund sang. Es war ein großer Genuß, und Franz Werfel und ich fühlten sogleich, daß an Britten sehr viel dran sein müsse.

Benjamin Britten schenkte mir seine Michelangelo-Lieder.

Die beiden Freunde fuhren später nach England zurück, wo sie den Behörden erklärten, daß sie den Krieg nicht aktiv mitmachen würden, da sie Pazifisten seien. Man schüttelte ihnen die Hände, und sie blieben ungeschoren.

November – New York

Franz Werfel hat in einem Rausch und ohne je zu ermüden die ›Bernadette‹ geschrieben. Er brachte mir jedes fertige Kapitel und sagte oft: »Das kann doch niemanden interessieren...«

Doch schrieb er weiter und mit großer Freude.

Als er damit fertig war, sagte er, es sei ihm gewesen, als ob er nach einem Diktat geschrieben hätte. Er war körperlich und geistig auf der höchsten Höhe. Wir feierten das Ende der ersten Niederschrift wie ein ganz großes Fest.

Kaum fertig, begann Franz Werfel schon die zweite Niederschrift, die er einem guten Freunde namens Albrecht Joseph diktierte. Nie ist ihm eine Arbeit so leicht gefallen wie diese.

Im Winter 1941 lernte ich Marc Chagall kennen.

Er hat wasserblaue, helle Augen und ein ebenso helles Hirn, wenn er

auch oft abstruse Dinge gestaltet. Er ist, im guten Sinne, ein echter Jude. Er ist frei von jedem chauvinistischen Getue. Er hat das Alte Testament vorbildlich zeichnerisch gestaltet und will nun das Neue Testament illustrieren.
Er könnte schön sein... aber könnte er es nur!
Auch seine Frau könnte schön sein, wenn sie schön wäre... aber sie ist es nicht – auch sie hätte die Möglichkeit dazu... da es aber im Leben keinen Konjunktiv gibt, so hat sie die Schönheit eben doch nicht!
Chagalls Atelier ist phrasenlos, wie der ganze Mensch.
Seine alten Bilder bejaht er, im Gegensatz zu Schönberg, der seine alte Musik mißachtet.
Später einmal luden wir Chagall und seine Frau zu Voisin ein. Franz Werfel lernte ihn da kennen und war sofort in innerem Kontakt mit ihm.
Chagalls letzte Bilder sind sehr schön, die Farben leuchtend... Er ist originell und phantasievoll.
Franz Werfel hatte seine große Freude an ihm und seinen Arbeiten. In irgendeiner früheren Lebens-Konstellation wären diese beiden Menschen Freunde geworden.

Später

Man bleibt immer in seinen eigenen Fußstapfen.

Ich bekam einen Brief von einer boshaften Frau aus Europa.
Mir wurde in diesem Brief mitgeteilt, daß Hollnsteiner sich habe laisieren lassen und sich verheiratet habe.
Diese Dame gedachte, mir das Herz zu brechen... aber siehe da, nach fünf Minuten des Staunens war mir dieses Wissen, mitsamt Herrn Hollnsteiner, mehr wurst als irgend etwas auf dieser Welt. Hatte er einst Einfluß auf mich, so ist das längst weggespült durch seinen Verrat an allem, was ihm einmal heilig war.
Und im Retrospekt sehe ich den ganzen Menschen anders. Ehrgeizig war er immer, aber da war eine unübersteigliche Glaubensmauer, so dachte ich – unübersteiglich auch für ihn. Er nannte es »die Idee« und sprach sehr weise davon.
Ein uninteressanter Bürger – aber eines verzeihe ich ihm nicht: Er hat den Katholizismus in mir wankend gemacht.

Auch Franz Werfel sagte letzthin: »Ich bin dem Hollnsteiner böse. Er hat meinen Glauben unsicher gemacht.«

Jeder weiß in seinem Innern genau, wofür er bestraft wird. Hollnsteiner war immer ein Streber, zu Gott und zur Macht. Die Macht ward ihm entrissen, der Alltag wird bleiben. Und – Gott hat er verloren.
Analog dem jüdischen Sprichwort: Tugend vergeht, Mieß besteht! (Ehrenstein)

Manon aber ist nicht bestraft worden. Sie hat im Leidensjahr ein ganzes Frauenleben durchgekostet, ohne den hinkenden Pferdefuß, der zum Leben dazugehört. Ihr ist alles Böse erspart geblieben.
Und sie ist im Herzen der Menschen, die sie kannten, eine Heilige geblieben.
Auferstehen im Fleisch. O ja! Jeder so, wie ihn Gott gedacht hat.
Keine Knochen! Keine Zähne! Keine Haare!
Das ›Alt-Biblische‹? Nein! Kein Erd-Anhängsel!
Lichter Leib, durchsichtig und wissend. Wissend um das Höchste und Beste in jedem!
Ich fühle die Gemeinschaft der Heiligen im Blut. Metaphysische Gläubige, wie Helene Berg, sehen den reinen Leib in der Erscheinung.
Nur die Sonderung ... und unter welchen Gesichtspunkten gesondert wird?
Alban Berg war sicher eine der edelsten Seelen!

Wir sind nach Tucson, Arizona, gefahren und von dort nach Nogales an der mexikanischen Grenze; um unsere First Papers zu bekommen, mußten wir mit dem Auto eine halbe Stunde nach Mexiko hineinfahren – eine etwas lächerliche Gepflogenheit. Wir bemerkten, daß mit dem Überschreiten der Grenze nach Mexiko die Reinlichkeit der USA schwand, dafür aber das musikalische Talent, die singenden Kinder, der Schmutz, wie überall in lateinisch-katholischen Ländern, wuchs. Es tat uns wohl.

Februar 1942 – Hollywood

Als wir vergangenen September von Hollywood wegfuhren, hatten wir den Filmkontrakt in der Tasche: fünfzigtausend Dollars – und

die Wahrscheinlichkeit, daß der ›Book of the Month Club‹ das neue Buch ›Song of Bernadette‹ nehmen würde.
Aber alles ist daneben gegangen.
Der Producer Dieterle ist pleite; der ›Book of the Month Club‹ fürchtet das Allzukatholische im Buch Werfels, was ein Mißverständnis ist, da Franz Werfel nur die Kraft und Wirksamkeit irgendeines Glaubens schildern wollte. Und nun sitzen wir da... haben unser Leben auf größeren Stil eingerichtet... haben fast kein Geld... gar kein Kapital... haben unser altes Auto verkauft und kein neues, denn alles ist jetzt sequestriert... und kriegen wir das neue, so kostet das wieder ein Vermögen, oder vielmehr das Vermögen.

Später

Da liegt man dann... zerfällt in Staub... und wundert sich.

Brahms und Verdi sind irgendwie die Erfinder der Jazz-Musik, ohne das zu wollen. Beide frönen dem schlechten Taktteil in der Musik und ahnten so, für unsere Welt, den Negerrhythmus voraus. Denn alt scheint er gewesen zu sein, bei den Negern, deren Tänze ganz darauf beruhen. Bei Verdi ist das besonders merkwürdig, weil es der italienischen Melodik entgegengesetzt ist.

Das Nachlassen und Abwärtsfallen der unteren Kieferpartie, schon bei Lebzeiten, ist sonderbar. Ich sah es wieder gestern bei Heinrich Mann.
Es gibt den Eindruck vollster Idiotie und ist doch nur das Vorzeichen des Todes.

Alle Muskeln werden länger...
Dehnen sich zur Erd' hinab...
Und der Ausdruck wird dann bänger...
Mensch! Du siehst ja schon dein Grab!

Ein kleiner Vierzeiler, den ich zu dem Thema gemacht habe.

Mai

Manches hat sich verändert.
Der ›Book of the Month Club‹ hat Franz Werfels Buch nun doch genommen, und so sind wir einstweilen ein bißchen sorgloser.

Der Film hängt in der Luft.
Franz Werfel ist müde und ohne Arbeitslust. Er hat aber mit unserem Freund Friedrich Torberg ein Drehbuch gemacht – schon vor Jahren wollte er ein böses Weib in den Mittelpunkt eines Romans stellen. Das Drehbuch ist voller Phantasie und wahrscheinlich viel zu gut für diese Film-Schakale. Wahrscheinlich aber unbeholfen als Filmmanuskript – wo die Routine doch alles ist!
Sonst aber ist Franz Werfel zu und tot. Er müßte eine neue Liebe oder ein ähnliches Erlebnis haben. Das wäre wohl ein großer Schmerz für mich, da ich mich ganz und gar an ihn verloren habe und mir nichts anderes mehr wünsche... oder wünschen kann.

Die Juden erleben jetzt noch eine Prüfung – noch eine Strafe! Die jüngeren haben sich nach Amerika gerettet, und die alten blieben zurück und gedachten in der wohlbekannten Umgebung ihr Leben zu beschließen. Aber Hitler lenkte es anders. Und nun müssen die jungen alles tun, um die alten Juden, innerlich weit entfernt, mit ungeheuren Geldopfern herüberkommen zu lassen. Und nun kommt der große Konflikt.
Es ist so, als ob sich die abgeworfene Haut neu belebte und, als steter Vorwurf, die jungen und kräftigen von noch kräftigeren alten Juden und Jüdinnen über-dacht würden.
Es ist interessant zu sehen, wie die jungen die alten herbeifürchten. Wenn ich die alte Frau X. ansehe, wie sie mit unzähligen Händen herumfuchtelt, schreit und immer ich-besessen ist, dann kann man sich vorstellen, wie alle anderen leiden.

Später lernten wir Erich Maria Remarque am 12. August bei dem Schauspieler Oskar Homolka kennen. Sofort war der wärmste Kontakt da. Wir sprachen und tranken zusammen, als ob wir uns seit eh und je gekannt hätten. Erich Maria Remarque begann bei der zweiten Flasche Wodka uns beiden du zu sagen, Werfel als Bruder zu apostrophieren, kurz er ist uns ein Bruder und soll es bleiben.
Remarque schrieb am nächsten Tag, daß er uns eine Freundschaft fürs Leben anbiete – oder aber eine ehrliche Feindschaft. Dieser Brief lag in einem Meer von Blumen.
Wenige Tage darauf saß ich mit Golo Mann im Wiltshire Hotel beim Dinner. Ich wollte ihn etwas aus sich herausbringen, er ist ein feiner,

scheuer Mensch. Aber Erich Maria Remarque saß in der Nähe, kam an den Tisch, ließ alten Kognak aus seinem Zimmer holen, riß das Gespräch an sich, und Golo... verschloß sich wieder in sein Inneres.
Golo Mann ist ein prächtiger, sehr begabter Schriftsteller, und Franz Werfel und ich hatten uns schon in Portugal innigst mit ihm befreundet. Sein ganzes Wesen isoliert ihn etwas – aber ich liebe ihn wie einen Bruder.
Golo nun ließ sich recht despektierlich gegen Gerhart Hauptmann aus; ich verwies es ihm. Seine Ansichten über alles Politische sind mir fremd. Er weiß es nicht und hält nun Remarque und mich, die wir uns natürlich auf seiten Hauptmanns stellten, für Halb-Nazis, nur weil wir Hauptmann und Richard Strauss nicht verdammen. Nun ja, diese Greise sind ›drin‹ geblieben. Ich danke Gott, daß Hauptmann nicht hier von wohltätigen Sammlungen leben muß, denn verdienen würde er hier keinen Cent. Das Schimpfen auf die alten Genies, die in Deutschland bleiben mußten, bringt mich in Siedehitze.
Gerhart Hauptmann ist achtzig Jahre alt – kaum ins Englische übersetzt –, hier bloß als Name und nicht durch seine Werke bekannt.
Richard Strauss würde zweimal in der ›Met‹ mit dem Rosenkavalier zur Aufführung kommen – und nicht öfter, weil es ja kein selbständiges Opernhaus außer in New York gibt. Davon aber kann er nicht leben.
Franz Lehár, auch über achtzig, könnte nicht einen Monat von seinem Verdienst leben, denn es gibt in den USA kein einziges Operettentheater. Und Herumreisen, Tourneen erleiden – dazu ist er viel zu alt und müde und krank. Aber Lehár wollte um jeden Preis hinaus aus Deutschland.
Der arme Oscar Straus mußte, weil er Jude war, Deutschland verlassen; das ist ein großer Unterschied, ob man mußte oder freiwillig ging... und da weiß ich recht wenige, bei denen nicht ein offener oder versteckter Grund vorlag, um zu fliehen. Wieviele Sammlungen sind schon für Oscar Straus gemacht worden, und wie sehr plagt er sich für ein Geringes, und er ist doch auch ein alter, alter Mann!
Arnold Schönberg ist am Verhungern, nachdem man ihn an seinem siebzigsten Geburtstag an der Universität von Los Angeles pensioniert hat.
Wilhelm Furtwängler wollte Anfang 1935 nach Amerika und nie wieder nach Deutschland zurückkehren, aber Toscanini widersetzte

sich dem – so mußte er drüben bleiben. Furtwängler war nie ein Nazi! Er gilt hier aber als einer. Die Welt ist unmenschlicher denn je – und die Phrase herrscht!

Erich Maria Remarque hat ein wunderschönes Gesicht, ist groß und schlank (er war Rennfahrer in seiner ersten Jugend) und hat ein ungeheuer bewegtes Mienenspiel. Seine linke Augenbraue, die dick und schwarz ist, zieht sich hinauf und gibt seinem Lächeln und Lachen einen diabolischen Ausdruck. Er spricht wenig, aber mit schöner Handgestikulation.

31. August

Wieder einer dieser ekligen Geburtstage, die einem den Tod näherbringen. Ich bin nun dreiundsechzig Jahre.
Das Vergnügen wird immer geringer... und die fürchterliche Öde wächst.

Oh, wie schön könnte es auf dieser Welt sein, aber Franz Werfel ist gar nicht gesund. Ich habe Sorge um ihn, und dies seit vielen Jahren. Gott gebe, daß ich wenigstens diese Sorge noch viele, viele Jahre habe.

Februar 1943

Guido Zernatto ist gestorben. Unser lieber Freund ist nicht mehr.
Jetzt ist er ein reinliches Wesen geworden... keinerlei Notdurft bedrängt ihn mehr. Still liegt er, ernsten, überlegenen Gesichtes, und die Welt bekümmert ihn nicht mehr. Ein Freund ist weniger in der Welt. Mir wird kälter, und er fühlt keine Wärme mehr... Wie groß auch seine Hoffnungen gewesen sein mögen, als er von Wien floh – es ist nichts, nichts geglückt, und das mag an seinem Tode mit schuld sein. Seine große Stellung als Minister war eben wie etwas, das man auszieht wie ein Kleid – und das Nichts bleibt. Sein großes Schriftstellertalent hat er nicht genug gepflegt: es ist sehr schade! Man müßte ihn viel mehr kennen!

Oskar Fried sagte einmal zu Oskar Kokoschka, der es sehr mit dem lieben Gott hatte: »Ach wat, lass'n Se mich in Ruh mit Ihrem lieben Gott, der ist immer dort, wo er nicht sein soll!«

Später

Ich habe das kleinste Haus gekauft, das ich finden konnte, weil ich weiß, daß die großen Häuser durch Dienstbotenschwierigkeiten und hohe Ausgaben unmöglich geworden sind – und es ist ein liebes Haus und wurde von einer hiesigen großen Schauspielerin namens May Robson erbaut. Freitag, den 25. September 1942, war der Einzug. Ich habe viel Mühe daran gewendet, es so heimisch wie möglich zu machen, und es ist nun wirklich entzückend. Franz Werfel, der im Anfang über zu kleine Dimensionen raunzte, ist nun auch sehr zufrieden. Ich mußte das Haus von einer Stunde zur andern kaufen. Jeder wollte es haben. Einer überbot den anderen; schließlich überboten wir und bekamen es.

Ich habe einen neuen Steinway-Flügel! Franz Werfel ein wunderbares neues Radio. Das Ganze ist sehr auf uns, und nur auf uns zwei gestellt...

Wir hatten eine kleine süße Siamkatze. Sie ist gestorben, und dieser kleine Katzentod hat wieder alles in mir aufgerissen an Leid und Wunden. Ich sah überall meine sterbende Manon.

Kurzer Aufenthalt zwischen New York und Hollywood in Chicago.

Auf der Heimreise besuchten wir hier das Aquarium. Es ist, als habe Gott die furchtbaren Fisch- und Molchfratzen, die wir sehen mußten, beim Tode Christi vergessen zu entfernen oder zu sublimieren. Sie sind gleichsam zur Erbsündenmasse gehörig und verflucht für und für, bis zum Jüngsten Tag.

Die ewig greisen Riesenschildkröten, mit ihren Totengesichtern, die unerlöst und ruhelos ihre Baumhände verkrampfend aus ihrer Festung Wasser spülen ... ohne Lust.

April

Achter Todestag meiner Manon. Franz Werfel brachte mir plötzlich und völlig unerwartet eine wunderschöne Orchidee. Er wußte den Todestag nicht, weil er nie ein Datum weiß. Ich fühlte sofort, Manon hat ihm die Hand geführt. Sie wollte mir eine Freude machen... eine wehmütige Freude allerdings – aber sie war um mich und ist es in jeder Stunde, seit sie uns verlassen hat.

Wir sind wieder hier in unserem Tusculum in Beverley Hills. Gott sei Dank! Weg von der Hölle New York, das ich doch sonst so liebte. Aber der arme Franz Werfel hatte drei Gerichtsklagen über seinem Haupte schweben. Erst Gottfried Reinhardt, dann Mr. Peat, der Manager einer Vortragstournee, die Werfel krankheitshalber und mit Recht abgesagt hatte; endlich dieser Jakobowicz, den Werfel in Lourdes auffand, der uns dann seine Geliebte brachte und mit denen wir im Hotel ›Vatican‹ Tür an Tür wohnten.

Diese Mesalliance sollte uns, wie jede Mesalliance, teuer zu stehen kommen. Jakobowicz erzählte recht gut. Lange nicht so gut, wie Werfel wähnte, dazu war er zu selbstgefällig. Er erzählte seine Fluchterlebnisse in Frankreich. Franz Werfel benutzte in seinem Stück ›Jacobowsky und der Oberst‹ zwei seiner belanglosen Geschichten, und schon hatte er wieder eine Klage auf dem Hals.

Die erste Anekdote betraf den Helden des Stückes ›Jacobowsky und der Oberst‹. Diese selbstgefälligen Erzählungen des Herrn Jakobowicz von seiner Flucht aus Paris, die er immer wiederholte, wuchsen uns schon zu den Ohren hinaus – wo sie sich aber festgesetzt hatten. Die zweite Anekdote betraf den Oberst, der natürlich existierte und von Werfel umgebildet wurde. Er schien ein hochfahrender Mensch gewesen zu sein, der dem kleinen Juden Jakobowicz viel Wirrnis brachte. Jakobowicz hatte sich in Paris ein altes Auto gekauft – und der Oberst Stjerbinsky behauptete, fahren zu können. Es zeigte sich indessen bald, daß er nur auf gerader Straße und keine Kurven fahren konnte. – Jakobowicz und der Oberst mußten auf der Flucht immer eines der elenden französischen Zimmerchen teilen. Oft aber mußte Jakobowicz lange vor der Türe warten, da der Oberst sich dort mit einer der Damen, die er auf der Straße auflas, eingeriegelt hatte. Abends wurde der Oberst immer sehr fromm, lag im Bett und flüsterte lange Reuegebete unter der Bettdecke. Seine Kasse, in der er Geld und Papiere mitführte, hatte er künstlich mit Stricken unter die Matratze gebunden, auf der er lag.

Diese zwei kleinen Geschichten hatten Werfel inspiriert; vor allem aber natürlich unsere eigenen Fluchterlebnisse. Aber – was hat er daraus gemacht! Der Erzähler verlangte also Prozente für diese Anekdoten, und Werfel, müde dieser Dinge, übergab das ganze einem Advokaten. So lächerlich das alles war, es versalzte uns unseren Aufenthalt.

Hier darf man nicht von anderen Erlebtes gestalten, wenn es auch völlig neu wiedergegeben wird.
Glücklicher Goethe! Wo wäre der Werther, wenn man nicht aus dem Leben anderer schöpfen dürfte?
In New York hatten wir ein Heer von Advokaten um uns und einen Berg von Rechnungen für die niedergeschlagenen Prozesse. Es war eine abscheuliche Zeit. Ich rettete mich in die Krankheit. Es war kein Verlust. Konzerte, die man besuchte, wurden erschwert durch unwegbar vereiste und verdunkelte Straßen, ohne Licht, ohne Taxis – ebenso die Oper oder irgendeine Gesellschaft.
So sollten wir einmal zu einem Dinner zu Treviranus gehen, einem überaus gescheiten Menschen und früheren Minister in Berlin. Ich war verkühlt – es war hoher Schnee. Franz Werfel ging also allein, entlohnte das Taxi zu früh und stand plötzlich in schwarzer Finsternis und inmitten von Schneemassen. Er konnte keine Nummer an den Häusern sehen. In der Ferne winkte ein Licht – es war ein Drugstore. Dorthin fiel er mehr, als daß er gehen konnte, und telefonierte an Treviranus, der ihn dann holen kam. Immerhin war er eine volle Stunde im Schnee herumgestolpert – inmitten der verdunkelten größten Stadt der Welt!
Black-out in jedem Sinne.
Treviranus bemühte sich in Amerika um irgendwelche Einkünfte. Er war seinerzeit direkt von einem Berliner Tennisplatz weg (wo ihn ein Freund warnte) aus Deutschland so geflohen, wie er war: im Sporthemd, ohne Papiere und Geld. Das war unmittelbar vor dem ›Reinigungs-Blutbad‹ in dem Röhm und seine Helfer umkamen.

Thomas Mann las uns am 3. Mai seine neue Moses-Novelle vor. Etwas papieren, aber natürlich meisterhaft, wie alles von ihm.

Juni

Verdi ist ein merkwürdiger Fall von masochistischer Selbsterniedrigung. Nur so kann ich mir seine literarische Vorliebe für Mischrassen-Liebschaften oder -Ehen erklären: Othello, Alzira, Aida, Forza del Destino, Trovatore... aus einem Gleichgewichtsknacks, den er in der Kindheit erworben haben mag. Man weiß, daß seine Mutter, eine Magd, während eines Krieges mit dem Kind auf den Glockenturm von Roncole flüchten mußte und dort stundenlang das Schießen über ihre Köpfe hinweg erduldet hat. Dieses Erlebnis und wahrscheinlich manches andere in seiner Kindheit – er kam aus dem kleinsten, ärmsten Milieu – dürften den armen, äußerst nervenfühligen Menschen auf die Seite der Leidenden getrieben haben. Er suchte die Frauenliebe wenig und heiratete erst die Tochter seines Wohltäters und später die Sängerin Streponi (aus einer Art Dankbarkeit für das ausgezeichnete Singen seiner Partien), die – in der Jugend mäßig hübsch – bald als Matrone mit schwarzem Spitzenhäubchen resignierte.

Es geht Verdi wie den Juden. Die Juden empfinden Rassenmischungen und Rassenfremdheiten wenig. Sie haben eine ausgesprochene Teilnahme und Sympathie für unterdrückte Völker, das heißt, sie identifizieren sich (im Blut die Jahrhunderte währenden Verfolgungen tragend) mit den Leidenden oder Irrenden. Dies ist ein großer Unterschied: zwischen Freien oder unter Druck Geborenen. Sonderbar ist nur, daß die Neger jetzt sehr antisemitisch sind. Sie fühlen sich den Juden überlegen. Das ist eigentlich eine Frechheit.

Die Geschichte um das Manuskript der 3. Symphonie von Bruckner ist merkwürdig genug. Bruckner schenkte Gustav Mahler die drei ersten Sätze, damit er den Klavierauszug mache. Mahler war in Hamburg und sehr mit Arbeit überlastet. Den letzten Satz sollte Ferdinand Löwe bearbeiten. Gustav Mahler gab dann das Manuskript seinem Bruder. Der erschoß sich, weil er mit der Welt nicht fertig werden konnte, und das Manuskript lag nun mehr als dreizehn Jahre in einer schwarzen Kiste, die alle Habseligkeiten des Bruders Otto Mahler enthielt. Gustav Mahler brachte es nicht über sich, die Kiste zu öffnen, legte es mir aber ans Herz, zu forschen, ob das Manuskript noch drin sei. Nach dem Tode Mahlers ließ ich mir die Kiste kommen. Sie war ausgeraubt. Es fehlten Wäsche und Kleider – aber unter Schulbüchern und Notenheften lagen, genau wie Gustav Mahler es erwartet hatte, die drei ersten Sätze der 3. Symphonie...

Franz Werfel und ich besaßen ein großes Haus in Wien. Der Empfangsraum war mit Marmor getäfelt. Große Vitrinen waren eingebaut, und ich hatte sie alle mit Partituren und Autogrammen geschmückt. Obenan meine Brucknersche Dritte. Alle Minister gingen bei uns aus und ein, und so sah es zum Beispiel auch Glaise von

Horstenau, der später Minister unter Hitler wurde und diesem wohl von meinem Eigentum berichtet haben mag. Hitler war ein Bruckner-Monomane. So ließ er denn bei meinem Stiefschwager Eberstaller anfragen, ob ich ihm das Manuskript für siebentausendfünfhundert Dollar verkaufen würde. Eberstaller war überzeugt, daß sich das Manuskript noch in Wien befände.

Unterdessen hatte aber die Oberschwester Ida das Manuskript Frau Paul Stefan übergeben, die es mir nach Paris brachte. Die Oberschwester hatte Frau Stefan nicht gesagt, was sich in dem Paket befand, um sie nicht nervös zu machen. Als sie es dann in Paris auspackte, schrie Paul Stefan auf: »Das ist ja Bruckners 3. Symphonie!« Er hatte die Schrift und das Werk natürlich sofort erkannt. Das Titelblatt zeigte Bruckners eigentümliche Schreibweise. Er schrieb »Sinfonie« und besserte es dann aus.

Eberstaller wurde deswegen – und seiner jüdischen Freunde und auch der Verwandtschaft mit mir halber – degradiert, und die Oberschwester Ida wurde aus dem Hause Eberstaller ausgewiesen.

Später kam Eberstaller wieder zu Amt und Würden. Er wurde Präsident des Verwaltungsgerichtshofs.

Das Manuskript der 3. Symphonie Bruckners habe ich hier in Amerika im Banksafe.

Später

Das Stück ›Jacobowsky und der Oberst‹ hatte Franz Werfel eigentlich auf Betreiben Max Reinhardts geschrieben. Es ist eine Farce... den Untergang Frankreichs als düsteren Hintergrund, die Flucht der Emigranten; im Mittelpunkt des Stückes die gemeinsame Flucht eines polnischen Offiziers und eines polnischen Juden quer durch Frankreich. Franz Werfel hatte die Idee zu dem Stück schon lange in sich – sein hinreißendes Erzählen begeisterte Max Reinhardt so, daß er Werfel zusetzte, es aufzuschreiben, bis er daranging. Allerdings diesmal mit weniger Elan als sonst, der Funke war von außen gekommen, nicht in ihm selber geworden. Max Reinhardt, Gottfried Reinhardt und Sam Behrman waren also die Gevattern.

Das Stück ist sehr lustig, aber noch nicht ganz fertig. Max Reinhardt wollte es aufführen, fand aber keine Geldleute, das Stück blieb liegen, andere wollen es produzieren... und so läuft es turbulent im Leeren.

Franz Werfel hat die Komödie schon dreimal umgeschrieben, doch gerade das ist es, was ihm am wenigsten Freude macht.
Er plagt sich und verliert die Zeit, die er zu Neuem hätte.

Arnold Schönberg sagte, als er den Auftrag bekam, Filmmusik zu schreiben: »Wenn ich schon Selbstmord begehe, so will ich doch wenigstens gut davon leben können.« Und er verlangte eine solch horrende Summe, daß die Sache ins Wasser fiel.

Gestern war ich bei Schönberg, um seinen Schüler Steuermann zu hören, der sich ein Particell von Schönbergs neuem Klavierkonzert gemacht hatte und nun versuchte, Schönberg das Ganze vorzuspielen. Ich hörte einen echten altgewohnten Schönberg ›de laboratoire‹, wie Ravel sagen würde – aber doch immer sehr interessant und immer Schönberg.
Leopold Stokowski wird das Werk aufführen. Ich werde bei der ersten Probe anwesend sein. Schönberg sagte nachher: »Ja, es ist schwer, das Werk bei erstmaligem Hören zu verstehen... Ich brauchte selbst mindestens fünfundvierzig Proben, um mein Werk kennenzulernen!«
Ich glaube nicht, daß Beethoven eine einzige Probe brauchte, um sein eigenes Werk kennenzulernen.
Dieses mathematische Hirn ist sehr weit von der Musik entfernt und führt sie doch auf fremde und neue Bahnen!

Franz Werfel ist nun seit Wochen in Santa Barbara, um sein Stück ›Jacobowsky und der Oberst‹ das viertemal umzuschreiben. Er sagte heute ins Telefon: »Ich kann aus einer Zwiebel keine Rose machen.« Ich antwortete: »So mußt du halt die Zwiebel so stark als möglich duftend machen.«

Ich empfing Franz Werfel als jungen Zigeuner aus der Hand der Natur und gab ihm alles, was ich in jahrelangem Lernen und Kämpfen errungen hatte... vor allem meine Musik.

Aus einem Brief an Willy Haas vom 10. 4. 1959:
»... Mahler war ein abstractum, aber wegweisend für mich und unvergeßlich, Werfel alles zusammenfassend, aber in der Jugend un-

endlich beglückend, musikalisch begabt. Jedenfalls war die Summe seiner Talente beglückend – denn auch da, wo er fast nichts konnte oder zu faul war, wie in der Musik, wo er nur fühlte, war er überall hinzuführen. In der Musik hatte er nie etwas gelernt, aber in Neapel, wo wir länger bleiben mußten, kaufte ich eine Stimmgabel und lehrte ihn, die Intervalle zu hören und zu lesen. Er hatte alles immer nur nach dem Gehör gesungen. Während seiner letzten Krankheit, da er viel im Bett liegen sollte, brachte ich es so weit, daß er Partituren lesen und hören konnte, was uns tief beglückte, da ich ja von Natur und später durch Studium (bei Zemlinsky) ein Musiker war und bin!«

Gott vergißt die Guten und erhöht die Bösen. Gott ist zum mindesten unermeßlich ›zerstreut‹...

August

Etwas hebt sich auf in der Welt. »So unten, wie oben...«
Alles andere interessiert mich nicht mehr. Ich will Wien noch einmal sehen und die Worte der Stiefschwester Maria, die eine wüste Nazi war: »Du kannst ja immer einmal zu Besuch kommen...« zunichte machen. Ich krieg's nicht aus den Ohren heraus.

31. August

Wir sind in Santa Barbara. Es ist ein Paradies. Franz Werfel war wunderbar an diesem Tage; ich werde es nicht vergessen. Hinter ihm liegen große Kämpfe wegen seines Stückes, und noch ist es nicht vorbei.

Erich Korngold sagte heute: »Wir haben eine unerhört starke Musikwelle knapp hinter uns.
1907 Richard Strauss, ›Elektra‹,
1909 Gustav Mahler, ›Das Lied von der Erde‹,
1912 Igor Strawinsky, ›Petruschka‹,
1913 Arnold Schönberg, ›Pierrot Lunaire‹«.
Er hat recht, die Jahrhundertwende war reich und kostbar. Wir standen so nah, daß wir die Größe der Geschehnisse nicht empfanden.
Mir fehlte in der Liste Pfitzners ›Palestrina‹ und Charpentiers ›Louise‹.

12. September 1943

Zwei Tage nach seinem Geburtstag hatte Franz Werfel in der Nacht eine schwere Herzattacke, und ich mußte den Arzt kommen lassen, der ihm Digitalis gab. Es hat stundenlang gedauert, bis seine Krämpfe nachließen... er ist eine große Sorge für mich. Er kann das Rauchen nicht aufgeben, und wenn er hier ist, dann sitzen Torberg und Freunde mit ihm, er unterhält alle und raucht ununterbrochen.
Dr. Wolff versuchte, ihm jetzt Angst zu machen, aber er lacht darüber.

Remarque ist angekommen. Aber ich fühle weder Kraft noch Lust, ihn zu sehen, zu sehr leide ich mit dem leidenden Werfel; Remarque ist zu lebenswillig eingestellt. Er beichtete mir, daß er mit Kranken nichts anzufangen wisse...

Wenn man einmal weiß, wie alles atmet, so ist alles einfach.
Das Meer... Voraussetzung. Aber jeder Baum, jede Pflanze, jeder Stein, ja das leere Kopfpolster... alles atmet. Der kleine Mensch atmet auch und ist eingereiht in den ungeheuren Rhythmus des Kosmos.
In das Wiegenlied des Alls.

Franz Werfel hat eine schwere Nikotinvergiftung, so nannten es die Ärzte, entweder aus Dummheit oder aus Güte. Es waren krampfartige Anfälle, bei denen ihm kalter Schweiß ausbricht, und man steht dabei in Todesangst und kann nicht helfen.

Vater, hilf den Bösen und den Guten. Die Bösen werden sich bessern... und die Guten sich bösern... so ist alles eins!

Jan Masaryk war in jeder Beziehung ein überragender Mensch. Wir lernten ihn im Jahre 1945 in New York kennen. Ernos Rapée hatte sich damals in den Kopf gesetzt, im Radio einen Mahler-Zyklus zu machen. Nun war das aber schwierig. Da im amerikanischen Radio die einer Sendung zugeteilte Zeit auf die Sekunde genau berechnet ist und die Mahler-Symphonien, besonders die letzten, sehr lang sind, mußte gestrichen werden. Ich gab meine Einwilligung dazu. Franz Werfel schrieb nun auf Rapées Bitte eine kleine Rede über Gustav Mahler, von der Rapée wollte, daß ich sie spreche. Für solche Dinge

bin ich nun absolut unbrauchbar. Er bat Franz Werfel, es zu sprechen, aber ich fand es irgendwie unschön, wenn mein jetziger Mann über meinen ersten spräche. Und dann kam Rapée die rettende Idee: Jan Masaryk! Franz Werfel und ich protestierten, aber Rapée lief zum Telefon und hatte in wenigen Minuten die Zusage Masaryks. Nun trafen wir uns wenige Tage später im Senderaum der Radiogesellschaft. Jan Masaryk las das Manuskript immer wieder ernsthaft durch und sagte nachher scherzhaft: »It is the first egg that I have eaten and not scrambled myself.« Er hat dann aber sehr schön gelesen.
Später haben wir Jan Masaryk öfters getroffen. Werfel aber war nicht wohl genug, und wir gingen immer als die ersten weg, und Masaryk brauchte viel Zeit, um politisch aufzutauen... Dann konnte er bis spät in die Nacht hinein mit unserem Freund Fürst Adolph Schwarzenberg sich laut erregt und stürmisch unterhalten. Und das hätte ich gar zu gern gehört.

Im Juni des Jahres 1945 besuchte uns Masaryk dann in Beverley Hills. Wir freuten uns. Wieder kam es zu einem besorgten politischen Gespräch.
Masaryk sagte, wenn die Tschechoslowakei kommunistisch würde, so gehe er augenblicklich aus seiner Stellung und komme nach Amerika (er war damals Außenminister in Prag). Jan Masaryk war ein überaus feinsinniger, durch keinerlei Nationalismus getrübter Geist. Er war ein Weltbürger, und das ist in den Augen der Russen ein Verbrechen. Masaryks Witz, sein Charme, seine unglaublich geniale Einfühlungsgabe hätten ihn in anderen Zeiten zum Führer gemacht. Stattdessen regiert Herr Benesch... ein charakterloses Nichts – und wird wie eine Puppe von seinem Sitz geschleudert werden.

An jenem letzten Nachmittag bei uns erzählte Masaryk von Stalin, dessen Gast er ein paar Wochen in Moskau war. Bei einer Unterhaltung, die Stalin während eines sieben Stunden dauernden Dinners führte, sagte er unter anderem: »Ja, was meine Soldaten jetzt in Wien und Berlin tun, dafür kann ich natürlich keine Verantwortung übernehmen. Die Soldaten sind samt und sonders Schweinehunde, wenn man sie ausläßt. Sie werden selbstverständlich jedes hübsche Mädel vergewaltigen und alles Gold und Silber stehlen, was sie erreichen können.« (So erzählte Masaryk.)

Jan Masaryk wurde ermordet, und ein Selbstmord wurde vorgetäuscht. Diese beiden Schriftstellen waren auf seinem Schreibtisch am Todestag aufgeschlagen:
»Schwäche und Ungeduld bringen keinen Frieden.«
»But the fruit of the spirit is love, joy, peace, long-suffering, gentleness, goodness, faith, meekness, temperance: against such, there is no law.« *
Jan Masaryks Freund und Arzt, Dr. Slavík, mit dem er am 14. März fliehen wollte, sah ihn am Morgen nach dem Mord.
Masaryk hatte eine Schußwunde an der Schläfe, und sein Brustkorb war eingedrückt.
Der zweite Arzt, Dr. Klinger, wurde zur Obduktion nicht zugelassen.
Dr. Juray Slavík floh nun allein nach den USA.

Später. 1943

Franz Werfel ist sterbenskrank. Er hatte noch eine Herzattacke, und nun ist sein Herz furchtbar schwach.
Ohne ihn werde ich nicht weiterleben.
Er ist heute der Inhalt meiner Existenz.
Diese Krankheit fing am 13. September an. Er hatte wieder ungeheuer viel geraucht. Es war ein Abend. Unser Freund Friedrich Torberg war hier, Franz Werfel rauchte eine kohlschwarze, schwere Havanna. Er warf sie auf meine Bitte weg, zündete sich aber sofort eine neue, wenn auch leichtere Zigarre an. Später noch einige Zigaretten. Es war spät, und ich ging in mein Zimmer. Aber schon nach einer halben Stunde kam Franz Werfel mit vollkommen verändertem Gesicht mir nach, und ich konnte ihn kaum in sein Zimmer tragen. Seitdem liegt er mit großen Schmerzen, die manchmal etwas nachlassen, dann wieder schlimmer werden.
Ein paar Tage nach dem ersten Anfall waren wir der größeren Ruhe halber nach Santa Barbara gefahren. Der Arzt hatte dazu geraten.
Wir mußten aber nach zwei Tagen wieder nach Hause zurück, weil sich Franz Werfels Zustand verschlechtert hatte. Bis zum 29. September war sein Leiden nicht bedrohlich. Dann kam dieser neue, ans Leben gehende Anfall, nachdem wir abends ein wenig musiziert hat-

* »Die Frucht aber des Geistes ist Liebe, Freude, Friede, Geduld, Freundlichkeit, Gütigkeit, Glaube, Sanftmut, Keuschheit. Wider solche ist das Gesetz nicht.« (Brief des Apostels Paulus an die Galater, 5, 22–23)

ten. Ich hatte spät am Abend ein Konsilium; Dr. Rosenfeld, Dr. Bauer und Dr. Wolff waren der Ansicht, daß ihn das Singen erschöpft hätte, obschon Franz Werfel gerade an diesem Abend gegen seine Gewohnheit nur leise mitgesummt hatte.
Es war die schrecklichste Nacht und das furchtbarste Erwachen. Franz Werfel ist sehr, sehr krank. Er fieberte und hatte schwere Atemnot. Dr. Wolff gab ihm verschiedene Injektionen, aber Franz Werfel schrie aus seiner Not immer nur: »Morphium! Morphium!« heraus. Unsere Freunde Arlt halfen das Unglück tragen – an Franz Werfels Bett und mit mir in meinem Wohnzimmer, von wo wir ängstlich zu ihm hinlauschten.

2. Oktober

Franz Werfel ist noch immer nicht über die Krise, er ist schwach und atmet nur mehr unregelmäßig, und das Herz muß sehr gestützt werden. Die Atmung ist schlecht, er atmet viele Stunden des Tages mit Sauerstoffapparat... die Verdauung ist elend... Magen schlecht... heute endlich nur geringes Fieber.
Das Arge, das dann als Nachbehandlung kommt, wird uns schon eine Wonne sein.
Diesmal hat Franz Werfel selber Angst.

3. Oktober

Franz Werfel träumte im Wachtraum: »Woher ich komme? Vom Hofball. Der Kaiser, in weißem Waffenrock, roten Hosen, sonst alles voll mit glänzenden Offizieren, große Damen, großer Auftrieb, Oper, Gesellschaft... und ich erfreute mich daran.«
Später sagte er: »Heute hatte ich das erstemal wieder musikalische Visionen.«

4. Oktober

Franz Werfels Traum: »Ich sehe immer Pumas, Berglöwen, die sind böser als die Wüstenlöwen, sie gehen alles an... die Natur ist so schön...!«

5. Oktober

Franz Werfels Traum: »Und heute wilde Pferde, Pferdehüter rasen über die Steppe. Ein Rastort – man sieht den Rauch schon von weitem und riecht das Guljasch, und es wird mit großem Löffel da herausgefischt und herausgeschaufelt... und alte Juden sitzen nebenbei, die sich in ihre Pelze kuscheln.«

12. Oktober

Franz Werfel ist von rührender Geduld. Er sehnt sich ins Leben zurück und tut alles, was man von ihm verlangt.
Er steht sehr über dem Ganzen.
Nicht ein Wort der Klage.

21. Oktober

Franz Werfel liegt nun über einen Monat im Bett – darf sich nicht bewegen – und wird am Morgen in seinem Bett auf den Patio hinausgefahren. In den Garten... in die Sonne.
Heute in der Früh hat er wieder einen schweren Herzanfall gehabt. Der Arzt kam, das Herz beruhigte sich... aber unsere Angst ist geblieben.

22. Oktober

Mein armer, armer Franz ist verloren. Ich fühle es.
Er soll geröntgt werden und ist doch nicht transportfähig.

Franz Werfel unterscheidet sich grundlegend von der französischen Dichterepoche, wie Stendhal, Flaubert, Zola, Maupassant und anderen, weil er die Liebe formt und von ihr geformt wird.
Man denke nur an die Briefe Stendhals an seine Schwester, die Nonne, in denen er sie bittet, ihm alle ihre Mitschwestern so boshaft wie möglich zu charakterisieren, weil er's ›verwenden‹ wolle.

31. Oktober

Max Reinhardt ist vergangene Nacht in New York gestorben, nachdem er vor ein paar Wochen einen leichten Schlaganfall mit rechtsseitiger Lähmung hatte.
Der zweite Schlaganfall war schwerer, und es kam Lungenentzündung dazu.
In Wahrheit ist er vor zwanzig Jahren gestorben. Damals verließ ihn seine innere Führung, und er machte Fehler auf Fehler, wie den ›Faust‹ in Salzburg, die ›Fledermaus‹ und vor allem ›The Eternal

Road‹, womit er Franz Werfel für eine Zeitlang in Amerika lahmlegte und sich sein eigenes Grab schaufelte. Vorher schon hatte der schrecklich veraltete ›Sommernachtstraum‹-Film ihm in den englisch sprechenden Ländern fast den Kragen gekostet. Vor einem Jahr machte er wieder die ›Fledermaus‹ in New York, und zwar in der verballhornten Berliner Version, und half damit erfolgreich, das ohnehin schon verkitschte Broadway-Publikum noch mehr zu verderben. ›Die schöne Helena‹ erlaubte Gott ihm nicht mehr auch in Amerika zu verderben, und berief ihn ab. Strindberg sagt im ›Traumspiel‹: »Es ist schade um die Menschen.«

2. November

Franz Werfel sagte heute: »Hoffentlich wird es vorübergehen... oder ich werde vorübergehen!«
Er steht über den Dingen und fürchtet sich doch vor dem Tod und vor Gott. Vergeblich suche ich ihn zu überzeugen, daß er nie etwas Böses gedacht, geschweige denn getan habe. Ich glaube, es steckt ein tiefgründiger Katholizismus dahinter, den er aber weder sich noch anderen eingestehen würde.

12. November

Ceterum censeo:
Die Emigration ist eine schwere Krankheit an sich... und daß unsere Freunde alle so früh dahingehen, ist nicht zu verwundern.
Paul Stefan ist heute gestorben. Er stand mir nicht nahe, aber er war ein Freund und immer bereit für uns oder, was er für die gute Sache ansah, zu kämpfen. Seine Witwe stammt aus einer adeligen Familie, hat ihr Kind, ihr Heim, alles im Stich gelassen, um ihm zu folgen... ins Ungewisse. Wieviel Angst litt er in Frankreich... und nun stirbt er und kann das gelobte Land Wien nicht wiedersehen. Gut für ihn, denn es ist kein gelobtes Land mehr.

18. November

Heute hatten Werfel, Torberg und ich ein interessantes Gespräch. Franz Werfel und ich lesen Strindberg, ich voll tiefen Einverständnisses, er voller Kritik. Nun sagte Torberg: »Das ist zu begreifen. Du, Alma, bist ein nordischer Mensch, und dir sind deshalb die nordischen Dichter näher als uns, da wir nach dem Osten tendieren und uns sowohl die Russen als auch die Romanen nähergehen.« Franz Werfel bestritt diese Ansicht und meinte, daß es ein absolutes Urteil gebe, was aber sowohl von Torberg als auch von mir bestritten wurde.

23. November

Es sollte eine Röntgenuntersuchung von Franz Werfel gemacht werden. Man mußte aber nach den ersten Aufnahmen aufhören, da er einen furchtbaren Herzanfall bekam und die Ärzte sehr bedenklich wurden.
Gott erhalte mir meinen geliebten Franz am Leben!
Alles scheint jetzt zerstört... und so lebe ich nur für das Aufbauen seiner schwachen Kräfte... und hoffe... und hoffe.
Abends hatten wir wieder ein Konsilium mit Dr. Nathanson.

14. Dezember

Franz Werfel hatte heute morgen um halb vier Uhr wieder eine schwere Herzattacke mit Erstickungsanfällen. Er war mehr drüben als herüben, aber er war groß wie immer.
Er sagte zu mir: »Ich bin so glücklich mit dir, bis in die Todesstunde.«
Ich aber weiß, daß mit seinem Leben auch das meine erlischt.
Nachher sagte Franz Werfel: »Ich weiß, daß ich am Dienstag in Wehen mit dem Tode lag.«

17. Dezember

Heute verlangte Franz Werfel ein kleines Bettpult und schrieb das Gedicht ›Totentanz‹, das er vorher vollkommen im Kopf hatte. Später kam unser Butler August Hess und bat Franz Werfel so lange, bis er das Manuskript zur Erinnerung bekam. Franz Werfel kann kaum atmen und muß sofort wieder gestalten.

21. Dezember

Premiere des Bernadette-Films.
Franz Werfel und ich waren vollkommen allein (da wir alle Freunde und den guten Doktor Spinak ins Kino gesandt hatten), allein wie auf einer grünen fremden Insel. Nur unsere Freundin Arlt, die in großer Toilette gekommen war, um zur Premiere zu gehen, mochte nicht gehen und blieb bei uns. Über das Radio hörten wir das Ankommen der Filmstars und die Preisverteilung – es war nicht aufregend für

uns, und wir hatten nichts verloren an dem Ganzen. Wir waren in einer ganz anderen Welt.

31. Dezember

Wir hatten einen traurigen Silvesterabend bei mir in meinem Musikzimmer ohne Franz. Arlts waren bei mir – ich war sehr allein – aber doch mit Franz, der nahe in seinem Bett lag – also nicht hoffnungslos.
Franz Werfel hörte jedes Gespräch, und wenn Professor Arlt irgend etwas nicht gleich oder nicht genau wußte, so rief Franz Werfel schon die Daten herein. Er hat Mäuseohren, er ist ein Polyhistor, alle Begebnisse, alle Daten sind ihm parat. Sein einzigartig umfassendes Wissen macht jedes Gespräch zum Erlebnis.

1944

Von ungeweinten Tränen sind meine Augen verschwollen und rot.
»In das Kaffeehaus seiner selbst zurückkehren«, sagte einmal Franz Werfel, früher.

1. Januar

Anna Mahler kabelte heute, daß sie hoffe, mich in diesem Jahre wiederzusehen, und da bekam ich ein grenzenloses Weinen.
Als meine Freunde Arlt mich frugen, konnte ich nur antworten: »Ein Volkslied.« Mir war, als ob Anna Mahler niemand von uns mehr antreffen werde...
»In einem kühlen Grunde...«, und wir sind alle tot.

20. Februar

Die letzten Wochen gingen unter unaufhörlichen Krächen und Aufregungen dahin. Und das ist gerade das, was Franz Werfel am wenigsten haben soll. Mit vollem Recht hat er sich mit den beiden ›Adaptern‹ des ›Jacobowsky und der Oberst‹ zerstritten, und die Telegramme, die in furchtbarster Wut konzipiert werden, und die stundenlangen Telefongespräche werfen ihn immer wieder zurück. Er will retten, was zu retten ist... aber wie gleichgültig ist doch das ganze Stück gegen sein Leben!
Das Stück wird bereits seit Wochen auf der Versuchstournee aufgeführt. Niemand will ihm glauben, daß Behrman ihn oft mißver-

standen hat, und seine Nerven verlassen ihn täglich. Es ist ein Jammer.

20. April

Thomas Mann las uns das zweitemal aus seinem neuen Musikerroman vor. Abgesehen davon, daß er wenig Musik in sich trägt, ist es sehr lebendig und schön geschrieben. Thomas Mann liest unbetont und sehr leise, so daß ich schwer folgen konnte. Ich bat ihn um das Manuskript und nahm es mit. Dann erst hatte ich einen vollen Genuß. Wenn er so weiterschreibt, wird es das Beste, das er je geschrieben hat.

Franz Werfel sagte heute: »Bernard Shaw ist eine Riesenmotte aus dem viktorianischen Kleiderkasten.«

Arthur Schnitzler sagte einst: »Wenn von den beiden, Gustav Mahler oder Richard Strauss, einer ein Jud ist, so ist es doch sicher... Richard Strauss!«

Heute war Feuchtwanger da. Er ist nun sechzig Jahre – ist älter und zugleich jünger. Er will noch acht Bücher schreiben: »Da ich zu jedem Buch zwei Jahre brauche, so muß ich noch sechzehn Jahre arbeiten können«, sagte er. Er erinnert mich sehr an Wassermann in seinem architektonischen Aufbausystem. Er konstruiert etwas absichtsvoll.
Feuchtwanger ist ein kleines komisches Männchen. Ich nenne ihn »Klein Zack« – nach dem Lied in ›Hoffmanns Erzählungen‹, und diese Benamsung ist leider schon ziemlich populär geworden.
Er geht mir bis zur Schulter.
Vielleicht ist eine Bedeutung in ihm. Er ist Kommunist und Brechts und Heinrich Manns Freund. Aber wir haben ihn gern, obgleich er oft brennt wie Salzsäure.

Torberg übersiedelt in wenigen Tagen nach New York. Er wird uns sehr fehlen. Seit Franz Werfels Erkrankung war er täglich bei uns und brachte Witz und Heiterkeit. Unsere Beziehung ist eine echte Freundschaft.
Nach dem schwersten Anfall Franz Werfels teilte Torberg meine Nachtwachen. Ich hatte ein Gelübde getan: während acht Tagen ging

ich nicht zu Bett und blieb völlig angezogen. Torberg wußte das. Und so kam er jeden Abend, bewaffnet mit einer riesigen Thermosflasche mit starkem schwarzem Kaffee, den er, mit Kognak gemischt, austrank, um bei Kraft zu bleiben.
Meine Nachtwachen hatten einen beruhigenden Einfluß auf Franz Werfel. Er wußte sich bewacht und beschützt.
Dieses Jahr war eine permanente Qual. Die schwere Krankheit Franz Werfels, die uns monatelang in Angst und Sorge hielt, hat mich ganz zerstört. Es gab viele Tage und viele Nächte, die ich verweinte – und für mein eigenes Leben nichts mehr gab, wenn ich fühlte, daß er verloren sei.
Aber plötzlich riß ich mich zurück und wußte, daß ich auf jeden Fall weiterleben werde, was auch geschehe.
Ich fing wieder an, mich zu pflegen, hatte wieder Freude an Musik, die doch immer die einzige Heilung für mich ist, und ich arbeite jetzt sehr ernst. Ich habe die Chromatische Phantasie von Bach studiert und auswendig gelernt.

24. Juli

Eines Tages brachte mir Torberg eine Photographie von Oskar Kokoschka. Ich erkenne seine Züge – und auch wieder nicht. Alles hat sich etwas vergröbert oder verstärkt. Die Augen, die einmal das ganze Gesicht beherrschten, sind verkleinert und zurückgesunken hinter die heute prävalenten Wangen-, Nase- und Kinnpartien.

Franz Werfel hatte heute nacht einen Rückfall. Wenn auch minimal, so ist es doch ein Memento, es wird ihn seelisch wieder zurückwerfen.
Voll Kummer bin ich.

August

Die ›Ur‹-Witwe von Stefan Zweig ist jetzt hier. Wenn die beiden sich nicht getrennt hätten, lebte er noch. Wie sonderbar sind die Geheimnisse der Ehen. Was geht hinter diesen legitim verschlossenen Türen vor?
Und merkwürdig, da schweigen sie alle, diese plauderhaften, vertratschten Menschen – da schweigen sie – und doch würde man erst dann die Genies, Machthaber und Umstürzler richtig sehen, wenn

man um ihre erotischen Gewohnheiten wüßte, die sich nur in der Ehe entschleiern.

31. August – Beverley Hills

Ich erlebe heute einen schweren, schweren Tag. Nicht bloß meinen Geburtstag, der übermäßig gefeiert wurde.
Arlts kamen um Mitternacht mit großen Geschenken, und Franz Werfel mit seinem weißen süßen Gesicht brachte mir die schönsten Geschenke und einen Scheck auf zweitausend Dollar – alles rührend und schön... natürlich werde ich den Scheck nicht einlösen.
Aber ich hatte den ganzen Tag geweint und hatte eine so furchtbare ominöse Angst um Franz Werfel. Ich fühle und weiß, er wird nie mehr gesund – und ich werde ihn verlieren –, und das Leben ist dann kein Leben mehr für mich!

10. September

Franz Werfels vierundfünfzigster Geburtstag.
Franz Werfel starb mir fast, und noch ist die Gefahr nicht gebannt.

Franz Werfel soll viel liegen, sein armes, gequältes Herz schonen... damit er nicht früher davongeht, als ich es muß.

San Francisco

Nun gehe ich das erstemal, seit der Erkrankung Franz Werfels, weg – und ich heule den ganzen Tag. Es ist zu dumm – aber warum wollte ich denn diese Entfernung, wo ich doch nicht einen Tag ohne ihn leben kann!
Die zwei Tage des Fernseins waren eine Qual für mich.
Die Erinnerung an meinen Vater war überstark in mir.

Später

Gestern war ich bei der Goldschmidt-Rothschild. Sie hat ›nur‹ die ›Arlésienne‹ von van Gogh, einen fabelhaften Frans Hals, zwei Holbeins, Toulouse-Lautrec, Monet und Manet... das Haus höchst kultiviert... von großer Ruhe – keine Kinkerlitzchen, sehr, sehr wohltuend.

Ich könnte mich als so etwas wie wohlhabend empfinden – aber ich habe das Gefühl, daß ich nie etwas wirklich besitzen kann, daß ich mich nicht daran freuen kann, ebensowenig wie ich bei eventueller plötzlicher Verarmung sehr leiden würde. Meine Gangart ist immer dieselbe.
Ich esse nicht mehr und nicht besser, trage seit Jahren die alten abgeschabten Kleider, habe Bücher, wenn ich sie brauche. Dies ist Luxus. Aber das ist auch alles.
Franz Werfel und ich haben das kleinste Haus von all unseren Freunden, viel kleiner als das Wiener Haus, das ich anschaffte, bevor die großen Musa-Dagh-Einnahmen da waren und wir auch sonst keine nennenswerten Einkünfte hatten... aber freuen, oder gar mir etwas kaufen, das getraue ich mich nicht. Ich wage auch nicht, ein zweites Mal von einer Speise zu nehmen, denn das war im Vaterhause verboten. Sicher ist auch da die frühere Ohrfeigenerziehung wieder schuld!
Was die Konquistadoren mit der Ausrottung fast aller Indianer und Mexikaner und deren Kulturen durch Unmenschlichkeit und Grausamkeit erzielt haben, das haben auf der Gegenküste die Mönche durch Erziehung zur Arbeit, durch das Bauen wunderbarer Gottes-Paläste, sozusagen Kirchen – heute old missions – ohne Schwertstreich und nur durch die Liebe erreicht.

30. Oktober

Heute wurde eine Großaufnahme von Franz Werfel für irgendein Blatt und für Kino-Aufnahmen gemacht. Es ist wunderbar, was er für ein Gesicht bekommen hat!
Sein Antlitz, von der Natur nicht mit den erhabensten Formen ausgestattet – hohe Stirn, allerdings, und wunderschöne Augen, aber kleine Nase und zu große Lippen –, ist heute durch den Geist allein ein ehernes Gesicht mit großen gütigsten Augen geworden.

November – Beverley Hills

Ich bin zurückgekommen von Santa Barbara, wo ich Franz Werfel mit dem Doktor Spinak gelassen habe. Franz Werfel ist nicht wohl, sieht grau aus – und glaubt arbeiten zu müssen, was ich ihm dauernd ausrede. Mir ist sehr weh ums Herz. Er soll leben – für mich und die Welt leben und sich nicht täglich und stündlich in Arbeit verausgaben!

Ich bin sehr einsam ohne ihn. Aber auch er ist es. So rufen wir einander den ganzen Tag telefonisch an.
Ich bin heute dein Halbes, du geliebtes, ganzes Du.

Torberg schrieb mir aus New York:
»Darf ich aus der kurzen Andeutung über Dein eigenes Leben schließen, daß Du Dich endlich an die wirkliche Arbeit gemacht hast? Das wäre gut und schön und außerdem das Beste, was Du momentan tun kannst (nämlich so lange Du allein bist). Wozu Du allerdings meine – oder irgendjemandes anderen Hilfe brauchen solltest, ist mir wieder einmal unklar. Weißt Du nicht, daß jemand, der sein Leben so allein und von sich aus gelebt hat wie Du, so unversöhnlich im eigenen Auftrag und im eigenen Ermessen, daß da auch bei der Wiedergabe dieses Lebens kein anderer etwas hineinzupatzen hat?!«

Die Dichterin Annette Kolb antwortete auf die Frage, wie sie sich in Amerika fühle: »Dankbar und unglücklich.« Sonderbares Wesen, das...
Es ist wieder vor Weihnachten, wo man sich doch freuen sollte, aber Franz Werfel hatte heute nacht einen leichten Anfall – er sagte es mir am Telefon –, ich packte und fuhr mit achtzig Geschwindigkeit nach Santa Barbara. Der Wagen stand zu diesem Zweck immer bereit und der gepackte kleine Koffer auch.
Ich fand Werfel blaß und leidend aussehend und bin vollkommen verzagt, wie auch er. Nie werde ich mich an die Idee: ›er ist schwer krank‹ gewöhnen. Ich werde mit ihm zugrundegehen. Er lebt jetzt wie ein Heiliger. Sobald es ihm ein bissel besser ist, sitzt er am Schreibtisch und arbeitet mit unerbittlicher Strenge gegen sich selbst. (Allerdings raucht er auch heimlich.)
Aber wird es nicht doch noch besser?
Gott wendet sich von uns ab... wir knien vor ihm.

Franz Werfel wird neuerdings von der Linkspresse angespuckt. Das ist begreiflich, er spuckt sie ja auch an, wo er kann. Er geht so sicher seinen Weg, und niemand beeinflußt ihn; auch ich nicht, was die Leute so gern wissen möchten.
Mein Gott – aber nur gesund soll er mir werden!

22. Dezember

Ich habe eine trostlose Angst, Franz Werfel zu verlieren...
Es ist Nacht... er war schlaflos. Ich sah Licht in seinem Zimmer, und er meinte, sehr schwach zu sein. Er ist mehr als schwach – ich wag es gar nicht hinzuschreiben, was ich fühle.
Dieser Engel, der mich leitet und bewahrt, darf mir nicht entrissen werden!

Januar 1945 – Beverley Hills

Ich habe einen neuen, eminent begabten Freund gewonnen – es ist Ludwig Bemelmans. Er ist wie ein Mensch mit melancholischem Untergrund, über dem eine clownhafte Heiterkeit liegt. Er brachte mir eine Freundin, einen langen hübschen Schragen, die neben ihm, der sehr klein und untersetzt ist, urkomisch wirkt.
Nach und nach brachte er wunderschöne Frauen in unser Haus. Franz Werfel und ich freuten uns jedesmal über ihn und seine Freundinnen.

Franz Werfel und ich waren von Ludwig Bemelmans, dem Maler und Freund, zu einem lustigen Abend eingeladen. Es war Krieg, und man bekam nur spärlich Delikatessen auf Karten. Er versprach, für Getränke zu sorgen, und wir hatten die kleinen Leckereien zu bringen. Gustav und Gusti Arlt waren auch geladen und brachten ihrerseits, was sie auftreiben konnten. Es war alles beisammen und war genug für eine große Gesellschaft.
Wir kamen mit unserem Butler und Freund an der Beach an. Die Tür von Bemelmans Haus stand offen; August, der Butler, läutete – niemand antwortete, und so ging er in das große Wohnzimmer. Von Bemelmans keine Spur! Der Butler kommt verstört zurück: »Drinnen liegt ein fremder Mensch, anscheinend betrunken – ein Türke oder Rumäne, schrecklich anzusehen, schwitzend – bis ans Kinn zugedeckt.« Wir gehen vorsichtig weiter, sind nun bei dem Lager des rätselhaften Mannes angelangt – es ist natürlich Bemelmans – mit unheimlicher Maske. Warum, sollte sich bald erklären. Er sprach leise und undeutlich – erst hielten wir das für eine zurechtgelegte Rolle. Er verlangte unterhalten zu werden. »Ich sollte euch nicht erschrecken – aber ich bin sehr krank.«
Jetzt sind wir erst recht beunruhigt: »Um Gottes willen, was ist mit dir?«

Ruhig antwortete er: »Ich habe über vierzig Grad Fieber, Lungenentzündung ist konstatiert. Um zwölf Uhr nachts kommt die Ambulanz mich holen. Ich wollte nicht allein sein und deprimiert daliegen. Ich wollte heiter sein. Das ist alles. Macht es euch bequem – seid fröhlich – viel Champagner ist eisgekühlt – seid fröhlich – ich brauch das heute...«
Unsere Freundin Arlt machte ihm dauernd Eisumschläge. »Nehmt mir bitte die Maske weg« – sein glühend rot-violettes Gesicht kam zum Vorschein. Er sprach wenig, und wir mühten uns redlich, so freudige Gesichter wie möglich aufzubringen, bis er geholt wurde.
Er war zwischen Leben und Tod. Ich habe nie und nirgends eine solche Überwindung der Todesgefahr erlebt!

Freud hatte die große Vermessenheit, das Unterbewußtsein aufzustöbern – und ohne Absolutionsmöglichkeit – wie dies die katholische Kirche verspricht – dem Oberbewußtsein aufzwingen zu wollen.

24. Februar

Heute sind Franz Werfel und ich eine Stunde, zum Schluß in einen Wolkenbruch gehüllt, mit Ben Huebsch zu Upton Sinclair gefahren. Er wohnt weit außerhalb von Passadena, in Monrovia. Lange suchten wir das verwunschene Haus und fanden endlich ein scheußlich geschmackloses, flaches Gebäude, mit hellblauen Läden und rostroten Vorhängen. Diese Farbenmischung könnte schön sein, ist es aber nicht!
Wir stürzten durch eine Wolkenbank von Regen und Schnee, über rote Stufen, in eine Gruft hinein.
Tut-ench-Amuns Narrengrab.
Alle Fenster waren verhängt mit dunklen Tüchern, die aber nirgends schlossen, so daß immer grelles Geflitter hereinschmerzte.
Vor dem einen Fenster stand ein großer Schrank, der aber auch rechts und links Lichtpfützen ins Zimmer ließ.
Wir saßen in einem flachen living-room; Upton Sinclair empfing uns voll Güte und Bereitschaft. Es war stockfinster, aber an zwei Doppelleuchtern brannte immer nur eine Flamme, und rot leuchtete es vom Boden von zwei elektrischen Sonnen. Trotzdem war es saukalt und ich behielt meinen Silberfuchspelz an.
Upton Sinclair rief sofort: »What a nice coat! I have never seen such a fur! Ah – that is out of Bernadette...?«

Er meinte also, daß Franz Werfel seine Einkünfte aus diesem Buch auf mich hänge. Ich beteuerte, daß er nicht so teuer sei, wie er glaube, und er beruhigte sich sichtlich.
Wenig später kam seine Gattin herein, die sofort Franz Werfels letztes Buch ›Zwischen Oben und Unten‹ durchzuhecheln begann. Sie sagte wörtlich zu ihm: »Sie haben eine falsche Philosophie, sonst wären Sie nicht herzkrank.«
Und das sagt eine Frau, die sich einen knarrenden Lift einbauen ließ, weil sie herzleidend geworden war und keine Treppen steigen sollte... trotz ihrer Philosophie und Religion. Beide sind übrigens Spiritisten.
Es folgte nun ein trübes Gespräch über Christus und Katholizismus und so weiter, und Franz Werfel bekam fieberige Augen. Beide Sinclairs sind einem Hypnotiseur verfallen und sind außerdem überzeugte Puritaner.
Endlich brachte uns die Frau, die unentwegt hin- und herlief, einen Krug mit Apfelsaft. Wieder lief sie hinaus und kam mit Papierbechern zurück, es waren aber nicht genug, und so mußte nochmals hinausgelaufen werden, um die fehlenden zu holen. Nun kam es an die Papierservietten, aber auch da waren nicht genug, und es wurde irgend was zusammengestoppelt. Sie servierte den Apfelsaft und dann einen Teller mit fertig gekauften, billigen harten Makronen. Alle nahmen verlegen ein Plätzchen, doch niemand aß es.
Derweilen die andern in der Finsternis wisperten, schaute ich mir das Zimmer an. Es war ein Hexensabbat. Nichts war richtig... ein großes Bild mit breitem Goldrahmen hing unter dem Sehwinkel, vor jedem Bild stand ein banaler Gegenstand, so daß das Bild in der Mitte geteilt war. Alles war zerschlissen und mangelhaft. Die Schaukelstühlchen zu klein... keiner konnte so recht darin Platz finden. Das Sofa war mit zwei verschiedenen kleinen Teppichen belegt. Alles braun oder schwarz.
Mrs. Sinclair bat mich in ein Nebenzimmer, doch das war der Gang in eine Küche. In diesen Gang konnte man aber nur schwer gelangen, weil der schiefe Treppenaufzug einen behinderte. Sie ließ diesen Aufzug mit ungeheurem Geräusch ein bißchen in die Höhe fahren, und dann konnte man mit einigem Übersteigen von Geleisen passieren.
Nach der Küche, in der viel schmutziges Geschirr herumstand, kam

man in ein anderes Zimmer, vollgepackt mit Büchern, in dem Upton Sinclair offenbar schlief. Auch hier war eine heillose Wirtschaft.
Upton Sinclair sagte mir alle möglichen Nettigkeiten, aber ich war so benommen, daß ich den Mund nicht aufmachte. Die zwei anderen Unglückseligen schwiegen auch. Bis auf ein paar Ausweichreden schlief jeder. Mir wurde der Kopf heiß, ich bat Huebsch, auf die Uhr zu schauen – wir blieben noch ein paar Anstandsminuten und gingen dann unter eifrigem Winken Sinclairs, der zum Schluß wieder meinen Silberfuchs pries, dann aber dazufügte: »Das, was drinsteckt, ist noch viel wunderbarer!«
Nun aber nachträglich hat man das Gefühl, daß diese zwei Menschen böse sind und die andern Kreaturen hassen. Sie fressen aus dem Papier, gut – aber sie zwingen ihre Gäste mit Hohn, desgleichen zu tun. Dabei sind sie reich! Sie spielen Kommunismus oder Geschmacklosigkeit, und man weiß nicht, was man aus dieser künstlichen Wirrnis machen soll.
Mrs. Sinclairs verkniffenes Gesicht wäre schon ein Schlüssel, aber sein schönes Altersgesicht mit den wenigen grauen Haaren darüber, das großen Reiz hat, wenn er lacht oder lächelt, versinkt in eine Hexenmeistermaske, wenn er ruhig ist.
Bei Regen und Schnee sind wir angekommen und in dem makabren Zimmer konnten wir nicht sehen, daß es sich aufgehellt hatte; und nun traten wir aus den zerfransten und verschlissenen Teppichen in eine merkwürdige Landschaft hinaus.
Der Himmel war kohlschwarz – manchmal jagten graue Wolkenfetzen drüber hin. Eine gerade Linie schloß das Schwarz ab und darunter strahlte eine gelbe Sonne. Der untere Teil des Gewölbes war goldgelb. Wir konnten unsere Augen nicht wegwenden, wenn sie auch schmerzten, so schön war es.

Einst:

Wir nahmen einst in Wien Hugo von Hofmannsthal mit uns zum Libellentanz von Franz Lehár. Hofmannsthal war so angetan von der Musik, daß er sagte: »Gott, wie schön wäre es, wenn Lehár doch die Musik zum ›Rosenkavalier‹ gemacht hätte, statt Richard Strauss.«
Ich erzählte diesen Ausspruch meinem Freunde Egon Friedell, und er sagte: »Und wenn dann noch ein anderer das Libretto geschrieben hätte – wie schön wäre dann die Oper erst geworden!«

Später

Franz Werfel fühlt sich momentan wohl, weiß aber, daß die eine Herzkammer nicht mitarbeitet. Er sorgt sich im stillen und ich mit ihm, und da ich Angst um ihn habe, versuche ich, ihn abzulenken, was ihn aber irritiert.
Ja... so ist er immer gewesen, darum ist er heute so fertig.
Aber seine Kunst schöpft natürlich aus diesen Quellen.
Phantasie und große Kraft.

Später

Wir leben in einem kleinen bedeutenden Kreis. Da ist Arnold Schönberg, dem es seit einiger Zeit körperlich nicht gut geht – mit seiner abgerackerten, lieben, sich aufopfernden geistreichen Frau und ihrer schönen Kinderschar. Schönberg ist siebzig, und das Jüngste ist drei Jahre alt.
Da sind meine Freunde Arlt, fast meine Geschwister, mir näher als es die Bergs waren, weil Albans Leidenschaft für Karl Kraus und Arnold Schönberg oft bedenklich war. Diese Menschen Arlt gehören ganz restlos zu uns.
Da ist Fritzi Massary, die – einst eine große Künstlerin – ihre Abdikation mit Würde und noch immer faszinierend trägt.
Da sind die beiden Manns, Thomas der Bedächtige und seine kleine Frau, voll Energie.
Da ist Ludwig Bemelmans, der närrische Kauz, der mir wohltut, nach all der Schwere der letzten zwei Jahre. Er ist täglich in eine andere verliebt und bringt sie uns, und ich bin gern jung mit den Jungen. Er schreibt köstliche Bücher.
Da sind die Byrns, ein junger Musiker mit einer älteren Frau. Er macht Orchesterarrangements, für mich Klavierauszüge Mahlerscher Symphonien. Ich arbeite mit ihm. Ich übe viel Klavier und habe Freude an seiner und meiner Musikalität.
Da ist aber vor allem Erich Korngold mit seiner schönen Frau. Wenn er sich ans Klavier setzt, da haben wir unsere helle Freude. Was von ihm bleiben wird, kann ich nicht sagen, aber genial ist er auf jeden Fall, zum mindesten genialisch.
Da sind Bruno Franks. Er ein hochkultivierter, talentierter Schriftsteller, dessen Bücher sehr reizvoll sind. Er ist vielleicht zu zart und zu sensibel. Sie ein reizendes, schillerndes Wesen.

Weiter sind da Alfred Neumann, der Stille, mit seiner starken kraftvollen Frau.
Und dann die Ungarn: Fodor, Busch-Fekete. Und die Durchreisenden. Momentan ist Adolf Klarmann da. Er macht Studien zu einem Buch über Franz Werfel.

Vor wenigen Tagen waren wir bei Ludwig Bemelmans an der Beach, in Malibu. Er hat ein altes Strandhaus mit Geschmack wohnlich und schön gemacht. Die schöne Joan Fontaine kochte, und es war eine Freude, ihre flinken Hände und Füße in emsiger Geschäftigkeit und wunderbarem Gleichmaß zu beobachten. Das Essen aber, das sie kochte, war mäßig. Doch das war nicht ihre Schuld. Bemelmans hatte ihr gesagt, daß er alles im Hause hätte, aber es war nichts da, sie sauste davon, brachte ein Huhn, das noch ziemlich roh auf den Tisch kam. Heldenhaft aßen wir das zähe Vieh.

29. April

Eben komme ich aus Werfels Zimmer. Er kam mir mit ausgebreiteten Armen entgegen und rief:

»Nur du!
Nur du!
Nur du!«

Mussolini ist heute in der Nähe von Mailand aus nächster Nähe erschossen worden.
Es war kein Heldentod. Er versprach den Mördern noch schnell ein Königreich, wenn sie ihn laufen ließen...
Woher nehmen solche Leute bis in die Todesstunde so viel Hoffnungskraft?
Es war doch schon lange alles verloren, für ihn ebenso wie für Hitler.
Was wollte Mussolini noch vom Leben?
Ein alter, armer, kranker Mensch, geächtet auf der ganzen Welt...

10. Mai

Erste Nachricht aus Wien!
Am 3. Juni wird Gustav Mahlers 1. Symphonie nach sieben Jahren wieder zur Aufführung in Wien gelangen.

Vor Beginn wird im Konzerthaus eine Gedächtnistafel mit folgender Inschrift enthüllt werden:
»Zum Andenken an das historische Datum der Wiedererweckung Gustav Mahlers in Wien.«

13. Mai

Heute sagte ich zu Franz Werfel: »Du weißt, daß du dein eigenes Begräbnis im neuen Buch nicht nach jüdischem, sondern nach christlichem Ritus schilderst?«
Franz Werfel war ein wenig erstaunt und sagte dann: »Na, ich hoffe doch, du wirst mich nicht anders begraben lassen, als wie ich es beschreibe.«
Trotzdem wagte ich es nicht, ihm die Nottaufe zu geben, was ich in diesem Falle bedenkenlos hätte tun können...
Ich erzählte diese Äußerung am selben Tage Arlts und Professor Georg Moenius.

20. Mai

Heute ist unser lieber Freund Bruno Frank gestorben. Er war ein feiner Poet und ein Mensch von unendlicher Güte und Noblesse. Man rief mich an, und ich fuhr augenblicklich hin. Seine Frau bat mich, ihn mir noch einmal anzuschauen, und ich, die ich dem Letzten immer aus dem Weg gegangen bin, fühlte plötzlich das Verlangen, ihn zu sehen. Ich kam an sein Bett, er lag auf der einen Hand, mit vollkommen ruhigem Gesichtsausdruck, wie ein Kind oder wie ein edler Mensch, der stirbt und der Familie noch die Wohltat in den Mund legt: »Ohne Kampf ist er gestorben... er kann nichts gespürt haben...«
Ich aber bin erledigt, und ich muß es nun auch noch Franz Werfel mitteilen, mit dem genauen Wissen, daß er sich sofort als Parallele empfindet.
Verschiedene Agenten besuchten eben Werfel, und ich wartete mit blutendem Herzen... und als ich es ihm dann vorsichtig mitteilte, war mir selbst sehr weh. Bruno Frank war ein besonderer Mensch, und er wußte bestimmt nicht, wie stark wir das empfanden.

Juni

Es fällt mir auf, daß in unserem Hause niemals ein der Materie zugewandtes Wort gesprochen wird. Alles geht gleichsam über unseren materiellen Köpfen vor sich. Geld wird nie erwähnt...

Franz Werfel sagte über Bachs Chromatische Phantasie und Fuge Folgendes (nur viel schöner, als ich es wiederzugeben vermag):

»Das Präludium ist ein Reden, bis zum Zerplatzen. Die Fuge aber stellt zwei Schatten dar, die einander schleichend verfolgen und einen dreidimensionalen Körper haben – ein scharf leuchtendes nacktes Wesen heben sie mit großer Mühe auf.«

Juli

Am 10. Juli fuhr ich krank und fiebernd nach Santa Barbara.

Da es Franz Werfel viel, viel besser war, ging ich am 13. Juli wieder nach Beverley Hills zurück. Ich wollte nicht, daß er sah, wie schlecht mir war.

Seit Monaten habe ich hoch gefiebert; zwei Penicillinkuren sind hinter mir. Sie haben nichts genützt. Ich aber weiß, daß das die Folgen meiner fortwährenden Angst um Franz Werfel sind.

Seit zwei Jahren – und länger, viel viel länger – und so ein Esel von Arzt sieht es nicht... aber ich mußte zum Zahnarzt gehen und mir sieben kerngesunde Zähne ziehen lassen, was natürlich nicht im geringsten half.

Mir ist kalt in der Welt.

August

Ich fuhr, immer stark fiebernd, am 3. August wiederum für ein paar Tage zu Franz Werfel nach Santa Barbara, wo er sich abermals mit Dr. Spinak aufhält.

Ich fand ihn diesmal ausgezeichnet aussehend.

Franz Werfel arbeitet nun seit über zwei Jahren an einem großen Roman. Ich las bei diesem Besuch das Manuskript, soweit es fertig war, mit wachsender Ergriffenheit.

Ich kenne den Roman seit Werfels erstem Einfall und halte ihn für das Merkwürdigste und Stärkste, was Werfel je geschrieben hat. Wie immer zweifelt er auch diesmal – dann aber wieder weiß er plötzlich genau, wie großartig das Ganze ist. Es scheint eine Göttliche Komödie unserer Zeit zu werden.

Oh, wäre ich doch in Santa Barbara geblieben!
Ich war zu kurzem Besuch bei Franz Werfel gewesen. Aber es war mir lieb, daß er endlich wieder mit Dr. Spinak ins Kino ging, was er während meiner Anwesenheit nicht getan hatte, da ich mir keine Filme ansehe und wir uns auch nicht für eine Stunde trennen wollten. Ich fuhr also am 11. August nach Beverley Hills zurück und fand am nächsten Morgen dieses holdselige Gedicht, das Franz Werfel gleich nach meiner Abreise geschrieben und per ›special delivery‹ an mich geschickt hatte.

AN ALMA *(Nach dem Abschied)*

Wie ich dich liebe, hab ich nicht gewußt,
Bevor mich überfiel das rasche Scheiden.
Ich bin ganz blutarm von soviel Erleiden.
Warum wird man bewußt erst durch Verlust?

Was gestern du berührt hast, starrt nun leer.
Die Dinge sind wie tief gekränkte Tiere.
Mein Leben nicht, das *deine* war das ihre,
Und darum haben sie kein Leben mehr.

Ich geh herum, zusammengefaßt und scheu,
Aus Angst vor meines Herzens Überschwellen.
Im Haus versuche ich mich blind zu stellen,
Denn Zeit ist treulos, aber Raum ist treu.

Im Raum hier nebenan dein Leben schwang,
Hier atmetest du, rufend, lachend, sprechend,
Und ich, und ich – wie ist das herzzerbrechend –
Nahm's an, nahm's hin und fühlte mich nicht bang.

Ich bekam eine furchtbare Angst um ihn, nicht aus mir heraus... ich weiß, wie sehr er unter unseren Trennungen leidet, genau wie ich... Aber die absolute Ruhe in Santa Barbara ist bestimmt gut für seinen körperlichen und geistigen Zustand. Er bewohnt einen Bungalow mit vier Zimmern, und der liebe Dr. Spinak ist Tag und Nacht in Bereitschaft. Der Bungalow liegt in einem großen Hotelgarten. Da Franz Werfel die Abwechslung liebt, holt ihn jeden Tag ein Taxi ab, und

die beiden Herren essen ihren Lunch im Club an einem Swimming-pool am Meer. Die vielen halbnackten jungen Menschen, die dort baden, machen Werfel viel Spaß.
Abends gehen die beiden Herren ins Kino oder in Konzerte.

17. August

Heute rief mich Franz Werfel strahlend an: er sei eben mit seinem Roman fertiggeworden. Der Schluß sei ganz anders, als er ihn erst erdacht hatte... er habe eine ganz andere Lösung gefunden.
Nun wolle er schnellstens nach Hause kommen...
Ich bat ihn, er möge erst am Abend kommen, da es so mörderisch heiß sei, aber er wollte, daß August, der Butler, ihn in aller Frühe hole.
Ich rief am nächsten Morgen – es war ein Samstag – noch einmal an und beschwor ihn, daß er sich nach Tisch niederlegen und nicht in der Hitze, sondern erst gegen Abend fahren möge...
Alles umsonst.
In der Mittagsglut um drei Uhr kam er, müde und grau von der Hitze und Anstrengung, den kleinen Weg vom Auto zur Haustür mühsam in unser Haus zurückgewankt.
Er legte sich sofort ins Bett.
Franz Werfel gefiel mir nicht. Seine Schritte waren langsam und schwer. Er lächelte über meine Angst, die ich ihm, so gut es ging, verhehlte. Er war nur froh, wieder zu Hause zu sein und seine Arbeit vollendet zu haben.
Ich hatte Dr. Wolff für den nächsten Morgen bestellt. Er fand ein Geräusch in der Lunge und gab Franz Werfel eine Injektion, eine Entwässerungskur, die das Herz entlasten sollte. Für den Abend verordnete der Arzt eine Morphium-Injektion. Eine viel zu schwere Kur nach der stundenlangen strapaziösen Fahrt!

Nacht vom Samstag zum Sonntag, 19. August

Nach kurzer Weile der Ruhe bekam Franz Werfel ununterbrochen Schweißausbrüche, und ich mußte ihn fortwährend umziehen. Seine Hände und Füße waren eiskalt und schließlich völlig empfindungslos.
Franz Werfel wurde matter und matter. Sein Zustand endete mit einem Kollaps.

Ich war vollkommen allein im Hause. Es war eben Sonntag, kein Arzt zu erreichen. Franz Werfel wollte mich nicht von seinem Bett weglassen... und ich mußte doch telefonieren, um irgendeinen Arzt herbeizurufen... es waren Viertelstunden der Todesangst für uns beide.
Endlich, als er eine halbe Flasche Koramin ausgetrunken hatte und ich seine Hände und Füße mit nassen heißen Tüchern erwärmt und ihn massiert hatte, erreichte ich Dr. Julius Bauer telefonisch, und er kam sofort. (Dr. Spinak hatten wir für diesen Abend beurlaubt. Er sollte sich einmal ausschlafen.) Später kamen die anderen Ärzte. Es ging Franz Werfel schon fast wieder gut, als sie alle ankamen.
Um ein Uhr nachts fand ein Konsilium statt.
Franz Werfel schwitzte die ganze Nacht über weiter, und Dr. Spinak, den wir inzwischen telefonisch herbeigerufen hatten, saß unablässig an Werfels Bett.
Am nächsten Morgen fieberte Franz Werfel ohne jede Ursache.
Dr. Wolff war auf Urlaub gegangen, und wir behielten nun Dr. Bauer, der drei Tage Bettruhe verordnete.
Und Franz Werfel kränkte sich nur darüber, daß er Arbeitszeit verliere. Es war noch viel zu diktieren.
Zusehends wurde alles besser – auf meine Bitte hin diktierte Franz Werfel nicht, sondern feilte an seinen Gedichten, die in der ›Pacific Press‹ herauskommen sollen.

24. August

Franz Werfel träumte: »Ich war als Soldat in Uniform. Ich ging mit fremden Leuten in ein altes, österreichisches Tor hinein und morsche, ausgetretene Stiegen empor. Plötzlich hatte ich über meinem Kopf ein Gesimse, das voll Staub und Schmutz und häßlichen Nippes stand. Da sagte einer: ›Nehmen Sie doch den Hund herunter.‹ Ich wollte ihn nicht anrühren, weil mir so vor dem Schmutz grauste... aber da verwandelte sich der Hund in ein ganz kleines, lebendes weißes Pferdchen – so ungefähr dreißig Zentimeter – es sprang vom Gesims herunter, galoppierte neben mir vorbei und die Treppe hinunter.«
Das weiße Pferdchen aus dem Traum verläßt Werfel nicht.
»Im Tod Vergils von Hermann Broch kommt dieses weiße Pferd als Vorahnung und Symbol von Vergils Tod vor.«

Als Franz Werfel noch in Santa Barbara weilte, schrieb er mir in den letzten Wochen zwei Briefe:

»Es ist immer wieder ein schweres Opfer und eine tiefe Entbehrung, ohne Dich zu sein, um meines Werkes willen. Ich bin ein armes Hascherl. Gestern abend kam Sp. (Spinak) und schwärmte vom Vollmond draußen. ›Was hab ich davon?‹ sagte ich. Ich muß mich zurückhalten, um nicht zu Dir zu kommen! F.

Habe solche Sehnsucht nach meinem Almerl, daß ich's kaum aushalte. F.«

Samstag, den 25. August

Franz Werfel sagte heute: »Ich habe nie für den süßen Kitsch gestimmt, aber auch nicht für den bitteren.«

Abends gingen wir mit Bruno Walter und seiner Tochter Lotte in ein Restaurant. Bruno Walter hatte die Angewohnheit, wenn er etwas früher kam, bevor wir fertig waren, während des Wartens Klavier zu spielen. Nun begann er mit Smetanas ›Verkaufte Braut‹. Franz Werfel stürzte aus seinem Zimmer heraus zu Bruno Walter, summte sogleich freudig mit und machte sogar ein paar schüchterne Tanzschritte.

Ich rannte herzu, um Werfel zurückzuhalten.

Wir gingen fort und hatten einen äußerst vergnügten Abend. Franz Werfel erwachte am Sonntagmorgen voller Zuversicht.

Sonntag, den 26. August

Das furchtbarste, unfaßbare Unglück ist mir geschehen.

Dieser einzig geliebte Mensch ist von mir gegangen.

Ich war mit Freunden im Wohnzimmer, und wie immer wollte ich nach einer gewissen Zeit zu ihm gehen. Er hatte sich nach seiner Nachmittagsruhe angezogen und war an seinen Schreibtisch getreten. So hatte ich ihn verlassen.

Ich kam in seinen Arbeitsraum... kein Laut.

Ich rief... keine Antwort.

Ich stürzte vor... Franz Werfel lag vor seinem Schreibtisch auf dem Boden... mit ruhig lächelndem Gesicht und unverkrampft weichen Händen.

Ich schrie, schrie so stark ich schreien konnte. August hörte mich und kam gelaufen. Er sah sofort, was geschehen war.

Ich aber wollte es nicht glauben. Da sein Körper noch warm war, hoffte ich wider mein Wissen, es sei nur eine Ohnmacht. Aber das Unabänderliche in seinem Gesicht sagte alles. Trotzdem brachte ich den Oxygenapparat über sein Gesicht und massierte sein Herz, die Füße und Hände... der Butler trug ihn dann mit meiner schwachen Hilfe aufs Bett. Unsere Freunde Arlt kamen sofort, halfen, aber wir wußten ja, daß alles zu spät sei.

Franz Werfel muß von seinem leicht drehbaren Schreibtischstuhl heruntergeglitten sein, als es schon vorbei war. Das Letzte, was er schrieb, ist mit klarer Schrift geschrieben. Ohne Krampf. Ohne Schmerz. Ohne Ahnung.

Ich kann es mir nicht verzeihen, daß ich nicht dabei war, um ihn aufzufangen.

Das schöne Gesicht wurde immer bedeutender, je mehr es zu Stein wurde.

Und kein Arzt weit und breit, wieder Sonntag!

Endlich kam dann jemand, konstatierte den Tod und ging wieder.

Es ist furchtbar, zu leben.

2. September – Sonntag

Nun sind es acht Tage, daß ich mein süßes Mannkind verloren habe. Ich kann es noch immer nicht fassen und denke oft, Franz Werfel müsse aus Santa Barbara heimkehren.

Aber er kommt nie mehr heim.

Ich habe heute morgen zu meiner Franz-Trauerfeier sein letztes Buch zu Ende gelesen.

Der Schluß ist neu und vollkommen überraschend.

Ich habe seine arme alte Brieftasche in Händen gehalten. Er hat kleine Marien-Medaillons darin, einige Briefe von seiner Mutter und viele meiner letzten Briefe und Zettel an ihn.

Franz Werfel hat bis zum letzten Augenblick gearbeitet, als ob er gewußt hätte, daß er sich zu beeilen habe.

Das Gespräch in der Nacht vor seinem Tode war das Erhabenste, das wir je zusammen erlebten. Ich würde es als eine Entweihung empfinden, würde ich darüber schreiben.

Am letzten Tage sagte Franz Werfel mehrere Dinge, die deutlich bewiesen, daß er kein Vorgefühl oder böse Ahnungen hatte.

So scherzten wir über seinen Zahnarzt, dem nun die monatliche Rente entfalle, da Franz Werfel sich letzten Sommer alle Zähne in Ordnung bringen ließ. Er meinte gut gelaunt: »Na, zehn Jahre dürften sie ja jetzt wieder halten.«
Nach Santa Barbara wollte er nicht mehr gehen. Da sein Buch fertig war, hatten wir den Bungalow dort aufgegeben. Er wollte nun zu Hause bleiben.
Ich holte ihn später in den Garten, weil es an diesem letzten Tag so schön war, und er kam so schnell heraus, daß er vergaß, seine Hausschuhe anzuziehen. Nach einer Weile ging er wieder ins Bett und seine Fußsohlen waren ganz schwarz von der Gartenerde. Ich wusch ihm die Füße, wogegen er heftig protestierte. Und er sagte: »Ich bin doch jetzt schon so weit, daß ich mich nächstens auch selber baden will.« Das hatte während den zwei Jahren der Krankheit immer Dr. Spinak getan.
Und nun das letzte Gespräch: Eine Stunde vor Franz Werfels Tod berieten wir darüber, ob es besser wäre, nach Europa zu fliegen oder mit dem Schiff zu fahren. Wir beschlossen zu fliegen.

Franz Werfel wurde noch am selben Abend abgeholt – wie das hier immer geschieht – und mir war, als trüge man mein Leben mit hinaus. Der fremde Arzt hatte mir ein Mittel gegeben – ich legte mich in Werfels Krankenbett, wo allein ich noch ruhen zu können glaubte. Die nächsten Tage bis zum Leichenbegängnis, das ich nicht mitmachte, vergingen fast unbewußt. Ich bekam sehr viele und schwere Beruhigungsmittel. Da das letzte Buch Franz Werfels nicht fertigdiktiert war, las ich in lichten Momenten die letzten Kapitel und begann schon am zweiten Tage daraus zu diktieren, von Weinkrämpfen unterbrochen, während der feierlichen Handlung, die abseits von mir und ohne jede rituelle Form vor sich ging. Werfels und mein Freund Wilhelm Melnitz half mir in verstehender Weise über diese Stunden hinweg.
Die letzten Kapitel des Romans waren oft beinahe unleserlich und nur mit größter Mühe zu entziffern – und dies brachte mich über die furchtbarsten Stunden hinweg.
Franz Werfels religiöse Gesinnung war, wie man aus seinen letzten Werken ohne weiteres ersehen kann, durchaus der katholischen Kirche zugewandt. Aber er hatte sich niemals taufen lassen. Ander-

seits wäre es gewiß nicht in seinem Sinne gewesen, ihn mit den religiösen Zeremonien des Judentums zu bestatten. So bat ich denn um ein rein weltliches Begräbnis. Der Sarg stand in der Friedhofskapelle, Bruno Walter spielte die Orgel und Lotte Lehmann sang ein Lied von Schubert. Georg Moenius sprach am Sarge. Er ließ keinen Zweifel darüber, daß dies nicht ein konfessionelles Begräbnis war.
Ich erinnerte mich an die Stelle in Werfels ›Stern der Ungeborenen‹ und ließ ihn genauso begraben, wie er es dort erzählt hatte: in seinem Smoking, darunter sein Seidenhemd und ein zweites Seidenhemd neben ihm, ferner ein Smoking-Taschentuch und seine Brille, so wie er sie immer in der Brusttasche getragen hatte.

7. Oktober

Unser Freund Ludwig Bemelmans hat mir ein liebevolles Geschenk gemacht: ein bedeutungsvolles selbstgemaltes Bild. Es stellt eine Episode aus seinem Buch ›Jetzt leg ich mich zur Ruhe‹ dar. Franz liebte dieses Bild sehr, und so schenkte Bemelmans es mir nach Franzens Tode.

1. Dezember

Ich erhielt Nachricht aus Wien. Das obere Stockwerk unseres Hauses ist von Fliegerbomben zerstört. Dort lagen Werfels und Gustav Mahlers Briefe und Manuskripte. Sie sind wahrscheinlich verbrannt. Ich kann es noch nicht fassen, daß sie für immer verschwunden sein sollen. In meiner Verwirrung und Hast hatte ich diese wichtigsten Schriftstücke in die obere Etage gelegt, weil ich sie dort am sichersten aufbewahrt glaubte.

Juli 1946 – Beverley Hills

Ich habe nicht vergessen, daß ich von Gerhart Hauptmann und seiner Frau Margarete nicht gerade in großer Freundschaft schied. Aber nun sind so viele Jahre vergangen, und ich habe mich nur gefreut, als ich vor einigen Tagen diesen Brief von Margarete erhielt:
»Liebe, liebe Alma,
Dein Brief erreichte uns am 2. Juni. Gerhart, obwohl selbst krank, bat mich, ihm denselben mehrere Male vorzulesen, und wir beide durchlebten wieder Stunden der Erinnerung an Dich und unseren geliebten dahingegangenen Freund Franz Werfel.

Am 27. Mai lasen wir wieder Franz Werfels Aufsatz ›Gerhart Hauptmanns menschliche Charaktereigenschaften‹ in der Geburtstagsausgabe der ›Neuen Rundschau‹ von 1932. Das Motto, das wie eine Melodie durch seine Worte tönt, habe ich unter eine Zeichnung von ihm gesetzt, die nach seinem Tode gemacht wurde und mir dessen würdig erschien. Es lautet: ›Eine Handvoll von Gottes Licht wurde in einen edlen Menschen gesenkt.‹

Alma, ich möchte Dich wissen lassen, daß ich bald imstande sein werde, Wiesenstein für immer zu verlassen. In einigen Wochen werden Gerharts Überreste nach Hiddensee zur Beisetzung gebracht werden, und ich werde ihn begleiten. Er sagte mir einst: ›Wenn ich nicht fürchtete, meine guten schlesischen Freunde zu kränken, so würde ich gern meinen ewigen Schlaf in diesem kleinen Dorffriedhof in Kloster schlafen mögen.‹ Da er nicht in schlesischer Erde ruhen kann, kann ich ihm diesen letzten Wunsch erfüllen. Ich habe ihm einen kleinen Beutel mit Erde aus seinem Garten auf sein Herz gelegt.

›Wo meine Heimat ist, bin ich nicht daheim –
Wessen Geist kann dieses Wort verstehen?
Es ist ein gewichtiges Wort.
Es klingt, als ob der Regen in eisigen Tropfen
Auf die Rosen fällt.
Wo meine Heimat ist, bin ich nicht daheim.‹
(Aus Gerhart Hauptmanns Notizbuch)

Gott sei mit Dir. – Margarete.«

Im Herbst 1947 beschloß ich, nach Wien zu fahren, um dort zu retten, was noch zu retten war. Die Reise war furchtbar strapaziös, und noch schlimmer war der Aufenthalt dort. Das Haus auf der Hohen Warte konnte ich nicht beziehen, es war nur noch eine Ruine. Aber auch alles andere sah furchtbar aus. Die Oper, das Burgtheater, der Stephansdom waren schwer beschädigt. Vergeblich suchte ich nach Rodins Mahler-Büste. Man sagte mir, sie sei irgendwo in Sicherheit gebracht worden, zusammen mit anderen Schätzen der Oper. Aber ich konnte den Ort nicht in Erfahrung bringen.

Mahlers und Werfels Schreibtische mit ihrem unersetzlichen Schatz an Briefen und Manuskripten existieren nun nicht mehr. Dagegen waren die Bilder meines Vaters vollkommen unbeschädigt und hin-

gen in der modernen Galerie, der sie mein Stiefvater Moll unberechtigterweise geschenkt hatte. Die Rückführung in meinen Besitz war mit endlosen Schwierigkeiten verbunden. Die Beamten schienen sehr resistent. Einer sagte mir sogar ganz offen: »Wie konnten Sie, eine Tochter unseres großen Schindler, einen Gustav Mahler und einen Franz Werfel heiraten!«
Mit großer Besorgnis hatte ich einer Zusammenkunft mit Carl Moll und seiner Familie entgegengesehen. Diese Besorgnis erwies sich als gegenstandslos, aber aus sehr traurigen Gründen. Carl Moll, seine Tochter und sein Schwiegersohn hatten sich, wie so viele führende Nazis in Wien, selbst gerichtet, kurz bevor die Russen einmarschierten.

Im Sommer 1949 erhielt ich folgenden Brief von Kokoschka:
»Meine liebe Alma!
Du bist noch immer ein wildes Geschöpf, gerade so wie damals, als Du zuerst von ›Tristan und Isolde‹ hingerissen warst und einen Federkiel benutztest, um Deine Bemerkungen über Nietzsche in Dein Tagebuch zu kritzeln, in derselben fliegenden, unleserlichen Schrift, die ich nur entziffern kann, weil ich Deinen Rhythmus kenne. Bitte Deine Freunde, die Deine Geburtstagsfeier vorbereiten, Dich nicht an ein dummes, zufälliges, vergängliches Kalenderjahr zu binden. Sage ihnen, Dir statt dessen ein lebendes, unvergängliches Denkmal zu setzen, das heißt, einen wirklich amerikanischen Dichter zu finden, mit einem sechsten Sinn für Sprache, Auslegung, Rhythmus und Tonfall – einer, der die Gemütsskala von Zärtlichkeit bis zur lasterhaftesten Sinnlichkeit kennt, kann sie aus meinem ›Orpheus und Eurydice‹ herausschöpfen und ins Amerikanische (nicht ins moderne Englisch) übersetzen – damit wir der Welt sagen können, was wir beide mit uns und gegen uns getan haben und die lebende Botschaft unserer Liebe der Nachwelt übermitteln können.
Seit dem Mittelalter hat es nichts Gleichartiges gegeben, denn kein Liebespaar hat je so leidenschaftlich in sich hineingeatmet. So, da ist ein schöner Plan für Dich, und da er Zeit brauchen wird, solltest Du ruhig an den Kalender vergessen. Ich weiß nicht mal, wann ich geboren bin, und will auch nicht daran erinnert sein. Ich freue mich darauf, den übersetzten ›Orpheus‹ zu inszenieren und gleichzeitig das Leben der jungen Generationen mit dem von uns angefachten

Feuer zu erleuchten. Wir zwei werden immer auf der Bühne des Lebens sein, wenn widerliche Banalität, das triviale Bild der zeitgenössischen Welt, einer aus Leidenschaft geborenen Pracht weichen muß. Sieh Dir die öden und prosaischen Gesichter um Dich herum an – nicht eines hat die Spannung des Kämpfens mit dem Leben gekannt, des Genießens, selbst des Todes, des Lächelns über die Kugel im Schädel, das Messer in der Lunge. Nicht einer – außer Deinem Geliebten, den Du einst in Deine Geheimnisse einweihtest. Denke daran, daß dieses Liebesspiel das einzige Kind ist, das wir haben. Nimm Dich in acht und verbringe Deinen Geburtstag ohne Katzenjammer. Dein Oskar.«

Am 31. August 1949 feierte ich meinen siebzigsten Geburtstag und war das Opfer von mancherlei hochwillkommenen, aber auch manchen unwillkommenen Ehrungen. Ich beschäftige mich hauptsächlich damit, Werfels noch erhaltene Briefe abzuschreiben. Dann setzte ich dieses Buch der Erinnerungen fort. Ich will es unter allen Umständen noch vollenden. Ich fühle mich nicht alt. Ich bin noch ein Mensch in der Entwicklung. Auch die abgeklärte Weisheit des Alters geht mir wohl in einem gewissen Grade ab.

Mit amerikanischer Dienerschaft ist nicht viel anzufangen. Sie gehen ihren eigenen Geschäften und Hobbys nach und kümmern sich nur sehr zeitweilig um die Wirtschaft. Mein Negerdiener und Koch, Mr. John, pflegte eine Parade-Uniform zu tragen, mit zahlreichen Orden besät. Weiß der Himmel, wo er alle seine Heldentaten vollbracht hatte, er sah nicht gerade nach einem großen Heros aus. Im übrigen verbrachte er einen beträchtlichen Teil seiner Arbeitszeit mit dem Ausfüllen von Wettformularen, denn er wettete viel. Dann kümmerte er sich überhaupt nicht mehr um das, was um ihn herum vorging. Aber zuweilen erwachte er, und dann ging ihm die Arbeit schnell und gut von der Hand; auch war er ein ausgezeichneter Koch. Ich erinnere mich an einen sehr nebligen Abend, an dem ich eine ganze Reihe von Gästen erwartete, darunter Benjamin Britten und den Sänger Peter Pears. Sie konnten im Nebel nicht durchfinden und kamen erst spät in der Nacht an. Mr. John kochte trotzdem noch ein ganz ausgezeichnetes Dinner. Noch um vier Uhr früh setzte sich Benjamin Britten ans Klavier und improvisierte ein Trinklied, das

Pears gleich vortrug, und zwar ganz hervorragend. Benjamin Britten hat mir jetzt sein neues Werk ›Nocturno‹ gewidmet.

Der willkommenste Besuch war meine Tochter Anna, die 1950 zu mir kam. Es war übrigens kein bloßer Besuch. Anna war entschlossen, nicht mehr zu ihrem Mann nach London zurückzukehren. Sie hatte ein reizendes Kind, eine kleine Tochter. Ihr Mann war Konzertdirigent und lebte hauptsächlich von Tourneen mit seinem eigenen Orchester.

Anna, an deren Talent als Künstlerin ich nie gezweifelt hatte, hat sich außerordentlich gut entwickelt. Sie war nun endgültig Bildhauerin geworden und hatte eine Reihe ganz hervorragender Skulpturen geschaffen. Ihre Ausstellung in London war ein Erfolg über England hinaus gewesen. Kurzum, sie hatte sich so ziemlich durchgesetzt. Die Werke, die mich am meisten interessierten, waren natürlich zwei besonders schöne Büsten von Werfel und Schönberg. Anna hat mir im Leben manchen Kummer bereitet, aber sie hat mich nie enttäuscht.

Mein Freund Arnold Schönberg starb am 15. Juli 1951. Ich fuhr mit Anna hin. Es war ein tragischer Anblick. Man hatte der Leiche, ich weiß nicht warum, das Kinn hochgebunden. Trude Schönberg saß ganz gebrochen daneben und streichelte ihren toten Mann. Sie war in der Zwischenzeit furchtbar alt geworden. Die Kinder starrten die Leiche verständnislos an. Die schöne Tochter Nuria hatte Schuhe und Strümpfe abgelegt, um kein Geräusch zu machen.

1952 entschloß ich mich endlich, Kalifornien zu verlassen, das mit so vielen schweren Erinnerungen für mich belastet war. Ich kaufte ein Haus in New York, und hier versuche ich, ein neues Leben zu beginnen. Freunde habe ich, wie fast immer und überall, bald um mich versammelt. Ohne weiteres erhielt ich die Vergünstigung, den Proben der Philharmonie beizuwohnen, was nun meine liebste Beschäftigung wurde.

Ich fuhr nach Paris und nach Rom. Rom war beinahe meine zweite Heimat geworden. Aber ich kam nicht mehr nach Wien. Man lud mich zu der pompösen Wiedereröffnung der Staatsoper ein, aber ich lehnte ab. Das einzige, was mich in diesem Zusammenhang noch interessierte, war Rodins Mahler-Büste. Die Nazis hatten die Bronzebüste eingeschmolzen. Aber ich hatte noch eine Kopie. Diese schenkte ich der Oper, und sie wurde an passender Stelle im Foyer aufgestellt.

Bei einer meiner Reisen sprach mich ein schöner, großer Mann mit einem ungewöhnlich geistvollen Gesicht auf dem Schiff an. Er stellte sich als Thornton Wilder vor. Ihn hatte ich seit vielen Jahren verehrt, schon als sein Jugendwerk, ›Die Brücke von San Luis Rey‹, erschienen war. Wir begannen ein Gespräch, das eigentlich bis zur Landung in New York dauerte. Als ich dort ausstieg, waren wir beide Freunde geworden.

Jetzt lebe ich im dritten Stock meines Hauses in New York in zwei Zimmern. Ich kann mich nicht über Mangel an Beschäftigung beklagen. Ich habe ja sozusagen zwei Firmen zu verwalten, einen musikalischen und einen dichterischen Nachlaß.
Freunde sehe ich noch immer gern bei mir. Ich halte Geselligkeit für das beste Mittel gegen das Altern. Das eine meiner Zimmer ist ganz angefüllt mit Büchern, darunter Werfels Werke in allen Sprachen, und die Werke aller meiner Freunde. Dort hängen auch die Gemälde von Kokoschka: das Porträt, das er von mir gemalt hat; die schönen Füllen, die er in Tre Croci geschaffen hat, und die sechs selbstgemalten Fächer, die er mir schenkte.
Mein Schreibtisch steht im Schlafzimmer, und dort in der Ecke steht auch ein Safe mit den Manuskripten von Gustav Mahler. Dort hängt auch das Gemälde eines Freundes, dessen Art von der Kokoschkas sehr weit entfernt ist: es ist das Bild von Ludwig Bemelmans, das er mir nach Werfels Tod schenkte. Auch die Gemälde meines Vaters, die ich zurückerhalten habe, hängen hier. Es ist in beiden Zimmern eigentlich kein einziges Stück, das mir nicht aus diesem oder jenem Grunde teuer wäre.

Mein Leben war schön. Gott vergönnte mir, die genialen Werke in unserer Zeit zu kennen, ehe sie die Hände ihrer Schöpfer verließen. Und wenn ich für eine Weile die Steigbügel dieser Ritter des Lichts halten durfte, so ist mein Dasein gerechtfertigt und gesegnet.
Mein Leben liegt vor mir wie ein offenes Buch. Ich sehe noch den

Tod meines Vaters, den Tod Gustav Mahlers, Manons und Franz Werfels. Ich habe viel in meinem Leben verloren, aber ich darf nicht klagen. Das Leid ist aufgewogen durch so viel Glück, das ich erleben durfte.

Ich glaube, daß ein Mensch sehr wohl die Linien seines Schicksals erkennen kann, wenn er nur aufmerksam genug ist. Er wird auch von einer inneren Stimme gewarnt. Aber er muß sie hören und muß ihr zuhören können.

Jeder Mensch kann alles – aber er muß auch zu allem bereit sein.

NAMENREGISTER

ABBILDUNGSVERZEICHNIS

Alma Mahler

Gustav Mahler

Erinnerungen

Band 10715

Alma Mahler, eine der faszinierendsten Frauen in der Künstlerwelt der ersten Jahrhunderthälfte, schrieb ihr erstes Buch über ihren ersten Mann: Gustav Mahler (1860-1911). Sie schrieb es als ein Zeugnis seines Lebens und Wesens und ihres Lebens mit ihm, schrieb es im Bewußtsein seiner Größe, doch auch im Bangen um das Weiterleben seines damals noch nicht von vielen in seiner vollen Bedeutung erkannten, von der Naziherrschaft unterdrückten Werkes. Die Sorge der Autorin hat sich längst als unbegründet erwiesen, ihr Glaube an die Kunst dieses Komponisten und Dirigenten sich längst bestätigt: Noch immer wächst Gustav Mahlers Ruhm, wirkt in der ganzen musikalischen Welt die Macht seines Werkes. Alma Mahlers Erinnerungen sind authentisch und temperamentvoll-subjektiv zugleich. Sie erzählt von ihren Erlebnissen mit dem Wiener Hofoperndirektor und von seinen letzten Jahren, seinem Dirigieren in den USA und seinem frühen, schweren Tod. Sie erzählt freimütig, nicht indiskret. Dieses Buch aus nächster Nähe bewahrt seine Gültigkeit und seinen Reiz.

Fischer Taschenbuch Verlag

fi 1168 / 4

Peter Stephan Jungk

Franz Werfel

Eine Lebensgeschichte

Band 10181

Zahlreiche, lange Zeit unbekannt gebliebene Dokumente aus dem Besitz von Werfels Stieftochter Anna Mahler sowie in den Universitäten von Los Angeles und Philadelphia archivierte Notizhefte, Tagebücher, Skizzen, Urkunden und Briefe hat Peter Stephan Jungk unter Beachtung der publizierten Primär- und Sekundärliteratur Stück für Stück zusammengetragen. Auf diese Weise verdeutlicht er, wie stark äußere Ereignisse persönlicher, familiärer, kultureller und politischer Art Werfels poetisches wie betrachtendes Werk sowohl in der literarischen Form als auch in Bildkraft und Sprachintensität bestimmt haben. Um zwei Beispiele herauszugreifen: im privaten Bereich war es die dynamische Frau Alma Mahler – im Politischen waren es neben den beiden Weltkriegen das Aufkommen und Anschwellen des Totalitarismus, des Faschismus in Italien und des Nationalsozialismus in Deutschland und Österreich, die Vertreibung der Juden. Die Erzählung dieser Lebensgeschichte des als Juden geborenen, seit frühester Kindheit aber zum Christentum neigenden, sich gleichwohl nicht taufen lassenden Franz Werfel hat Peter Stephan Jungk mit Berichten über Orte und Häuser seines Weges aus eigener Anschauung sehr lebendig durchsetzt.

Fischer Taschenbuch Verlag

fi 1030 / 4

Harold C. Schonberg

Horowitz

Ein Leben für die Musik

Deutsch von Horst Leuchtmann

Band 12686

Wladimir Horowitz, 1903-1989, gehört zu den bedeutendsten Pianisten dieses Jahrhunderts, der mit seinen letzten Konzerten im Jahr 1986 das Publikum immer noch zu Begeisterungsstürmen hinreißen konnte. Die vorliegende Biographie zeichnet die Stationen dieses vom Erfolg verwöhnten Pianisten nach, der nach seiner Ausreise aus der Sowjetunion 1925 zunächst das Konzertpublikum in Europa und anschließend in den USA eroberte. Daß diese glänzende Karriere auch ihre Schattenseiten hatte, davon zeugen die Jahre, in denen sich Horowitz immer mal wieder aus dem Konzertleben zurückzog und von Selbstzweifeln geplagt war. Als Grund für seine Konzertabstinenz nannte er einmal: »Man achtete nur mehr darauf, wie schnell ich meine Oktaven spielen konnte; aber auf die Musik hörte man überhaupt nicht mehr...Was ich da tat, konnte mich nicht mehr befriedigen, und mir wurde klar, daß ich meine Identität als Musiker wiederherstellen mußte.« Daß dem nicht ganz so war, denn Horowitz beendete seine Konzerte meist mit virtuosen Bravourstücken, man ihm aber auch mit dem Schlagwort vom »letzten Romantiker« nicht ganz gerecht wird, das zeigt diese glänzend geschriebene Biographie.

Fischer Taschenbuch Verlag

fi 1038 / 7